首都外语论坛
第 9 辑

BEIJING FORUM
OF FOREIGN
LANGUAGES
AND LITERATURES

刘利民 主编

首都师范大学
外国语学院
语言哲学研究所
外国语言学及应用语言学研究所
（主办）

图书在版编目（CIP）数据

首都外语论坛. 第 9 辑 / 刘利民主编. —北京：
中央编译出版社，2019.12
ISBN 978-7-5117-3755-7

Ⅰ. ①首⋯　Ⅱ. ①刘⋯　Ⅲ. ①外语-文集
Ⅳ. ①H3-53

中国版本图书馆 CIP 数据核字（2019）第 256224 号

首都外语论坛. 第 9 辑

出 版 人：葛海彦
出版统筹：贾宇琰
责任编辑：翟　桐
责任印制：刘　慧
出版发行：中央编译出版社
地　　址：北京西城区车公庄大街乙 5 号鸿儒大厦 B 座（100044）
电　　话：（010）52612345（总编室）　　（010）52612368（编辑室）
　　　　　（010）52612316（发行部）　　（010）52612346（馆配部）
传　　真：（010）66515838
经　　销：全国新华书店
印　　刷：三河市华东印刷有限公司
开　　本：710 毫米×1000 毫米　1/16
字　　数：410 千字
印　　张：26.25
版　　次：2019 年 12 月第 1 版
印　　次：2019 年 12 月第 1 次印刷
定　　价：120.00 元

网　　址：www.cctphome.com　　邮　　箱：cctp@cctphome.com
新浪微博：@中央编译出版社　　微　　信：中央编译出版社（ID：cctphome）
淘宝店铺：中央编译出版社直销店（http：//shop108367160.taobao.com）　（010）55626985

本社常年法律顾问：北京市吴栾赵阎律师事务所律师　闫军　梁勤
凡有印装质量问题，本社负责调换。电话：（010）55626985

主　办
首都师范大学：
外国语学院
语言哲学研究所
外国文学研究中心
外国语言学及应用语言学研究所

主　编
刘利民

执行主编
隋　然

编委会（按音序排列）
杜桂枝　杜维平　封一函　范岭梅　龚　觅　蒋　童
孔繁志　刘利民　刘文飞　刘晓天　李　晋　刘晓红
刘　珩　邱运华　隋　然　王宗琥　王秋海　周建设

学术编辑（按音序排列）
范岭梅　龚　觅　金雪梅　连　煦　康　艳　梁雪梅
隋　然　孙　岳　赵　婴　张　珂

目 录

跨文化与翻译

(3)	方　红	中国文化外译模式及其策略研究
(12)	阿依慕	晚清中外翻译人才培养模式对比研究
	蒋　童	——以英华书院与京师同文馆为例
(22)	吴　娟	论法国姓氏文化
(30)	崔国鑫	电影语言的点睛之笔
(36)	何　立	1931年上海法租界公董局华员大罢工初探
(45)	贾旻苇	从田野到网络
		——文化人类学田野调查方法发展脉络初探
(51)	徐先玉	中俄文化交流与合作之管窥
(59)	于江霞	严复译作《天演论》叙事性阐释
	冯　颖	

(68)	连 煦	劳动力市场中的社会文化镶嵌性
		——有关竞争与道德的综述
(75)	卢峭梅	在美国任职汉语教师教学理念研究初探
(91)	王金平	西人论"理":以莱布尼茨为个案的分析
	张 清	
(100)	李 娜	以培养批判性思维为导向的新闻翻译教学
(106)	孙翠英	18—19 世纪俄国贵族日常生活中扇子文化浅析

理论语言学

(117)	刘 健	初级日语教材中的サ变动词再考
(128)	樊 英	英汉完句特征及其标记的对比研究
(137)	李 未	试析西班牙语"出离"拉丁语后冠词的诞生
(143)	孟宜霏	简单过去时和过去未完成时对比
(157)	马 赛	where-nouns 与虚构运动句
		——一项基于语料库的研究
(169)	徐东辉	语义场理论在语言学研究领域中的发展变迁
(180)	郑秋秀	论动词配价的句法体现

外国文学

(193)	刘晓天	语言是什么
		——《语言是什么》介评
(198)	金凌卉	解读青山七惠的《离别的声音》
		——以叙事特征为中心
(208)	由 权	中国纪德研究中的热与冷
(223)	马雪琨	从爱情观的视角分析路易丝·拉贝"歌集"特色
(234)	于明清	《鱼王》中的自然
(240)	张 静	一位作家的自然观
(246)	秦晓星	《1898:一个英国女人眼中的中国》的中国形象建构
(253)	唐晓可	《源氏物语》的女性分析
		——以末摘花为中心

| (260) | 李芊梓 | 四镜的"镜"意识 |
| (269) | 张晓宁 | 彼得·凯里小说中的隐喻及其审美意义 |

应用语言学

(281)	韩　梅 姚玲玲	分项评分对非英语专业大学生英语写作课堂学习的影响研究
(295)	马　爽 高剑妩	同伴编辑中语言错误类型与语言错误识别准确率的关系初探：同伴编辑先期研究报告
(304)	高剑妩 马　爽	基于学习者语料库的高级写作课程教改研究
(312)	孙咏梅	中学英语课堂提问模式调查与分析
(320)	孙　淼	加拿大西部英汉双语教学实践及其启示
(329)	曲春红	二语概念通达模型中的一语介入问题探讨
(338)	张　莎	论英语专业学生元思辨能力的培养
(346)	智　娜	语音技术在教学中的应用和发展趋势
(352)	田　聪	中国大学生对英语形名搭配的习得
(363)	张家瑞 关玉红	母语负迁移作用对于英语学习者写作中句法错误的影响 ——以中国辽宁省为例两所中学为例
(374)	张　清	研究生视听说教学与相关教学软件的应用
(382)	王月平	从"staycation"看英美报刊选读课教学
(386)	詹凌峰	听力教学的改革与实践
(393)	何　琳	基于微信的开放式移动学习立体空间的构建 ——以"综合日语"为例
(403)	王兰霞	面包"新语"同构视角下俄语观念词"面包"（хлеб）的语言世界图景

▼

跨文化与翻译

中国文化外译模式及其策略研究[①]

首都师范大学 方 红[②]

摘 要：随着"中国文化走出去"及"一带一路"战略的实施，中国文化的外译及其对外传播情况也愈发受到关注。翻译是中国文化走出去的途径与载体，直接决定了其在异域文化中的定位及影响力。本文重新审视了文化外译视角下的翻译内涵，并结合阐释理论的翻译步骤探讨了中国文化的外译模式及其策略影响，以此审视中国文化外译的现状并积极推进中国文化的域外接受效度。

关键词：中国文化外译 译介模式 翻译策略 翻译影响

一 引 言

文化观念与价值的传播和认可是一个国家软实力的体现，中国文化外译既是中华民族复兴的历史诉求，也是中国国力日渐强大的自我规划。从 20 世

[①] 本文为 2017 年度首都师范大学青年哲学社会科学科研创新团队项目"跨文化视阈下的翻译传播研究团队"（项目号：202175306200）的部分研究成果。

[②] 方红，女，首都师范大学外国语学院副教授，博士，研究方向：翻译理论与实践。

纪80年代初出版的"熊猫丛书"及至后来的"大中华文库""中国图书对外推广计划""中国当代文学百部精品译介工程"等以及最近的"中华学术外译项目",中国政府在译介中国文化方面一直付出不小努力,使得中国文化对外译介传播出现了繁荣的局面。但是,与此形成反差的是,中国文化译介作品在西方的接受并未达到预期目的,从受众范围到接受程度都不尽如人意。正是基于此现状,本文拟重新考量中国文化外译的译介模式及其接受策略,并结合阐释理论的翻译步骤探讨中西社会文化语境背景下积极有效的文化传播模式。

二　文化外译视角下的翻译再定义

翻译不仅是语言层面的转换,也是文化间的互动交流,有其深刻的社会性。在当前中国文化外译的大背景下,翻译的内涵和外延都发生了实质性的变化。只重视如何忠实地转换原文等"译"的问题,而忽视译本的接受、传播和影响等"介"的问题,译本很难真正进入译入语文化系统从而实现文化间的有效交流(鲍晓英2015:79)[①]。中国文化外译绝不是把中国文学作品翻译成外文就自然而然地"走出去"了,而要从根本上了解文化外译的本源和规律。

正如谢天振(2016:10)[②]所说,"忠实"不是我们从事文化外译时的唯一原则、唯一考量,还必须把接受语境中的诸多因素,包括传播、接受和影响的效果等纳入考量的范围。从这个意义上讲,中国文化外译的目标文化需求及接受度才真正衡量并影响着中国文化"走出去"的效果,这也应该是文化外译的缘起及归结。而另一方面,文化译介多遵循从占据主流地位的强势文化进入弱势文化民族和国家这一规律,这就决定了文化译介过程中势必存

[①] 鲍晓英:《译介学视野下的中国文化外译观》,《外语研究》,2015年第5期,第78—83页。

[②] 谢天振:《从文化外译的视角看翻译的重新定义》,《东方翻译》,2016年第4期,第9—11页。

在阶段性的不对等。"译介与传播活动的基本事实、客观规律以及中西文化接受的不平衡都告诉我们，中国文学对外译介与中国文化对外传播过程中必然凸显出无法避免的阶段性特征，一蹴而就的接受并不现实。"①（刘云虹、许钧 2016：76）

因此，文化外译既不是单纯地原汁原味翻译中国文化以强势争取中国文化的话语权，也不是曲意迎合目标读者大肆删改文化内容以博得虚假认同感，而应该通过文化译介培育起异域读者对中国文化的兴趣和爱好，从而对我们国家和民族有着全面、正确的认识和了解。文化外译是一个循序渐进的过程，也是一种自然而然的柔性渗入。

三 文化外译模式及其策略影响

（一）文化外译的阐释与分析

阐释派代表人物乔治·斯坦纳（George Steiner）（2001）提出翻译过程即阐释运作，分为信任、侵入、吸收和补偿四个步骤。②"信任"是翻译传播的前提，即相信原文有价值且能够被理解；"侵入"是理解原文时自有文化与异域文化的冲突；"吸收"是原文的意思和形式被移植到译入语中；"补偿"则是译者为恢复之前打破的平衡而作的努力，以达到理想的翻译。中国文化外译在根本上就是信任、侵入、吸收和补偿的过程，这一过程超越了语言的层面，是两种文化的交流和对话，也是中国文化从"走出去"到"走进去"的历史观照。

在中国文化外译的历史进程中，翻译无疑是重要的一环，然而，翻译不

---

① 刘云虹、许钧：《异的考验——关于翻译伦理的对谈》，《外国语》，2016 年第 2 期，第 70—77 页。

② Steiner, George. *After Babel: Aspects of Language and Translation*. Shanghai: Shanghai Foreign Language Education Press, 2011.

是起点，也并非终点。①（黄岿笛 2015：44）从阐释学视角来看，中国文化外译的四个环节揭示了其中值得思考的诸多问题："信任"涉及译作的选择，即翻译行为的发起及组织；"侵入"涉及翻译原则的制定及译作的定位；"吸收"涉及翻译策略的选择及调适；"补偿"则涉及译者调适与目标读者的接受。也就是说，谁来组织？谁来翻译？翻译什么？怎么翻译？谁来阅读？反应如何？这些都是中国文化外译中不可或缺的重要环节。只有考虑并全面反思这些问题，中国文化才能真正走进外国文化体系。

当然，如果把文化外译视为侵入，那么这种文化侵入无疑应该是柔性的，而非刚性的一厢情愿。从这个意义上来讲，中国文化外译应实行"内外有别"的方针，以适应不同的接受主体，还需重视语境差异，力争消除语境制约。纽马克（Peter Newmark）曾指出："语境在所有翻译中是最重要的因素，其重要性大于任何法规、理论和基本词义。"②（Newmark 2001）总之，中国文化外译应通晓"柔者长存"的道理，从接受主体、接受语境及接受渠道出发，有礼有节地介绍自己的文化价值观点，减少误解与对抗，以"柔性侵入"③的方式规划文化外译的策略与进程。

（二）文化外译模式

中国文化外译要认识到"译入""译出"模式的差异，"译入""译出"模式的区分和规划对于中国文化外译的效果及影响具有深刻的意义。"译入"模式是由外语译入母语，这是比较自然的方向，也称顺向翻译；而"译出"模式则是由母语译入外语，即逆向翻译。长期以来，我们国家的翻译活动都是以"译入"为主，又由于我们在译介国外文化著作、社科经典时具有强烈的内在需求，所以慢慢形成了"原文至上"的翻译理念。在中国文化外译过程中，内在的民族认同感与使命感使得中国译者也往往以"译入"模式对待

---

① 黄岿笛：《论中华文化外译的策略与途径》，《小说译介与传播研究》，2015 年第 5 期，第 42—47 页。

② Newmark, Peter, *Approaches to Translation*. Shanghai: Shanghai Foreign Language Education Press, 2001.

③ 许明武、梁林歆：《柔性侵入：文化外译接受策略研究》，《语言与翻译》，2015 年第 1 期，第 58—63 页。

中国文化的译出，即最大程度忠实传递原文的信息。这就产生了中国译者的忠实译作在国外接受度不高、而西方译者"连译带改"的"不实翻译"倒更受认可的局面。

由于政治、经济、历史、意识形态等多方面因素影响，西方国家对于外来文学文化并无迫切、强烈的内在需求，这与我们译介外国文学文化作品的初衷截然不同，西方国家读者及整个主流文化接收外来的文化译作更多只是为了了解，而非借鉴、吸纳。在这种情况下，以"译入"模式忠实地呈现文化外译作品然后让其"走出去"无疑会让目标读者由于明显的文化差异或冲突失去阅读兴趣甚至排斥。当然，"译入""译出"模式有其视角的限定，从西方国家视角看，如果能主动摄取中国文化而组织译介无疑是最为理想的，此时采取"译入"模式也是最合适的，但目前中国文化外译主要还是依靠我们自己的"译出"，尤其是国家组织的以中国译者为主或中外译者合作完成的译介模式。这种"译出"模式与我们引介西方文化的"译入"模式是不同的，反而应参考西方国家译介异域文化的"译入"模式，更多考虑对译作的预设定位及其阅读期待，再来确定相应的翻译策略。也就是说，中国文化外译的"译出"模式应将"传播"置于"翻译"之前，先从西方社会视角明确译介的目的并考虑可传播接受程度，再实施并调整具体的翻译过程，"一言以蔽之，假如想得到目标文化接受，就得按照目标文化的状况来制定翻译策略"。[1]（张南峰 2015：89）尤其在当前中国文化意欲进入强势的异域文化体系之初，"我们需要尽量多考虑外国读者的阅读感受，首先尽力让他们对作品中的文化元素产生兴趣，觉得作品新鲜有趣，产生阅读意愿，然后再清晰地解释并展示这些元素，促使读者接受和认同作品"。[2]（周晓梅 2017：18）

中国文化"译出"模式应充分考虑到如下重要环节：翻译发起，翻译主体，翻译内容，翻译策略，译介途径，受众对象及接受效果。中国文化外译是由中国政府组织发起的，整合了充备的人力、物力、财力资源投入其中，具有一定的规划性和系统性。但是作为一种国家行为，文化外译不可避免受

---

[1] 张南峰：《文化输出与文化自省》，《中国翻译》，2015年第4期，第88—93页。
[2] 周晓梅：《试论中国文学外译中的认同焦虑问题》，《外语与外语教学》，2017年第3期，第12—19页。

到国家意识形态及翻译政策的影响和限制,"译介内容和形式在很大程度上偏向源语规范,而不是译语规范,很难被译语国家接受便理所当然"①（郑晔 2012：iv）。中国文化外译的翻译主体最好由中外译者合作担当,这样才能既最大程度保留体现作品价值的原作个性,又同时顾及接受语境及读者的审美品位。目前来看,国外汉学家及翻译家应该是文化外译的主体,当然也必须要有中国译者参与其中,政府也应鼓励中外译者的合作,并适当建立文化外译的基地及译者库。翻译什么是非常重要的,翻译的选择甚至重于翻译本身。目前中国文化外译不应贪大求全,正如谢天振（2014：7）所说,中国文化外译必须注意"作品本身的可译性",即要注意作品风格、创作特征、特有的"滋味"是否具有可传递性以及在译入语中的接受性,要优先挑选那些具有较好的可译性,容易被译入语读者接受的作品进行译介。比如白居易、寒山的诗外译很多,传播也很广,而李商隐诗的外译和传播很少,其中一个原因是相比之下前两者的诗浅显直白,易于译介；而莫言作品之所以有较好的接受度,也得益于作品本身的可译性,以及作品兼具的普世性价值和民族文化特色。② 中国文化外译不可能是逐字逐句翻译,"改写""删减""调整"都是必要的翻译策略,正是葛浩文"连改带译"的翻译策略才成就了莫言作品得到的认可与接受。就译介途径而言,中外出版社仍是中国文化外译的主要渠道,其中应引入市场规律自动淘汰不合格的译者和译本。外国的文学机构及出版社更了解潜在读者群,制定有利于推广的出版策略,因此,应鼓励中国文化外译机构及国内出版机构与国外出版社合作推广文化外译作品,这也利于国内外学者基于文化外译目的及读者反应及时切磋翻译过程中的问题。此外,还应拓展更广泛的译介途径,如借用西方报刊杂志等大众传播媒介进行宣传、加强与图书出版发行专业期刊的联系、出口根据文学作品拍摄的影视作品、建立译介受众反馈机制等。中国文化外译的受众对象及其接受反应离不开对译介规律及译入语社会文化语境的考量,中国文化外译尚处在起步阶段,强

---

① 郑晔：《国家机构赞助下中国文学的对外译介——以英文版〈中国文学〉（1951—2000）为个案》,上海外国语大学博士学位论文,2012 年。

② 谢天振：《中国文学走出去：问题与实质》,《中国比较文学》,2014 年第 1 期,第 1—10 页。

势推销自己的文化甚至想要掌控目标读者的阅读习惯,这似乎是不切实际的。应正视中外文化落差和接受环境的现实,分步骤培养异域接受者,扩大不同层次国外受众面,应该既要重视学术圈"专业人士",同时要将主要受众群体定位为国外普通大众。

总之,中国文化外译的"译出"模式总体上强调译入语文化及读者的接受和认同,这是基于中国文化外译目前所处的阶段考虑的,而随着中国国力的增强以及外国读者对中国文化的广泛了解,中国文化外译模式可做适度调整,从而循序渐进地实现中国文化"走出去"的目标。

(三) 文化外译的策略及影响

中国文化外译的目的决定了文化外译的策略,现阶段文化外译是为了让更多西方读者了解中国文化并产生兴趣,根据译入语文化语境及读者反应而做出的翻译调整(如改译、删减、选译,甚至不忠实翻译)是非常有必要的,因此,基于接受语境的"归化+改写"策略是目前中国文化外译应采用的策略。

中国文化外译一直经历着归化与异化策略的较量。"归化策略以实现有效交际为目标,考虑目标语言使用者的'期待视野'。而异化策略则考虑语言和文化的差异性,尽可能保留源语的文化特色和表达方式,使目标语言使用者能够领会到异域文化的魅力和独特的表达方式。"[①] (裴等华 2014:108)。中国传统的译入翻译实践奉行"忠实原文",异化翻译策略在中国立足由来已久,而当今中国文化外译又追求文化认同感,这也使得异化策略成为中国译者采用的主流翻译策略。对于中国文学外译,孙致礼(1999:36)认为,归化主要表现在"纯语言层面",在文化层面上则应力求最大限度的异化[②]。由此来看,中国文化外译在语言层面使用归化策略可使译文符合目标语言的表达习惯,保障阅读的流畅性;而在文化层面采用异化策略则可以保留中国文化特色,提高他们对中国文化认同的可能性,达到中国文化"走出去"的目的。这个过程也是循序渐进的,正如歌德将文化外译表述为三个不同阶段:

[①] 裴等华:《中国文化因子外译过程及其影响因素探析》,《外语教学》,2014 年第 4 期,第 105—108 页。

[②] 孙致礼:《翻译:理论与实践探索》,南京:译林出版社 1999 年版。

第一阶段，译者帮助人们"以自己的方式理解外来事物"，就是说语言上采用归化翻译，以译入语读者熟悉的语言传达异域的信息；第二阶段是译者努力进入异国情境，要做的是窃取原文内容，根据译入语传统加以改写，这是指思想、内容、观念层面的归化，比语言归化更进一步；第三阶段是译者追求译作与原作完全一致，实现全译式翻译。①（王辉 2006：62—65）无疑，当今中国文化外译还处于第一阶段，翻译策略应该主要采取淡化"异国情调"归化策略，过度强调译文的原汁原味，对尚不了解中国文化的外国读者来说很难提起阅读兴趣，只能适得其反，失去读者。当然采用"归化"策略就不可避免会对原文进行创造性改写，这种改写不是随意、任意的，而是将中国文化以一种全新面貌带入目标语文化体系，使之能与更广泛的读者开启对话，迈开中国文化走出去的第一步。

正如张南峰（2015：89）所指出，一个文化处于稳定、有自足感的状态时，往往把外来的文学文本和模式视为威胁或者至少视为不相干的东西，对之产生积极或消极的阻抗。目前的欧美文化，大致上就是处于这种状态。在这种情况下，采取归化的翻译策略，才能增加译文得到接受的机会。但同时也要认识到，"异化翻译的被接受程度和文化交往的广度、深度是成正比的"②，即随着中国国力的增强及对外文化交流的加深，中国文化外译策略也将适时调整。总之，归化策略不是异化的对立，而是为异化翻译奠定传播基础，中国文化外译策略的选择与调整不但是文化交流的规律决定的，也见证了中国文化"走出去"进程中与异域文化逐步渗入、融合的过程。

---

① 王辉：《从歌德的翻译三阶段论看归化、异化之争》，《外国语》，2006 年第 2 期，第 62—67 页。

② 熊欣：《对外传播及汉译外现状研究》，《山东外语教学》，2010 年第 5 期，第 99—103 页。

四　结　语

　　中国文化"走出去"是中华民族复兴百年大计中的重要一环，中国文化外译的模式与策略直接影响着中国文化的传播效果及接受程度。中国文化要想"走出去"绝不是简单的"一译了事"，必须要在文化的自我形象与他者形象之间做出正确的判断与定位，并以适当的译介策略寻求目标语言文化对中国文化的接受和认同。本文尝试性地探讨了中国文化外译的模式及策略，关注了文化外译过程中的重要环节，希望以此回应文化外译中存在的问题，并进一步推进中国文化外译进程，提高中国文化在世界文化交流中的话语权与影响力。

晚清中外翻译人才培养模式对比研究

——以英华书院与京师同文馆为例

首都师范大学　阿依慕　蒋　童

摘　要：19 世纪，英国和清政府为了排除语言障碍，分别建立了英华书院与京师同文馆，双方均培养了大量翻译人才，对促进晚清时期的中外交流发挥了重大作用；但两者在创办背景、师资选聘、生源选择、课程设置及教学成就上各有特点。本文以英华书院与京师同文馆为例进行对比，其教学方式与经验教训对现代翻译人才的培养十分具有借鉴意义。

关键词：英华书院　京师同文馆　晚清　翻译人才

一　引　言

1818 年，英国传教士马礼逊和米怜在马六甲海峡创办了英华书院，这是近代西方传教士为中国设立的第一所学校。英华书院虽然是近代新教传教士创办的第一所教会学校，但培养的翻译人才却对晚清中外关系乃至中外文化交流产生了重要影响，比如马儒翰、袁德辉等。而京师同文馆由恭亲王奕䜣于 1861 年奏请开办，是清末第一所官办外语学校，也是晚清政府与西方列强不断冲突的产物，体现了当时洋务派救亡图存、富国强兵、维护清廷统治的强烈愿望。在洋务派翻译政策的推行下，京师同文馆建立了系统的培养模式，成为近代中国翻译人才培养的开端。长久以来,中外学界都是对两所学校分别进行翻译史、教育史或编译方面研究,然而却鲜有人将二者翻译人才培养模式对比研究。本文掇拾相关史料,对英华书院与京师同文馆的培养模式进行探究,藉以揭示二者对现代翻译人才培养的重要意义。

二 创办背景

(一) 英华书院

19世纪初,由于驻留广州的外国人受到严格限制,再加上清朝实行"禁教"政策,基督教难以在中国传播。因此,在海外建立基地的想法就显得越来越正当。马礼逊在写给伦敦传教会的信中明确提出自己酝酿已久的一大设想:"我希望能在马六甲创办一所学校,以便训练欧洲籍居民和当地的中国居民能够成为传教士,这样就可以派他们到恒河以东各国传播基督教。"[①] 马六甲离中国很近,有大量华侨,在那里办学便于与聚居在马来群岛的中国居民往来。马六甲位于交趾支那、暹罗和槟榔屿之间,随时可与印度和广州联络,因商船常在两地停靠,且殖民当局支持新教传播,因而成为他们建立根据地的最佳选择。1815年5月米怜抵达马六甲后,按预定计划展开工作。除每天向华人讲道传教,他还从当地政府取得建立布道站的土地,1815年8月开办供华人子弟免费就读的"义学";设立印刷所,相继创办中文月刊报纸《察世俗每月统计传》和英文季刊《印支搜闻》。1818年11月,英华书院在马六甲奠基,学生1819年起陆续入学。

(二) 京师同文馆

第二次鸦片战争后,英语被列入用于正式场合的外交语言,并规定一旦中文与英文发生歧义,要以英文为据。面对纷繁复杂的中外交涉活动,培养外语人才显得越来越重要。郭嵩焘和冯桂芬不约而同地认识到学习外语与翻

---

① Eliza Morrison, *Memoirs of the Life and Labors of Robert Morrison*, London: Longman, 1839, Vol.1, p.513.

译之间、翻译与西学之间的密切联系。他们注意到现有的翻译人员的巨大缺口，最先提出了设立学校学习外语的强烈要求。此外，他们最先把语言障碍与中国外交的失利吃亏结合起来。冯桂芬提出："今欲采西学，宜于广东、上海设一翻译公所。选近郡十五岁以下颖悟儿童，倍其禀饩，住院肄业。聘西人课以诸国语言文字。"① 因此1861年他上奏强调设校学习外语的重要性。后来在恭亲王奕䜣、大学士桂良的建议下，清政府批准设立了同文馆，于1862年正式开学，附属于总理衙门。中国近代最早的新式学校——京师同文馆成为中国教育近代化的开端。

三 师资选聘

（一）英华书院

作为汉语培训基地，中文老师的汉语水平在很大程度上决定了书院汉语教学质量的高低。书院不惜重金聘请中国文人担任老师，和外籍中文教授共同充任中文教师。根据马礼逊制订的英华书院计划，中文教授须为懂得中文的欧籍教授，且必须为新教徒，向欧籍学生教授中文、逻辑学、神学、伦理学和哲学等课程；而中国籍教师则教授中国古典文学，教授学生阅读中文《圣经》和教会出版的其他书籍，协助欧籍学生学习中文，凡受聘任英华书院的中国籍教师，必须受到当地中国人认可是道德高尚的人，方可到英华书院任职。由此可见，马礼逊对书院的中文教师有较高的要求，以此保证教学质量，良好的教师素质是培养翻译人才的基础。

从1818年书院奠基至1843年，在英华书院任职的传教士共有20人，有明确记载担任过中文教授的为科利和基德二人。科利虽然一度在汉语学习上进展缓慢，但在马礼逊指导下，很快取得了巨大进步，能用流利的汉语进行布道演讲。此外，他还用中文写了《天堂的镜子》（*The celestial mirror*），并翻译了《四书》。后来科利接任书院校长，而精通汉语和福建方言的基德接替中

---

① 冯桂芬、马建忠：《采西学议：冯桂芬、马建忠集》，"中国启蒙思想文库"，沈阳：辽宁出版社1994年版，第183—184页。

文教授一职。科利病逝后，基德又出任院长，并翻译了《千字文》。英华书院虽然以传教士为主要成员，但是出于需要也聘请了一些非传教士人员担任语言教师。据资料记载，当时的中国籍老师分别为李先生、朱婧、姚先生、冉先生、高先生和崔钧，汉语水平也非常出色。

（二）京师同文馆

京师同文馆教习由西教习和汉教习两部分人组成，按职责又分为总教习、教习、副教习。总教习职位最高，相当于后来的大学教务长，负责馆内的教务事宜：如制定课程表、翻译书籍、聘任并管理其他教习；各项定期考试的执行；统筹编译教材、图书事宜，如译书章程的拟定、印书处的筹办、译成图书的鉴定等。同文馆历史上共聘任过两任总教习，且都为外籍，分别是美国人丁韪良和爱尔兰人欧礼斐。

教学工作的主要承担者是各类教习。同文馆先后聘请过 54 名外国人，担任英语、法语、德语、日语、化学、天文、医学教习。他们有些受过高等教育，学识渊博，经验丰富。如丁韪良毕业于美国印第安纳大学，1850 年来到中国后学会了官话和宁波方言，通读四书五经等中国典籍，凭借译著《万国公法》赢得声誉。此外聘请过 32 名中国学者，担任中文和算学教习。这些教习的选拔，或由外国驻华使馆推荐，或由各省督抚举荐，或由总税务赫德代聘。他们为学生学习外语提供了相当有利的条件，更利于培养高素质的翻译人才。

同文馆还设有副教习，均从优秀学生中选任，但不脱离学生身份。其职称分为副教习、副教习上行走、记名副教习三种。算学、天文、英语、法语、俄语、德语等科目均设有副教习。

四　生源选择

（一）英华书院

书院招生对象为欧洲各国或美国大陆来的任何学生，只要他们是基督教徒，携有所属教会介绍该生人品和志愿的推荐书，都可申请入学。此外，欧洲各大学内享有旅费的人员、基督教的传教士、贸易公司职员或各国领事馆内的官员，也都可以申请入学。恒河以东各国的本地青年，或自费，或由教会团体派送，或由私人资助来本校学习英文者，都可以申请入学。本地青年入学不需要是信仰基督教的。本校也不强迫他们参加基督教的崇拜聚会，但可以邀请他们自由参加。

众所周知，马礼逊创办英华书院的目标是"交互培养中国和欧洲文学，一方面向欧洲人教授中国文字和文学，另一方面向恒河外各个讲中文的国家教授英语，以及欧洲文学和科学"①。当然，书院的最终目标是推动基督教在中国的传播。因当时除了马礼逊与米怜，几乎无人掌握汉语，急于培养此类人才，因此招生方式相对松散。

（二）京师同文馆

同文馆生源主要来自三种途径，"咨传""招考"和"保送"。

"咨传"对象为八旗子弟。起初郭嵩焘和冯桂芬都在提出设立外语学堂的建议时，对学生的族籍无特别要求，满汉皆可。但恭亲王在筹办同文馆时，却要求只让正在学习满文的八旗子弟学习外语，这无异于设置了一道民族歧视的门槛。选拔方法是由各旗推荐，由总理衙门择其聪颖者录取。早期学生主要来自此途。这些学生入学年龄一般不超过15岁，但因无须经过考试，程度参差不齐，大多不懂汉文，只通满文，入学后既要学外文，又要学汉文，严重影响了学习进度。

"招考"学生始于1867年，原拟专取正途出身的士大夫，包括举人、五贡、翰林以及五品以下进士出身的人，学习天文、算学，后因倭仁等守旧士大夫强烈反对，招考范围扩大至杂散人员。同文馆于1870、1878和1885年举行了三次招考，前两次的考试内容为"策论"，即写作议论当前政治问题、向朝廷献策的文章，第四次则在策论的基础上增加了科学与外语两科。可见招生范围扩大后，学生需要具备一定双语能力及科学知识，比"咨传入学"更加严格。

---

① Eliza Morrison, *Memoirs of the Life and Labors of Robert Morrison*, London: Longman, 1839, Vol.1, p.133.

"保送"最初为第一次招考失败后的补救措施,由上海广方言馆和广东同文馆向京师同文馆保送优秀学生。从 1868 年到 1899 年,共保送 74 名学生,他们来自较早开放的通商口岸,学习西学的环境较好,才识出众,是京师同文馆学生中最好的一批。据载,保送生入馆也要考试,考试内容为数学以及照会的汉外互译。"保送"是三种途径中要求最高的。

以上三种方式,对考生素质的要求逐渐提高,其中"咨传"和"保送"适用群体小,而"招考"更公平和普遍,一直沿用至今。

五 课程设置

(一) 英华书院

传教士采用西方通行的教学方法,按学生水平高低分班教学,学生通常被分为一班(高级班)、二班、三班、四班(初级班),同等水平的学生在人数较多的情况下又分为若干小班;采用中英双语教育模式,并根据实际情况因材施教。此外,反对死记硬背,注重启发式教学,这与当时中国的私塾、官学有很大的不同。

书院为学生开设较完整的英语课程:英语、语法、写作、会话(口语)、翻译等。学生使用的教材大都是原版的英文教材,如《圣经》。文史方面,主张贯通中西,要求学生阅读和理解的有中国经典、《圣经》、英国文学、历史等;天文地理方面,主张对学生进行西方地理知识教育,运用地球仪、天球仪等进行教学;此外还进行逻辑学、伦理学以及哲学的教育。而中文老师讲授中欧经典、阅读《圣经》和其他用中文著述的关于基督教的书,帮助外国学生学习中文,向本地学生和欧洲学生教授中文写作。

马礼逊强调要充分了解当地社会文化,因为在他看来,这不仅是宗教上的事情,不通晓传教士所去的那些不同国家的语言和知识,怎么能够让这些国家的人们了解说明道德和精神的真谛,以及神迹的彰显?就中国而言,它是一个文明古国,它的古代文学就如同希腊、罗马和欧洲文学的总和一样丰富。此外,他还将《大学》《三字经》介绍给了西方传教士。

(二) 京师同文馆

京师同文馆最初创办目的是培养翻译人才,课程仅限于外文和中文。1870年以后,又增加了新的课程。1876年,总教习丁韪良制定了新的课程表,表分两项,一为年纪较小、既学外文、又学新学的学生所用,二为不学外文的学生所用。八年制课程如下:

首年:认字写字,浅解辞句,讲解浅书。
二年:讲解浅书,练习文法,翻译条子。
三年:讲各国地理,读各国史略,翻译选编。
四年:数学启蒙,代数学,翻译公文。
五年:讲求格物,《几何原本》,平三角弧三角,练习译书。
六年:讲求机器,微分积分,航海测算,练习译书。
七年:讲求化学,天文测算,《万国公法》,练习译书。
八年:天文测算,地理精石,《富国策》,练习译书。①

此外,还有一个五年制课程表,所学课程与外语无关,专门针对一些年龄较大,没有时间或精力学习外语,仅借助译本学习的学生。这说明同文馆还有一些非外语专业的学生。

同文馆所有西学课程,都由浅入深,循序渐进。如:

外国语言文学:先考其字母以别异同;次审其音,以分轻清重浊之殊;次审其构词成文之法;最后是对文义的理解和其他问题。

天文:先通过观测日、月等七政以确立基本法则,使用包括望远镜在内的各式仪器,用新法推步,通过光行差和视差,证明地球自转之理。再推广其法,推算行星轨道。

---

① 朱有瓛:《中国近代学制史料》第一辑,上海:华东师范大学出版社1983年版,第71页。

化学:从原形之质即化学元素开始,分非金属与金属两类,述酸、碱、化合、分解等①。

同文馆所用教材,来自三个方面。一是外文原版书;二是中文已有或已译为中文的书籍,如《九章算法》《几何原本》;三是教习自编,如司默灵编的《法国话料》《法国话规》,丁韪良撰的《格物入门》。从中可以看出同文馆基本教学以翻译为主导,并在此基础上加强对西方人文社会科学和自然科学的学习,内容由浅入深,有利于培养全方面外交人才。

六 教学成就

(一) 英华书院

按照马礼逊制订的英华书院计划,书院每年应招收12名学生,其中6名当地学生,6名欧籍学生,但实际上书院招生人数和原计划大相径庭。1819年书院招收了7名学生,随后招生规模逐渐扩大,且多数为当地的华人子弟。不过毕业后当地华人学生很少有人回到中国工作,即使有人回国,大多数也在广州、澳门的东印度公司或外国商馆里工作,而没有一个愿意当传教士的。但是由于伦敦会传教士在英华书院从事长时间、颇具规模的英语教学,不遗余力地向中国学生讲解英语语言知识,以便更好接受基督教教义,因此毕业生中不少人精通中文和英文,在晚清翻译界大显身手,袁德辉就是其中重要的一员。

袁德辉,小名小德,广东南海人,原籍四川,与马礼逊之子马儒翰同在英华书院学习,不仅擅长拉丁文,还会说官话,学习成绩优异。他曾在北京官府任职多年,后成为林则徐翻译班子的重要成员。据说林则徐第一份给夷商的文告英译本就出自袁德辉之手。这份文告刊登于《中国丛报》,该译文具

---

① 朱有瓛:《中国近代学制史料》第三辑,上海:华东师范大学出版社1992年版,第73页。

有地道的中国文章格式,没有标点符号,兹将第一段引述如下:

> For the managing opium on the last spring being stopped trade for present time till the opium surrendered to the government than ordered be opened the trade the same as before①。

从翻译策略来看,该译文采取直译方法,但这是中国有史以来第一次用英文颁发通告,因此具有重要意义。此外,他还翻译了林则徐等致英国女王的书信。由此看出,袁德辉在林则徐的翻译工作中发挥了巨大作用,对当时中外关系乃至中西交流都产生了深远影响。

(二) 京师同文馆

同文馆创立40年,培养了许多翻译人才,对晚清产生了深远影响。据记载,有一些学生因成绩优异被奏保候补官职,但仅获得资格而未实授;也有一些学生被派随使团出国考察。1866年至1870年,凤仪等11名学生先后随赫德、蒲安臣、崇厚到欧美考察。1876年,中国开始在外国设立使馆,派驻使节,使馆译员多从同文馆中挑选。1888年,总理衙门设翻译官,在中外交涉中担任翻译工作。根据《京师同文馆学友会第一次报告书》,在外交部门或涉外部门任职的有40人,在政府机构和军事部门任职的27人,从事教育的4人,在其他部门工作的20人。由此可见,京师同文馆毕业生是外交舞台上一支活跃的力量。

此外,第一任总教习丁韪良对译书工作十分重视。40年来,京师同文馆共译书29本,其中学生参与翻译和独立翻译共20本,大致分为:语言学习类,包括教科书,如《英文举隅》《同文津良》;人文社科类,如《万国公法》《俄国史略》;自然科学类,如《化学指南》《格物测算》等。由于京师同文馆是清政府创办的第一所新式学校,无现成教科书,因此这些书多充当教科书,这种"自译教材"的做法,也不失为翻译教学中的一大特色。

---

① *Chinese Repository*, Vol.8, pp.167-168.

七 结 语

英华书院与京师同文馆同为19世纪中西双方为排除语言障碍所做努力的产物，尚处于摸索阶段，但具有开创性。首先，二者都极为重视师资选择，品学兼优的教师保证学校高水平的教学质量，更有利于培养学贯中西的翻译人才；其次，就生源方面来说，由于创办英华书院的根本目的是培养传教士，但汉语极其难学，且除在中国外几乎无用武之地，所以无人愿意学习，因此只要申请，皆可入学，相比之下，京师同文馆起初招生具有族籍限制，后来条件放宽，是一大明显的进步，说明清朝统治者对人才培养的认识在逐步提高；此外，在课程设置方面，二者都以翻译教学为主导，在此基础上学习人文、自然、科学等知识，如此培养出来的翻译人才除外语外还掌握相应专业知识；最后，二者培养的精通双语的人才在晚清期间都发挥了重大作用。两所学校的培养模式采用了先进的教学理念、丰富的教学内容以及合理的课程设置，本文将两所学校的培养模式进行对比研究，其经验与教训依然对现代培养翻译人才有借鉴意义。

论法国姓氏文化

首都师范大学 吴 娟

摘 要：姓氏文化是了解不同民族文化的重要窗口。对法国姓氏的研究可以帮助了解多民族、多语言、受宗教影响深刻等法国文化特征以及法国人的性格特征。法国人的姓氏最早可以追溯到罗马帝国统治高卢时期。作为一个多民族国家，法国人的姓氏杂糅了多种语言成分，其构成类型多样，有些姓氏具有鲜明的地域特征。法国姓氏不断出现新的发展特征，而"改姓"一直是个重要主题。

关键词：法国 姓氏 文化

一 引 言

根据法国全国统计及经济研究所（INSEE）提供的数据，截止到2014年1月1日，法国全国总人口数达6600万[1]。从世界范围而言，法国算不上是一个人口大国，但从姓氏的多样性来看，法国绝对称得上是世界姓氏大国，因为法国的姓氏多达一百多万个。姓氏的形成与发展受到一定的社会影响和制

---

[1] https://www.insee.fr/fr/information/2867866.

约，体现出不同民族间的独特文化。法国是一个多民族、多语言、深受宗教影响且移民特征明显的国家，这些都在法国人的姓氏上烙下深深的印记。本文试图从姓氏起源和发展、构成特征以及法国姓氏发展的新趋势等方面展开分析和讨论。

二 法国姓氏的起源和发展特征

在人类文明发展历史上，姓氏与名字出现在不同时期。在有些国家或地区，姓氏早于名字出现，比如中国。而在有些国家，名字则早于姓氏出现。在古代文明时期，许多国家或民族的人们都只有一个单独的名，而没有姓，例如日本、英国、法国等。在法国，人们非常重视对姓氏学的研究，一些官方网站和机构会定期发布关于不同大区以及整个法国姓氏研究的文章或报告。

（一）法国姓氏发展的三个阶段

法国姓氏的起源最早可以追溯到公元5世纪以前，即罗马帝国占领并统治高卢时期。罗马人当时的名字由三部分构成，即人名+氏族名+别名（别名后来演变成姓），而普通老百姓的姓名只有名和姓两部分。"罗马帝国给高卢带来了奴隶制度的模式，加速了高卢原始社会解体，使高卢在政治、经济、文化各方面极大程度罗马化。"[①] 罗马人的姓氏制度必然影响到了高卢人。进入到中世纪初期，随着罗马帝国在高卢统治的瓦解崩溃，罗马三名系统也随之在高卢消失。

公元5—10世纪，法国人只有一个教名，教名一般都是从为数不多的圣人名中选取一个。教名不具备世代相传的特征。而真正意义上的姓氏出现在公元10世纪左右。"公元9—10世纪，法国人往往在教名之后加一个别名，以避免同名现象，后来世代沿用便成了姓。"[②] 起初，这种现象在贵族家庭比较常见，从12世纪开始逐步延伸到整个社会阶层。

[①] 吴国庆编著：《法国》，北京：社会科学文献出版社2003年版，第61页。
[②] 吴国庆编著：《法国》，北京：社会科学文献出版社2003年版，第48—49页。

自 15 世纪起，开始了确定姓氏的漫长过程。这期间政府开始干预姓氏并为姓氏制定法规。1474 年，路易十一下令在没有皇家许可的条件下不得更改姓名。1539 年，弗朗索瓦一世颁布法令规定，法国人在身份登记时必须有姓和名。1794 年的法令规定禁止使用户籍登记之外的姓和名，仅在行政法院的授权下可以更改姓氏。1870 年，家庭手册的出版最终规范了所有姓氏的书写。

（二）法国姓氏发展的特征

首先，法国姓氏在中世纪（约公元 10 世纪左右）才开始使用。与姓氏发展可以追溯到母系社会的中国相比，其历史非常短暂，与英国姓氏的形成发展时期却非常接近。英国人在中世纪（约 11 世纪）开始使用姓氏，到 16 世纪末期左右达到完善。

其次，在法国姓氏形成过程中，政治力量发挥了作用。1539、1794 以及 1870 年的各项法令用法规的形式对法国人姓氏的规范、固定起到了推动、普及的作用。政府与教会的斗争反映在法国社会的方方面面，同样也体现在法国的姓氏当中。宗教对法国姓氏的发展曾有过非常重要的影响。法国大革命之前，整个国家的户籍管理工作由神职人员完成。法国大革命期间曾宣布政教分离，至此，户籍管理才由教会转由政府管理，具体由每个市镇的市政府完成。

最后，"改姓"是伴随着法国姓氏发展而出现的一个重要特征。从路易十一开始直到今日，在法国人"改名"的问题上，法国政府从未放宽过要求。相比 1794 年颁布的法令，1993 年开始实施的法令虽简化了改名程序，但相关的立法仍旧非常严格。

三 法国姓氏的地域性特征以及姓氏的主要构成类型

（一）法国姓氏的多民族、地域性特征

法国姓氏的发展受到法国历史发展的重要影响。发生在法国领土上的殖民化、入侵以及移民等因素都极大地影响了法国人的姓氏和名字。每一个民

族都带来了自己的语言和姓名，这样共同发展、相互影响，最终形成了法国人的姓名。从法国姓名中我们能看到多种民族的存在，包括高卢人，罗马人，日耳曼人，希波莱人以及希腊人等。不同的语言所表现出来的姓氏具有不同的特征和意义。我们可以列举几个人们最熟悉、最常见的法国人名或姓为例，例如 Samuel，Mathieu 源自希波莱语；André，Nicolas 源自希腊语；Robert，Léonard 日耳曼语。

由于语言的差异或后来归并法国领土等原因，法国某些大区的姓氏具有鲜明的地域特征，主要体现在巴斯克、布列塔尼、弗拉芒、阿尔萨斯—洛林以及科西嘉等地区。例如，在巴斯克地区人们讲巴斯克语，而巴斯克语根本不属于印欧语系。该地区的姓氏与房屋的名称总是联系在一起。又如科西嘉族人所讲的科西嘉语与意大利中、南部的一些方言很接近。Albertini，Luciani，Mattei 等这些以字母"i"结尾的姓氏就是典型的科西嘉姓氏。

（二）法国姓氏的类型

从构成类型来分，法国姓氏可以分为以下几种类型：

（1）以职业名称为姓。比如 boulanger（面包师），charpentier（木匠），berger（牧羊人），marchand（商人），couturier（裁缝），barbier（剃须匠），mitterand（测量员）。

（2）以居住地所在的周边地貌、地形为姓氏。如 La Fontaine（泉水），La forêt（森林），Dupont（桥），Jardin（花园），Lamare（水塘），Moulin（风车），Duchamps（田地），Dufour（窑炉）；或以居住者原来生活所在地地名为姓氏，例如 Lauvergne（指来自于奥弗涅 Auvergne 地区）；或以采邑为姓，如 Le Normand（诺曼底地区）。

（3）以动物名称为姓氏。Lelièvre（野兔），Lecoq（公鸡），Poulet（小鸡），Renard（狐狸），Cheval（马），Lebeouf（牛），Merle（乌鸫）。

（4）以个人的性格特征为姓氏。此类姓氏出现于约 12 世纪，主要表示人的某些优点或缺点，因此在构词方面多为形容词。例如 Vaillant（勇敢的），Lesage（聪明的），Letendre（温柔的），Gentil（和蔼可亲的），Lesauvage（野蛮的），Lebon（好的）。

（5）以个人外貌、体形等身体特征为姓氏。Legrand（身材高大的），

Petit（身材矮小的），Leroux（头发红棕色的），Lebrun（头发棕色的），Legras（肥胖的）。

（6）以人名为姓氏。在姓氏形成的12—15世纪，出现了以人名为姓氏的形式。例如，Alexandre，Richard，Petitjean，Jeanpierre，Thibault，Henry等。

（7）以"贵族头衔"为姓氏。例如Leduc（公爵），Lecomte（伯爵），Leroy（国王）。部分法国人的姓氏前带有介词de（译为中文"德"），如法国大文豪巴尔扎克的姓名为Honoré de Balzac（奥诺雷·德·巴尔扎克），法国著名寓言作家拉封丹的姓名为Jean de la Fontaine（让·德·拉封丹）。带介词de的姓氏在法国专名学研究领域显得非常特别，它往往被认为是法国贵族姓氏的象征，但并非姓氏中带有介词de的人都是贵族家庭出生①。

（8）其他类型，比如以植物名、武器、工具或物件名、古圣人、神话人物为姓氏。比如Lavigne（葡萄），Hachette（手斧），Bonnet（帽），Apollon（希腊神话中的太阳神阿波罗），Narcisse（希腊神话中的美少年那喀索斯）。

对比法语姓氏与英语姓氏，我们会发现二者存在着极大的相似性。在英语姓氏中，我们同样能找到源于职业（如Smith，铁匠）、居住地所在的城市和村庄或居住地地形（如London，伦敦）、动植物名称（如Rice，大米）、个人体貌和性格特征（如Black，黑色）以及教名的姓氏。法、英两国同处欧洲大陆，而且法语、英语都属印欧语系，二者的姓氏发展表现得如此相似（就名和姓的重要性而言，英国和法国一样，名比姓更重要），不足为奇。有意思的是，在汉语以及日语姓氏当中，我们同样发现了类似的姓氏来源。以地名或居住地为姓氏，如汉语中的"西门""南郭"，日语中的"田中""山本"；以职业、技艺、官职为姓氏，汉语中有"屠""陶""卜"等，日语中有"服部"（古代从事织衣）、"锻冶"（铁匠）；在汉语中以动、植物为姓氏的非常常见，如"马""牛""熊""龙"等。由此可见，在人类姓氏文化的形成历

---

① 带介词de的姓氏最初仅源于拥有封地或领地的封建贵族世家，因而它是贵族出身的标志。后来，在贵族领地上生活的佃农或平民也将封地作为自己的姓氏，并在之前加上介词de。此外，一些后来被封为贵族的人们为了融入新的社会阶层，也会在自己的姓氏前加入介词de，但这与以封地为姓氏已经没有任何相似之处。因此，不能单凭姓氏中的介词de就简单地判定一个人出身贵族家庭。

史过程中尽管存在较大差异,但是不同的民族和不同的语言间仍然表现出了一定的相似性。

四 姓氏的沿用以及"改姓问题"

姓氏的发展体现出一个民族特有的风俗习惯,但对个人而言,拥有姓氏也意味着要遵循一定的法律并承担相应的责任。

(一) 姓氏的沿用

在以前的法国社会,子承父姓,妻从夫姓。在当代法国社会,女子结婚后并不一定要改姓夫姓,即她有权选择使用或不使用丈夫的姓氏。例如一个名叫 Laura Bernard 的女子与名叫 Nicolas Henry 的男子结婚,婚后她的姓名可以是如下四种情况之一:Laura Bernard(娘家姓),Laura Henry(夫姓),Laura Bernard-Henry(复姓:娘家姓+夫姓),Laura Henry-Bernard(复姓:夫姓+娘家姓)。自 2005 年 1 月 1 日起,新的法规规定,小孩的姓氏也有四种可能,即沿用父姓、母亲的娘家姓、父姓+母亲的娘家姓、母亲的娘家姓+父姓。

如同中国社会一样,法国社会同样经历了最初的姓氏单一性选择到当代社会的姓氏多样性选择这一过程,这是社会进步的象征。

(二) "改姓"问题

法国姓氏可谓五花八门,许多姓氏已经消失,同时也有许多新的姓氏出现。通过法国一家官方的专门研究法国姓氏的网站(www.geopatronyme.com)所提供的资料,我们了解到许多被冠以"古怪"特征的姓氏。其中包括以国家的首都城市名、身体部位、星期月份、星座、数字、拟声词等为姓氏。同时,该网站还列举出了位居当代法国姓氏前十位的姓氏(依次是 Martin,Bernard,Thomas,Petit,Robert,Richard,Durand,Dubois,Moreau,Laurent)。与之相对应,当今法国"令人尴尬而被修改"的姓氏也榜上有名(例如,Cocu,Cochon,Labite,Connard,Salaud,Bordel,Boudin,Putain 等)。被列入此列的,往往都是不雅之词或含义"粗俗""贬义"之语,例如 Cocu(混蛋),Cochon(猪),Con(蠢货),Lecul(屁股),Chameau(原意为骆驼,指难以对付、蛮不讲理的人）等。

在法国，更改姓氏的原因分为两大类别：一是因为亲子关系的原因，二是亲子关系以外的其他原因。1993 年 1 月 8 日颁布的法令承认了以下三种情况允许修改姓氏：第一种情况即"滑稽可笑或者有可能带来损害的姓氏"；第二种情况则出于国家对某些享有声誉的姓氏试图进行保护的意愿；第三种情况与移民相关，即为了取得法国国籍或是使自己的姓氏法国化而修改姓氏。

姓氏是从祖上传下来的，是个人"根源"的象征，一般人们不会想到要去修改自己的姓氏。但当姓氏严重影响到一个人正常的日常、社会生活时，事情就会变得复杂起来。我们很难想象那些姓氏为 Con（蠢货）、Cocu（混蛋）、Lecul（屁股），甚至是 Juda（犹大）、Hitler（希特勒）的人们因此而承受了怎样的精神痛苦。在法国，这些特别、滑稽或是臭名昭著的姓氏往往是要求被修改的姓氏。尽管改名程序相当复杂，但从此点我们还是看到了法国法律人性化的一面。

五　总　结

法兰西民族个性鲜明。法国人自信、浪漫、勇敢、幽默、崇尚自由并以自己的文化为骄傲。但同时，他们性格中自负、爱发牢骚、散漫的特征也很突出。法国连环画家勒内·戈西尼①笔下所刻画的公元前 50 年时期的高卢勇士阿斯特里克斯（Astérix）和奥比里克斯（Obélix）集中体现了法国人复杂的性格特征。而阿斯特里克斯（Astérix）和奥比里克斯（Obélix）这两个人物的姓名本身就是关于法国姓氏文化或者说法国文化的一个真实、典型的例子。

---

① 勒内·戈西尼（René Goscinny，1926—1978），法国漫画家、电影剧本作家。主要作品有《高卢勇士阿斯特里克斯》（*Asterix*）、《幸运的卢克》（*Lucky Luke*）和《巴格达怪杰》（*Iznogoud*）。与让-雅克·桑贝（Jean-Jacques Sempe）共同创造了《小淘气尼古拉》（*Le petit Nicolas*）。

对于祖宗传下来的姓氏，不能简单地说改就改，但是对于作品中的人物或角色的姓氏，法国人可谓极尽想象之能事。我们可以从三个方面来分析"Astérix"。首先，从词形上来说，阿斯特里克斯（Astérix）与在文章中表示"参照页脚注释"的星号即"astérisque"（"*"）一词非常相似。其次，从词意上来讲，"Astérix"可以理解为"众星之王"，因为在拉丁语中"aster"意思为"星星"，而后缀"rix"在古凯尔特语中意为"首领，国王"，例如Vercingétorix[①]。如同这位高卢首领一般，阿斯特里克斯也是英勇抗击罗马入侵的高卢勇士。最后，该词则与作者的"私心"有关。首字母为 A，是法语字母表中的第一个字母，象征着"第一"，如同作者所言，这"在将来的以字母分类的漫画百科辞典中具有绝对的优势"。一个漫画人物投射出了法国人的种种特点，其中不仅包括他们娴熟的文字游戏技巧，还包括对自己身为高卢人后代的骄傲之情以及积极追求理想的精神。

---

① Vercingétorix，即维钦托利（约公元前 72—公元前 46 年），高卢领袖，曾英勇抗击罗马人凯撒入侵高卢。

电影语言的点睛之笔

首都师范大学 崔国鑫

摘 要：本文通过分析国产影片票房崛起以及其反超进口影片票房的原因，阐释了重视本土电影语言的重要性。并通过分析情感共鸣和文化共鸣在票房成绩中的重要作用，阐明了利用本土电影语言的优势是提升国产影片票房成绩和推动我国电影文化进步的有效途径。

关键词：电影语言 本土文化 文化共鸣 情感共鸣

一 国产影片票房崛起的原因

2015 年是中国电影市场的丰收之年，根据国家新闻出版广电总局电影局通报数据显示：2015 年全年的票房总数达到了 440.69 亿元，首次突破了 400 亿大关，较 2014 年增幅 48.7%。其中，国产片总票房超过了 270 亿元，占到

---

① 本文得到"十三五"时期北京市属高校高水平教师队伍建设支持计划（CIT&TCD201804082）资助。

② 崔国鑫，女，汉族，黑龙江省哈尔滨市人，首都师范大学外国语学院副教授，博士，研究方向：语用学，语言学及应用语言学。

了票房总数的 61.58%，在年度十大票房影片中有 7 部国产片。2015 年城市影院观众达到 12.6 亿人次，同比 2014 年增长 51.08%。这说明，越来越多的人愿意把走进电影院看电影作为自己的休闲娱乐方式，在电影的选择上，更多的人开始关注国产片，观看国产片。这不仅是因为国产片在题材选择上更加丰富，制作技术更加先进，还有一个原因也是值得关注的，那就是在同样制作精良的电影中，人们更加愿意选择接近自己文化背景的电影。

2015 年进口片票房为 169.33 亿元，较之 2014 年增长 26%，成绩不俗。但与国产片占据票房总数大半壁江山不同，进口片票房比例连续 7 年下滑，2015 年更是创下 7 年最低，首次跌破四成。伯乐营销总裁张文伯认为："在 2015 年的电影营销中，无论是国产片还是进口片，对于营销的重视都与日俱增，但因为大多数进口片的上映时间相对较晚，所以营销空间比较有限，但随着越来越多的好莱坞电影在中国大陆的票房超过美国本土，好莱坞电影对于在中国大陆的营销也越来越重视。"① 全国人大代表，北京市文联主席张和平在谈到我国 2015 年票房数据时认为，"2015 年国产片票房总数是一个不得了的数字，在好莱坞电影独霸全球电影市场的情况下，我国还能保持这么高的比例和爆发式的增长，令人兴奋"。②

好莱坞大片制作精良，科技含量极高，国际巨星演技精湛，营销策略与国产片难分伯仲，为何在票房上、口碑上却越来越低于国产影片呢？除了国产片的制作技术与拍摄质量不断进步之外，还因为我国电影观众的消费需求发生了变化。回顾以往的进口大片，创下高票房记录的佳作：《亡命天涯》《真实的谎言》《龙卷风》《泰坦尼克号》《珍珠港》《变形金刚》《阿凡达》等。我们发现在国产片制作技术不及进口片的时代，人们走进电影院观看电影是为了感受高素质的电影制作团队奉上的高水平、高科技的视听盛宴。这些高票房的进口片题材大多是科幻片、灾难片、枪战片等与电影观众日常生活和文化生活相差甚远的内容，满足的是观众对于影片画面与音效带来的视觉冲击力的消费诉求。2015 年挤进票房前十名的 3 部进口影片是《速度与激

---

① 《2015 中国电影"纪录之年"440 亿总票房背后的喜与忧》，2016 年 1 月 5 日京华时报 A23 版。

② 北京市文联主席：《〈老炮儿〉多次受中纪委表扬》，2016 年 3 月 10 日北京晨报。

情 7》《复仇者联盟 2》和《侏罗纪世界》,不难看出电影观众对于进口片的诉求仍然延续的是这种消费心理,只是已不再是主流需求。让我们回顾一下 2000 年之后国产片的票房佳作:《西游记之大闹天宫》(2014)、《致我们终将逝去的青春》(2013)、《泰囧》(2012)、《金陵十三钗》(2011)、《唐山大地震》(2010)、《让子弹飞》(2010)、《建国大业》(2009)、《非诚勿扰》(2008)、《集结号》(2007)、《天下无贼》(2004)、《手机》(2003)、《捉妖记》(2015)、《港囧》(2015)、《寻龙诀》(2015)、《夏洛特烦恼》(2015)、《美人鱼》(2016)、《湄公河行动》(2016)、《长城》(2016) 以及 2017 年跻身中国票房榜第一的《战狼 2》,这些国产影片的电影制作技术得到了大大的提升,画面视听效果完全可以和进口大片相媲美。更为重要的是,它们不仅满足了我国电影观众追求高品质电影画面和视听观感的消费诉求,还满足了观众对于精神追求的心理诉求。这些票房佳作题材丰富,有科幻片、魔幻片、历史片、故事片和喜剧片。这些影片内容与观众的日常生活和文化生活紧密相关,影片的时代背景和故事情节可以引起观众的文化共鸣和心理共鸣。这是国产影片票房日渐强劲而进口影片望尘莫及的主要原因。

二 电影语言在票房崛起中的作用

不论是进口大片为电影观众带来的视听盛宴,还是国产优秀影片因满足观众的心理诉求引起的文化共鸣,这其中电影语言都起到了关键作用。"电影语言是电影艺术在传达和交流信息中所使用的各种特殊媒介、方式和手段的统称,即电影用以认识和反映客观世界、传递思想感情的特殊艺术语言。"① 按照这个定义,存在于电影之中的声、光、音、像都可以称之为电影语言,我们称之为"广义的电影语言";与之相对应的,电影中的台词,对白、独白或是画外音我们就可以称之为"狭义的电影语言"或是"电影中的语言"。

---

① 电影语言,2017 年 10 月,http://baike.baidu.com/link?url=7DLN4-2_eteEaxj3M3ME359GNw7fVDoU8SlCda97UgeuEiG1UQhcI_jHRYR_jUFhZPkrVO9aBLubQBM42jkOhOVIF2jD_FhN9QWOi5Rk3E7.

电影语言是电影的灵魂，广义的电影语言通过声、光、音、像等手段直接作用于人的视觉、听觉等感官系统，以直观的、具体的、鲜明的形象传递影片内涵，具有强烈的艺术感染力。电影语言表现力越丰富，视听感觉越震撼，它带给观众的直观感受也就越强烈。现在，越来越多的影片喜欢使用后期特效、3D 特效，也是出于这个原因，影片制作团队希望通过银幕画面、音响效果、演员演技带给观众最直观、最真实的感受，即使影片中出现的语言不是观众的母语，也不影响观众理解电影想要传递的信息。进口大片中科幻、神话、灾难等题材的电影比较受欢迎的原因也在于此，这些题材的影片只需通过鲜活、生动的画面和贴近自然的音响效果就可以向观众传递影片信息，电影观众也无须通过复杂的台词或是相同的文化背景知识就能够理解影片想要表达的主题思想。相反，故事性比较强、文化性比较强、银幕表现手段比较单一的进口大片囿于文化、语言的差异则无法引起非母语国家观众的情感共鸣，票房表现上自然也就不如前面几种题材的电影受欢迎，真可谓是"成也电影语言（广义），败也电影语言（狭义）"。

三 利用本土电影语言的优势

　　国产优秀影片之所以可以反转进口大片在票房上的优势，赢得观众的喜爱和口碑，就是因为弥补了电影观众跨文化观看进口大片的"不足"。人们走进影院观看电影是日常生活的一种娱乐方式，为的是能够放松身心，愉悦心情。因此，电影语言越丰富，文化背景越接近，情感共鸣越强烈的影片越受观众欢迎。国产影片来自本土文化，使用的是本土电影语言，是透过电影这种艺术形式映射人们的日常生活和文化生活，反映的是大多数电影观众对于自己所处的客观世界的普遍认识。电影情节中的时代背景、片段场景、台词、配乐、反映的现实问题，观众可以透过本土电影语言的直观表达了然于心，很快就能够引起文化共鸣和情感共鸣，国产片有着进口大片无法比拟的本土文化优势和语言优势。

　　如何才能利用好本土电影语言的优势呢？从上文中提到的 2000 年以后的国产影片票房佳作中可见端倪。这些影片不仅拥有美轮美奂的画面效果，还有能够触动观众内心、引起观众共鸣的故事情节和语言特色。这其中有两种类型的影片最为成功：一种是能够引起电影观众情感共鸣的情怀片，比如《老炮儿》《中国合伙人》《夏洛特烦恼》《非诚勿扰》等。《老炮儿》中"六爷"侠肝义胆的形象、地地道道的京片儿方言、胡同文化让喜欢北京文化、了解北京文化的"北京迷"过足了瘾；《中国合伙人》讲述的是生于 20 世纪 60 年代的中国人的奋斗史，"考大学""留美""开放搞活""下海创业"是他们这一代人的生活写照，如今作为中流砥柱的他们回首往事就像品尝一瓶陈年的红酒，回味无穷；《夏洛特烦恼》如同一部时光穿梭机，它将生于 20 世纪 70、80 年代，刚刚走过青春、步入平凡家庭生活的"打拼族"带回到火热的青春岁月，一首首耳熟能详的歌曲，一幕幕既熟悉又遥远的校园生活将已经疲惫不堪、近乎麻木的灵魂重新唤醒；《非诚勿扰》是当下最流行、最现实的相亲主题，"同性恋""婚外恋""营销相亲""婚外生子""现实女""性冷淡"等社会话题都有涉及，五味杂陈，耐人寻味；尤其是《战狼 2》将民族信仰、民族自信心、爱国情怀完美发挥到极致，这些影片像一块块小石子，只需轻轻一落，就能够在电影观众的心中泛起阵阵涟漪，它们不仅满足了电影观众的娱乐诉求，更满足了其心理诉求。

此外，还有一种能够引起电影观众文化共鸣的历史文化片，如《西游记之大闹天宫》《金陵十三钗》《建国大业》《寻龙诀》等。《西游记》是中国四大名著之一，"大闹天宫"更是家喻户晓的神话故事；《金陵十三钗》的故事背景是"南京大屠杀"事件，是每一个中国人都知道的历史事件；《建国大业》讲述的是 20 世纪 40 年代抗战胜利直至中华人民共和国成立前夕这一段历史时期，共和国多党合作和政治协商制度从诞生到确立这一重大历史事件，是国庆 60 周年献礼片；《寻龙诀》是根据盗墓题材的畅销小说改编，涉及了中国民间文化特有的"鬼故事"题材。这些影片借助历史文化的影响力未播先热，加上拍摄手法的创新与进步，更是受到广大电影观众的喜爱。这就是本土文化所具有的独特魅力，借助本土电影语言的精彩阐释，不仅弘扬了文化，追忆了历史，还创造了一个又一个票房佳绩。

由此可见，植根我们的本土文化，合理使用本土电影语言的表现方法是我们提升电影品质的有效途径之一。本土电影语言源自本土文化生活，是社会生活的真实写照，是电影作品对历史文化的思考和与社会现实的对话。只有真正认识本土文化、关注本土文化，了解人们的思想意识形态，才能真正地掌握如何使用本土电影语言表现最为真实的社会生活和反映最为现实的社会现象。电影制作团队在不断加强画面品质、音效等电影直观表现力的同时，还要认真思考影片的文化使命和责任意识，从故事情节、场景设计和电影对白的细微之处精心打磨，善用本土电影语言的优势，那么优秀的电影作品才能够感染观众，引发共鸣，提升票房，才能使我们的电影工业逐步走向成熟，推动我们的电影文化不断向前进步。

1931年上海法租界公董局华员大罢工初探

首都师范大学 何 立

摘 要：1931年7月，上海工运正值低潮，上海法租界公董局华人雇员却发动了一场声势浩大的全员罢工。罢工持续了一周左右，惊动了国民政府与青帮势力。最终法租界当局作出让步，签订协议改善华员待遇。华人雇员较强的组织性、在合法形式下进行斗争、得到国民政府的支持以及杜月笙的斡旋是这次罢工取得胜利的主要原因。

关键词：罢工 华员 上海法租界 公董局 杜月笙

1928年大革命失败后，上海工人运动陷入了长达10年左右的低潮期。然而就在1931年，上海法租界的华人雇员却发动了一场声势浩大的罢工。这场罢工始于法籍厂长与手下几名工人的请假风波，这本是一件小事，没想到事态迅速扩大，最终演变成法租界全体华人雇员的大罢工，惊动了法租界当局、国民政府及青帮各方势力。华人雇员们的斗争虽持续一周即告平复，其余波却长达一年有余。关于此次罢工，众多研究上海工运的著作皆未提及，仅在朱邦兴等人合著的《上海产业与上海职工》一书中有只言片语记载，但也语焉不详。本文试对此次罢工的来龙去脉作一论析。

一 罢工的时代背景与动机

1927年"四一二政变"后,上海工运遭受沉重打击。同年,国民政府成立上海市特别农工商局,并于次年改组为社会局,作为主要的劳资调停机构,同时设立劳资调解及仲裁委员会。1927年至1931年,上海政府制定颁布了一系列法律法规,内容包括从工厂监督到解决罢工问题,一度风起云涌的上海罢工潮被渐渐压制下去。1926年上海罢工次数曾多达257起,1927年以后逐年下降,至1930年降至87起。① 为何在劳资纠纷逐步走低的大背景下,法租界公董局却爆发了自成立以来前所未有的全员罢工风暴呢?

虽然上海全市范围内罢工数量大幅降低,法租界内部却并不平静。"五卅惨案"发生后,全国上下民族主义情绪高涨,收回租界的呼声日益强烈,这一时期的上海工人运动越来越多地有了反帝的色彩。与此同时,1927年7月上海特别市政府成立后,"国民党政权不想再看到大城市出现任何对其权力的挑战和反抗……包括上海的'外国城市',决心要将其置于他们的控制之下"。② 随后上海市政府逐渐向租界渗透,与租界当局展开了市政权的争夺。介入并解决劳资问题,被视为压制租界势力的一种有效手段。市政府一方面将工人运动纳入国民党上海市党部民众训练委员会与新成立的社会局的工作范畴,另一方面大力推行《上海劳资调解条例》等一系列法规,企图让租界企业也实行市政府法令,并一直寻找机会插手并引导租界工潮,有时甚至会在背后煽动支持租界工人罢工。

法商水电公司(简称法电)是当时法租界最大的外资企业,垄断了法租界的水电供应及公共交通服务,在法租界的社会和经济生活中扮演着举足轻重的角色,从某种意义上说,它就是法国殖民势力的代表。而"法电当局对

---

① 上海市政府社会局:《近十五年来上海之罢工停业》,北京:中华书局1934年版,第6—7页。

② 安克强:《1927—1937的上海——市政权、地方性和现代化》,张培德等译,上海:上海古籍出版社2004年版,第22页。

工人管理之严厉，是上海企业中独一无二的，各种活动是被严格取缔的，在厂内经常驻守着侦探和巡捕"。① 工人的怨气越积越深，终于在机务部工会领袖徐阿梅的带领下，1930年6月法电工人发动罢工，提出加薪要求。法租界生活陷入一片混乱——水管爆裂、电线故障、电车停驶。罢工遭到法租界官方的残酷打压。7月21日巡捕房出动装甲车和大批警力，制造了震惊全国的"马浪路惨案"，全市各界义愤填膺，纷纷站出来声援罢工。一直密切关注局势发展的上海市政府更是积极出面，市党部、市社会局公开谴责法电资方，国民党控制下的一些工会还成立法商水电工会后援会，力挺法电工人。在政府的支持下，法电工潮持续了57天之久，最终法电资方与法租界当局迫于压力作出重大让步，罢工取得胜利，这就是上海工运史上有名的法电57天大罢工。这场罢工对于同处法租界的公董局雇员的心理冲击可想而知。

公董局雇佣的华人职工主要来自上海本地、苏北和浙江，② 不少人与法电工人是同乡故旧，往来颇多。到了1931年初，"法商电车公司……极力活动的结果，渐渐影响到了公董局方面"。③ 与此同时，法方也觉察到了一些异常。公董局内不时有零星罢工发生。1931年的公董局年鉴记录，4月份的时候法电工会中的激进分子曾对公董局的职工有过露骨的宣传。④ 同年巡捕房政治部的报告也指出："1931年间，法租界罢工人数共为二万八千三百人，其中倒有一万五千五百人是公董局华员的罢工，可见本年的工运是包含反法的性质了。"⑤

和法电工人一样，公董局的华人雇员背负着巨大的生活压力。从1929年开始，上海物价不断攀升，至1931年达到最高峰，与五年前相比，工人生活

---

① 朱邦兴、胡林阁、徐声：《上海产业与上海职工》，上海：上海人民出版社1984年版，第685页。

② 朱邦兴、胡林阁、徐声：《上海产业与上海职工》，上海：上海人民出版社1984年版，第685页。

③ 法公董局1931年年鉴，上海市档案馆馆藏，档号U38-1-863。

④ 朱邦兴、胡林阁、徐声：《上海产业与上海职工》，上海：上海人民出版社1984年版，第685页。

⑤ 朱邦兴、胡林阁、徐声：《上海产业与上海职工》，上海：上海人民出版社1984年版，第685页。

费指数上升了大约13%。① 而公董局华人与西人雇员待遇差别巨大,《上海产业与上海职工》一书中收录的一份公董局雇员工资表显示,法籍职员每月薪水为150—500元,而华籍职员的薪水仅有35—100元,普通工人(均为华人)的收入更是低至17—30元。② "华籍职员比法籍职员工资相差五倍,苦工和法籍职员比,最起码要差十倍。"③ 这些华人雇工人多半是农村失地农民与城市失业工人,在米珠薪桂、寸土寸金的上海,要以如此微薄的收入支撑一家人的生活,痛苦程度可想而知。同时,公董局职工的工作时间,"原则上为职员每天工作六小时,工人每天工作八小时。但事实上职员往往每天工作七小时以上(华籍职员如此),工人工作九小时以上"。④ 华人雇员心中的不满与日俱增。

二 罢工的始末

据《申报》报道,1931年7月2日上午7时许,法租界公董局卢家湾工程处有两名工人请假,厂长冷冻(Rainteau)便要克扣他们的工资,引起工人不满,全厂工人一致怠工,并向公董局提出十项条件,要求改良待遇,主要包括:增加工资两成,年底双薪,补发米贴,规定最低工人工资;确保节假日正常放假并增加每年一个月的带薪假;法方不得随意克扣工人工资,不得随意开除工人;承认公董局职工会并月给津贴500元;开除厂长冷冻等项要求。⑤ 罢工代表与公董局交涉两天,没有得到任何实质性答复。7月4日,公

---

① 上海市政府社会局:《近十五年来上海之罢工停业》,北京:中华书局1934年版,第21页。

② 朱邦兴、胡林阁、徐声:《上海产业与上海职工》,上海:上海人民出版社1984年版,第688页。

③ 朱邦兴、胡林阁、徐声:《上海产业与上海职工》,上海:上海人民出版社1984年版,第686页。

④ 朱邦兴、胡林阁、徐声:《上海产业与上海职工》,上海:上海人民出版社1984年版,第688页。

⑤ 《申报》,1931年7月3日。

共工程处、市政总理处、卫生救济处、花园种植处等各部门员工均响应号召，加入罢工队伍。当天下午，罢工工人召开全体大会，共 3000 余人参会。到了 7 月 5 日这天，罢工大会参会人数竟达 4000 多人①。为赢得社会的广泛支持，工人们发出宣言："窃同仁等处法帝国主义淫威压迫之下，历年来所受种种痛苦，非言可喻……彼帝国主义者，以吾工友可欺，平时谩骂殴辱，视为常事，扣薪革职，形同儿戏。偶有工友染病在身，辄以庸医妄投，草菅人命。有事请假者，即双倍扣除工资，近复延长工作时间，减少固有工资……以上种种，不足述其万一，同仁等为自身解除痛苦计，不能再事沉默，曾以和平方法，提出改良待遇条件，向法当局恳商，屡受斥责，同仁等忍无可忍，迫不得已，于七月二日，全体职工，相率怠工。"② 就这样，终于实现了法租界历史上首次也是唯一一次全公董局华人雇员团结一致的大罢工。

罢工委员会一方面成立交涉委员会，与公董局官方谈判；另一方面积极寻求外界支持，派出代表，携带呈文，呈请市党部及社会局，同时与法租界纳税华人会接洽，请纳税华人会主持公道，予以援助；并向英工部局及法水电公司索取所签订劳资契约，以作借鉴参考。

当时公董局已无法正常运转，法租界当局深感事态严重。他们认为这场大罢工"从一开始就有革命和政治色彩"，是华人职工会与法电工会联手，"反对法帝国主义"的阴谋，而且"此次罢工得到了租界和华界某些有影响力的团体的秘密支持"，应"采取措施对付工人团体的反法斗争"，但这已"超过了公董局的能力范围"③。形势逼人，无奈之下，租界当局只得请纳税华人会会长杜月笙出面调解，同时同意上海市政府出面参与谈判。

当时罢工华员手中有一张谈判的好牌，就是租界的垃圾。7 月 2 日罢工初起，垃圾处的多数工人就积极响应，大量垃圾无人清理。7 月 3 日公董局总办维迪尔（Verdier）受命带领 25 名司机和 150 名清运工前往搬运垃圾。第一位出发的法籍司机没走多远，就遭罢工者投掷石块，其他司机和工人见状，士气立刻低落下来。巡捕房警察赶来，警长告诫维迪尔最好暂时不要再动垃圾，

---

① 《申报》，1931 年 7 月 4 日、5 日。
② 《申报》，1931 年 7 月 7 日。
③ 法公董局 1931 年年鉴，上海市档案馆馆藏，档号 U38-1-1440。

以免冲突升级。① 随后，罢工工人迅速成立纠察队，寻查私扫垃圾者，进一步向法方施加压力。此时正是盛夏，垃圾迅速腐烂，"又值连天霉雨，秽气蒸腾"②，眼见垃圾堆积如山，公董局方面只得于7月6日召开会议，呼吁租界居民自行"扫除污秽，力求清洁，务将各种秽物，毁埋于私家园地内"。③ 同时法方敦促杜月笙，劝服工人"先行将马路上堆积之垃圾清除，以保公共卫生，再提其他条件"。④ 法租界纳税华人会也提醒罢工华员，任凭垃圾挡道，会导致"市民不查，易起误会"，失去社会大众的同情。纳税华人会还向工方表示理解，断言"此次不幸发生交涉，必有不得已之苦衷"，并承诺"函咨法公董局，调取职工收支簿册到会，根据事实，进行一切手续"。⑤ 工方代表权衡利弊后，暂时答应清除马路上堆积的垃圾，但表示此举仅仅是"顾全本市市民公共卫生起见"，"以一星期内，仍不能得到圆满解决时，再行继续怠工，坚持到底，不达目的不止"。⑥

随后在原有十项条件的基础上，罢工委员又增加了新的谈判条件，包括：公董局向华人职工会提供办公场所；华洋职员纠纷应征求职工会意见再予以解决；明确职员每天工作六小时，工人工作八小时等。连同7月2日所提条件，所有要求共计十七条。

7月7日，双方达成一致，签订16项协议：全体华员一律增加工资一成，服务满一年者年底双薪；公董局允准华员设立华人职工互助联合会，每月津贴400元，并提供会址；职员每天工作六小时，工人每天工作八小时等。华员提出的要求基本得到满足。工方表示满意，宣布从10日起复工，大罢工就此结束。⑦

---

① 法公董局1931年年鉴，上海市档案馆馆藏，档号U38-1-1440。
② 《申报》，1931年7月5日。
③ 法公董局1931年华文公报，上海市档案馆馆藏，档号U38-1-2840。
④ 《申报》，1931年7月6日。
⑤ 《申报》，1931年7月5日。
⑥ 《申报》，1931年7月5日。
⑦ 《申报》，1931年7月10日。

三 罢工胜利原因

此次罢工虽是法公董局历史上首次华员总罢工，但只用了一周左右时间，华人雇员就迫使法方作出让步，取得罢工胜利，其原因主要有以下几点：

首先，公董局华人雇员自我组织能力较强。虽然没有工会，但罢工伊始，罢工华员立即召开工友大会，成立临时委员会，选出20名临时委员负责与公董局官方交涉。后续的罢工活动始终由临时委员会这一权力机关指挥一切，统一罢工雇员的思想行为。另外还成立了总务、宣传、文书、交际各科，将会务工作打理得井井有条。7月4日起，由于罢工规模扩大，又成立了审查条件委员会，其后向公董局提出的各项条件均出自该委员会。此外，为避免罢工队伍中混入别有用心之人，还组建了一支纠察队。公董局派人私扫垃圾发生后，纠察队即日夜分班，轮流寻查，每班服务六小时，轮流交替，随时报告。①

其次，利用"合法形式"、和平手段进行斗争。罢工一开始，临时委员会一面与公董局方面交涉，一面报请国民党市党部、社会局和淞沪警备司令部②，因为1928年以后，社会局与国民党市党部民训科联合颁布命令，要求所有劳工纠纷都由社会局调解处理，这样一来，此次罢工就符合了国民政府规定的法定程序。另一方面，整个罢工过程纪律严格，尽量不诉诸暴力，防止工人的个人行为破坏罢工大计。最有可能与资方发生冲突的纠察队员不用年轻易冲动的小工，而是由稳重的老栈房工友充任③。7月3日，租界方派人清扫垃圾，遭罢工工人投以石块，但总董维尔迪也承认"只要不动垃圾，罢工者的举止非常平和"④。7月6日，十六铺巡捕房有两名巡捕殴伤纠察队员，罢工工人没有以牙还牙，而是通过临时委员会，致函法

---

① 《申报》，1931年7月6日。
② 《申报》，1931年7月6日。
③ 《申报》，1931年7月7日。
④ 法公董局1931年年鉴，上海市档案馆馆藏，档号U38-1-1440。

公董局督办，并通知各捕房，警告不准再有同样的事发生。① 所以这次罢工不仅没有被公董局镇压，还顺利争取到了国民党参与调解，用谈判等合法手段为工人争取利益。

最后，杜月笙作为调停第三方，对于最后与法租界官方达成协议发挥了较大作用。"四一二政变"后，杜月笙不仅成为国民政府的红人，在法租界也混得风生水起，不仅备受租界官方青睐，还得到租界华人拥戴，成为纳税华人委员会委员，并于1929年被推举为公董局华董，在法租界的政治地位日益显赫。为进一步巩固自己的势力，他开始介入法租界工潮。当时的杜氏门徒遍及各行各业，工人中也有大批追随者，青帮在底层工人中的影响力急剧扩大，为杜月笙成功介入工人运动奠定了基础。与此同时，杜月笙还将多位亲信安插到国民政府劳工部门任职（此次公董局大罢工，国民政府参与处理工潮的两位官员——市党部民运指导委员会主任陈君毅与社会局专门负责劳资纠纷的第三科科长许也夫——都是他的爱徒），一遇工潮，他便通过这些关系参与调解。1930年杜月笙调解法电工潮大获成功，其间他曾自掏腰包支付9000元补偿罢工工人的工资损失，并承诺被开除的40位工人可以在工会中服务，薪资待遇与在厂工人相同。许多工人对他感激涕零。法租界官方也称赞他"每为法租界官方与利益计，每次排难解纷，辄获美满效果"②。所以公董局华员大罢工后，法华双方不约而同请求杜月笙居间调停。

垃圾清运是当时双方争执的一个焦点，杜月笙力劝罢工工人将马路上堆积的垃圾清除，确保公众卫生，工方表示"尊重杜君主张，允诺对于清道部分照常工作"③，缓解了租界官方的燃眉之急。随后7月7日，杜月笙的代表李应声请罢工华员派代表与杜月笙当面解释各项条件及罢工详细情形，以便调解。7月9日中午，公董局职工交涉委员会代表、法国领事柯格霖在杜宅谈判。经过杜月笙和许也夫的调停，双方最后达成一致。

---

① 《申报》，1931年7月7日。
② 《上海法租界公董局公报》第159期，上海市档案馆馆藏，档号U38-1-1442。
③ 《申报》，1931年7月7日。

四　罢工的余波

虽然此次公董局大罢工,华人雇员迫使法租界当局答应改良条件并签下协议,但他们的成功是短暂的。按照妥协协议成立的华人联谊社(相当于华员工会)为联合外力,与法商水电公司工会联盟,却在当年9月4日卷入法电工会与当局的冲突,遭到巡捕房追查,不仅会址被封,还失去了津贴。年底法总领事借口预算吃紧,实施裁员:除巡捕房外,各机关共裁减华员240人,而外籍雇员仅有16人被裁。裁员后,华人联谊社的声势更是大不如前,多次改组均告失败,于1932年10月宣告解散。

从田野到网络

——文化人类学田野调查方法发展脉络初探

首都师范大学 贾旻苘

摘　要：田野调查方法是文化人类学最基本和最重要的研究方法。从 19 世纪末 20 世纪初开始一直到现在，这种实地调查的研究方式影响着人类学甚至更多学科的发展，对研究人类文化的作用举足轻重。田野调查方式从无到有，从实到虚，随着时代的发展而发生着变化，但是无论怎样变化，它对于他者的文化的研究本质不会改变。

关键词：文化人类学　田野调查方法　发展脉络

田野调查（field work）是文化人类学最基本和最重要的研究方法，是社会学和人类学的一种实证调查方法；人类学研究者通过田野调查取得的资料才可以形成人类学的民族志。但是在人类学学科刚刚出现的时候，学者们并不采用这种方法进行研究。最初的人类学著作都是殖民地官员、航海家以及一些传教士甚至去过当地的游客的口述写作。包括后来的斯宾塞、弗雷泽等人即使到了实地，也不会真正地进行调查。当时西方经济的发展以及殖民主义的扩张使得一些西方人接触到了相对落后的所谓"异文化"，他们对在这些遥远的族群部落的所见所闻的著书立说形成了人类学民族志的发端。但是因为这些所谓落后族群大多没有文字或者史料，西方人主要通过参与观察的方式对他们感知的文化、风俗习惯以及亲属和宗教制度进行理解和记录，这样慢慢形成了田野调查的研究手段。在马林诺夫斯基之前，因为所有的资料都是依靠探险者、传教士的口述或游历记录，而非学者的亲身体验，所以它们还不能算作真正意义的科学的田野调查，虽然摩尔根、斯宾塞等人到达过土著民族的田野，弗雷泽还写出了《金枝》这一著名作品，但是直到马林诺夫斯基归纳总结出一整套田野调查的科学理论和操作方法，才开创了真正科学意义的田野调查，而他在真正与当地人在一起生活劳动以后才写出他的著名作品《西太平洋的航海者》等。马林诺夫斯基以前的人类学者泰勒、弗雷泽等大多被称为"摇椅上的人类学家"，他们基本上都是在书斋里进行研究，即使到了田野也不会真正深入到当地。所以在当时实地的田野调查没有得到应有的重视，一部部民族志书籍都是在书斋里完成。

马林诺夫斯基以后的西方人类学家开始非常重视田野的实地调查，注重从当地人即从他者的角度阐释当地文化，运用一定时间的参与观察和深入访谈等形式对当地文化进行研究；同时期博厄斯在美国开始倡导推行田野调查方法，此方法经过马林诺夫斯基和其他人类学家不断完善不同层面的操作方法，最后成为人类学实地调查的范式。田野调查注重从被研究者的角度开展各项研究，并从详尽的观察、访谈、问卷等材料中获得第一手资料，进而进行分析归纳，形成不同的调查结论，所以成为人类学理论研究的重要手段和基础方法。在中国田野调查是在确立了人类学学科之后逐步开展起来的。从20世纪20年代开始，众多的人类学者奔赴祖国各地，在各少数民族地区进行专门的调查研究，并以此为基础写出了许多详细的著作和调查报告，后期帮助进行的民族识别工作，以及制定相应的经济发展政策和宗教政策，对少数民族的发展起到了非常重要的作用。当时的中国研究者们深入到各少数民族地区调研，比如费孝通对江村以及林耀华对凉山的调查等都非常细致入微，分析透彻，并取得突破性理论进展，并且写出了相应的许多著作，比如《江村经济》《金翼》等。其中费孝通先生由于深受导师马林诺夫斯基的影响，在研究中始终坚持实地调查的方法，深深地影响了中国人类学和社会学的发展。

人类学研究文化和异文化、他者以及社会，重视被研究者的观点。作为基本的研究方法的田野调查方法是人类学学科的基本范式，是人类学理论付诸实践的重要手段。顾名思义，它需要人类学学者利用专业知识，亲自到实际的调查地点或者群体当中，通过访谈、观察以及与当地人的一定时间共同生活的方法，获得第一手的调查资料，然后在所得资料的基础上进行分析、总结和归纳，用以印证不同的理论学说或者得到新的理论观点。看上去人类学家所做的事情是到一个地方去走走看看，但是他们与普通旅行者的目的是完全不同的，人类学者的田野调查其实是充满挑战和困难的。这一点我们在许多民族志作品中可以体会到。例如奈吉尔·巴利的《天真的人类学家》中，作者用诙谐幽默的笔触为我们描绘了他在非洲喀麦隆的多瓦悠部落村落的生活，但是轻松中渗透出很多的无奈与艰辛。虽然这本书不能算是田野调查民族志的经典作品，但是却给普通读者和人类学者揭示了许多田野调查过程中可以遵循的基本规律，比如对调查地点的反复研究和学习当地语言对调查的重要性等。科学的田野调查方法应具有长期性、参与性、深入性的特点[1]。进行田野调查以前，应该有足够的知识和理论储备，应尽量在多种理论指导下设计调查方案，这样可以周全考虑和从被观察者的角度出发认识问题的本质，有利于对问题进行全面分析归纳，从而得出更加客观的观点。按照马林诺夫斯基的观点，田野调查应按照整体论的原则规律，调查者不能仅仅研究当地文化某一个方面，而是要全面研究调查整个族群和部落的文化。

一般来说，人类学传统意义上的田野调查都是对原始、封闭、落后的族群进行研究。通过调查研究对异文化进行认知并深入了解异文化。因为要走进他者甚至遥远的文化中，田野调查需要预先做好充分的理论储备和心理准备，还要具备敏锐的观察力和极大的耐心。田野调查的具体财政或者时间空间上的困难也会阻碍学者们的研究。但是，社会的发展和进步使得田野界限日益模糊，不同于早期通常为一个相对封闭的村落的田野调查点，随着社会经济的发展和全球化以及网络的普及，田野点也随之变得复杂化；现代生活中，网络的发展和广泛使用正在深刻影响着人们的生活习惯和思维方式，"人们之间的互动不再局限于亲属关系、共同居住以及社会阶层等所构成的网络，大众传媒和立体交通，推动了大规模的文化与社会的整合。"[2] 近几十年来少

---

[1] 何星亮、杜娟：《文化人类学田野调查的特点、原则与类型》，《云南民族大学学报》，2014年7月。

[2] 朱凌飞、孙信茹：《走进"虚拟田野"——互联网与民族志调查》，《社会》，2004年9月刊。

数民族地区的发展和与汉族社会的融合,使得少数民族地区社会文化发生了重大变化,原先聚集在一起的部落或民族可能已经变迁或分散,所以相应的田野调查地点也应该随之变化,相应的调查方式也会随之变化,社会的发展使新的田野点越发趋于网络化。经历了多年的变化,田野调查再次从实际的田野回到身边的社会层面,而且是延伸到虚拟的互联网上,网络田野调查中,"人类学家不必亲赴遥远的'异域'进行猎奇,只要打开电脑,连接上线,便可以进入这个未知的神奇世界"。① 使用网络进行田野调查,可以更有效地利用空间和时间的便利条件,达到研究者的目的。这一发展势必会改变人类学研究领域中的田野点只会偏重原始落后的地方的特点,越来越贴近我们日常的生活。"为应对虚拟环境带来的研究方法的挑战,一些学者利用互联网作为新的研究田野和工具的可能,提出用虚拟民族志的方法,来探讨与互联网关联的社会文化现象。"②

比如北京的胡同、四合院和南方客家人的围屋就是非常典型的例子。随着社会和经济的发展以及人们的离开,原先的四合院和围屋逐渐没落,目前在北京保留完整的四合院已经为数不多了,而作为客家居所的围屋在福建等地还算比较常见,但是在广西因为客家人的搬迁,经常可以见到当年也曾辉煌过的围屋现在已经几乎废弃,只有墙上剥落的花纹图案依稀可见当年的风光。随着这样人群的变化,人类学研究肯定要做出相应的变化。"多田野点的民族志(multi-sited ethnography)的观念对研究现代社会中信息和人口的高频流动以及相关的技术现象起到了积极的作用。"③ 田野调查地点的选择、进行参与观察的方式与途径都需要研究者在理论指导下进行。实际的田野调查和虚拟的网络调查共同的特点都是要有具体的调查目的,需要对社区进行一定时间的参与观察,虽然进行网络田野调查无须与被调查者共同生活,但是也需要必要的沟通交流,即深入访谈,只有这样才可以深入认知了解;实际的田野调查需要研究者深入到实地进行一定时间的观察访谈,学习当地人的语

---

① 卜玉梅:《虚拟民族志:田野、方法与伦理》,《社会学研究》,2012年6月刊。
② 卜玉梅:《虚拟民族志:田野、方法与伦理》,《社会学研究》,2012年6月刊。
③ 朱凌飞、孙信茹:《走进"虚拟田野"——互联网与民族志调查》,《社会》,2004年9月刊。

言，参与到当地社会文化生活中，从而可以真正了解和解释当地的文化。田野调查讲究主位和客位不同视角的关系，主位即当地人的角度，客位是研究者的角度。面对新型的田野调查方式和地点，"网络田野考察的研究者既要站在网络特定群体的角度，用他们自身的观点去解释他们的网络文化，又要站在局外的立场，用调查者所持的观点去解释所看到的文化。网络田野考察定义为：在特定时间内，通过持续的网上参与式观察，描述虚拟社区中的族群及其文化现象的过程"。①

作为人类学的基本科研方法，实地田野调查与网络田野调查两种方式各有利弊。研究者和研究对象间可能存在很多的社会背景、思维方式和风俗习惯的不同，前者具有较高的可信度，而通过互联网进行的田野调查会因为不能与被研究者面对面交流而导致所得材料的可靠程度较低。作为田野调查中最典型的参与观察法，要求研究者在田野点生活劳动并学习当地的语言，融入当地的生活，这样的具体观察在实地的调查中可以比较顺利地实行，而在网络的虚拟环境下相对困难，因为无法看到调查者具体的情况，只能通过邮件或问卷等形式调查；对于一些隐私或者敏感话题，网络调查却具有更大的优越性。因为缺乏足够的物质基础或者充裕的时间导致不能达到的田野点的调查上可能会体现网络的优势。但是对于网络田野的调查手段应当更加丰富，比如通过音频、视频或者设计问卷，不能单纯依靠问答的材料文本，从而避免单纯文本的误读和误解。② 关于调查的客观性，实地田野调查具有客观性的特点，虽然在阐述解释异文化的过程中难免会有主观的因素影响其中，但是因为民族志非常注重他者的角度，所以可以保证其客观性。网络的田野调查因为被调查者匿名的特点，一定程度会使所得材料更加客观。但是实地的田野调查因为可以与被调查者面对面交流，所以数据具有真实性；但是网络调查在这一点上很多时候难以保证。所以在实际的研究中，需要注意网络田野调查过程中可能出现的问题并加以改进，并且结合实际，使得网络调查发挥更大的作用。

---

① 朱洁：《网络人类学中的田野考察》，《思想战线》，2008年第2期。
② 朱凌飞、孙信茹：《走进"虚拟田野"——互联网与民族志调查》，《社会》，2004年9月刊。

无论是哪种田野调查方法，调查的每个环节都是类似的，比如调查以前的理论准备、资料搜集、确定调查目的与分工，调查过程中对观察细节的把握以及调查结束以后的资料整理，而且每种方法都需要研究人员投入一定的时间，具有历时性，这样才能保证数据的完整。而各种方法都是利弊共存，需要研究者趋利避害加以有效地利用。实际的田野调查所需准备时间和物资必须充分，才能保障调查工作的顺利进行；而网络调查时间上就会相对灵活，也不需要在物资上有特别的准备，所以在这方面网络调查显得略胜一筹；尤其是在网络上开展调查节省了很多时间和交通不便的影响，这些都是网络调查的优势。但是另一方面，在面对面的调查和访谈以及问卷过程中，调查者通过参与观察可以获得更直接的经验和感觉，除了获得文字的材料，还可以有更多的环境观察和与实际的人的交流及参与观察的过程，所以得到的信息可信度更强。在网络调查中虽然缺少面对面的沟通，但是可以通过在问卷中更多的语言的选择和设计，与更多的不同人群交流，从而获得更多层次的信息材料，这是实际田野调查难以做到的。不论采用哪种方式，田野调查的伦理问题都是一个难以躲避的课题，是研究者不论是参与观察、设计问卷抑或访谈的时候都要注意的事项，同时这也是对于一个田野调查者最基本的素质的要求。

再有，田野调查从实际走到网络虚拟也证明了文化人类学的变化，从只是研究原始落后的族群文化进入到现代社会甚至我们身边。人类学的田野研究点还经历了从简单的社会研究到复杂的社会研究的过程。从一开始的原始的社区和族群的文化研究到现在包罗万象的研究主题，甚至经常需要多学科联合的研究才可以顺利进行，这些变化对现在的田野研究提出了更高的要求，并要做出相应的调整。在实际的研究中，研究者可以辅助多种方式进行调查，除了参与观察、谱系研究，社会学、统计学都是必须的研究手段，但是田野调查仍然是首要的，因为它的可信度相对最高，所以研究的可信度仍然需要依赖实际田野调查。

中俄文化交流与合作之管窥[①]

首都师范大学　徐先玉

摘　要：文化交流与政治互信、经贸合作共同构成中俄关系发展的三大支柱。近年来，俄罗斯和中国均将文化外交作为对外政策的重要组成部分。中俄的文化交流具有坚实的法律、政策和制度保障，两国的文化合作不断发展，有力地配合了国家外交。"一带一路"建设为中俄文化发展提供了新的契机，中俄文化合作的前景更加广阔。

关键词：文化　交流　合作　中俄　外交

全球化和信息化为不同文明间的互通互鉴提供了更多的机会，同时也对各国提出了新的挑战，各国自身文化和传统价值观念受到了一定的冲击、碰撞、侵蚀乃至威胁。当前各国对外政策中的文化外交比重明显加大，在作为国家"软实力"的文化领域展开了新一轮的竞争和博弈。俄罗斯和中国均是文化大国，拥有丰厚的文化底蕴，近年来两国都将文化发展和文化安全提高到国家战略的高度，将文化外交作为对外政策的重要组成部分。

[①] 本文系 2014 年北京市优秀人才培养资助项目"当代俄罗斯文化战略研究"阶段性研究成果。

一　法律、政策和制度保障

（一）法律基础

1992年12月18日，中俄两国签署的《中华人民共和国政府和俄罗斯联邦政府文化合作协定》成为指导两国在文化领域开展工作的纲领性文件。① 此后，在协定框架内，中俄两国文化部陆续签订了11个文化合作计划，目前两国文化部正在执行《中华人民共和国文化部和俄罗斯联邦文化部2017年—2019年合作计划》。合作已涵盖科学、教育、文化艺术、大众传媒、出版、体育、青年、妇女、旅游、音乐、戏剧、电影、造型艺术、民间创作、文物保护与修复、图书馆、博物馆、档案馆等众多领域。两国相应部门和组织根据本协定和文化合作计划陆续签订了一系列部门间的协议、计划和工作文件，成为两国在上述领域合作的法律基础和保障，有力推进了两国的文化交流与合作。

（二）政策保障

2000年，俄总统普京批准的《俄罗斯联邦对外政策构想》提出俄罗斯对外政策在文化领域的战略目标：在境外宣传和推广俄语、俄罗斯民族文化，树立俄罗斯在世界上的积极形象。② 2001年，俄罗斯外交部签发了《俄罗斯外交部开展俄罗斯与外国文化合作的基本工作方针》，文件强调，"文化在俄罗斯外交战略实施中具有特殊的作用。俄罗斯的国际地位和国际威望不仅由政治地位和经济资源决定，同时还有赖于俄联邦各民族的文化财富"，这是俄政府首次全面阐述对外文化政策的文件，并将"文化外交"的概念明确下

---

① 《中华人民共和国政府和俄罗斯联邦政府文化合作协定》，1992年12月18日，http://www.cpll.cn/law3545.shtml，2017年9月7日。

② Концепция внешней политики Российской Федерациию от 28 июля 2000 года, http://www.kremlin.ru/acts/news/785，2017年9月7日。

来。① 2010年，俄总统批准实施了《俄罗斯联邦国际人文领域合作的基本方针》，文件对俄罗斯开展国际文化合作的目标、优先任务以及实施办法等予以明确规定，该文件是一份拓展俄罗斯文化影响力、利用文化软实力实现俄罗斯国家利益的纲领性文件，表明俄罗斯对外文化战略已初步形成。②

2007年党的十七大提出了"提高国家文化软实力"的战略部署。2011年，党的十七届六中全会通过《关于深化文化体制改革推动社会主义大发展大繁荣若干重大问题的决定》，提出了建设文化强国的目标，强调要推进中华文化走向世界，开展多渠道多形式多层次对外文化交流。③ 十八大又提出扎实推进社会主义文化强国建设。

由此可见，在俄罗斯"大国复兴"和中国"大国崛起"的战略背景下，中俄两国政府越来越重视运用文化外交手段来实现各自的对外战略和国家利益，增强民族凝聚力，提高国家的国际影响力，塑造良好的国际形象。

(三) 制度保障

在上述政策的指导下，2000年，在中俄总理定期会晤机制框架内成立了中俄教文卫体合作委员会，统筹规划教育、文化、卫生和体育领域的合作，并使其机制化。2007年，随着合作领域的不断扩大，更名为中俄人文合作委员会。委员会下设教育、文化、卫生、体育、旅游、媒体、电影、青年合作等8个领域的合作分委会和档案合作工作小组，各分委会和工作小组每年举行一次例会，总结、规划各领域工作。两国先后成立了多个工作合作机制并签署了系列文件，从国家政治和法律层面有力促进和保障了中俄文化关系的

---

① Основные направления работы МИД РФ по развитию культурных связей России с зарубежными странами, дипломатический вестник, 2001, №5, с. 56-61.

② Основные направления политики Российской Федерации в сфере международного культурно-гуманитарного сотрудничества от 18 декабря 2010 года, http://www.mid.ru/foreign_policy/official_documents/-/asset_publisher/CptICkB6BZ29/content/id/224550，2017年9月7日。

③ 《关于深化文化体制改革推动社会主义大发展大繁荣若干重大问题的决定》，2011年10月15日，http://cpc.people.com.cn/GB/64093/64094/16033262.html，2017年9月7日。

发展，两国文化交流迅速发展，合作规模和水平不断攀升。①

二 文化交流与合作的特点

文化交流与合作是中俄双边关系的重要组成部分，在增进中俄两国民众相互了解、传承友谊、巩固中俄关系社会和民意基础等方面发挥了重要作用。作为中俄全面战略协作伙伴关系的重要组成部分，两国文化交流与政治互信、经贸合作共同构成中俄关系发展的三大支柱。中俄文化交流与合作具有以下特点：

（一）内容丰富，形式多样

在上述政策和机制的保障下，两国文化交流与合作的领域不断拓宽，涵盖了科学、教育、文化艺术、大众传媒、出版、体育、青年、妇女、旅游、音乐、戏剧、电影、造型艺术、民间创作、文物保护与修复、图书馆、博物馆、档案馆等众多领域。合作内容丰富，且形式多样，有文化节、文化论坛、思想对话、文艺演展、语言竞赛、体育赛事、影视出口和文学产品译介等。

（二）官方交流为主，民间交流为辅

1. 高规格和机制化

两国文化交流与合作多由政府规划、引导和组织，政府间、高规格、大规模、综合性的活动居多。自 2006 年起，中俄在两国元首和总理互访机制下连续互办"主题年"大型国家级活动，相继举办中俄"国家年""语言年""旅游年""青年友好交流年""媒体交流年"，并在活动框架内开展了为数众多的、丰富多彩的文化活动。此外，两国还以各种纪念日为契机，举行大型庆祝活动。在中俄建交 50 周年和 60 周年、《中俄睦邻友好合作条约》签署 10 周年和 15 周年、世界反法西斯战争胜利 70 周年和中俄战略协作伙伴关系建立 20 周年之际，两国均举办了大型庆祝晚会、音乐会或纪念活动，这些文化

---

① 李辉：《中俄文化交流让"世代友好"理念深入人心》，2016 年 3 月 7 日，http://news.xinhuanet.com/world/2016-03/07/c_1118253686.htm，2017 年 9 月 7 日。

活动有力地配合了国家外交，在两国民众间取得良好反响，促进了两国人民的相互了解，增进了两国人民的友谊。

当前，双方互办大型文化活动已成为一种机制。根据中俄两国文化部年度合作计划，自1997年起，两国定期互办文化节，活动涵盖的城市和区域越来越多，时间跨度越来越长，活动内容越来越丰富，业已成为双方在对方国家影响最大、受众最多、规模最大的品牌性文化交流活动。两国还定期共同举办青少年运动会、大学生艺术联欢节、青少年夏（冬）令营、青少年学生俄（汉语）比赛、大学校长论坛、高等教育展、电影展（2013年起互办电影节）等，这些活动也都产生了不可小觑的"品牌效应"和"聚合效应"，成为加强中俄两国民众相互了解和沟通的重要平台。

2. 地方政府和非官方组织的参与

地方政府、边境毗邻城市的文化交流是文化合作的重要组成部分。自2010年起，黑龙江省黑河市开始举办的中俄文化大集是两国文化交流史上前所未有的、中俄两国在边境毗邻地区跨境同期共同举办的大型文化交流活动，构建了国际上毗邻地区跨境文化合作与交流的新模式。自2015年起，哈尔滨启动中俄文化艺术交流周，并且通过演出低票价、惠民演出特定观众群体赠票、中外专业精品演出进广场与市民互动、高雅艺术国际交流普及等多种形式的惠民行动提高了群众参与度。中俄现有25对友好省州和87对友好城市，这些友好省州和友好城市之间的文化交流也是文化合作的重要组成部分。

1997年，在中俄两国元首的倡议下，受两国政府支持的国家间社会组织中俄友好和平与发展委员会成立，成为中俄民间友好交往的主要渠道。两国民间文化交流近年来日渐活跃，友城之间、专业协会之间、博物馆之间、音乐美术界的交流互动越来越频繁。

（三）互设平台，重视对外语言教学和文化传播

中俄两国都很重视提升各自的语言文化影响力。2007年6月，"俄罗斯世界"基金会成立，旨在扩大俄罗斯文化及俄语在周边地区乃至全世界的影响力。中国从2004年开始探索在海外设立以教授汉语和传播中国文化为宗旨的非营利性教育机构"孔子学院"。"目前我国在俄留学人员已达2.5万人，俄在华留学人员不断攀升，目前已达1.5万人。在此基础上，双方提出2020年双边留学总规模达到10万人的目标；我方在俄开设了23所孔子学院和孔子课堂，俄在华也已建有22个俄语中心；中俄两国高校合作积极性不断提高，双方高校签署了近1000份合作协议。"①

2009年10月，《中华人民共和国政府和俄罗斯联邦政府关于互设文化中心的协定》在北京签署。2010年9月，北京俄罗斯文化中心正式成立；2012年12月，莫斯科中国文化中心揭牌运行。北京俄罗斯文化中心是俄罗斯独联体事务、俄罗斯侨胞和国际人文合作署驻华的官方机构。莫斯科中国文化中心也是官方文化机构，还是中国在独联体国家和东欧地区设立的第一家多功能文化中心。

语言中心和文化中心的运作各有侧重，每年举办大量的文化、教育活动，两国人民的关注度和参与度不断提高，为切实增进两国民众的相互了解和友谊搭建了重要平台。

三 问题和建议

在两国政府的主导下，中俄文化交流与合作的渠道不断拓宽，领域不断扩大，成果颇多，然而两国的文化交流与合作也存在一定的问题。

1. 大型文化活动多是国家层级的，面向精英群体，应拓宽普通民众之间文化交流的渠道，增加普通民众了解对方文化和相互沟通的渠道。中俄文化交流与合作不断向纵深发展，自2011年起，中俄两国文化部分别在中俄文化节的框架内连续举办"中俄舞台艺术对话"活动，自2013年起在两国轮流举办中俄文化论坛，这些对话和论坛为两国文化艺术界提供了直接对话的有效机制，然而这些活动的参与对象以精英群体为主，而不是面向普通民众。尽管在两国的文化交流与合作中"官民并举"已初见端倪，但是民间文化交流的规模仍有待扩大，文化交流的层次仍有待提高。应鼓励

---

① 刘利民：《"一带一路"框架下的中俄人文合作与交流》，《中国俄语教学》，2015年第3期。

和支持双方文化机构、专业团体和国际艺术节组织之间建立直接合作关系,这样有助于高水平双边交流与合作的可持续发展。应积极引导民间力量广泛参与对俄文化工作,建立政府间、地区间和民间的多层次合作机制,进一步扩大交流范围、拓展交流渠道、提升交流质量,同时大力培育市场化运作的社会能力,通过文化交流促进商贸合作。政府主导是外部组织力量,如何使两国民众文化交流与合作的愿望变成内在的动机,这是值得深入思考和探讨的问题。

2. 中俄文化交流中存在不平衡现象。第一,从中国开展的文化交流活动内容来看,仍以戏曲、民间艺术、武术、气功、中医、杂技等传统文化为主,现代文化艺术所占的比重很小。俄罗斯反而较为注重当代文化艺术的推广,包括现代艺术、现代动漫、现代音乐和影像艺术。第二,商业文艺演出的数量也不平衡。俄罗斯的民族歌舞、芭蕾、音乐、戏剧和马戏等深受中国演艺市场的欢迎,每年都有大批俄罗斯艺术团体和艺术家通过市场运作和参加在华举办的国际艺术节等方式来华演出;中国的杂技、武术和民族歌舞也能进入俄罗斯的演艺市场,但是演出频率和演出数量却少得多。

3. 当代俄罗斯和中国的文学艺术作品相互译介很少,两国政府和相关部门已开始关注这一问题。在莫斯科中国文化中心的倡议和持续推动下,中国国家新闻出版广电总局与俄罗斯联邦出版与大众传媒署于2013年5月签署了《"中俄经典与现当代文学作品互译出版项目"合作备忘录》,确定未来6年内双方各翻译出版对方50部经典与现当代文学作品,翻译至少100部作品。2015年6月,两国又签署了该合作备忘录修改议定书,将互译作品总数增加至200部。这依然是"从上到下"的举措,相互译介的内容和数量还远远不够。

4. 要加强中俄文化交流与合作的人才培养。中俄区域文化的融合、转向与拓展要以坚实的人才储备作保障,应在教育、文化、卫生、体育、旅游、媒体、青年合作等领域加强人才培养和合作,应提高文化外交人才队伍的整体素质及能力。

四 结 语

在全球化和信息化时代，在俄罗斯"大国复兴"和中国"大国崛起"的战略背景下，中俄两国均将文化外交作为对外政策的重要组成部分，通过提升文化软实力来推进自身的利益，增强民族凝聚力，拓展文化影响力，在国际上塑造良好形象，促进对外政策的顺利实施。2015年5月，中俄发表《中华人民共和国与俄罗斯联邦关于丝绸之路经济带建设和欧亚经济联盟建设对接合作的联合声明》，标志着中俄关系的又一重大突破。"民心相通"是两国发展战略有效对接的基石，而实现民心相通的有效手段就是文化交流与合作。随着"一带一路"建设的推进，中俄文化交流与合作的前景更加广阔。

严复译作《天演论》叙事性阐释

首都师范大学　于江霞　冯　颖

摘　要：本文通过运用蒙娜·贝克（Mona Baker）的叙事理论探究《天演论》如何在晚清掀起救亡图存的思想潮流，进而分析严复如何采用"再叙事策略"，通过权衡处于不同社会地位的叙事参与者，将原文的概念叙事融入当时社会的主流社会叙事，重构赫胥黎的原文叙事，从而使《天演论》在当时产生巨大的社会影响。

关键词：《天演论》　建构空间　叙事建构

19世纪末20世纪初，严复译作《天演论》在知识界掀起了"自强保种、救亡图存"的热潮，其传达的"物竞天择，适者生存"观点，不仅警醒启蒙了国民，更激发了国民的爱国热情，建构了全新叙事并深刻影响了近代中国的主流公共叙事。叙事理论有一大优势在于"它使我们能够审视翻译如何在跨越时间和文本的叙事中起作用"，笔者对严复经典译作进行简要的叙事性阐释，目的在于研究严复的翻译再叙事如何在近代中国掀起了巨大的政治和社会反响。

一　叙事和叙事理论

笔者拟借用蒙娜·贝克（Mona Baker）的再叙事策略，重新探究《天演论》在晚清社会的建构空间及严复的翻译策略，从新的视角解读该经典译作。

（一）叙事定义、分类和特征

蒙娜·贝克认为，叙事就是我们对自己或其他人讲述的关于这个世界的故事，也正是这些我们笃信的故事指导着我们在现实世界中的言行。[①] 我们置身于一个充满叙事的世界，不断通过叙事认识他人和世界，不断创造叙事，也受到他人叙事和自己叙事（这些叙事起码是自己认可或相信的）的影响，从而做出相应的反应。蒙娜·贝克（2006）首先将叙事理论用于翻译研究，她所应用的叙事理论是指"社会学和交际理论的概念"。她把叙事分为四种类型，即本体叙事（ontological narratives）/个人叙事（personal narratives）、公共叙事（public narratives）、概念叙事（conceptual narratives）/学科叙事（disciplinary narratives）和元叙事（meta-narratives），它们有"四个核心特征"：时间性、关联性、因果设置和选择性使用。[②]

（二）"建构"概念界定

贝克采用"建构（framing）"这个概念，"在目标语境中建构叙事，引起强烈的政治反响"。她将"建构"一词"当作一种主动且有意识的策略，并不意味着建构可以不受种种制约，也不意味着建构作用的发挥不受所在语境的影响"。她认为，"译者并不仅仅是翻译任务的被动接受者，很多译者本人就是翻译活动的发起者，他们主动挑选文本……参与建构某些叙事"。而且"在翻译文本和话语的过程中，译者并非'冷眼旁观'，有意无意地参与了对

[①] 蒙娜·贝克：《蒙娜·贝克翻译思想撷英》，高金岭，郭红编译，北京：商务印书馆国际有限公司，2013年，第144页。

[②] 蒙娜·贝克：《翻译与冲突——叙事性阐释》，赵文静主译，北京：北京大学出版社2011年版，第42—109页。

社会现实的建构、磋商或质疑"。①

二 《天演论》的建构空间

严复置身于近代中国这一目标语语境，译者、目标语受众（晚清士大夫），严复个人叙事以及原文叙事，中国社会现实以及这个时代的主流公共叙事，这种种叙事与叙事相关元素相互作用，形成一个复杂的动态过程，并形成了《天演论》在近代中国的建构空间。

托马斯·亨利·赫胥黎（Thomas Henry Huxley）的原作属于生物学宣讲，也是概念叙事。概念叙事是"任何领域的学者针对研究目标对自己或他人所作的叙述和说明"。② 实现"民族独立、国家富强"是近代中国的主流公共叙事，其前提则是"救亡图存、自强保种"。贝克认为每个学科都"阐述并创立有各自的一套概念叙事体系"，而且一个学科的概念叙事可能会超越这个学科的界限，从而产生更广泛的影响。而原文的概念叙事超出生物学的范畴，极易让人联想到近代中国内忧外患的局势，它和当时的主流公共叙事有一定的契合度，这为严复的叙事建构提供了可能。另外，叙事者和目标语受众的社会地位对严复叙事产生了影响，这直接影响了他对目标语受众的选择，"严复之所以选择精英阶层作为译著的特定读者群，是因为他充分认识到，只有对这些精英分子的思想产生触动，使之接受西方新的学术思想，最终才能影响大众"。③ 而他们的文字风格喜好倾向直接影响了严复的译作风格。

通过对《天演论》建构空间的阐释，笔者拟在下文中集中分析严复在文中的具体翻译策略，借用贝克的再叙事策略，如时空建构、文本素材的选择

---

① 蒙娜·贝克：《翻译与冲突——叙事性阐释》，赵文静主译，北京：北京大学出版社2011年版，第159—166页。

② 蒙娜·贝克：《翻译与冲突——叙事性阐释》，赵文静主译，北京：北京大学出版社2011年版，第59页。

③ 蒋林：《严复与梁启超关于译语之争的焦点透视》，《中国翻译》，2015年第1期，第26—30页。

性采用、人物事件的再定位以及标题建构,来分析严复的叙事建构。

三 严复的叙事建构

每当一种叙事版本被重述或被翻译成另一种语言时,总是会被注入在新语境中传播更广泛的其他叙事元素或者被注入个体叙事者或重述者的叙事元素。① 严复将一篇西方科学思想演讲的叙事在近代中国的语境中重构,通过增删原文内容、添加副文本、重构译作题目,融入其个人叙事元素,建构出一篇醒世之文。

(一)文本素材的选择性采用

文本素材的选择性采用包括文本作品外和文学作品内的选择性采用,前者包括文本的选择,严复为何选取赫胥黎的这篇文章,除了上文提及的契合点,还包括严复的自身原因。严复曾留学海外,接触并吸收了大量西方科学知识,包括达尔文的进化论,而赫胥黎的原作就是宣扬自然界的达尔文进化论。他在进行具体翻译时通过增删原文词、句,增加有利于建构译文主旨的内容,删减弱化不利于译文叙事的内容。

1. One year with another, an average population, the floating balance of the unceasing struggle for the existence among the indigenous plants, Maintained itself. 2a. It is as little to be doubted, that an essentially similar state of nature prevailed, in this region, for many thousands years before the coming of Casar; 2b. and there is no assignable reason for denying that is might continue to exist through an equally prolonged futurity, except for the intervention of man.

(1)怒生之草,交加之藤,势如争长相雄。(2)各据一抔壤土,夏与畏日争,冬与严霜争,四时之内,飘风怒吹,或西发西洋,或东起北海,旁午交扇,无时而息。(3)上有鸟兽之践啄,下有蚁蝝之龁伤,憔悴孤虚,旋生旋灭,菀枯顷刻,莫可究详。(4)是离离者亦各尽天能,

---

① 蒙娜·贝克:《翻译与冲突——叙事性阐释》,赵文静主译,北京:北京大学出版社 2011 年版,第 33 页。

以自存种族而已。（5）数亩之内，战事炽然，疆者后亡，弱者先绝，年年岁岁，偏有留遗，未知始自何年，更不知止于何代。（6）苟人事不施于其间，则芬芬榛榛，长此互相吞并，混逐蔓延而已，而诘之者谁耶！

严复翻译《天演论》之时，正值甲午战败之际，他从自然界的残酷生存法则联想到祖国的前途命运，原文语气平淡，而译文通过描写植物之间的竞争，添加诸如译文（3）突出植物所处的危险境地；清政府饱经外国侵略，处于亡国灭种的危险境地，又通过添加"旋生旋灭，菀枯顷刻""自存种族""战事炽然，疆者后亡，弱者先绝"等为后文的叙事基调埋下伏笔。

2. *One of these is the mutual affection of parent and offspring, intensified by the long infancy of the human species.*

（1）夫物莫不爱其苗裔，否则其种早绝而无遗，自然之理也。（2）独爱子之情，人为独挚，故其生有待于父母之保持，方诸物最久。

为了建构"自强保种"这一叙事，严复在译文中增加了句（1），然后为了借用译文内容增强其叙事，原文中的"the mutual affection of parent and offspring"本为"父子互爱"，而在译文句（2）中却删减为"爱子之情"，照应前句中的"夫物莫不爱其苗裔"。

（二）时空建构在译文中的运用

贝克认为，"时空建构是指，选择一个文本，将其置于另一个时空语境中，尽管可能与这个文本所处的时空语境迥异，新的语境将使文本的叙事更加凸显，并引导读者将它和现实中叙事联系起来"，并做出一定的反应或采取一定的行动。并且她认为时空语境影响叙事的解读。[①] 严复于1895—1898年间翻译《天演论》，正式出版时恰逢甲午战争期间，这属于宏观时空建构策略。古有借古讽今，比如古诗，"南朝四百八十寺，多少楼台烟雨中"；今有严复"借西醒世"，把国家民族的命运背负起来，以警醒世人。严复把一篇大

[①] 蒙娜·贝克：《翻译与冲突——叙事性阐释》，赵文静主译，北京：北京大学出版社2011年版，第170—172页。

洋彼岸的文章移植到万里之遥的中国语境中,将自然界的竞争法则适用于近代中国社会。严复指出,"中间义旨,则承用原书,而所喻设譬,则多用己意更易"。这句话的意思是他遵从原文的概念叙事,但是改换了原文中的例子。如此以来把原文的叙事与译文语境中的叙事联系起来,翻译时严复也采用了具体的时空建构策略,以下是具体实例:

> *No less certain is it that, between the time during which the chalk was formed and that at which the original turf came into existence, thousands of centuries elapsed, in the course of which, the state of nature of the ages during which the chalk was deposited, passed into that which now is, by changes so slow that, in the coming and going of the generations of men, had such witnessed them, the contemporary conditions would have seemed to be unchanging and unchangeable.*

> 沧海扬尘,非诞说矣!且地学之家,历验各种殭(僵)石,知动植庶品,率皆递有变迁,特为变至微,其迁极渐。即假吾人彭聃之寿,而亦由暂观久,潜移弗知。是犹蟪蛄不识春秋,朝菌不知晦朔,遽以不变名之,真瞽说也。

严复在译文中引用庄子的《逍遥游》经典句子"朝菌不知晦,蟪蛄不知春秋",把原文叙事和译文独特叙事结合——"'天不变,道亦不变'的传统文化思想"(可称之为元叙事),那个时代的知识阶层稔熟庄周学说,严复"所喻设譬,多用己意更易",目标语语境中的跨时空建构增强了预期读者的理解力,更易于他们接受。

(三) 人物事件的再定位

关联性是叙事的特征之一,"关联性牵涉到交互活动参与者的自我定位、参与者相互之间以及与该事件局外人之间的定位关系,这些位置关系发生任何改变,必然引起当前叙事和上一级叙事动力格局的变化"[①]。人物事件的再定位在翻译过程中重新定位了译者、读者、其他叙事者以及当前叙事的关系。

---

① 蒙娜·贝克:《翻译与冲突——叙事性阐释》,赵文静主译,北京:北京大学出版社2011年版,第202页。

严复通过在译文中添加"副文本"和对语域的选择，重新定位了译者、目标语读者、其他叙事者以及当前叙事的关系。

1. 副文本中的再定位

人物事件的再定位，包括副文本中的再定位。严复在翻译《天演论》中主要运用了副文本中的再定位和对语域的选择等翻译策略，翻译过程中他通过添加他序和自序或者添加案语这两种途径，重新定位自己和读者以及当前叙事的关系，以宣扬译文的独特性或帮助读者理解原文传达的思想和内容。严复具体通过在译文中添加案语，联系当时的社会现实，或普及西方科学知识，或依据自己的见解，帮助解释、评论和引申原文内容，以控制或过滤向目标受众传播的叙事。如导言一、导言二和导言三后的复案均是为了普及西方科学知识。导言七"善败"后的复案提到"荷兰、西班牙、葡萄牙等"殖民国家，并认为"由来垦荒之利不利，最觇民种之高下"，其中提到的"开拓殖民地的过程"的叙事联系到中国由盛转衰沦为半殖民地的现实，掌控中国租界的英国人和远走南洋、美洲的闽粤居民人数差距悬殊，租界在区区不足千人的统治下"制度厘然、引若敌国"，而数以亿计的闽粤居民却"不免为人臧获被驱斥也"，并发出"悲乎"的哀叹。严复的评论发挥让当时读者读来，很容易引起对祖国前途命运的忧虑的共鸣。

2. 语域的选择

严复通过对语域选择重新定位了自己、读者、其他叙事者和当前叙事的关系。

严复用先秦古文翻译《天演论》，实现了其翻译标准中的"雅"。事实上，他不是为了"雅"而"雅"，之所以选择先秦古文是因为他意识到精英阶层在社会上处于优势地位，他们把持并操纵社会主流叙事。而且当时正值保守派和维新派的论战，甚至在精英阶层内部也有冲突，但是他们都崇尚先秦古文。严复对译文语域的选择可谓是经过慎重考虑的抉择。对此，梁启超也和严复产生论战，认为严复不考虑"读者"，导致译文晦涩难懂，不容易达到开民智的目的。其实严复最考虑读者的需求，甚至是"投其所好"。[①] 王佐

---

① 蒋林：《严复与梁启超关于译语之争的焦点透视》，《中国翻译》，2015年第1期，第26—30页。

良在评述严复译作时说:"他(严复)又认识到这些书(译著)对于那些仍在中古的梦乡里酣睡的人是多么难以下咽的苦药,因此,他在上面涂了糖衣,这糖衣就是士大夫们所心折的汉以前的古雅文体。雅,乃是严复的招徕术。"①可见严复真可谓用心良苦,为了启民智而采取迂回战术。

(四) 标题建构

"……标示是指使用词汇、用语或短语来识别人物、地点、群体、事件以及叙事中的其他关键元素",而"命名和标题"是非常有力的建构手段。译者在翻译"文本和视觉作品如小说、学术著作和电影"时,可以利用标题进行"有效的建构或重新建构叙事",译者翻译文学作品的标题时,也不乏对标题进行建构的例子,通过建构标题,提供给目标语读者一定的"诠释框架",引导他们对当前叙事作出一定的预期反应。②

赫胥黎的原作题目为 Evolution and Ethics and other essays。原文标题包括两部分内容,即"进化"和"伦理"。黄忠廉认为,赫胥黎并不赞成将进化论完全用于人类社会,因为人类社会除了进化问题外,还涉及伦理问题。③ 而严复曾留学海外,接触西学思想,深受达尔文进化论以及斯宾塞的普遍进化论的影响。斯宾塞赋予达尔文思想以社会学意义,他认为其适者生存的思想不仅适用于自然界,同样也适用于人类社会。原文题目并未直译为《进化论与伦理学》,严复只取"进化"之意,选用"天演"二字,传达出他对进化论与社会二者关系的理解,重构了原题目的叙事,违逆了原文中赫胥黎的叙事,从而使译作演化为一篇警醒世人的启蒙文章。1898 年,《天演论》出版,在知识界引起轰动。胡汉民认为,"自严氏书出,而物竞天择之理,厘然当于人心,而中国民气为之一变"。黄遵宪认为,"……译书一事以通彼我怀,阐新旧之学,实为要务"。④

---

① 王佐良:《论严复与严译名著》,北京:商务印书馆 1982 年版,第 41—42 页。
② 蒙娜·贝克:《翻译与冲突——叙事性阐释》,赵文静主译,北京:北京大学出版社 2011 年版,第 187—198 页。
③ 黄忠廉:《严复变译思想考》,北京:商务印书馆 2016 年版,第 62 页。
④ 杨肇林:《醒世先驱:严复传》,北京:作家出版社 2016 年版,第 293 页。

四 《天演论》叙事对晚清社会的影响

通过翻译再叙事,译者不仅了解现实,而且建构现实。胡适认为,"读这书的人,很少能了解赫胥黎在科学史和思想史上的贡献。他们能了解的只是那'优胜劣败'的公式在国际政治上的意义"[①]。严复翻译《天演论》时结合晚清现状,通过建构《天演论》的独特叙事,不仅彰显了译者的地位和作用,也产生了巨大的社会效应,启发了民智,进而促进了社会政治变革。然而正如贝克所说,"政治参与不是译者个人在真空中的付诸实施的行为,或者仅仅与文本有关,而是与其他的个体及团体合作完成,这是不言而喻的"[②]。严复的叙事建构也是如此,他基于晚清社会的公共叙事,通过翻译弱化或者强化原文的概念叙事,权衡叙事者权力地位,确定目标语受众,采用先秦古风"招徕"感召晚清士大夫,形成《天演论》的独特叙事,通过他们的社会地位影响民众,使《天演论》产生巨大的社会影响。

五 结 语

严译《天演论》通过重构赫胥黎的原文叙事,启蒙了国民,唤醒了国民"自强保种"的意识,一时成为街谈巷议,经过广泛传播,重构了近代中国的主流公共叙事,并且成为社会政治变革的催化剂,自此近代中国掀起了救亡图存的各种革命运动。这也说明,翻译在社会政治变革中能够发挥不可低估的作用,因此在当今时代,译者在翻译时也要有所取舍,通过重构原文叙事,从而彰显译者的作用以及翻译在社会进步中不可或缺的角色。

---

① 杨肇林:《醒世先驱:严复传》,北京:作家出版社2016年版,第293页。
② 蒙娜·贝克:《蒙娜·贝克翻译思想撷英》,高金岭、郭红编译,北京:商务印书馆国际有限公司,2013年,第184页。

劳动力市场中的社会文化镶嵌性

——有关竞争与道德的综述

首都师范大学 连 煦

摘 要：劳动力市场的竞争是在人口的增加和流动以及资本主义工业革命带来的机器产品贸易中产生的。道德话语始终贯穿着劳动力市场的竞争，市场的社会文化镶嵌性引导了劳动力市场的分割。因而，劳动力市场的分割并非是一个纯经济学问题，而是一种社会的和文化的构建：劳动力市场的竞争中镶嵌着大量的道德话语。

关键词：劳动力市场 社会文化镶嵌性 竞争与道德

英国是研究工人阶级在工业革命中的经典土壤，也是研究未来工人阶级状况的基础。18 世纪后叶，蒸汽机的发明助推了工业革命、改变了整个社会，而这场革命的主要产品就是工人阶级。在蒸汽机发明之前，工人将原材料带回家中进行纺织。一般由妻子和女儿纺织，父亲拿去售卖。这样的纺织家庭往往住在城镇附近的乡村，收入微薄。产品只在国内市场销售，产品需求的增长和人口的缓慢增长基本同步，所有的工人都有活儿干，再加上工人们的住所散落在乡间各地，所以工人之间根本不存在任何有力的竞争。[①]不但家庭手工业者之间没有激烈的竞争，工厂中的竞争也是微乎其微的。1842 年，英

---

① Engels, Friedrich. *Conditions of the Working Class in England*. Leipzig: 1845. p.1.

国的曼彻斯特（Manchester）一共有 19 家棉纺厂，雇佣了 646 名工人，其中英国本土人（特指英格兰地区）446 名，威尔士人 14 名，苏格兰人 14 名，爱尔兰人 172 名。①这便是当时曼彻斯特所有工厂纺织工人的数量。646 名工人分散在 19 家工厂中，平均下来，每家工厂只有 34 名工人，这样的工人数量显然不足以在他们当中产生任何激烈的竞争。况且，本地工人约占工人总数的 70%，他们的利益也没有受到任何有力的外来挑战。

一 恩格斯对竞争与道德的看法

在恩格斯（Friedrich Engels）看来，工业革命发生以前，工人生活普遍较为闲适，从来不用加班，基本的生活需要都能通过劳动得到满足，工作本身甚至可以说是一种消遣。实际上，他们的物质条件要比后来的工人阶级好得多。平静的生活使当时的工人正直、虔诚、品行端正，因为根本不存在使他们变得不道德的任何诱惑：他们与城镇隔绝，纺织所用的东西以及所获得的工资全都由代理商来传递。但蒸汽机发明以后，工人不得不到城镇去寻找工作。工业革命使工人阶级的数量急剧增长，他们在流动和竞争中失去财产，工作不再得到保证，道德水平开始下滑。②当一个人群的数量较少时，他们往往不会对任何人构成威胁，也就不会引起竞争。一旦人口规模迅速增长，竞争就随之显现，伴同竞争一起出现的还有道德问题。

工业革命之初，对纺织产品需求的增加使纺织工人的工资上涨，并引诱一边纺织一边种地的农民放弃他们的土地，为赚取更多金钱而投身于纺织业。因此，竞争就通过提高工资的手段而创造了工人阶级。竞争存在于一个社会的不同阶级当中，也存在于这些阶级的个体之间。每个阶级或个体都试图挤掉另一个阶级或个体并取而代之。工人阶级内部的竞争就如同资产阶级内部所进行的竞争一样：使用电动织布机的工人和使用手动织布机的工人竞争，

---

① Shuttleworth, John, Vital Statistics of the Spinners and Piecers Employed in the Fine Spinning Mills of Mannester. *Journal of the Statistical Society of London*. 1842, 5 (3): p.268.

② Engels, Friedrich. *Conditions of the Working Class in England*. Leipzig: 1845. pp.1-3.

失业纺织工人或低收入纺织工人和高收入纺织工人竞争。工人的竞争只有一个限度，那就是没有人会为了无法维持生存的回报而工作。但这个限度是相对的，即最低工资的限度是相对的：只得到一半的工资总比饿死街头要好。因此，比什么都没有只多一点点的就是最低工资。然而，一个人的需要总会比另一个人的需要多，一个人总比另一个人更适应舒适的生活。比如，"文明的"英国人所需要的就比爱尔兰人多。爱尔兰人穿着破衣服，吃的是土豆，睡在猪圈里，但这却并不妨碍爱尔兰人与英国人展开竞争，迫使英国人的工资逐渐降低。工人之间的这种竞争对他们自身产生了最恶劣的影响，成为资产阶级手中最锐利的武器。[①]当资产阶级对工人之间的竞争暗自欣喜之时，"高尚的"英国工人却开始指责爱尔兰工人"不道德"。爱尔兰人为了不致饿死街头而被迫降低工资要求的行为成了他们"不道德"的"罪证"。其实，真正不道德的是引起工人竞争的资产阶级。但是，资产阶级却很巧妙地掩盖了他们的意图，反而利用宗教等工具令工人阶级服从于资本主义的"道德需要"。

二　韦伯对竞争与道德的看法

韦伯（Max Weber）指出：人并不是天生就想挣很多钱，当一个人习惯了他的生活状态，所赚的钱能够满足基本需要时，他就不想再为赚更多的钱而辛苦工作了。[②]但是，近代资本主义提高了人们的劳动强度、加剧了竞争，从而中断了人们舒适自在的生活，瓦解了他们原有的田园牧歌式的状态。这就必然招致人们的抵制。工人赚够生活费即开始享受生活的想法与资本主义要求人们为赚钱而献身的想法显然是相互抵触的。因此，资本主义必须设法让人们将赚钱当作一项终生的事业，直至榨干他们身上的最后一滴油。为了满足资本主义的这种需要（不道德的需要），工人必须遵从"职业道德"：如果一个工人不能始终为赚钱而辛苦工作的话，他就是"不道德"的。资产阶级

---

① Engels, Friedrich. *Conditions of the Working Class in England*. Leipzig: 1845. pp.51-52.
② 马克斯·韦伯：《新教伦理与资本主义精神》，龙婧译，北京：群言出版社2007年版，第43页。

很快发现，最有可能教育人们把劳动视为天职的就是宗教。①新教教派的核心教理恰恰就是：上帝唯一允许人们的生存方式是完成他们在现世中的地位所赋予的责任和义务——这就是一个人的天职。换句话说，"人人都应该安守自己的生活"。于是，从事一项职业并安于那份职业，便成为上帝为人们安排的唯一一项任务。②资本主义的职业道德话语就这样将人们绑缚在无尽无休的工作当中。可悲的是，18世纪，信仰卫斯理教的工人之所以遭受同事的鄙夷和迫害，就是因为他们"愿意劳动"。③那些卫斯理教徒听信了宗教的教义，服从了资本主义的"职业道德"，却没有在同伴眼中成为道德高尚的人，反而受到排挤和打击。类似的命运也将发生其他工人群体身上。

三 汤普森对竞争与道德的看法

汤普森（E.P.Thompson）认为韦伯已经对资本主义生产方式和清教伦理的相互渗透做出了透彻的分析，而卫斯理教的伦理可以看作是清教伦理在不同社会背景下的延伸。英国工人阶级中的很多群体（包括矿工、织工、工厂工人、水手、陶瓷工人和农业工人）都虔诚地信仰卫斯理教。卫斯理教对于纪律和秩序的强调特别适合工厂主、制造业主、工头、监工和其他管理人员的需要：与其说卫斯理教教徒的节俭和纪律性给他们自身带来成就，还不如说给他们的老板带来了利润。④ 由于很多劳动者不愿放弃蒸汽机发明以前桓对轻松舒适的生活，工业革命时期的工厂主不得不为工人在工厂中的纪律问题所烦恼。整个18世纪，教会和雇主都在抱怨劳工的"懒惰、放荡、鼠目寸光

---

① 马克斯·韦伯：《新教伦理与资本主义精神》，龙婧译，北京：群言出版社2007年版，第50—54页。
② 马克斯·韦伯：《新教伦理与资本主义精神》，龙婧译，北京：群言出版社2007年版，第62—68页。
③ 马克斯·韦伯：《新教伦理与资本主义精神》，龙婧译，北京：群言出版社2007年版，第46页。
④ 汤普森：《英国工人阶级的形成》，钱乘旦译，南京：译林出版社2001年版，第410—412页。

和不节俭"。资本主义意识到，如果没有一种内在的强制力，使工人自觉遵守工厂纪律，任何刺激手段最终都将失去效力。而宗教让人在生活中养成遵守纪律的习惯正是资本主义所需要的内在强制力。卫斯理教向来用"贫穷就是幸福"的教义来训导教徒，它刚好暗合了资本主义的心意——用尽可能低的工资迫使穷人劳动（让工人甘心情愿地工作，还以为自己生活在"幸福"中）。对于工厂来说，它们的主要困难并不在技术方面，而是"训练人类抛弃散漫的劳动习惯"。为此，早期的工厂主就必须依靠宗教建立起内化于人们心中的道德观念。

四　鲍威尔对竞争与道德的看法

奥地利马克思主义学派的代表人物奥托·鲍威尔（Otto Bauer）曾以19世纪末波西米亚的德意志人地区工人和捷克人地区工人之间的工资差异为例，剖析了两个不同地域和民族的工人群体在劳动力市场中的竞争关系：

在波西米亚的德意志人地区——劳动力供给是比较低的，而在这个经济地区的另外一个地方——例如在波西米亚的捷克人部分，供给远远超过了需求，直接的后果是，波西米亚的德意志人地区的工资比捷克人地区高。这个事实还会导致工人们从王国的捷克人地区迁移到德意志人地区，因为他们在那里更容易找到优惠的就业条件。这种捷克工人向波西米亚德意志人地区的迁移还会发生以下影响，就是使那里的工人的供给增加，使波西米亚德意志人地区出现了工资降低的趋势。另一方面，工人迁移出捷克人地区还会使当地的劳动力供给下降，使当地出现劳动工资上升的发展趋势。结果就是：波西米亚德意志人地区的工人由于捷克人地区工人的劳动工资较低而受到伤害，捷克人地区的工人却由于德意志工人享有优惠的劳动条件而获得一种直接的好处。如果捷克人地区劳动力的供给比较低，当地的工资又比较高的话，对于德意志人地区的工人也会带来好处。……捷克工人关心德意志工人能否获得较高的工资，德意志工人也关心捷克工人能够获得较高的工资。①

捷克人地区工人和德意志人地区工人都希望能够得到较高的工资，但是捷克人地区的工人供给量大、工资较低，当捷克人地区工人流入工人供给量小、工资较高的德意志人地区时，虽然得到了预期中更高的工资，但也拉低了德意志人地区工人的工资，从而使该地工人的利益受到伤害。虽然两个地区的工人需求都应该被考虑到，但是，劳动力市场上的竞争关系瓦解了来自不同工资地区的工人团结。

捷克人地区工人和德意志人地区工人来自不同的地域，分属不同的族群，但从理论上讲，他们都是工人阶级，而所有工人阶级的利益应该是一致的。然而，不同的族群利益却使工人阶级团结起来反抗资本家的阶级压迫变得异常复杂。结果常常是，"共同的阶级地位让位于不同的民族认同"。② 鲍威尔的分析已经指出"任何一个民族的工人利益都是与所有其他民族的工人利益重合的"。③ 但是，地区间的工资水平却存在高低之分，竞争使来自不同地区、拥有不同族籍或乡籍的劳工很难意识到他们的共同阶级利益。当阶级之间的斗争力量减弱时，竞争力量就在工人阶级的内部加剧。进而，工人阶级内部的经济竞争就逐渐形成他们在劳动力市场上的分割，而分割往往是以劳工的国籍、族籍、地域、乡籍等身份为边界的。

五　结　语

直到今天，关于"职业道德"的话语仍然在工厂制度发达的地方具有广泛影响力。道德作为资本主义的一种话语工具，曾经借助宗教来约束英国、

---

① 奥托·鲍威尔：《鲍威尔文选》，殷叙彝译，北京：人民出版社2008年版，第41页。
② 奥托·鲍威尔：《鲍威尔文选》，殷叙彝译，北京：人民出版社2008年版，第93页。
③ 奥托·鲍威尔：《鲍威尔文选》，殷叙彝译，北京：人民出版社2008年版，第110页。

美国等西方国家劳工安于职业劳动和遵守工厂纪律，这些劳工为早期资本主义经济的发展牺牲了个体自由和经济利益。后来，道德话语也被西方国家改头换面地拿来抑制具有不同身份的竞争对手，那些场景仍然真切地显现在当下的多个时间和空间当中。实际上，包含着权力关系的道德话语不断通过生产和制定劳动力市场竞争中的行为标准，从而确定和维持着发达国家和发展中国家在市场分割中的高低位置。由此可见，关于劳动力市场竞争的道德话语很大程度上是被资本主义建构出来的，并作为一种文化镶嵌于各个社会的劳动力市场当中。

在美国任职汉语教师教学理念研究初探

首都师范大学 卢峭梅

摘 要：本研究对美国纽约州所有在中小学任教的孔子学院外派中文教师进行有关教学理念的研究问卷调查，统计结论表明：孔子学院汉语教师在美国授课的教学理念与美国《21世纪外语学习标准》相匹配，从而认定孔子学院中文教师在美国授课的教学理念符合美国颁布的外语教学标准。

关键词：美国中文教师 汉语教学理念 中西方外语教学差异 《21世纪外语学习标准》

一 研究背景

众所周知，教师的教学理念往往影响到他们的教学方法（Wu, Palmer, &Field, 2011）[1]。不同教育背景的教师可能会对他们的教师角色及所教授的学

---

[1] Wu, H.P., Palmer, D.K., & Field, S.L.(2011). Understanding teachers' professional identity and beliefs in the Chinese heritage language school in the USA. *Language, Culture and Curriculum*, 24, 47-60.

生持有不同的教育理念。因为每位教师的教学理念的不同,教师课堂行为可能反映了他们对学生,对自己和整个教育界的潜在态度(Burns,1992)①。因此,了解教师个人的教学理念和知识层面对改善教育实践至关重要。教师不仅是在具体应用所教授的科目知识,他们还塑造了自己的个人实践教学知识(Ben-Peretz,2011)②,同时这些也影响了他们课堂教学的各个方面。

二 文献回顾

Raths(2001)③ 指出,教学理念扎根越深以及感触越深的人,越难改变他们的教学方式。在2002年的研究也验证了这一点,他发现中国教师是否愿意接受和实施国外的一些教育创新,在很大程度上取决于与他们教学和学习相关的文化理念和价值观。

尽管研究者认识到教师的教学理念在教师教育和学生学习中的重要性,但对于教授对外汉语教学领域的教师理念和教学实践的研究却非常少。以前针对对外汉语老师的研究只突出在中西方教育文化之间的紧张关系方面,将这些教师的教学理念归结为以儒家文化为特征的传统中国教育模式(Moloney&Xu,2015)④。与西方教师与学生有更平等关系的学习辅导者模式相对比(Pratt 等,1999)⑤ 中国教师的教学信念、在教室中的作用以及中文

---

① Burns, A. (1992). Teacher beliefs and their influence on classroom practice. *Prospect*, 7, 56-66.

② Ben-Peretz, M. (2011). Teacher knowledge: What is it? How do we uncover it? What are its implications for schooling? *Teacher and Teacher Education*, 27, 3-9.

③ Raths, J. (2001). Teachers' beliefs and teaching beliefs. *Early Childhood Teaching and Practice*, 3, 1-10.

④ Moloney, R., & Xu, H.L. (2015). Taking the initiative to innovate: pedagogies for Chinese as a foreign language. In Moloney, R., & Xu, H.L. (2015)(eds.). *Exploring Innovative Pedagogy in the teaching and learning of Chinese as a Foreign Language*. (pp.1-18). Singapore: Springer.

⑤ Pratt, D. D. (1992). Chinese conceptions of learning and teaching: A westerner's attempt at understanding. *International Journal of Lifelong Education*, 11(4), 301-319.

教学法更倾向于被研究者解读成。在"西方教育模式预期"（Moloney，2013）① 的镜头下，讲汉语的语言教师被描绘为在课堂上对学生极为专制，倾向于以教师为中心的教学模式以及和学生存在明显的等级层次关系。教师的教学重点只是提供知识，维持课堂纪律以及照本宣科（Moloney&Xu，2015）。

在2006年所做的中国和美国教师的文化教学价值观研究中发现，中美两国教师的课堂期望值不同。中国和美国的教师具有不同的课程期望，这反映了文化信仰的差异性。教师对东西方文化学习观念的另一重大差异在于记忆与理解之间的关系（Cai，2006）②。Marton 等人（2006）③ 的研究发现，西方教育者普遍认为，"记忆"是死记硬背的同义词，并没有导致理解。然而，通过对20位中国教师工作者的广泛访谈，研究者发现，他们的记忆与死记硬背不能划等号；相反，"记忆"可以用来加深理解。

从上述回顾可以看出，教师的教学理念和教师的课堂作用，如果在传统文化价值观下形成，则只能缓慢而难以适应新的环境（Hu，2002）④。根据 Zhang 和 Li（2010）⑤ 的统计，在英国的中国教师很难开发出教学材料来满足学习者的学习需求。Moloney（2013）指出，在澳大利亚的中国教师以减少口语交流练习为代价，而强调"句型，死记硬背，注重汉字教学"从而缺乏沟通能力也造成了跨文化交的困难。尽管中国教师固有的教学理念和教学实践

---

① Moloney, R. (2013). Providing a bridge to intercultural pedagogy for native speaker teachers of Chinese in Australia. Language. *Culture and Curriculum*, 26, 213-228.

② Cai, J., & Wang, T. (2006). U.S. and Chinese teachers' conceptions and constructions of representations: A case of teaching ratio concept. *International Journal of Mathematics and Science Education*, 4, 145-186.

③ Marton, F., Dall'Alba, G. & Tse, L.K.(1996). Memorizing and understanding: the keys to the paradox? In D. A. Watkins & J. B. Biggs (Eds.) *The Chinese learner: cultural, psychological and contextual influences* (pp.69-83). Hong Kong: Comparative Education Research Centre and The Australian Council for Educational Research.

④ Hu, G. (2002). Potential cultural resistance to pedagogical imports: The case of communicative language teaching in China. *Language Culture and Curriculum*, 15, 93-105.

⑤ Zhang G. X. & Li, L. M. (2010). Chinese language teaching in the UK: Present and future. *The Language Learning Journal*, 38:1, 87-97.

与西方学生课堂中的需求存在某些冲突,但丹麦、美国(Wang,2015)① 和澳大利亚(Moloney&Xu,2015年)的研究表明,在这些国家任教的中国教师表示愿意根据当地学生发展需求来改变教学方式,并与学生的学习风格、模式相适应。

伴随着孔子学院在全球范围内广泛推广中国语言和中国文化活动的展开,越来越多的中国教师在海外教授中文课程。截止到2018年底,共有548所孔子学院以及1193所孔子课堂在全球154个国家建立,注册学生达210万人。这些海外学生的中文教师绝大多数是孔子学院派出的中国教师。以前的研究中从未出现过关于孔子学院中文课程及孔子课堂外派中文教师教学理念的研究,本研究力图弥补这一领域的不足。特别是在美国,现在共有110所孔子学院、501所孔子课堂,这些从中国赴美任教的中文教师,他们的教学理念是否符合当地本土化的要求,他们的教学理念是否和本土教师的教学理念保持一致,这是本研究试图探究的主要问题。

三 研究背景级方法

美国中小学孔子学院中文课程是此研究最为理想和合适的基地,因为这些学校的中文课堂是中西方文化融合的最佳平台。本研究的参与者是纽约州的孔子学院教师。纽约州孔子学院下属的中小学的所有汉语教师都参加了问卷调查,共有26人。这些老师都是母语为汉语的中文教师,在这项教学任务之前从未在美国工作过。

本研究数据全部来源于调查问卷。美国纽约州孔子学院下属中小学二十六名教师(100%)完成了问卷调查。这份问卷调查有以下个部分:受试者的背景信息教学理念专业经验。调查问卷第二部分"外语教学普遍教学

---

① Wang, L. H. (2015). Change in teaching beliefs when teaching abroad? A case study on Confucius institute Chinese teachers' teaching experiences in the US.In F. Dervin (Eds.), *Chinese Educational Migration and Student-Teacher Motilities*: *Experiencing Otherness*, (pp. 144 – 165), London: Palgrave Macmillan.

理念"改自 Allen（2002）① 的《外语教育调查问卷》。外语教育问卷的设计是确定外语教师的教学理念是否与②相符合。本调查使用描述统计和推理统计分析调查问卷，其中包括 t 检验和方差分析。问卷的第一部分是关于参与者的个人背景信息统计。调查问卷第二部分的内容旨在评估教师对外语学习标准构架的看法（Allen, 2002）。这部分 32 项目包含在五个单独但相互关联的子量表中，代表了外语学习标准的基本假设（Allen, 2002）。五个子量表如表：

表1 基于外语学习标准基本假设

子量表	问题
学生情况	Q5 学生也可以通过在校外学习的外语而获益。 Q7 所有学生无论未来的教育计划如何，都可以从学习外语中获益。 Q15 只有大学生才能参加外语课程。 Q24 外语学习不适合一般学习困难的学生。 Q25 学习外语的学生，除非在学校里学习，否则对于学生来说很少有益处或没有什么益处。 Q27 外语学习能增加学生某些专业方面的知识。 Q30 有学习困难的学生也可以是成功的外语学习者。 Q32 所有学生，无论职业目标如何，都可以从学习外语中获益。

---

① Allen, L. (2002). Teachers' pedagogical beliefs and the Standards for Foreign Language Learning. *Foreign Language Annals*. 35(5), 518–529.

② National Standards in Foreign Language Education Project (1999, 2006). *Standards for Foreign Language Learning: Preparing for the 21st Century*. Lawrence, KS: Allen Press.

(续表)

子量表	问题
课程要素	Q3 外语教学课程可以提供跨学科学习的机会（即将外语课程内容与其他学校课程的内容相关联）。 Q4 外语课程必须使用专业的系统化的教材。 Q9 在外语教学中，可以部分时间用于教授学生如何使用具体的沟通策略。 Q10 外语课程可以使学生获得掌握各种新技能的机会。 Q11 在外语教学中，老师可以为学生提供通过外语探索个人兴趣话题的机会。 Q12 语言课程为学生在各个层次的教学提供了使用目标语言进行实际沟通的机会，无论是在学校还是在学校以外。 Q14 外语课程的有效教学可以促进批判性思维的运用和提升。 Q16 外语教学可以与学生、社区、家庭生活息息相关。 Q17 教师课程计划中，如何使用具体的学习策略和方法来教学 Q19 在课程设计中，开放式活动占学生总成绩的一部分。 Q20 有效的文化指导，可以了解目标社会或社会的基本价值观和信念。 Q26 设立语法和词汇的学习目标，可以系统地定义和评估语言学习目标。 Q28 教师会创造学习机会将外语交流与学生已经掌握知识相关联。
教材/语言系统	Q1 外语教学课程重点内容，可以通过教科书和教学课件来辅助。 Q8 在有效的外语课程中，几乎所有的上课时间都用于学习语言系统（即发音，词汇，语法）。 Q21 外语教学的重点是扩展和补充词汇和语法知识。 Q22 外语教师的作用是帮助学生学习和理解教材中的内容。 Q23 课本附带的章节测试，为有效的外语课程提供了充分的评估手段。 Q29 文化教学在有效的外语课程中的作用是次要的。 Q31 有效的外语课程评估重点是学生对词汇和语法知识的掌握。
教学语言	Q6 有效的外语教学是教师以外语为主导语言进行教学。 Q13 英语是外语课程的主要教学语言。
级别	Q2 开始学习外语的理想时间是小学期间。 Q18 开始学习外语的理想时间是高中毕业。

第一个子量表强调了 21 世纪外语学习的基本情况。这个子量表的高分值体现了教师的教学理念，外语课程应面向学习成绩和学习态度好的学生，包括大学生和中小学生，以及第一语言是英语或英语以外的其他语言的学生。第二个量表衡量教师对课程的看法。这个分量表的高分表示支持"21 世纪外语学习标准"（National Standards, 1999）中阐述的"课程要素编织"。这里有 7 个项目（语言体系，文化知识，沟通策略，批判性思维能力，学习策略，其他学科领域和技术）与交流，文化，联系，比较和社区等个目标领域相互交织在一起。第三个分量表评估了教师对教科书和辅助教材作用的评价和对教学语言系统的重视程度。认为教学目标超出目标语言系统（即语法，词汇，语音，语义，实用和话语特征）的涵盖范围，以及教科书是教学工具而不是教学重点的符合标准。第四个分量表涉及教学语言。认为外语是教学主导语言符合标准。第五个量表衡量教师对于学习者开始学习外语的理想时间的不同认识和想法。认为外语学习应在小学早期开始符合标准（Allen, 2002）。Allen 概念化子量表的一致性或不一致：

表 2　子量表一致性类别

子量表	与"外语标准"中的陈述一致	与"外语标准"中的陈述不一致
学生背景	5, 7, 30, 32	15, 24, 25, 27
课程元素	3, 4, 9, 10, 11, 12, 14, 16, 17, 19, 20, 26, 28	
教材/语言系统	1, 8, 21, 22, 23, 29, 31	
教学语言	6	13
学生级别	2	18

这些问卷问题分为两类：即与标准一致性陈述和非一致性的陈述。关于理念与标准不一致的调查表，强烈不同意或不同意的选项被解释为同意相反观点。对调查问卷第二部分的陈述出的反应以下列方式编码：对于一致性组，强烈同意 = 5，同意 = 4，未决定 = 3，不同意 = 2，强烈不同意 = 1，而对于不一致组，强烈同意 = 1，同意 = 2，未决定 = 3，不同意 = 4，强烈不同意 = 5。例如，如果参加者不同意"只有大学生才应选外语课"（调查问卷 15 题，

其选项被解释为"大学和非大学学生都应该参加外语课程",并编码为"4"。因此,编码为"4"或"5"的答复总是表示与标准一致。但是,如果答卷人同意这一说法,"外语学习不适合学习困难的学生"(问卷第24题),答复为"2",意思是答卷人不认为有学习困难的学生应该学习外语。因此,在一致性类别中编码为"1"或"2"的选项始终表明与标准不一致的念,而在不一致类别中编码为"1"或"2"的选项始终表明与标准一致的念。

按照 Allen 的建议,对调查问卷第二部分 32 项陈述的反应解释如下:(a)平均值 3.6 或更高表明教师的教学理念与的外语标准一致(b)平均值在 3.5 和 2.5 之间表明教师的绝学理念与标准一致性不能确定(c)平均值 2.4 或更低表示教师标准与标准不一致。

本研究对全部 46 个问卷陈述的数据进行了统计。使用 SPSS 第 24 版分析问卷的描述性数据。用频率报告(频率百分比)来描述参与者。

四 调查结果及讨论

(一)参与者背景

调查问卷的第一部分是研究参与者的背景信息。背景信息包括参与者的性别,年龄,教育程度,中国教学年限,美国教学年限,教师资格和教学学校。这项研究的参与者包括所有在纽约州中小学学校教的孔子学院教师(26人)。孔子学院汉语教师人员数据见表。

表3 调查者背景信息

特点	分类	人数(n)	百分比(%)
性别	男性	3	11.54
	女性	23	88.46
年龄	25—30	12	46.15
	31—40	9	34.62
	41—50	5	19.23

（续表）

特点	分类	人数（n）	百分比（%）
教育背景	学士	6	23.08
	硕士	18	69.23
	博士	2	7.69
中国教学背景	中小学	16	61.54
	大学	10	38.46
中国教龄	<5	12	46.15
	5—10	4	15.38
	10.1—15	5	19.23
	>15	5	19.23
美国教龄	=<1	12	46.15
	>1	14	53.85
教师资格证	中国教师资格证	26	100
	美国教师资格证	0	0
在美任教学校类型	私立学校	10	38.46
	公立学校	16	61.54

在 26 名受访者中，男性为 11.54%（n=3），女性为 88.46%（n=23）。参与调查的老师分三个年龄层级：46.15%纽约州中小学学校的孔子学院教师（n=12）年龄为 25 至 30 岁，34.62%的教师（n=9）年龄 31 至 40 岁，19.23%的师（n=5）为 4150。有关教育程度的数据显示，23.08%的教师（6 人）拥有本科学历，69.23%（18 人）拥有硕士学位，7.69%（n=2）的教师具有博士学位。他们在中国的教学背景包括两类：在中国中小学学校教授的教师有 16 人，占 61.54%，另有 38.46%的教师（10 人）直接来自大学。如上表所示，46.15%的参与者（n=12）在中国教龄不到 5 年，其中 15.38%的参与者（4 人）具有 5 至 10 年的教学经验，19.23%的参与者（5 岁以上）具有 10 年以上 15 年以下的教学经验，另有 19.23%的教师具有 15 年以上的教学

经验（n=5）。46.15%的教师（n=12）在美国教中文不到一年，53.85%的参与者（n=14）在美国任教超过一年。所有孔子学院汉语教师都有来自中国的教师资格证，但都没有美国的教学执照。教师在美任教学校类别包括两类。在私立学校教授课程的占34.86%（10人），另有61.54%的教师（16人）在公立学校教书。从以上表格可以看到，纽约州中小学学校的大部分孔子学院教师都是女性，其中近半数在中国有不到五年的教学经验，在美国任教不到一年。孔子学院的老师虽然大部分是在美国公立学校中小学教书，但他们都没有美国教学。

（二）教师的教学理念

问卷第二部分向孔子学院汉语教师询问了他们对外语教学的理念，以确定他们的思想在多大程度上符合这个深深影响语言教学和学习的《21世纪外语学习标准（国家标准，1999年，2006年）》，（Phillips&Abbott，2011）[①]。教师对子量表的反应的全部一致性（在前面已经出了充分的讨论），并且使用Cronbach 的 Alpha 对问卷的回答进行了整个评估。发现值。

表4　子量表 Cronbachs Alpha 的发现值

分类	Cronbach's Alpha
学生背景	670
课程要素	707
教材/语言系统	599
整体	622

在本研究中，测试了学生背景，课程内容，教材/语言体系的子量表的可靠性。Cronbach 的子量表和总值的 Alpha 值（见）都是可靠的。

---

① Phillips, J.& Abbott, M.（2011）. *A Decade of Foreign Language Standards*: *Impact, Influence, and Future Directions.* Retrieved November 21, 2016 from https://www.actfl.org/sites/default/files/publications/standards/StandardsImpactSurvey.pdf.

表 5 总表各项 Cronbach's Alpha 的发现值

分类	问卷题目	人数	最少量	最大量	平均值	区分值
学生背景	Q5	26	2	5	3.88	711
	Q7	26	3	5	4.15	613
	Q30	26	1	5	3.19	939
	Q32	26	1	5	4.27	962
	Q15	26	3	5	4.58	578
	Q24	26	2	5	3.27	1.002
	Q25	26	2	5	4.04	871
	Q27	26	1	5	3.65	1.164
教材/语言系统	Q1	26	1	4	2.46	1.140
	Q8	26	1	4	2.62	1.023
	Q21	26	1	5	3.12	1.033
	Q22	26	2	5	3.77	863
	Q23	26	1	4	2.73	1.002
	Q29	26	1	5	3.12	1.033
	Q31	26	1	5	3.27	1.079
课程要素	Q3	26	3	5	3.85	675
	Q4	26	3	5	4.04	720
	Q9	26	3	5	4.08	392
	Q10	26	1	5	3.62	1.098
	Q11	26	4	5	4.31	471
	Q12	26	2	5	4.42	857
	Q14	26	2	5	3.42	987
	Q16	26	2	5	4.38	752
	Q17	26	1	5	4.12	1.071
	Q19	26	2	5	3.88	766
	Q20	26	3	5	4.42	643
	Q26	26	2	5	3.77	710
	Q28	26	1	5	3.88	993
教学语言	Q6	26	1	5	3.42	1.206
	Q13	26	2	5	3.35	1.093

（续表）

分类	问卷题目	人数	最少量	最大量	平均值	区分值
学生级别	Q2	26	2	5	4.27	667
	Q18	26	3	5	4.19	694

根据 Allen（2002）的说法，平均得分 3.6 或更高表明教学理念与美国外语教学委员会（ACTFL）标准相一致，平均值 3.5 和 2.5 之间，表示未定，2.4 或更低表示信念不符合标准。研究结果表明，孔子学院汉语教师问卷选项的 65.63% 与美国颁布的 21 世纪外语学习标准（国家标准，1999 年，2006 年）一致。此外，有 11 项（34.37%）表示教师不确定的念。没有任何与标准不符的回应（图 1）。

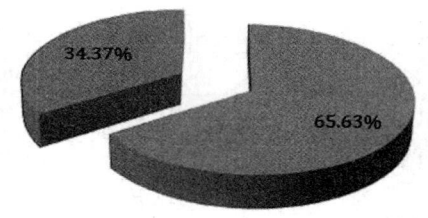

图 1　与美国外语教学研究会颁布的标准的一致性

对学生背景课程要素和学生级别量表下的所有问卷题目的回应均在与标准达成一致的范围内。在第二和第四子量表下，教材/语言系统和教学语言的问卷题目的回答意味着不确定的范围。五个子量表中的每一个的平均响应（和标准偏差）如表 6 所示。

表 6　教师信仰的描述性统计（分量表）

分量表	N	Mean	Std.Deviation
学生背景	26	3.88	482
教材/语言系统	26	3.01	557
课程元素	26	4.01	380
教学语言	26	3.38	711
学生级别	26	4.23	474

教师在美国的教学经验（教学不到一年或一年以上），中国教龄，中国教学背景（教授中小学或大学生），性别，教育程度，年龄，美国任教学校类型是笔者发现影响教师教学理念的主要因素。

表7　T检验和单因素方差分析结果

项目	分类	人数	学生背景	教材/语言系统	课程要素	教学语言	学生级别
性别	男性	3	3.38（573）	3.52（719）	3.74（347）	4.00（1.000）	4.33（577）
	女性	23	3.95（440）	2.94（515）	4.05（377）	3.30（653）	4.21（473）
中国教龄	<5	12	4.01（469）	2.87（519）	4.14（458）	3.42（764）	4.08（557）
	5—10	4	3.88（586）	3.04（588）	3.92（226）	2.88（479）	4.38（479）
	10—15	5	3.70（381）	3.11（456）	3.86（1.376）	3.40（652）	4.20（274）
	>15	5	3.75（573）	3.23（773）	3.94（419）	3.70（758）	4.50（354）
美国教龄	>1	14	3.90（476）	3.16（549）	3.93（314）	3.43（703）	4.32（317）
	=<1	12	3.85（508）	2.83（534）	4.11（437）	3.33（749）	4.13（608）
受教育程度	学士	6	3.90（533）	2.90（821）	4.21（426）	3.17（1.033）	4.17（817）
	硕士	18	3.85（491）	3.03（499）	3.96（321）	3.44（639）	4.25（354）
	博士	2	4.06（442）	3.14（202）	3.96（816）	3.50（1000）	4.25（354）
中国教学背景	大学	10	3.75（464）	3.11（631）	3.92（339）	3.55（599）	4.45（284）
	中小学	16	3.96（489）	2.95（516）	4.08（401）	3.28（774）	4.09（523）

(续表)

项目	分类	人数	学生背景	教材/语言系统	课程要素	教学语言	学生级别
年龄	25—30	12	3.93 (487)	2.99 (392)	4.10 (458)	3.33 (807)	4.13 (433)
	31—40	9	3.89 (470)	2.92 (647)	3.95 (237)	3.28 (565)	4.22 (565)
	41—50	5	3.75 (573)	3.23 (773)	3.94 (419)	3.70 (758)	4.50 (354)
美国任教学校类型	私立学校	10	3.73 (362)	2.90 (381)	4.02 (338)	3.25 (635)	4.10 (394)
	公立学校	16	3.98 (531)	3.08 (645)	4.01 (415)	3.47 (763)	4.31 (512)

上述定量数据分析表明，所有教师在学生背景课程要素和学生级别分量表下的教学理念的陈述都在美国外语教学委员会所规定的范围内，数据表明与美国的外语教学标准达成一致。这项研究的结果表明孔子学院中文教师大部分教学理念符合美国外语教学标准。另外，问卷中教材/语言系统以及教学语言部分的分量表的"未定"选项，体现出孔子学院的汉语教师与美国外语教学标准有待探讨的方面。

对于大多数在美国教授中文课程的中国教师来说，语言教学的主要目的是帮助学生掌握教材中的知识，主要是语法和词汇。而美国的语言教学的目的是为了方便学生使用中文进行沟通交流。这些导致了中美教师对教材和教科书存在的不同看法。美国中小学课堂外语教学有教学标准，但没有统一的教材和课本。从大多数孔子学院汉语教师的角度来看，当中文教学体系在美国还没有一个完善的、系统的教学大纲时，教科书可以起到汉语课程教学基本教学大纲的作用。此外，教师们认为教科书还可以提供所教课程体系的一致性和系统性。对于学生来说，教科书起到语言学习路线图的作用，学生可以在拿到教科书时就知道将在课程中学到多少语言知识，课程结束后能达到什么级别的语言水平。

鉴于一百多年来在外语教学课堂上强调目标语言的使用（Cook，2001）[①]，孔子学院的中文教师探索在中文（目标语言）和英语（美国学生的第一语言）之间取得平衡的外语课堂教学。教师在教学中对目标语言使用的不同程度，体现了不同教学理念对于语言教学的差异性。

在笔者做的另一个孔子学院教师中文课堂语言使用情况调查中发现，孔院中文教师在课堂上使用中文教学的实际情况见下表。

表8 孔院中文教师中文目标语使用情况

学校级别	中文课程	中文单词数	英文单词数	中文比例
小学	1年	201	3437	5.52%
初中	3年	1046	2955	26.13%
高中	3年	2782	1768	61.14%

从上表可以看出，孔子学院汉语教师在课堂上使用汉语的比例很低。三位教师中，只有一名教师的中文课堂语言使用百分比超过了一半，但仍远低于美国外语教学委员会（ACTFL）的建议。即目标语言的交际至少占教学时间的90%。"语言教育工作者及其学生在教学时间内，在可行的情况下，在尽可能完全（90%以上）地使用目标语言"（ACTFL，2010，p.1）。

所有的孔子学院汉语老师都认为在课堂上最大限度地利用汉语是他们的理想也是语言教学所必要的，这样可以为学生提供最佳、最有效的语言影响。然而，担心用在课堂管理时间比例较大，实际教学时间不够，用中文很难与学生建立融洽关系以及无法调动学生们的中文学习积极性，这些都是阻碍孔子学院汉语教师在课堂上百分之百使用汉语教学和课堂管理的一些客观因素。

[①] Cook，V.(2001). *Using the First Language in the Classroom.* Canadian Modern Language Review 57：402-423.

五 结 语

总之,通过以上深度细的研究分析得到结论,孔子学院汉语教师在教学理念上没有出现与《世纪外语学习标准(美国国家标准1999,2006年)》不一致的情况,从而表明在美孔子学院中文教师的教学理念与美国的外语教学标准相符合。此外,对教材以及对教学语言的不同理解,体现了中美教师在外语教学实际授课过程中出现的差异性,值得在美汉语教师和将要赴美成为汉语教师者的重视。

西人论"理":以莱布尼茨为个案的分析

首都师范大学　张　清　王金平

摘　要：在西方学者有关中国"理"的解读中,莱布尼茨主要围绕其普遍真理观以及形而上学体系而展开,尽管他的说法远比龙华民等传教士更为切近"理"的内涵本身,但更为重要的其实不是表面上的差异,而是造成这种差异的根本原因:莱布尼茨不是直接基于理学关于"理"的论述,而是对他人材料和观点的再理解,这限制的同时也丰富了他对"理"的理解。

关键词：莱布尼茨　神学　宋明理学

一　导　论

从 16 世纪末第一批耶稣会士来华一直到 18 世纪末,中西文化通过传教士发生了极具历史意义的碰撞,而碰撞中文化与文化之间的相互误读也成为文化交流史研究中最具有价值的材料,为后来者认清历史、理解本土和异质(域)文化提供了参照系。也正是在这个意义上,我们才有必要梳理并阐释在那个时代西方人是如何理解中国传统思想观念及其原因的。

文化整体的内在需要以及阐释者自身的文化身份和背景,比如传教士的神学背景及传教目的、莱布尼茨的西方哲学背景和自我哲学体系等,这些都使得他们在接触到具有整体性、异质性的中国文化时产生不同的反应，这也是本论文的重点所在。

需要着重指出的是，本论文所涉及的传教士包括利玛窦、龙华民和利安当，之所以选择他们，原因在于利玛窦是第一位针对宋代理学之"理"做出全面分析与评价之人，而且他的看法也基本为后来的传教士所接受；至于后两者，因为他们是莱布尼茨关于理学之"理"看法的主要材料来源，而且其言又是对利玛窦"理"论的进一步阐发。

从利玛窦批判"理"作为世界本原这种思想开始，传教士们基本上就对这一宋明儒学的根本性观点持批判态度。被誉为17世纪的亚里士多德的德国哲学家莱布尼茨（Leibniz，1646—1716）反对龙华民等传教士的否定性论断，而主张将太极理解为精神实体甚至是"至高神"。这种基于相同材料而获得的相反结论是值得深思的，需要强调的是，问题的关键倒不在于谁的观点更接近儒学的本义，而在于其持不同观点的依据何在，更何况这种结论是在同一文化语境内做出的。本文将对这一问题作具体分析。

二 莱布尼茨对"理"的理解

导论部分已经谈到莱布尼茨对"理"的理解的材料主要来自传教士龙华民和利安当的传教论文。尽管在对"理"的定位上，后两位传教士与利玛窦基本一致，但在批判的态度和策略的运用上，这两位传教士显然要激进的多，因为利玛窦并没有从中推出中国人信仰无神论、儒学与天主教教义不能够调和结论。除此之外，在阐述对中国人的解释时，龙华民远比利玛窦这些了解中国礼仪的人更依赖当时中国人自己的观点。而且，龙华民的文献资料主要是来自15世纪明代胡广等奉敕编撰的《性理大全书》，内容是宋代理学。从中可以看出，在引用文献资料与明末士大夫口头交谈混杂的情况下，传教士们很难分清楚哪些是今人的观点、哪些又是不同学派的观点等，因而在其传教论文中难以保持一致和准确的论述，矛盾与冲突必然呈现其中。即便如此，其价值也不可低估，因为莱布尼茨的《论中国人的自然神学》的主要依据就是他们的论文。这也反映出了莱布尼茨论文的一个特点：不是直接基于理学关于"理"的论述，而是对他人材料和观点的再理解，这虽然限制了但是同时也丰富了他对"理"的认识。"限制"是指莱布尼茨只能在龙华民、利安当所提供材料的基础上探讨，缺乏对理学全面的理解；"丰富"是指由于缺乏原始文献，他反而可以基于自己的哲学思想体系获得许多独具个性的结论，而不会囿于材料或者他人的观点。也正是如此，莱布尼茨才能从相同的材料中得出与传教士们相反的结论。下面分析一下龙华民和利安当对"理"的基本观点。

龙华民对"理"的基本认识主要反映在其传教论文和中文著作《灵魂道体说》中。在他看来，儒家的"太极"、道家的"大道"、释家的"佛性""皆指道体而言"。[①] 他对"道体"的定义是："道体，有体无为，造先莫先，一物不物，本无心意，本无色相，而万形万相，资之以为体质者也。"[②] 接着龙华民列举了道体与灵魂的十点相异之处，其中与传教论文相关的对"太极"或"理"的特性的概括有以下几点："道体寄于物，不能离物而独立"；"道体本为质体之类而必借理气之粗精，阴阳之变化，以为形象"；"道体既属质体，则所受依赖亦质，如粗精、大小等是也"；"道体冥冥，块然物耳，无有明悟，不能通达"；"道体无意无为；听其使然而然，又不得不然，是谓有受造之能，而无创造之能"。[③] 在《论中国人之宗教的若干问题》传教论文中，龙华民将"理"比附为西方的"原始物质"（prime matter），他又认为"理"靠"元气"存在，本身无活力、无生命、无沟通能力、无知力等，[④] 这些特点其实就是上文所说的道体的特性。这些与利玛窦对"理"的观点是相通的，《天主实义》中尽管没有进行这种归纳，语气也没有这么肯定，但是很明显利玛窦也主张太极不能为物之先、没有灵觉和依物而存等观点。至于利安当对"理"的理解在莱布尼茨的书中引用的不是很多，归结起来主要是认为"理"无意

---

① 龙华民：《灵魂道体说》，马相伯重刊本，民国七年（1918年），第4页。
② 龙华民：《灵魂道体说》，马相伯重刊本，民国七年（1918年），第3—4页。
③ 龙华民：《灵魂道体说》，马相伯重刊本，民国七年（1918年），第5—7页。
④ 秦家懿编译：《德国哲学家论中国》，北京：生活·读书·新知三联书店1993年版，第77页。

识、无智力，是可以分为许多部分的物质性本原等，① 与龙华民的观点没有本质性差异。

  然而这些材料和观点到莱布尼茨那里就发生了根本性的转变。莱布尼茨与传教士在理解上的最大不同在于他认为"理"是可以被等同为"至高神"的。为什么莱布尼茨可以获得这样迥异的结论呢？归根结底在于他的哲学信念和哲学体系，具体表现在两个方面：一是坚持普遍真理观；二是形而上学论，特别是其独特的单子学说。相信真理具有普遍性，不是莱布尼茨个人的独创，而是当时欧洲思想界的一股思潮。在孟德卫的《神奇的土地：耶稣会士的调和与汉学的缘起》一书中，就用了整整一章介绍17世纪欧洲汉学界和知识界寻找普遍语言（universal language）的思潮。而作为当时思想界巨人的莱布尼茨也曾对用中国文字代表普遍概念（universal ideas）产生过兴趣，而他所发明的二进制数字在中国《易经》中得到"印证"这一点更强化了他对"普遍之学"的信念。② 在《莱布尼茨与儒学》中，孟德卫列举了莱布尼茨哲学思想中体现的中西文化一致处的十二个方面，并认为这些对莱布尼茨的基督教全球联合计划是极为重要的。③ 也正是因为对普遍真理的坚信，莱布尼茨很难认同龙华民等人将理学的根本概念解释为"唯物论"的观点，因为肯定一个不知道"精神实体"的民族在莱布尼茨那里是不可想象的。

  尽管孟德卫认为在《论中国人的自然神学》中"单子"这个词"甚至没有出现过"，但相似的概念如"隐得来希""灵魂""实体形式"等则随处可见④。但实际上，在莱布尼茨的文章中，"理"是在广义上被比作单子的，他已经在传教士所引用的中国文献资料中发现了"理"的多义性，只将它比附

---

  ① 秦家懿编译：《德国哲学家论中国》，北京：生活·读书·新知三联书店1993年版，第78—94页。

  ② 孟德卫：《神奇的土地：耶稣会士的调和与汉学的缘起》（Mungello, *Curious Land: Jesuit Accommodation and the Origins of Sinology*, Stuttgart: Steiner-verlag-Wiesbaden-GmbH, 1985, chapter 6）。

  ③ 孟德卫：《莱布尼茨与儒学》，张学智译，南京：江苏人民出版社1998年版，第104页。

  ④ 孟德卫：《莱布尼茨与儒学》，张学智译，南京：江苏人民出版社1998年版，第75页。

为"至高神"不符合中国人的观点，按照莱布尼茨的判断，"理""有时直指至高神本身，有时亦指任何神，因为可能它的字源本指理由或秩序"；在引用了龙华民关于"理"的一段解释后，他认为"这里的'理'似是不指第一类精神实体而指普通的精神实体或单子（entelechy），即是指如同灵魂一般赋有动能、知觉、或有规的行动的"。①

除了以上直接将"理"比作单子外，莱布尼茨还将许多单子的属性赋予"理"：第一，在对"理"的定义中，莱布尼茨除了指出"理"为"第一本原"（或"第一原理"）（first principle）之外，还承认它是精神性的"包罗万象的理由或实体"。② 这个论断是莱布尼茨进行所有关于"理"的定位的前提和基础，在莱布尼茨看来，只有确定了"理"的精神性地位才能反驳龙华民等的"唯物论"的判断。他的基本论据是如果说中国人把理认作"原始物质"的话，那么这种被动的、无秩序、无形体的"本原"怎么可能造物呢？而实际上根据中国人的文献，"理"是含有动的原则的，是万物的主宰，因而"理"是精神性的实体。在理学中，"理"并没有充分的实体地位，更加不是精神或者观念，在这里莱布尼茨明显是把"理"与精神性的单子等同起来了。

第二，莱布尼茨讲"'理'本身即是力而不限于本身；又为了与众沟通而造了万物，它是纯德与爱之源。它的原理即是造万物，而众善都出乎它的要素与本性"。③ 理学中"理"的动力方面的因素是很小的，朱熹讲理无动静，"太极犹人，动静犹马，马所以载人，人所以乘马，马之一出一入，人亦与之一出一入，盖一动一静，而太极之妙未尝不在焉"。④ "理"更无创造性的因素可言。"理在气先"只是逻辑上而非时间上的在先，而且"理先气后"在朱熹的哲学体系中还分本原论和构成论而有所不同："若论本原，即有理然后有气，故理不可以偏全论；若论禀赋，则有是气而后理随以具，故有是气则

---

① 秦家懿编译：《德国哲学家论中国》，北京：生活·读书·新知三联书店 1993 年版，第 81 页。

② 秦家懿编译：《德国哲学家论中国》，北京：生活·读书·新知三联书店 1993 年版，第 73 页。

③ 秦家懿编译：《德国哲学家论中国》，北京：生活·读书·新知三联书店 1993 年版，第 78—79 页。

④ 朱熹：《朱熹语类》，上海：上海古籍出版社 2003 年版，第 3128—3129 页。

有是理,是气多则是理多,是气少则是理少,又岂不可以偏全论耶?"① 从本原上说是理先于气,但从构成上而言,理气并无先后,二者是不即不离的。因而,与莱布尼茨所强调的创造因是不相干的。而在单子论中,作为至高单子的上帝毫无疑问是具有完全的动力和创造属性的。

第三,莱布尼茨认为"理"本原"了解理性内外的一切方法与律法,并连续不断地有所为或生产,而又在适当时消掉一切"。② 这里所论述的特性很清楚地来自于单子,按照莱布尼茨的单子论,单子本身是独立自发而不受到外界影响的,不能通过自然方式产生和消灭,"只能通过创造而产生,通过毁灭而消灭",③ 这里也印证了孟德卫的一个观点:"莱布尼茨已从汉文资料中导出而不是引用甚或意译了这样的看法:理支配世间的一切现象而丝毫不受它们的影响。"④

第四,莱布尼茨明确反对龙华民等人所引用的中国人认为"理"本身并无活力、无生命、无沟通本能以及无知力的观点,他主要采用了两个驳斥策略:一、怀疑译文的准确性;二、重新解读中国人的观点。他认为中国古典作者否认"理"有生命、知识、力量是指"有人形的、存在于受造物身上的生命、知识、力量。他们指的生命,是感官的活力、知识,是理性或体验带来的知识、力量,是王子或官吏通过威严和希望而管辖属民时表示的势力",而不是具有超验性的知识、力量。这些话的潜台词是"理"有造物主所拥有的至善至美的崇高特点,而上述"受造物的生命、知识、力量只能算是仿造物的影子一般"。⑤ 也就是说,中国人否认的只是"理"的世间性,而实际上"理"还是有彼岸性的。然而,我们一再强调的是"理"本身是"无情意,

---

① 朱熹:《答赵致道》,上海:上海古籍出版社2003年版,第2863页。
② 秦家懿编译:《德国哲学家论中国》,北京:生活·读书·新知三联书店1993年版,第79页。
③ 江畅:《莱布尼茨哲学中的个体与单子》,北京:人民大学出版社1996年版,第184页。
④ 孟德卫:《莱布尼茨与儒学》,张学智译,南京:江苏人民出版社1998年版,第73页。
⑤ 秦家懿编译:《德国哲学家论中国》,北京:生活·读书·新知三联书店1993年版,第83页。

无计度，无造作"的，而精神性的单子则恰恰相反。

第五，莱布尼茨在深信"理"与最高单子等同之后，自然而然地接受了龙华民、利安当带有偏见性的结论："理在万物中'统辖天地万物，产生天地万物'。"① 从而，莱布尼茨可以放心大胆地认为，"'理'凭着本身的完美而从多种可能性中选择最妥善的一种，因而产生'气'或物质，但'气'因备有其本能，而使其他的'万物'自然而然地产生了"，② 同样是理生物的观点，而与传教士的唯一不同在于，"理"的创生万物是自然而必然的，而非像他们主张的那样："理"的所作所为是偶然性的，同时莱布尼茨还注意到了"气"的重要性。

上述五点"理"的"性质"其实是莱布尼茨在确信了"理"可以与"单子"相通后总结出的，从理学本身来看这些界定都可以说是"杜撰"的。但我们不可以妄下结论认为莱布尼茨完全曲解了理学，要不然，秦家懿也不会认为"直到现在，莱布尼茨仍是西方哲学中最了解中国与中国思想的哲人。若与法国的伏尔泰相比，他是更优秀的中国学家，对中国有较为正确的认识与较为严谨的了解"。③

事实上，在莱布尼茨论述"理"的过程中，他比龙华民等传教士有着更多的睿见。首先，是驳斥龙华民的"理"为"原始物质"说，尽管正如我在上文已经指出的那样，他的论据是基于对这一西方概念的理解从而找出其矛盾之所在，姑且不论他这种排除物质性就是精神性非此即彼的二元论思维对阐释"理"是否适用这个问题，就其能够通过哲学论证轻松地推翻龙华民这一关键性结论就很值得钦佩。其次，关于"太极"即"理"的认识：龙华民既将"理"成为"无限圆体"视为"太极"，又认为"太极"就是"元

---

① 孟德卫：《莱布尼茨与儒学》，张学智译，南京：江苏人民出版社1998年版，第72页。

② 秦家懿编译：《德国哲学家论中国》，北京：生活·读书·新知三联书店1993年版，第85页。

③ 秦家懿编译：《德国哲学家论中国》，北京：生活·读书·新知三联书店1993年版，第10页。

气"，① 而莱布尼茨则能够从龙华民"太极包含理与气"的论断中得出"'太极'即是在'气'身上有所为的'理'"这一较为准确的结论。② 最后，在谈及"理一分殊"时，莱布尼茨坚决否弃了"太极"有部分的说法，其理由在于"由各部分组成的东西永远也不是一体，只有从外表上可说是一体，如同一堆沙土或一个部队一般"。他认为正确的解释"不是说万物是'太极'所分成或是它的变化"，而是"它们具有的绝对性实质或完美性皆来自太极"。③这一观点至少在形式上符合朱熹所主张的"理一万殊"，因为朱熹讲"月印万川""一实万分"都不是指"理"是有部分的，可以分在万物之中，而是强调万物之理与作为宇宙本体的天理的同一性。根据莱布尼茨的言论来看，似乎他是从本原与派生的关系来论述理是没有部分的，但需要指出的是在莱布尼茨那里，万物之理与"大理"是完美与有所缺陷的关系，是创造者与受造者的关系，虽然不是朱熹的万理同一，但是总的来讲莱布尼茨的论文在一定程度上契合理学的精义。

三 结 语

关于莱布尼茨对"理"的分析主要是围绕其普遍真理观以及形而上学体系而展开的，尽管可以说他比龙华民等传教士更为切近"理"的内涵本身，但重要的不在于这种表面上的异同，关键在于为何和怎样造成了这种差异。

就分析的全面性和深刻性而言，莱布尼茨远远超越了利玛窦，也许部分的原因为龙华民等传教士所提供的资料和论述的范围比较广，有助于莱布尼茨了解理学更多方面的内容。但就相同层面问题的议论而言，莱布尼茨显然要

---

① 秦家懿编译：《德国哲学家论中国》，北京：生活·读书·新知三联书店1993年版，第91页。

② 秦家懿编译：《德国哲学家论中国》，北京：生活·读书·新知三联书店1993年版，第92页。

③ 秦家懿编译：《德国哲学家论中国》，北京：生活·读书·新知三联书店1993年版，第93页。

表现得更为出色。当然除了他们各自身份（传教士和哲学家）的不同外，差异性还应当包括各自所置身的文化语境。与利玛窦不同，莱布尼茨主要基于自己的哲学信念和体系对问题进行尽可能全面的分析，策略性的因素不是十分明显。但无论如何，这种差异都掩盖不了这么一个事实：无论是利玛窦、龙华民还是莱布尼茨，其文化背景和出发点都是西方式的思维：物质/精神、具体/抽象、理性/感性、实体/偶性、造物主/受造物等二元对立的范畴。当他们戴着这种有色的眼镜来看待理学之"理"时，有趣的事情发生了：从利玛窦书信以及传教史中一再抱怨中国人不懂"逻辑"开始一直到莱布尼茨发现的中国人对同一概念的"矛盾"解释，中国思想让很多西方人感到困惑不解。而莱布尼茨要么认为这种矛盾是由于学派之间的辩论而造成的，而在本学派内部却不存在分歧；要么认为龙华民等人的翻译和理解不准确，尽量从自己的体系出发对二手的资料进行再理解，从而使"矛盾"的观点得到一致性的解释。

以培养批判性思维为导向的新闻翻译教学①

首都师范大学 李 娜

摘 要：由于新闻的自身属性，在传播的过程中会反映源语境的语言文化习惯和思想意识形态，因此在新闻翻译教学中关注培养学生的批判性思维能力，同时具有必要性和迫切性。本文针对批判性思维的性质、结构以及其在新闻翻译中的地位，探讨了批判性思维在新闻翻译教学中所应当具有的地位，以及在新闻教学中如何体现和培养批判性思维。

关键词：批判性思维 新闻翻译

随着素质教育的呼声越来越高，大学生批判性思维的培养日益受到重视。然而，我国大学生批判性思维能力的状况不甚乐观。由于长期缺乏这方面的专业训练，很多学生倾向于把各种信息来源得来的东西当作是真理，不加思考地全盘接受。这也反映在新闻翻译的教学过程中。虽然新闻本质上是对于客观事实的报道，但是因为新闻是新闻人采编撰写的，在写作和传播的过程中自然会反映源语境的语言文化习惯和思想意识形态，如果在翻译的时候不考虑这些特点，把源语的内容当作确切无疑的事实加以翻译转化，有时反而不能完成信息传递和交流的任务。从这点上看，在新闻翻译的教学中以批判

---

① 本文获首都师范大学案例库建设项目"新闻翻译案例库"支持。

性思维为导向，是有必要性和迫切性的。

本研究针对批判性思维的性质、结构及其在新闻翻译中的地位，结合研究者的翻译和教学实践，试图回答如下问题：

1. 批判性思维在新闻翻译教学占有什么样的地位？
2. 新闻翻译中如何体现批判性思维？
3. 新闻翻译教学中如何培养批判性思维？

一 批判性思维的性质及结构

在现有的研究中，对于批判性思维的性质有两种代表性意见。一是把批判性思维看作一种能力，二是把它看作一种思维过程。无论是能力还是思维过程，在一点上它们是不矛盾的，也就是都是认知的一个部分，都要求人进行能动的思考，并且具有质疑精神和批判精神。在这里我们借用罗清旭对批判性思维所下的比较有代表性的定义：一个具有批判性思维的人"能够对产生知识的过程、理论、方法、背景、证据和评价知识的标准等正确与否作出自我调节性判断，包括了批判性思维的个性倾向性和个性心理特征两个方面，前者反映了个体的批判性精神，后者反映了个体的批判性能力"。[①]

在结构上，批判性精神和批判性能力各有其微观组成结构。一种观点认为，批判性精神具体包括了寻求真理、思想开放、解析性、系统性、有序性、批判性思维的自信性、好问、认知成熟性、乐观性等内容。[②] 而对批判性能力概括最具体全面的当属尼德勒，他提出了12种基本智力技能：1. 定义和明确问题，识别中心论题问题；比较异同点；确定哪些信息是相关的；形成适当的疑问（4种能力）；2. 判断相关信息，由区别事实、观点和合理的判断；检查一致性、识别字里行间的假设；识别原型和套话；识别偏见、情感因素、

[①] 罗清旭：《论大学生批判性思维的培养》，《清华大学教育研究》，2000年第4期，第81页。

[②] Halpern D. F., Teaching Critical Thinking across Domains: Dispositions, Skills, Structure, and Metacognitive Monitoring. *American Psychologist*, 1998 (4), pp.450-454.

宣传以及语意倾向性；识别不同的价值系统和意识形态（6种能力）；3. 解决问题与做出结论，识别材料的适当性、预测可能的结果（2种能力）。①

一个有批判性思维的新闻翻译者，不仅需要具备批判性精神，致力于寻求真理、系统有序自信地传播真相，而且需要具有批判性能力，既有新闻敏感性，又有跨文化比较异同的能力，有质疑能力能发现问题，并且有能力在不同的价值体系和意识形态之间完成新闻写作、编译和传播的任务。

二 以批判性思维为导向的新闻翻译实践

批判性翻译是指帮助学生在理解的基础上以适当方式传递作者的思想，这包括三个层面：理解、表达和取舍。以批判性思维为导向的理解是指译者对原文的理解要接近、达到、甚至超过作者的水平。以批判性思维为导向的表达是指译者要表达作者清楚表达、希望表达甚至应该表达的意思。而以批判性思维为导向的取舍是指译文的表达形式可以与原文相同、相似或不同。

（一）以批判性思维为导向的理解：消除迷信和盲信

批判性精神很重要的一点就是要勇于质疑、敢于挑战。这里质疑和挑战的对象既包括权威（权威作者、权威机构），也包括译者自己。在翻译过程中，很多译者无法正确对待和原文作者之间的关系。他们倾向于全盘接受原文中的所有内容，认为自己仅仅需要如实进行语言的转换和信息的传达。但是，在以批判性思维为导向的新闻翻译教学中，教师需要帮助学生理解：新闻原稿是写作素材，作者语言水平不一定比译者高，原文和译文有同等效力，译者天然处于监督者的位置，译者和原文作者共同承担一项使命②。

例如，在《中国东盟商界》5月刊的一篇新闻专访稿件中，有这样的句子："即将于四月秒御任的马来西亚留华同学会会长陈志成接受《中国东盟商界》访问……据了解，在2012年，我国留华生人数为6045，学历生占了

---

① Woolfolk A.E. Educational Psychology (4th), Prentic Hall, 1995.
② 李长栓：《非文学翻译理论与实践》，北京：中国对外翻译出版公司2008年版，第33页。

3538 人；2013 年，这一数字分别上升至 6126 人和 3527 人。"

在翻译中，译者会发现，首先，原稿中的"四月杪御任"应该为"四月末卸任"，和现实情况才相符；其次，和 2012 年的两个数据相比，2013 年的数据并不是像原稿中所说的"分别上升"，其中一个数据其实是降低了。因此，在翻译的过程中，如果完全按照原稿翻译的话，那么就保留了本不该存在的错误，所以作为译者，一方面需要和原稿作者沟通，确保数据和信息的准确性，一方面在翻译的时候，要按照事实情况进行语言上的处理。所以，译文应该是："President of the AGUCC, TING CHEE SENG, will resign the president of the AGUCC at the end of April, received the interview of the China ASEAN Business…According to statistics, the number of international students in China was 6045 in 2012, among whom 3538 students had got an education degree. In 2013, the number of the international students rose to 6126, and 3527 students got a degree."

（二）以批判性思维为导向的取舍：重视篇章结构的调整和改动

批判性思维还体现在新闻翻译过程中的信息取舍上。新闻具有时效性，在进行新闻翻译的时候，需要根据译语读者对于信息的需求和期待进行信息的取舍，有时需要对稿件篇章结构进行大幅度的调整。英语新闻通常遵循国际写作规范，导语段采用金字塔式结构，把 5W1H[①] 尽量放在显要位置，背景段落和引语段落按照重要性次序错落安排，末尾是未尽之感段落。在新闻翻译教学中，教师就需要引导学生关注这种不同文化间的差异，确保译文符合目标语社会主流文化意识形态要求和目标语读者的认知期待。例如：

浙江淳安山体滑坡 8 人被埋　3 人已死亡

新华网杭州 6 月 18 日电（记者岳德亮、方列）18 日上午，浙江省淳安县大墅镇桃林村发生一起因山洪暴发引起的山体滑坡事故，8 人被埋。截至记者发稿时，在已经救出的 6 人中有 3 人死亡、3 人受伤，另有 2 人

---

① 5W1H，即 what, where, when, who, why, how。

还在搜救中。

13时10分左右,技术人员通过生命探测仪器搜索,在一处倒塌的民房下发现有生命迹象。据悉,这幢民房下压着的是一个10岁的小男孩。但是15时许,当这名男孩被搜救出时,已经死亡。

据当地官员介绍,事故发生以来,淳安县消防大队、公安民警、医护人员以及本村和周边村庄的村民约300人投入了现场营救。

淳安县防汛办公布的消息说,17日16时,该县开始出现降雨天气,县西南部的大墅镇、枫树岭镇及安阳乡等乡镇出现大暴雨,导致大墅镇桃林村山洪暴发。记者从浙江省水文局的实时监测系统了解到:事发地大墅镇从18日零时起雨量开始增大,至3时前雨量达到最大,之后逐渐减小。大墅镇上坊站自18日零时至14时累计降雨量达162.5毫米。

淳安县副县长童小威告诉记者,18日3时起,大墅镇就启动相关预案组织紧急抢险撤离,在抢险撤离过程中,有2幢民房倒塌,在房屋外疏通沟渠的8人来不及撤离被忽然间倒塌的房屋所压(其中一户2人、一户4人,另有本村2名参与抢险撤离的党员)。据了解,大墅镇位于淳安县西南部,东接安阳乡,南依千里岗山脉,西邻枫树岭镇和白马乡,北濒风光秀丽的千岛湖。桃林村就在南部的千里岗山下,桃林溪流经全村,是该镇最大的毛竹和高山蔬菜产区。

大墅镇政府的网站显示,该镇目前正在扎实开展"安全生产月"前期准备活动,对辖区内的主要交通路段和前期因雨水天气引起的地质灾害区域进行了一次全面摸排,确定了维修整改方案。

译文:

Storm-trigged landslide leaves 3 dead, 3 injured in east China

HANGZHOU, June 18(Xinhua) - On Friday morning rescuers found eight people from the rubble of a storm-triggered landslide in east China's Zhejiang Province, among whom three are dead, three injured, and two others missing.

The landslide occurred Thursday afternoon on a rain-soaked hill in Taolin Village, Chun'an County. Debris swamped three residential houses, burying eight residents.

According to the rescuers, three of them they found were proclaimed dead, while three were seriously injured and two others still buried.

Rescue was underway for the remaining two.

Provincial meteorological authorities forecast Thursday the downpour would continue for another week. Chun'an County was among the worst hit by the storm.

对比原文和译文可以发现：原文有 6 个自然段，总字数 630 个，而译文字数只有 120 个，段数变成了 5 段。这里篇章结构变化主要是因为原文读者是国内读者（本地区读者），原文中可以存在一些文化、情景缺省现象，但是译文读者是英语读者，对缺省现象需要必要的背景和语境说明。比如原文标题中的地名在译文中省去，以"华东"代之；原文强调事故受害总人数，译文关系死伤人数，不涉及被埋人数；原文"山体滑坡"是事故原因，译文"暴雨引起山体滑坡"是事故原因。原文中的具体地址，译文中简化为"浙江省"，但是增加了"华东"的信息，以方便译文读者树立方位感。在修辞上，原文细节繁多，译文仅有英文读者感兴趣的细节。原文每段多句，译文每段一句。原文导语较长，译文导语短小，但 5W1H 都涉及。原文信息量大，可满足国内读者；译文信息简化，可满足译文读者。

三 以批判性思维为导向的新闻翻译教学

在全球化日益突出的今天，新闻翻译在全球信息沟通中扮演着重要的角色，新闻翻译教学有责任帮助学生意识到批判性思维的重要性，在教学过程中开展批判式教学，帮助学生了解批判式思维，培养批判式思维，克服迷信原文作者、迷信权威机构的倾向性，鼓励学生展开质疑作者、质疑权威、质疑自我的活动，提升批判性意识。

当然，培养学生的批判性思维不是一朝之功，也不是每一节课都有机会这样做，不是每一个教学环节都能这么做，但是培养学生的批判性精神，提升学生的批判性能力是每一个教师都应该有的意识。

18—19世纪俄国贵族日常生活中扇子文化浅析

首都师范大学 孙翠英

摘 要：本文简述了俄罗斯历史上扇子的发展和演变，分析了18-19世纪俄国贵族日常生活中扇子作为一个特殊语言符号在社交礼仪中的特殊应用，从而使我们从一个侧面更加深入了解那个时代俄国贵族的日常生活及扇子所代表的丰富文化内涵和艺术价值。

关键词：扇子 俄国贵族日常生活 扇子文化

扇子的历史非常悠久。扇子最初是一种生活用品，是用来去热纳凉的工具。扇子原本只有不同式样、花色和质地的区别，但是随着社会的发展、人们审美情趣的提高，发展到后来扇子的使用却是艺术功能大于实际功能。扇子是民族文化的一个组成部分，在18—19世纪俄国贵族日常生活的交际中具有独特性，其颜色、造型、扇语都有丰富的文化内涵，成为贵族身份、地位、品味的象征以及贵族社会一种角色的道具。当扇子被赋予固定的含义，通常与人际交往联系在一起时，扇子的不同符号所代表的作用截然不同，体现了双重性。混淆扇子不同的功能，特别是其语言功能，有可能导致事物发展不同的方向和结果。

一　俄罗斯不同历史时期扇子的发展和演变

扇子发源于中国，从现存的考古资料推测，扇子在中国出现不晚于新石器时代。[①] 16世纪初中国的折扇传入欧洲，然后又慢慢传到了俄罗斯。17 到 18 世纪折扇已经成为欧洲国家宫廷中订婚、结婚、加冕、欢庆胜利、舞会甚至是葬礼等社交礼仪中的礼物或纪念品。

扇子在俄罗斯从无到有，从进口到国产，从日常用品到成为贵族阶层特殊的交际物品，外形和扇面图案材质的变化经历了以下几个阶段，每个时期都有自身的特点。

俄语中的扇子"веер"一词来源于德语"facher"，关于扇子何时出现在俄罗斯众说纷纭。一般认为俄罗斯有关扇子记录的历史从 17 世纪开始。[②] 17 世纪在欧洲折扇已经很普及时，当时的莫斯科罗斯公国还在使用蒲扇。扇面用鸵鸟羽毛制成，扇柄是用木、骨、金银做成，镶嵌着宝石。这种扇子造价不菲，很珍贵，主要作为外交活动中的礼物。17 世纪后半叶从欧洲传到俄罗斯的折扇属于稀缺物品，因为折扇形制古朴优美，幽雅别致；用材奇珍异宝，五光十色；装饰素净淡雅，赏心悦目，所以这样的扇子主要是由皇家使用和珍藏，也用作对外交流的礼品。当时的扇子很昂贵，即使贵族也非常珍惜自己的扇子，甚至当作传家宝。18 世纪上半叶，扇子在俄罗斯仍然是个奇异的外来物，是非常时尚的实用物品，并首先作为皇室用品流行于贵族社会。

18 世纪初彼得一世进行了一系列改革，从法律上规定了俄罗斯人的服装西欧化，于是法国和荷兰的衣服、咖啡、舞会等和扇子一起走进了俄罗斯，俄罗斯人的生活发生了巨大的变化，而扇子作为衣服的装饰品备受贵族们的喜爱，开始流行起来，折扇因此进入了俄罗斯人的日常生活，尤其是贵族阶层，扇子也像在欧洲一样成为上流社会交际的必备品。荷兰扇子首先进入俄罗斯，

[①] 郭娅:《中国的扇子文化》，《湖北大学学报（哲学社会科学版）》，2001 年 9 月，第 28 卷第 5 期，第 73 页。

[②] Верещагин В. А., *Веер и грация*, из журн. Старые годы, СПБ: Апрель 1995.с.20.

因为彼得大帝更喜欢朴实和大众化的荷兰时尚，而不是法国的奢华。这个时期俄罗斯扇子的艺术性得到大力发展。

  彼得大帝去世以后，直到 1796 年俄罗斯一直由女性执政，爱美是女人的天性，女皇们也不例外，如伊丽莎白·彼得罗夫娜、叶卡捷琳娜二世都是时尚的引领者，她们的服装极其讲究，所以作为女士服装的陪衬物，扇子也备受推崇，当时扇子在俄罗斯比任何时候都更时尚。扇子依赖进口，主要从法国、意大利、德国和荷兰进口的居多。光靠进口满足不了日益扩大的需求，这反而促进了俄罗斯本国制扇业的发展。1751 年 11 月伊丽莎白·彼得罗夫娜统治时期，莫斯科建立了第一家制作扇子的工厂。这里所生产扇子的式样、尺寸、扇骨和扇面上表现的绘画情节和装饰的图案随着时代变化风格各异，在艺术领域独占鳌头，引领着时代潮流，扇子制作的艺术性也达到了鼎盛。

  18 世纪欧洲几乎所有的国家都能生产扇子，在 18 世纪 30—40 年代俄罗斯的折扇进入辉煌时期。18 世纪中叶俄罗斯涌现出一批出色的制扇能工巧匠，如：瓦西里·尼科诺夫（Василий Никонов），阿列克谢·莫罗佐夫（Алексей Морозов）等。这些工匠们对进口扇子的结构和外形做了改变，他们用龟、象牙和黄金做扇骨，上面镂雕精巧的涡旋纹、玫瑰花等洛可可风格的图案，扇子色彩艳丽，更轻盈、秀丽。他们制作的巴洛克式风格的扇子色彩更加丰满，尤其是淡色和金黄色色调的扇子颇受人们的欢迎。他们追求多变的时尚，对艺术、文学和贵族的日常生活都有很深的研究，能够捕捉到时代的时尚动向和人们的审美。工匠们每年生产 33 到 98 把扇子，[①] 这些扇子上镂、雕着绘画，造型优美，构造精制。俄罗斯工匠吸收外来扇子的制作工艺，促进了本国扇子的发展。但是俄罗斯本国生产的扇子无论是数量还是质量与欧洲能够抗衡是从 19 世纪后半叶开始的。在莫斯科和圣彼得堡建立了多家扇子作坊工厂，生产扇子等服饰用品。

  从 1760—1770 年俄罗斯所生产扇子上的图案除了圣经旧约、神话故事和田园诗意作品（即 14—18 世纪赞美牧人和乡下人们的朴素生活的诗歌和小说）情节外，最主要的是反映俄罗斯的政治历史事件。如，俄罗斯和土耳其战争，即 1770 年 6 月 26 日发生的切斯缅基斯会战。

---

 ① Верещагин В. А., Веер и грация, из журн. Старые годы, СПБ: Апрель 1995.с.32.

17 世纪后半叶到 18 世纪扇子在贵族生活中的作用发生了变化,扇子更多的时候是作为生活中的文雅之物和衣服的配饰,于是出现了扇语,即上流社会太太小姐们与自己男伴交流的特殊密码。她们无意中从一只手把扇子转到另一只手可能决定心爱的人的命运,她们用这种特殊的符号表达愿望,确定是否约会,指出确切的地点和时间。

18 世纪后半叶在俄罗斯扇子成为舞会、各种庆典等重要场合必备的装饰物。这时的扇子最重要的功效是成为展示女性魅力的道具。当时在上流社会的交际场合扇子非常流行,以至于贵妇们如果不拿扇子就会不自在,好像自己的男伴没有带佩剑一样会尴尬。① 她们把扇子的艺术性表现得活灵活现,在一双双巧手里,扇子可以突出太太们的美和掩盖她们的不足,扇子主人利用扇子吸引爱慕者的注意力,并充分展示她们的美丽、优雅和气质。

扇子也成为爱的信使,扇面上可以写爱的誓言,也可以把写有表达爱的疑问、答案粘贴在扇子上。18 世纪扇子好像成为了贵族们另类的"图书馆",扇面上写有爱情诗歌、名言、笑话、歌曲、乐谱。所有这些高雅的东西都可以帮助扇子主人在交际中成为耀眼的明星,因而能够吸引参加舞会的人们的眼球,好像是一张名片。

18 世纪末到 19 世纪初中国扇子在圣彼得堡和莫斯科是非常时尚的物品,上流社会的女士们人手一把,仿佛是交际的必需品,也是炫耀身份的名片。从中国进口的扇子直到 19 世纪中叶在俄罗斯一直是独一无二、最时尚的扇子。亚历山大三世的妻子玛丽亚·费道罗夫娜对在中国盛产的扇子情有独钟,她收藏了大量的中国扇子,有几把至今仍然存放在博物馆。20 世纪初由于种种原因俄罗斯人对扇子的热情锐减,于是中国扇子逐渐失去了在俄罗斯的市场。

19 世纪初扇子的时尚发生了巨大的变化。与 18 世纪相比,19 世纪初的扇子无论是在欧洲,还是在俄罗斯都变得小巧玲珑。扇子的制作常常是用兽骨或兽角。扇面不用织物或纸,整个装饰被减少到一个镂空雕刻。此外,有时候扇面上也装饰着金银和宝石。至于为什么这样,法国作家写道,"以前太太小姐们因害羞而脸红,她们会用扇子掩藏这种羞怯和胆怯,所以扇子比较大。现

---

① Петракова А., Складной веер в России и Европе XIX-начала XX веков, 2013, 02. http://goodcoins.su/antic/tecstile/skladveer18.htm 2017, 09.

在谁也不愿意隐瞒这种表情了，所以扇子就变小了，不再那么显眼"。①

1810 年在俄罗斯制造的扇子上常常有亚历山大一世的肖像画。这种情况以前并不多见，以前扇面上的肖像画基本是女性人物。

俄罗斯扇子的艺术性得到大力的发展与尼古拉一世的妻子亚历山德拉·费德罗夫娜的名字连在一起。她喜欢娱乐活动，特别是舞会。她嗜好收藏扇子，对扇子的审美独树一帜。

19 世纪在彼得堡有了扇子专卖店，商家给自己的扇子大力做广告，有一则广告词写到：我们店的扇子应有尽有，价格合理，总有一款适合您。

20 世纪初扇子作为贵族生活中的交际物品退出了俄罗斯的历史舞台。

二 扇子在俄国贵族日常生活中的特殊性

贵族是俄国一个古老而特殊的社会阶层，18—19 世纪初的俄国贵族在国家文化发展中发挥了先锋作用。贵族社会的行为规范和礼仪、风俗习惯和生活方式以及对时尚的追逐都反映了当时社会生活的各个方面，他们所使用的每一件东西都打上了时代的烙印，对于研究俄罗斯当时的历史和文化有重要的参考价值。

18—19 世纪俄国贵族日常生活中不同的场合人们的着装也不一样，衣服上的点缀物不仅仅具有实用性，也会有某些象征意义。与衣服搭配的每个装饰物都是一个特定的符号，含义不同，发挥着不同的交际功能，是无声的交流工具。扇子就是其中的一种，扇子在贵族日常生活的交际礼仪中无论是颜色构图还是扇语都有讲究，不同的场合使用的扇子都有所不同，其特殊性只有置身其中才能领悟，许多细小的东西只可意会而不能言传。

扇子最初在俄罗斯也不是女性"展示魅力的工具"，因为在古罗斯女性也是常常待在闺房里，不能抛头露面，扇子对于她们来说主要是散热工具。18 世纪后半叶扇子进入贵族日常生活的交际圈中。史书记载：太太小姐手中的扇

---

① Петракова А., Складной веер в России и Европе XIX-начала XX веков, 2013, 02. http://goodcoins.su/antic/tecstile/skladveer18.htm 2017, 09.

子就像和尚手里的念珠，众所周知，在交际场合，手上有一把扇子就觉得很自在，胸有成竹，否则就好像缺少什么东西，六神无主。手上可以不拿鲜花之类的东西，但一定要有扇子。① 女士们不仅在舞会和隆重的庆典场合，而且在剧院、赛马场以及做客、游园和旅行时都要拿扇子，可以说扇子无时不在她们身边。一个贵妇人至少要有20多把精美的扇子，她们挑选扇子不仅要时尚，符合自己的品味，颜色和样式都要与衣服相匹配。如，白色的裙子要配白色和珠母色的扇子，花色的裙子要配和裙子颜色接近的扇子或浅色的扇子。

舞会一直是俄国贵族特别热衷的活动，是他们日常生活中不可或缺的交际舞台。在舞会上太太们要跳舞的时候，扇子拿在左手上，左手要放在舞伴的臂膀靠下的地方。在上流社会的交际圈内有时候不可以说太多的话，特别是女性，尤其是在舞会上，她们无法公开表达自己的情感和情绪，因此扇子作为特殊的符号成为太太们和自己男伴们交流的工具，于是扇语（即扇子代表的各种语言符号）应运而生。

扇语和扇子几乎同时从法国传到了俄罗斯。18世纪后半叶扇语首次出现在俄罗斯1790年发表的杂志《Сатирический вестник》上。② 在扇子的符号学里首次描述了扇子在打开和合上时不同的内涵。扇语把持扇人手的动作、扇子位置的变化、打开扇子的次数、合上扇子的快慢加在一起表达人的情感和思想。

俄国贵族一直崇尚法国的所谓高雅文化，当扇语出现以后，时髦的贵族太太们很快掌握了扇语。她们知道扇子打开时表示好感和喜欢，而合上就是不同意、拒绝、怀疑甚至是沮丧。扇子合上也意味着谈话的结束。扇子打开再合上次数的多少也有寓意。前面那几折扇面打开的多少表示一周的几天。例如，在打开四折扇面上轻轻地敲三下，就表示周四下午三点约会或觐见。在19世纪扇面打开的多少可以表示约会一个小时或一天。显然扇子成为了口头语符号，能表达多种信息。折扇的数量能表达对交谈对象的态度：一折扇面表示友好，

---

① Петракова А., *История возникновения веера*, 2013, 02, https://shakko.wordpress.com, 2017, 09.

② Захарова О. Ю., *Советские церемониалы в России Ⅷ-начало ⅩⅩ в.*, М.,: 2003, с.267.

二折表示更加友好，多折表示爱慕，完全打开表示爱上了对方。太太们在左手还是右手拿着扇子，扇子的哪一面对着客人，正面还是反面；扇把朝上还是朝下对着自己的男伴，扇子的哪一部分靠着身体等都有不同的含义。扇把朝上表示喜欢，向下就是鄙视。扇子靠近耳朵表示偷听，靠近心表示喜欢，靠近面颊表示厌恶，靠近额头表示在思考，靠近手心表示不信任，靠近手背表示拒绝来访。贵族小姐们从小耳濡目染就掌握了这些扇语，它是上流社会交际的秘密规则。扇语原本是情人之间的秘密信号，扇子在很多情况下成为爱的信使。虽然扇子在太太和小姐手里，但是这些无声的密码需要接收信息的男伴领会和明白各个细节。

扇子主人发出扇语的每个动作都有具体的信息。下面举例详细说明扇语所表达的含义。[①]

如果表达"да（同意）"，就把打开的扇子用左手贴在右面颊上。

如果表示"нет（否定或不同意）"就把打开的扇子用右手贴在左面颊上。

表达"Ты мой идеал.（你是我喜欢的类型。）"时用打开的扇子触动嘴唇和心。

表达"Я люблю тебя.（我爱你。）"就拿右手把合上的扇子指到心上。

表达"Я вас не люблю.（我不喜欢您。）"时把扇子合上放到一边去。

表达"Я к вам не чувствую приязни.（我没有感受到你的友善。）"时把扇子打开再合上，放在嘴前面。

表达"Мои мысли всегда с тобой.（我总是与你不谋而合。）"时用打开的半个扇面拍打几次额头。

表达"Верить ли вашим словам?（您的话能信吗?）"把合上的扇子贴放在左胳膊肘上。

表达"Будьте осторожны, за нами следят.（小心点，有人盯着我们。）"把打开的扇子靠近左耳。

表达"Хочешь меня выслушать?（想听我说吗?）"把扇子打开再合上。

---

① Петракова А., *История возникновения веера*, 2013, 02. https://shakko.wordpress.com, 2017, 09.

表达"Не приходи сегодня！（今天不要来!）"把合上的扇子放在手背上。

表达"Я жду ответа.（我等你的答复。）"用扇子击手掌。

表达"Прости меня.（请原谅我。）"把手放在打开的扇子下面。

表达"Я хочу с тобой танцевать（我想和你跳舞。）"把快速打开的扇子对着自己扇几下。

表达"Ты меня огорчил.（你伤了我的心。）"快速合上扇子，然后把扇子放在叠起来的两只手中间。

表达"Выскажись яснее.（说清楚些。）"低下头，看着合上的扇子。

表达"Мужайся！（鼓起勇气来。）"把打开的扇子贴在胸上。

以上例子足以说明扇语的微妙。这里不再一一赘述。

贵族们在日常生活中，尤其是重要的场合使用的扇子不仅颜色有讲究，而且各种情景下的构图的象征意义也不同。从扇子的图案和造型上可以分辨出是白天还是晚上用的扇子。白天用的扇子比晚上的颜色浅，晚上扇子的主色调偏暗，这与已婚妇女有关。爱情之神和女神以及其他神话中的主人公都是早上或白天拿扇子。扇子上的玫瑰图案代表白天用的扇子，而罂粟则是晚上用的。带有花篮、草帽和乐器的扇子是举行婚礼时用的。一般用白色羽毛或者花边装饰，带有温情色彩。而参加葬礼所用的扇子的图案较严肃，能够看得出扇子主人的哀思之情。

初次参加舞会用的扇子，一般是粉色基调，有花边装饰。未婚的小姐们常常手拿浅色和白色的扇子。白色代表单纯，黑色代表忧伤，红色代表快乐，蓝色是忠贞、信任，淡紫色代表谦虚，黄色代表拒绝，咖色代表短暂的幸福。黑色和淡紫色的扇子一般都在服丧期间使用。颜色的组合越复杂，表达的情感也越复杂。如果扇面是黑白两种颜色在一起就表示女性的情感世界被毁灭了，玫瑰色和蓝色就表示爱和信任。闪闪发亮的几种颜色混合起来代表坚定和信任。

由此可见，扇子已经形成一种文化，在18—19世纪的贵族日常生活中扇子的颜色、图案、放置的地方都能表达主人不同的情绪和思想。

结 语

  自从扇子进入人们的日常生活后，其功能从最初的纳凉散热不断扩大，现在的扇子按其功能主要分为：舞蹈扇子、工艺扇子、绘画书法扇子、广告扇子、实用扇子。扇子的艺术性远远大于实用性，渗透到生活的各个方面，成为民族文化中不可缺少的一部分。

  透过小小的扇子在俄罗斯历史上的发展和演变，我们了解了俄罗斯的扇子文化，也浅析了扇子在18—19世纪俄国贵族日常生活中的特殊性。18—19世纪俄国贵族在社交中所用的扇子成为独一无二的时代符号，扇子在艺术、文化、政治生活和时尚界都留下了印记，许多扇子成为造型艺术珍品，直到现在仍然有一些保存在博物馆供人们欣赏。扇子像一面镜子折射出各民族文化的异同，扇子文化不仅打上了时代的烙印，而且影响了人们的生活，甚至是命运。

▼ 理论语言学

理论语言学 117

初级日语教材中のサ变动词再考

首都师范大学 刘 健

摘 要：日语初级教材在介绍导入动词的活用变化、语法意义和使用方法时，サ变动词仅仅被介绍为一个下位分类，对其意义用法和语法性质并没有特别介绍。本文考察三本教材中有关サ变动词的导入以及语法性质的解释，综合运用二语习得方法，梳理教材中有关サ变动词意义用法的介绍，希望探讨出更为有效的サ变动词教学模式。

关键词：变动词 导入 语法性质 误用

一 引 言

在初级日语的学习中，"用言"（指日语中的动词、形容词）的活用变化以及语法性质是难点之一。特别是在动词的学习过程中，学生经常容易误用，因此在教学过程中需要引起注意，尤其是サ变动词的学习，更需要谨慎。日语中的サ变动词在拥有与和语动词相似的语法性质之外，又拥有其特殊的语法特征，加之汉语中存在大量的同形同义（近义）词或同形异义词，以汉语为母语的日语学习者极易引起混乱。

二 初级教材中サ变动词的分布状况

根据刘健（2011、2012）等统计，日语中サ变动词共有 18000 个以上，在迄今为止的有关サ变动词的研究中，对其词干的构词情况进行分析的居多，而很少有从其语法性质进行考察的案例①。就像上面提到的，以汉语为母语的日语学习者容易混淆和误用的，也正是有关サ变动词的语法性质方面的用法。为了全面掌握各初级教材中サ变动词的分布，笔者首先调查了《综合日语》《基础日语综合教程》和《新编日语》三本教材第 1 册中サ变动词的分布状况。结果如下。

表 1 各教材（第 1 册）中サ变动词的分布状况表

教材	音読み+する	訓読み+する	外来語+する	副词+する	する	总计	新单词总计	比率(%)
综合日语（第一册）	136	4	17	2	2	161	1812	8.89
基础日语综合教程（第一册）	87	3	2	9	1	102	793	12.86
新编日语（第一册）	85	7	6	2	1	101	1204	8.39

通过表 1 可以归纳出以下三点。（1）在各类サ变动词中，3 本教材都是「音読み+する」类占绝大多数；（2）各教材（第 1 册）新出サ变动词占总新出单词数的 10% 左右；（3）虽然各教材新出单词数略有不同，但是新出サ变动词数差别不是很大②。

---

① 请参考野村（1997、1999）。
② 2001 年出版的《高等院校日语专业教学大纲》中要求学习的サ变动词数量为 465 个。

三　关于初级学习过程中误用频发的分析

因为在汉语中大量存在与日语サ变动词同形同义或同形异义的词，以汉语为母语的日语学习者在学习过程中就必须要注意母语干涉。本小节将集中介绍分析上述学习者在学习和使用サ变动词时的误用例子，以期为将来的教学模式和教材开发有所贡献。

（一）资料的收集

笔者在教授二年级作文课期间，共收集5个题目共计100篇学生作文，二年级正是学生大量使用サ变动词的阶段，笔者收集了这100篇作文中使用了サ变动词的句子并进行了分析。同时，由于笔者2010年以来一直教授一年级精读课，在授课过程中学生们也提出了大量有关サ变动词的问题，在这些问题当中，既有关于サ变动词本身性质的，也有上述关于中日两种语言中同形同义和同形近义词的。现就收集到的上述两类问题进行分析。

（二）学习サ变动词过程中的误用分析

1. 混淆词性引起的误用

（1）？充実（的）な毎日を送りたい。（作）①

汉译：我想度过充实的每一天。

正确用法：充実した毎日を送りたい。

（2）？この肉はもう古いので、刺激的な匂いがする。（作）

汉译：这块肉已经不新鲜了，散发出刺激性的味道。

正确用法：この肉はもう古いので、臭い匂いがする。

（3）？このような生活は私にとって比較的にふさわしい。（作）

汉译：这种生活比较适合我。

正确用法：このような生活は私にとって比較的ふさわしい。

---

① 二年级作文课中收集到的误用例子用（作）表示，一年级学生精读课上收集的例子用（精）表示。

(1)～(3)所出现的误用不仅是作文课上，在精读课上也经常出现。首先，「充実」一词在日语是作为サ变动词，也就是添加词缀「する」后作为动词使用，没有像汉语一样的名词和形容词用法。

「刺激」一词也是同样的情况，但与「充実」又略有不同。在现代日语中，虽有「刺激的」这一ナ形容词，但是此时的意义为「感性を強く触発するさま」（强烈引起感官感觉），和「刺激する」一词的意思是有出入的，后者的意义更接近汉语的同形同义词"刺激"。

「比較する」一词的误用不是发生在作为サ变动词使用时，而是「比較的」一词的使用容易发生误用。「比較的」在日语中并不是ナ形容词，而是副词。一般学习者在看到「～的」后极易作出判断认为是ナ形容词，才会引起例（3）这样的误用。

综上所述，（1）～（3）的3种误用情况，都是因为虽然在汉语中存在同形同义或近义词，但在日语中却是作为不同的词性的词使用才引发的，也就是说，母语干涉在这种情况中起到了负向作用。

2. 混淆词汇意义引起的误用

（4）? おばあちゃんはもう年をとっているが、とても私のことを関心してくれる。（作）

汉译：奶奶虽然年事已高，还是十分关心我。

正确用法：おばあちゃんはもう年をとっているが、とても私のことを気を使ってくれる。

（5）? 風邪を引いたので、今日授業できない。（精）

汉译：我感冒了，今天不去上课了。

正确用法：風邪を引いたので、今日授業に出席できない。

「関心」一词的意思是「その事について自分自身に直接かかわりがあるかどうかに関係なく、無視するわけにはいかないと感じ、より深く知ろう（今後の成り行きに注目しよう）とする気持ちを持つこと。」という意味である[1]。（不管是否与某事有直接关系，认为不能忽视，希望更多了解今后的发展情况等。）「関心」一词在《新明解国语辞典》（第六版，三省堂）和

---

[1] 根据《新明解国语辞典》（第六版，三省堂）。

『新世纪日汉双解大辞典』（外语教学与研究出版社）两本词典中被认定为名词，而在『スーパー大辞林3.0』（三省堂）则被认定为名词兼サ变动词。因此，「関心」本来在词汇意义上就与汉语词"关心"处于同形异义关系，再加上各个词典对其词性认定的不统一，导致例句（4）这样的误用例。

在例句（5）中，虽然各词典对「授業」一词的词性认定是一致的，但是，サ变动词「授業する」的意义为「学校などで、学問などを教える」（在学校等处教授学问），如果要站在学习者的角度想要表达"在教室等处学习知识"的意义时，就要使用「授業を受ける」这一表达形式。

3. 混淆动词的自他性引起的误用

（6）？ 今の生活を満足しています。（作）

汉译：我很满足（于）现在的生活。

正确说法：今の生活に満足しています。

（7）？ 経済を発展するのはきわめて肝心なことである。

汉译：发展经济非常重要。

正确说法：経済を発展させるのはきわめて肝心なことである。

「満足する」和「発展する」这两个词的误用情况并不同于1. 的词性混淆和2. 的意义混淆。在1. 和2. 中，例如「関心」、「刺激的」等词是由于在汉语中存在同形同义或近义词导致的误用，而（6）和（7）中的サ变动词虽然在汉语中也存在同形同义词，但是在日语中仅作为自动词使用，而在汉语中则可以"满足现在的生活""发展经济"等"述宾短语"的形式出现。

这种引发误用的原因，并不是"满足""发展"和「満足する」、「発展する」这样的个案，仔细观察之后会发现，在汉语的短语结构中，动词之后常常可以比较自由地添加名词宾语构成"述宾结构"，这一点不容忽视。而日语的情况就绝非如此了。下面的例子是以汉语的"吃"为动词的述宾结构短语。

○吃拉面。ラーメンを食べる

○吃大碗。大盛りの（ラーメン）を食べる

○吃食堂。食堂で食べる

○吃父母。親のすねをかじる

像上面的述宾结构短语在汉语中还有很多，因为篇幅原因，暂且不做深入探讨。因为在汉语中动词后面可以比较自由地添加名词构成述宾结构，以汉语为母语的日语学习者在学习「発展する」这样的サ变动词时，如果教材中不做特别说明，很容易引起上述误用的情况。

四 有关サ变动词习得情况的问卷调查

笔者以一年级学生（44 名）和三年级学生（30 名）为对象进行问卷调查，以期探讨上述误用的原因究竟是个别情况还是普遍的现象。

（一）调查问卷的设置

由于本次问卷调查的目的是探讨サ变动词习得过程中误用出现的倾向和原因，所以设置的 15 个问题都与第 3 节中的误用现象有关，15 个问题共分为如下几大类①：

①有关词性的问题（8）
②有关词汇意义的问题（5）（6）（11）（13）
③有关自他性的问题（1）（4）（9）（10）（12）（14）
④有关格助词の和を的插入问题（2）（3）（7）（15）

由于不希望被调查者觉察上述分类，所以笔者将各大类问题进行了随机排列。

（二）调查对象的选择

在小柳（2004：144）中，将语言习得的过程（机制）进行了如下总结：

○input：输入；
○觉察：留意某种语言形式/留意到既有语言形式/频度/认知的动机等；
○理解：通过意义交涉（确认、反复、明确要求）来进行修正性学习，理解语言的意义；
○intake：依据普遍语法与中间语言进行比对、消化；
○综合：再建中间语言/为长期记忆做准备/自动生成知识储备；

---

① 以一年级学生的问卷调查内容为例。

○output：学习者产出语言，进而开始新的 input。

在一年级阶段，输入占主导地位，要达到觉察、综合到输出的阶段则比较困难，而这一阶段的外语学习也最容易受到母语干涉。另外，三年级时，就像蕈板（1994：13）中所指出的那样，"三大意识"[1] 开始逐渐发挥作用，从外语习得过程来说，"综合"和"输出"开始占主导地位。基于上述考虑，本文决定将一年级和三年级学生作为调查对象，进行本次问卷调查。虽然问卷内容相同，但是一年级学生用的问卷主要采用选择题的形式，而三年级学生用的问卷则采用翻译题的形式，也是出于同样的考虑。

（三）调查结果

在本次针对一年级学生的调查中，共回收有效答卷 39 份，调查结果总结如下：

表 2　调查 1 结果

(1)日本語の勉強を努力したいと思います。	○17(43.6)[2]	○2
努力して日本語を勉強したいと思います。	○20(51.2)	
(2)ピアノの演奏などのような番組が好きです。	○24(61.5)	○1
ピアノを演奏するというような番組が好きです。	○14(35.9)	
(3)ラ行の仮名を発音してください。	○15(38.5)	○8
ラ行の仮名の発音をしてください。	○16(41.0)	
(4)コンピュータでお握りの作り方を検索します。	○34(87.2)	○1
コンピュータでお握りの作り方が検索します。	○4(10.3)	
(5)今、授業しています。	○2(5.1)	○3
今、授業を受けています。	○34(87.2)	
(6)今、数学の試験をしています。	○10(25.6)	○1
今、数学の試験を受けています。	○28(71.8)	
(7)新入生を歓迎するために、パーティーをする予定です。	○34(87.2)	○2
新入生歓迎をするために、パーティーをする予定です。	○3(7.7)	

---

① 三大意识分别指"觉醒""意识"和"自我认识"三个阶段。

② 括号中为各数字在答题总数的百分比。

（续表）

(8)充実的な毎日を送るつもりです。	○17(43.6)+1①	○3
充実の毎日を送るつもりです。	○15(38.5)+1	
充実した毎日を送るつもりです。	○2+2(10.3)	
(9)今回の北京国際映画祭の目的の1つは、東西文化が交流することです。	○6(15.4)+4	○1
今回の北京国際映画祭の目的の1つは、東西文化を交流することです。	○18(46.2)+8	
今回の北京国際映画祭の目的の1つは、東西文化の交流です。	○2+12(35.9)	
(10)手足を活動して、ウォーミングアップをしましょう。	○17(43.6)	○1
手足を動かして、ウォーミングアップをしましょう。	○21(53.8)	
(11)……普段の生活から勉強まで私のことをよく関心してくれます。	○20(51.3)	
……普段の生活から勉強まで私のことをよく気遣ってくれます。	○19(48.7)	
(12)沙织さんが三好さんを協力することになっています。	○6(15.4)	○1
沙织さんが三好さんに協力することになっています。	○32(82.1)	
(13)この肉はもう古いから、刺激的なにおいがします。	○8(20.5)	○2
この肉はもうふるいから、臭い匂いがします。	○29(74.4)	
(14)自分が好きなサークル活動に参加した学生が多いです。	○24(61.5)	○1
自分が好きなサークル活動を参加した学生が多いです。	○14(35.9)	
(15)この洋服を試着してもいいですか。	○20(51.3)+2	○10
この洋服の試着をしてもいいですか。	○2(5.1)	
この洋服が試着してもいいですか。	○5+2(17.9)	

---

① ①选项数字后面的"+数字"表示除了选择①之外同时选择了③的数目。②选项数字后面的"+数字"则表示除了选择②之外同时选择了③的数目。③选项数字后面的"+数字"则表示同时选择①②和③的数目。

由于篇幅原因，本文暂且不对调查结果做更为详细的分析，但是从表2中我们可以总结如下几点：

（1）几乎被调查者对所有的问题都存在把握不准的情况；

（2）除（11）题外，都存在同时选择两个选择项的情况，这可以说明在下一步学习和将来实际使用时，会导致学习者误用的产生；

（3）把握度最小（百分数差在10以内）的是（1）（3）（8）（11）四个题目；

（4）同时选择两个选择项倾向比较严重的是（3）（9）（10）（15）四个题目。

通过上述四点分析可以得知，サ变动词的习得对于一年级学生（输入阶段）来说非常容易出现把握不准的情况，这就教材和教师在这一阶段对サ变动词的语法性质进行比较详细的说明。但是，就像上文中提到的，在现在主要使用的教材中，很少有这方面的说明，可以说这也是导致三年级学生（输出阶段）频频产生误用的原因之一。

上述（1）～（4）点分析提到的问题，在本次三年级学生的调查中同样存在，鉴于篇幅原因，本文仅对第（3）点情况进行说明。在三年级问卷的19份有效答卷中，将第（8）题"充实的每一天"翻译为「充実した毎日」的仅有3人，其他的翻译结果如下所示：

? 充実に毎日を過ごしたいです。(8)

? 私は充実な日を過ごしたいです。(6)

? 私は毎日が充実な日がほしい。(1)

? 私は毎日が充実したい。(1)

通过观察上面的翻译结果可以看出，「充実する」这一サ变动词对本次接受调查的三年级学生来说，由于母语干涉的负向影响，非常容易与汉语的"充实的（一天）""充实地（生活）"发生混淆，最终导致误用。

五 结 语

本文对以汉语为母语的日语学习者对サ变动词的学习情况进行了探讨。サ变动词的学习在现阶段还存在诸多问题①，要想解决这些问题并不容易，需要逐步的探讨和努力。只是，在解决这些问题的过程中至关重要的，是无论教师还是学习者都需要明确一个认识，即サ变动词是一个特殊的存在，在习得过程中会有许多容易引起误用的地方，只有有效地解决和掌握这些容易发生混淆和误用的地方，才能有效地到达输出这一环节。

就像在 4.2 中所介绍的那样，外语习得的 6 个环节中，能够正确地输出（output）既是学习者的最终目的，也是教师最希望看到的结果。现在，我们看一下前面提到的 3 本教材中有关サ变动词输入的最初阶段，即サ变动词的导入情况。

表3　3本教材中サ变动词的导入情况

テキスト	サ変动词の导入状况					
	初出単語	初出テキスト	動詞の解釈	動詞解釈初出	サ変动词に関する解釈	
					活用変化に関する解釈	文法的解釈
综合日语（第一册）	生活	5(1)	无	8(1)	8(1)	无
基础日语综合教程（第一册）	旅行	1(1)	无	4(2)	有(11)	无
新编日语（第一册）	会话	1(1)	无	6	有(6)	无

---

① 当然，调查应该在更多的学校中进行，这会让调查结果更具说服力，但是本次调查中考虑到各个学校使用的教材并不尽相同，恐怕会对结果造成一定影响。笔者希望在今后的文章中，逐渐解决这些问题。

通过表 3 可以得知，サ变动词在各教材中出现的位置都十分靠前，但是出现时该课中尚未有其他动词，自然也就没有关于动词的解释。在后面的动词相关解释中，サ变动词也只是作为动词的一个下位分类，并没有对其进行特殊说明。这一点对于学习者来说应该是造成日后学习过程中出现混淆和误用的原因之一。在今后的教材开发和教师授课过程中，这一点都需要引起足够的重视，这一点笔者希望作为今后的课题，继续进行探讨。

后记：本论文在 2012 年 5 月第一届日语语法教学研讨会上大会发言的稿件基础上，听取了现场专家的意见后进行修改。在此谨对向本人给予真诚批评和建议的各位专家表示诚挚的谢意。

英汉完句特征及其标记的对比研究

首都师范大学 樊 英

摘 要：完整的句子具有什么样的特征，英汉两种语言的完句特征有哪些异同，是语言学界一直探讨但未达成共识的问题。本文从语言哲学中逻辑与话语的关系的角度和语用学言语举动（speech act）的角度出发，认为句子是表达了一个命题的话语或者是实施了一个举动的话语，意义的完整不仅是句元的完整，言者的主观态度得到表达才可完整。

关键词：完句 宣意元素 语气 语式 定式 态 命题 言语举动

一 问题的提出

在日常的语言使用中，言者总是会使用各种各样的句子。从语言对比的角度来看，英语等语言已经做到了给"句子"一个比较好的定义，并且区分句子和语句。比如亚里士多德认为，句子是言语的一个有意义的部分；叶斯珀森从话语的完整性和独立性界定句子；布龙菲尔德等结构主义语言学家从构造的完整性上界定句子；初期的转换生成语法从构造的形式角度界定句子；系统功能语法认为句子只是一个书面语言单位。如果给句子一个比较笼统的定义，那就是在一定语境中独立地传达了一定意义的言语使用单位。而语句是由主题（subject matter）和述谓（predicate）组成的构造，是从实际使用当中的各式各样的句子中提炼出来的抽象构造，具有句法上的共同点。而汉语是否也有句子与语句之分？这样的界定是否可以直接拿来应用于汉语呢？

实际上，汉语语言学研究对于这两个概念不加以区分，没有提出"语句"这一概念，对句子的定义比较笼统，一般都只围绕"表达了一个完整的意思"这个核心。

句子的界定不清，导致对于什么样的话语构成一个句子这一问题，就缺乏一个统一的、被普遍认同的标准。对于一串词应该在哪里结束从而成为一个独立的句子，英语的母语者拥有明确的直觉。如果请他们给一段没有标点的英语语段添加标点，对于在哪里添加句号以表示一个完整的句子已经产生，结果会高度一致。但如果请汉语母语者给一段没有标点的汉语语段添加标点，对于应该在哪里添加句号，结果可能会很不一样。

曹逢甫说："我非常懊恼地发现这些语法学家所界定的'句子'在汉语中并不构成一个言谈单位。要是把没有标点符号的话让说英语的人来圈点，他们对于如何正确地圈点不会有多大的争议。汉语的情况常常相反，学高级汉语的外国人都可以证明这一点。我们下面看一段取自最近报刊的汉语例子。
（1）台北市天文台台长蔡章献，他有个计划，他要把满天星斗搬到天文台的屋里，让大家看得更容易更仔细，对天象更了解。"[①]

"他有个计划"之后，似乎既可以画句号，因为它是一个完整的由主题和述谓组成的构造，言者已经对这位台长进行了一方面的表述，也可以如文中一样，保持逗号，一直到这个语段的结尾添加句号，言者把这位台长的计划表述完整了。这两种不同的断句方式似乎都有自己的道理和依据，而且除此之外，还可以有其他更多的方式。

从英汉互译的角度看，英语的一个句子译成汉语后，有可能是两个或者两个以上的句子。另外一种相反的情况是，英语的两个或者两个以上的句子译成汉语后，是一个句子。例如：

---

① 曹逢甫：《主题在汉语中的功能研究——迈向语段分析的第一步》（*A Functional Study of Topic in Chinese: the First Step towards Discourse Analysis*），谢天蔚译，北京：语文出版社1995年版，第6页。

（2） a. There was a pram outside a shop. In the pram was a baby. Suddenly the pram began to move. The bab's mother had forgotten to put the brake on. At first, nobody saw the pram moving. But then it began to move faster and faster.

b. 一家商店外面有辆婴儿车，车里有个婴儿。突然婴儿车滑动起来，婴儿的母亲忘了把车闸踩下去。一开始没人看见车子滑动，但是接下来车子滑动得越来越快。

（2a）中有六个语句，每个语句都是独立的句子。（2b）中有六个语句，却只有三个句子。不同的译者将（2a）译为汉语时，由于采用的断句或完句方式可能不同，译文的句子的数量也可能不同。

虽然汉语的母语者对汉语的断句或完句有自己的直觉，但事实上这个直觉是因人而异的，并没有一个共识。汉语语言学研究到目前为止也并没有很好地解释这一问题。现有的对于与汉语句子完整性相关的研究，主要在如下方面：

（一） 语气停顿显示句子

如吕叔湘认为，"一个人一次说的话是一个交际单位，因此不管多短，都得算一个句子。话要是长了，语音上必有若干停顿"[①]。朱德熙（2002：31）也有类似论述。这种从语气停顿、话语长短角度界定句子显得语焉不详。

（二） 句读的角度

吕叔湘指出，从前讲句读，文字大都是独白，整篇才是一个交际单位。把整篇的文字划分成若干句，只是为了诵读的便利，所以句的长短不会相差太远。只要意义允许，念起来就停顿一下，就算一句。但他并未继续阐释"意义允许"的具体含义。

（三） 从词组的构造看句子的构造

陆俭明主张，汉语句子的构造原则跟词组的构造原则基本上是一致的[②]。因为汉语谓词没有定式不定式的区别，任何词组，只要附带上超语段成分（句调），即只要能"单独站得住"，就是句子。

[①] 吕叔湘：《吕叔湘选集》，长春：东北师范大学出版社2002年版，第4页。
[②] 陆俭明：《陆俭明选集》，长春：东北师范大学出版社2002年版，第288页。

(四) 海外的汉语研究者

有些海外汉语研究者认为汉语没有表示时的语法形式或标记，有表示态的语法形式或标记。这一结论有助于判断单个语句的完结，对于如何区分汉语的语句与句子缺乏判断能力。

二　汉英完句特征的研究回顾

探讨汉英两种语言的完句条件，必须先从与句子的界定、分类和与句子相关的概念出发，在此基础上，继续剖析使话语成为句子的相关条件。这些概念包括句子、语句、定式、述谓、命题、言语举动等。本节依循语言学及语言哲学的基本认识和理论，回顾梳理相关概念的现状，指出这些研究可能存在的问题。

(一) 句子完整性的界定

英语语法通常区分 sentence 和 clause。汉语语法里与 sentence 对应的术语是句子。

1. 句子完整性的界定

亚里士多德的《论诠释》（*On Interpretation*）中对句子是这样界定的："句子是言语重要的一部分，也就是说，其某些部分作为话语具有独立的意义"，"每个句子都有意义，其意义并不是某一身体官能得以实现的自然手段，而是通过规约传达出来的。然而并不是每个句子都是命题，只有带真假值的句子才是命题。所以一句祈祷是句子，但它既不为真也不为假"。亚里士多德从真假值的角度研究句子，但他并未解释什么是"独立的意义"。

叶斯珀森给了句子这样的定义："一个句子是一个相对完整且独立的人类话语，完整性和独立性在于它独立存在或具有独立存在的能力，即可以单独说出"[①]。他解释说，"在这个定义中，'话语'这个词是我能找到的意义最宽

[①] Jespersen, Otto, *The Philosophy of Grammar*. Beijing: World Publishing Company, 1924, p.307.

泛的一个术语。通常话语指与他人的一段交流，但也不是必须如此（如独白！）"。他解释说，"独立"意味着句子不再进入其他句子做成分，如 *She is ill* 是个句子，而在 *He thinks（that）she is ill* 中就不是句子了。最后，他说明句子纯粹是"概念范畴，一个词或一组词并不要求是某种特定的语法形式就可以称为句子"。

叶斯珀森把句子分为不连接句（inarticulate sentences），如 *what*?、半连接句（semi-articulate sentences），如 *What to do?* 和连接句（articulate sentences），如 *What am I to do?* 三种类型，他并没有确切定义这三类句子，他提出清晰句含有一个关联的两个组成部分，即要素（primary）和述语（ad-nex），但并不是所有的关联都可以构成句子，只有独立的关联（an independent nexus）才可以构成句子，大部分清晰句含有一个定式谓词。叶斯珀森定义的句子是能够独立使用并有意义的一个构造，有完整的述谓，就是一个完整句。

结构主义语言学家布龙菲尔德这样定义句子："在任何话语中，判断句子的依据都仅有一点，即每个句子是一个独立的语言形式，该形式不通过任何语法构造包含在任何更大的语言形式里。"① 但是很多情况下当一个句子出现在更大的包含性的话语中的时候，它仍然被看作是句子。就像他在书中举的例子，"*Poor John*! 是个句子，但是这个句子出现在 *Poor John ran away* 这个话语内部位置时"，这个包含性的话语仍然被看作一个句子，而 *Poor John ran away.* 是个句子，但是在 *When the dog barked, poor John ran away.* 这个话语里，它又成为另一个句子的内部成分了。

转换生成语法在发展的初期把句子（S）从构造上分解为名词短语（NP）加谓词短语（VP），遵循短语构造规则（phrase structure rules）构成。这些规则包括：

(i) sentence →NP+VP

(ii) NP →T+N

(iii) VP →Verb+NP

(iv) T →the

---

① Bloomfield, Leonard, *Language*, New York: Holt, 1933, p.170.

(v) N →man, ball, etc.

(vi) Verb →hit, took, etc. ①

乔姆斯基通过改写（rewriting）将句子的最终结构表现出来，并以树形图的形式体现出来。

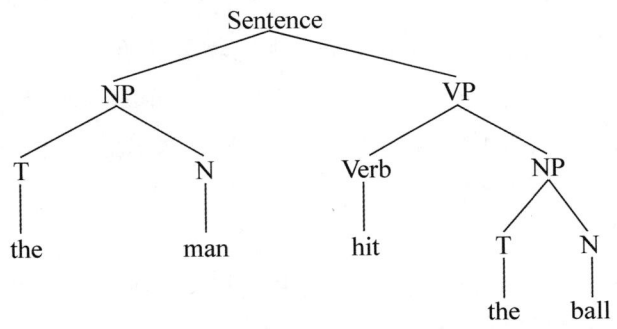

图 1　转换生成语法初期的句子结构（Chomsky 1957：27）

转换生成语法对于句子的研究在 20 世纪 80 年代经历了一些变化，提出了 INFL 这个概念，即屈折变化成分。屈折变化成分是抽象的，可以取正值（有时标记），也可以取负值（不定式）。所以句 S 演化成了 S →NP INFL VP，句子也就成为了屈折变化短语。

乔姆斯基对于句子结构的认识，也就是句子是屈折变化短语，而屈折变化是加在谓词上的时标记，对谓词所发生的时间范畴进行述谓，这可以很好地解释英语等语言的句子的述谓结构，因为这些语言中的述谓成分有系统的时标记。但是对于其他语言，如汉语，述谓成分中缺乏系统的时标记，这样的认识就不具有普世的解释力。例如在汉语句子"他吃饭了"中，谓词没有承载"时"这一范畴，而只有"态"这一范畴。

系统功能语法认为传统的句子只是从句号来定义的，它不能从语法特征上区分简单句（即小句）和复句，因此只是一个书写单位（韩礼德 Halliday 2014：xviii）。在韩礼德看来，语句才是研究的核心内容。他认为："在书面层级上，句子是标点所标示的最高一级单位，在文字系统中发展起来，代表语句复合体，成为范围最宽泛的语法结构。"

---

① Chomsky, Noam.(1957). *Syntactic Structures*, The Hague：Mouton, p.26.

韩礼德认为，句子是标点所标示的最高一级单位，是语句复合体，但他并没有解释何处应该加句号这一标点，在哪些语句之后加句号是对的，在哪些语句之后加句号是有问题的。

在奥斯汀的言语举动提出之前，语言学家一直在考虑究竟是词还是句是语言的基本单位。奥斯汀认为，有些话语不是用来描述事实的，而是直接用来做事的。只要完成了一个言语举动，那它就是言语举动的一个基本单位。他把话语分成施行式（performative）和记述式（constative）。施行式的话语无所谓真假，只有恰当与不恰当之分。在这之后，塞尔把言语举动定义为"语言交流的基本的或最小的单位"。

2. 语句的界定

由于语句这一概念与句子这一概念紧密相关，所以界定语句、厘清它与句子之间的关系对于句子的研究很必要。

OED 是这样定义 clause 的："一个短的句子；话语或笔语中的单独一段或一个成员；句子的一个清晰部分或成员，尤其是《语法分析》里说的含一个主语和述谓的一员。"

叶斯珀森给语句下的定义为："句子的一个成员，语句本身具有句子的形式（必须含有一个定式谓词）。"叶斯珀森所界定的句子和语句之间的根本区别是，尽管语句与句子形式相似，但是语句可以进入句子做句子成分。

霍凯特认为"连接构造的轴就是语句，它通常是，但不总是，由一个述谓构造构成的合成物"①。霍凯特继续说明句子与语句的关系，即"简单句除语调之外，由单独一个语句构成。复合句由两个或多个语句构成；复杂句有一个语句作中心语，经常还有一个语句作修饰语"。此后，霍凯特又把语句分成独立语句和依存语句，"独立语句是能以正当形式作为简单句出现的语句，如 John ran。独立语句可以加上从属连接词成为依存语句，如 if John ran，并作为一个片断出现在整句中"。

在之前的文献回顾中已经看到，生成语法的句子就是屈折短语。生成语法把语句定义为补语标记词短语。屈折短语是屈折节点的投射，而补语标记

---

① Hockett, Charles F., *A course in modern linguistics*, New York: The Macmillan Company, 1958, p.194.

词短语是补语标记词的投射。乔姆斯基①认为，语句有两种变体，有时标记的和不定式。因此，*for John to leave is a shame* 这个句子包含的是不定式 *for John to leave*，而 *that John left is a shame* 包含的是有时标记的 *that John left*。进一步假定每个语句都有一个补语标记词和一个命题内容。不定式语句的补语标记词是 *for*，而有时标记的语句，其补语标记词是 *that*，二者的命题内容分别是 *John to leave* 和 *John left*。

乔姆斯基把语句分为了两类，虽然这两类的区别在他的假定中很清晰，但是句子与语句的层级关系并不清楚。他把 *for John to leave is a shame* 和 *that John left is a shame* 认定为句子，默认了句子是大于语句的单位，句子里面包含了语句。但句子的本质和分类并未得到阐释。

三 英汉句子的完句特征

通过上面的回顾可以看出，既往的研究把能否独立使用看作句子与语句的核心区别，但两者各自的特征并未得到体现。

英语和汉语的词典都对句子和语句进行了定义，但是句子的本质特征到底是什么，却没有一个确定的答案。例如，什么是一个单个的思想？什么样的程度可以确定为完整？句子短到什么样的程度就成为语句了？OED 给出的 clause 的词源意思是"完结"，可见它本身没有"小""分"的意思。陈国华指出，"英文名词 clause 与谓词 close '关闭'同源，其本义表示'话语的结束'，与汉语的句意思很接近。clause 有多个汉语译名，如分句、从句、子句、小句等，由于其本身并不含'分''从''子''小'的意思，本书采用语句这一译名（有时简称句），以与句子（sentence）相区别"，这种译法准确体现了 clause 一词的本义，所以本文采用"语句"这一译法。

陈国华还指出，"与语句密切相关的一个语法范畴是句子（sentence）。严格地说，句子不是一个语法单位，因为我们找不到所有句子共有的一个语法特征。传统上，句子被定义为表达一个完整意义的最大句法构造单位，可以

---

① Chomsky, Noam, *Rules and Representations*, Oxford: Basil Blackwell, 1980, p.170.

由多个语句组成"。由此可以看出,句子和语句之间似乎有一定的关联,但二者的区别是什么?语言学家并未就这些问题达成共识。

句子(sentence)通常被定义为在一定语境中独立、完整地表达了一定意义的语言使用单位。但究竟什么是独立、完整的意义并没有详尽的阐释和统一的共识。句子如何界定、话语满足什么样的条件才能构成完整的句子、汉语句子与英语句子的完句条件有哪些异同,是需要探讨的问题。

从语言哲学中逻辑与话语的关系的角度和语用学言语举动(speech act)的角度来看,句子是表达了一个命题的话语或者是实施了一个举动的话语,意义的完整不仅是句元的完整,言者的主观态度得到表达才可完整。言语传达的主观性是语气(mood),表达语气的成分是宣意元素(subjective elements),表达语气的形式是语式(mode),如情态(modality)、时(tense)、态(aspect)等语法范畴。汉语的断言式分为已然态和非已然态这两种基础态,即由于英语中的谓词(除部分情态谓词以外)都有时的标记(tense marker),因此英语中的每个句子都是定式的,句子一旦是定式的,就可以完句,而汉语句子中的谓词缺乏时的成分,所以不能以此判断;汉语的句子所含语句的数量比英语的句子多,出现宣意元素的那个语句就是这个句子的最后一个语句,即可完句。本文采用语言研究中形式、意义、功能相结合的思路,发现语言的宣意功能除了实现为语句中的谓词的屈折变化外,还可以实现为其他表达形式,如助谓词、副词、语句小词等(clausal suffix)。

四 结 论

句子的完整性包括两方面内容,一方面是构造的完整,即句子成分的完整;另一方面是言者主观性的表达与否以及这两方面之间的关系是怎样的。与言者主观性相关的语法范畴,包括话语的主观性与宣意元素、语气与语式、情态、时、态等。

试析西班牙语"出离"拉丁语后冠词的诞生

首都师范大学 李 未

摘 要：拉丁语对西班牙语的影响根深蒂固，而西班牙语对拉丁语的继承和发展也体现了某种自主独立性，其中一个表现就是冠词的"诞生"。本文旨在对西班牙语冠词与拉丁语名词变格之间的关联加以分析，试探究西语冠词"诞生"的原因。

关键词：拉丁语 西班牙语 冠词

在拉丁语的词学中，所有的词被归为八类：名词（Substantivum, nomen）、形容词（Adiectivum）、代词（Pronomen）、动词（Verbum）、副词（Adverbium）、介词（Praepositio）、连词（Coniunctio）、小品词（Particula）。其中，另有语法学家直接将小品词称为感叹词（interiectiones）。拉丁语中的小品词可解释为"小词""语助词""语气词"等，感叹词被用来表示包括痛苦、惊讶、赞美、鼓励等情感在内的小词。从这种意义上讲，小品词和感叹词或可被视作一类。西班牙语中的单词被分为：名词（Substantivo）、冠词（Artículo）、形容词（Adjetivo）、动词（Verbo）、前置词（Preposición）、副词（Adverbio）、代词（Pronombre）、连接词（Conjunción）、感叹词（Interjección）。于此，若将拉丁语与西班牙语的词类划分对照来看，我们不难发现，除去西语中的冠词（Artículo），余下的八类词可谓一一对应。

根据史料记载，公元前 202 年，迦太基在第二次布匿战争的"扎马战役"中被罗马军团击败，从而失去其在伊比利亚半岛上的所有领土。① 在被罗马帝国征服的过程中，半岛各地也都不同程度地实现了在政治、经济、文化制度等方面的罗马化，而罗马化其中的一个关键元素就是拉丁语。半岛居民视拉丁语为文化和权力的象征，因此，最初接纳拉丁语的是贵族阶层，之后随着时间的推移，直至公元 1 世纪末，拉丁语在半岛取代了各土著语言。众所周知，拉丁语有"古典拉丁语"和"通俗拉丁语"之分，其中，"古典拉丁语"指的是罗马帝国奥古斯都大帝时期的"文言文"，而"通俗拉丁语"则是指从公元 2 世纪时起，民众使用的"白话文"。时至中世纪（公元 5 至 15 世纪），从"通俗拉丁语"又衍生出"罗曼语族"，若依据地缘因素划分，其中西部罗曼语就包含了今天的西班牙语。由此可见，拉丁语可谓西班牙语的起源。尽管在公元 476 年至 1492 年期间，西班牙被迫沦为阿拉伯帝国的一个行省②，西班牙语也因此在词源上受到了阿拉伯语的影响，然而拉丁语作为西班牙语本源的地位，是无法动摇的。

拉丁语对西班牙语的影响是根深蒂固的，而西班牙语对拉丁语的继承和发展也体现了某种自主独立性，其中一个表现就是冠词的"诞生"。我们先来看一个例子：

【拉丁语】Signum Crucis
In nomine Patris et Filii et Spiritus Sancti. Amen.
【西班牙语】Señal de la cruz
En el nombre del Padre, y del Hijo, y del Espíritu Santo. Amén.
【汉语】十字圣号
因父、及子、及圣神之名。阿门。

以上是天主教简短的一句祷文，我们将拉丁语和西语对照来看，可以发现后者的表达中增加了定冠词"el"，以及定冠词"el"和前置词"de"的缩

---

① 李婕编：《西班牙历史》，北京：外语教学与研究出版社 2010 年版。
② 麦克雷编：《拉丁语基础教程》，北京：商务印书馆 2014 年版。

合形式"del"。拉丁语中并不存在"冠词",这便解释了为什么"el"没有对应的单词,而"del"字面上也没有对应项,于是看似表示所属关系的前置词"de"在拉丁语表达中也是缺失的,其实不然。拉丁语例句中的"Patris"、"Filii"和"Spiritus"都是其自身表意单词的属格变化且是单数形式的呈现结果,其变化本身就包含了"所属"的表意目的。

拉丁语中的八种词类另可归为两大类:可进行词体变化的,以及不可改变的。其中,可变化的有四种:名词、形容词、代词和动词;余下的四种则是不可变化的①。可变化的词类中,除了动词需要根据人称、时态、语态和语气的不同要求进行相应的变位之外,名词、形容词和代词也需要根据其在不同句子中所担当的成分进行相应的变格。这些词在变化时需要区分词根和词尾,词根不发生变化,词尾则要依照两数(单复数)和六格(主格、属格、与格、宾格、呼格、夺格)发生变化。② 因此,所谓"格",即指一个可以进行"格"的变化的词在句子中的作用。因为本文的重点为西语冠词与拉丁语之间关联的分析,所以文章不就拉丁语的五种变格法多加赘述。

在西班牙语的语法书中,作者往往会针对冠词的"使用"和"省略"两种情况进行讲解。冠词所"服侍"的对象是名词,所以不管它以怎样的形式"出现"或者"隐身",只会和其所修饰的名词有关,而决定这一切的,就是这个名词在句子中所担当的成分。而西语在继承拉丁语的过程中,对于词形变化,只保留了动词变位,针对名词、形容词和代词则只保留了单复数的变化。由此,我们不妨设想,西语中冠词的诞生是由于名词变格法的缺失。为此,我们试举一例:

【拉丁语】Evangelium secundum Lucam 1
In mense autem sexto missus est angelus Gabrihel a Deo in civitatem Galilaeae cui nomen Nazareth, ad virginem desponsatam viro cui nomen erat Ioseph, de domo David; et nomen virginis Maria.
【西班牙语】Luke 1
Y al sexto mes, el ángel Gabriel fue enviado de Dios a una ciudad de Ga-

---

① 雷立柏编著:《拉丁语入门教程1》,北京:北京联合出版公司2014年版。
② 任德山编著:《图说欧洲史》,武汉:武汉出版社2012年版。

lilea, llamada Nazaret, a una virgen desposada con un varón que se llamaba José, de la casa de David: y el nombre de la virgen era María.

【汉语】《路加福音》1（思高本）

到了第六个月，天使加俾额尔奉天主差遣，往加里肋亚一座名叫纳匝肋的城去，到一位童贞女那里，她已与达味家族中的一个名叫若瑟的男子订了婚，童贞女的名字叫玛利亚。

如果我们把西语版本中的冠词都去掉，文段就变为：

Y a sexto mes, ángel Gabriel fue enviado de Dios a ciudad de Galilea, llamada Nazaret, a virgen desposada con varón que se llamaba José, de casa de David: y nombre de virgen era María.

如此看，并不影响我们对原文的理解，但因为名词都没有"格"的变化，其中为表示其在句子中的作用，西语中添加使用了前置词以辅助理解，如果我们将冠词连同其搭配使用的前置词或连接词一起去掉，文段就变为：

Y sexto mes, ángel Gabriel fue enviado de Dios ciudad Galilea, llamada Nazaret, virgen desposada con varón se llamaba José, casa David: y nombre virgen era María.

这样的表达会使读者感到费解，因为缺少了冠词与搭配冠词一同修饰名词的前置词或连接词，单凭对名词含义的解释，而不能理解名词在句中的成分，则很难对文段正确解读。

然而不难发现，在我们对文段做第一次处理——即只去掉冠词后，所呈现的结果并不会对选段的理解有很大影响。那么，这点会不会证明我们的猜想错了呢？让我们回到名词中"格"的概念。在拉丁语中，词的位置没有它的名词变格和动词变位重要。我们试举一例：

Puella amat nautam.
Nautam amat puella.

Puella nautam amat.
Amat nautam puella.

　　上面的句子对应中文是:"女孩爱那个水手",名词"puella(女孩)"为主格,名词"nautam(水手)"为宾格,动词"amat(爱)"为直陈式现在时第三人称单数变位,三个单词不管依据怎样的顺序摆放,所构成的句子都不会产生歧义。同样的句子译成西语为:"La chica ama al marino",在这个简单句中,也可以将主语"la chica"、谓语"ama"、宾语"al marino"调换位置而不改变句义。但如果主语和宾语只保留名词的话,句子就达意不明了。由此可见,西语中的名词缺少了"格"的概念后,必须要借助于其他的方式来表明自己在句子中的作用。在这个例句中,西语通过添加前置词并规范其使用法则,以避免歧义。那么,冠词存在的意义又是什么呢?拉丁语中的名词有单复数、阴阳中性与六种"格"之分,这些只需通过"变格法"就能够精确表达与区分,以从属第三变格法的中性名词 nomen(名字)为例:

	sing.【单】	pl.【复】
Nominativo【主】	nomen	nomina
Genitivo【属】	nominis	nominum
Dativo【与】	nomini	nominibus
Acusativo【宾】	nomen	nomina
Vocativo【呼】	nomen	nomina
Ablativo【夺】	nomine	nominibus

　　但是在同样的情况下,西语就显得相对局限:

sing.【单】	pl.【复】
el nombre	los nombres

　　于是,西语"创造"了有别于拉丁语的冠词,添加在名词前,以"标明"名词的性数情况,而替补承担"格"的责任的则是语法中相关的构句法则了。

从语言应用的角度讲，西班牙语从拉丁语中繁衍出来逐步独立的过程，也是"通俗拉丁语"再通俗化、大众化的过程。拉丁语在民间从开始普及到通用，势必要针对语言受众群体的受教育情况进行一定的简化。于是，拉丁语繁复的词形变格法逐渐不再为人们使用，取而代之的是更加便于记忆和应用的冠词与名词的组合，以及更加细化的造句法。西班牙语保留了拉丁语的动词变位，却也是在其基础上做了简化处理。综上所述，对于西班牙语"出离"拉丁语后冠词的诞生，我们或可将其解释为语言的适用性原则在历时性的语言演变中的一个典型范例。

简单过去时和过去未完成时对比

首都师范大学　孟宜霏

摘　要：简单过去时和过去未完成时这两种时态是西语学习中的重点内容之一，对于中国学生而言，又是一大难点。本文试图通过研究语句的参照中心点、通过实例分析二者与完成体、未完成体动词结合的不同情况、从语用角度分析过去未完成时为语句增添的不同色彩这三个方面逐一梳理这两种过去时态之间的区别和联系。最后，试图为学生正确使用这两种时态提供可行的指导方法。

关键词：简单过去时　过去未完成时　教学指导

一　简单过去时与过去未完成时的观察新视角

当我们描述一件事情时，叙述时间和事件发生的时间往往并不一致，由此便产生了动词时间和真实时间之间的区别，也就是语法时间和逻辑时间的对立。在很多语言中，都存在这种对立。如语言学家泰尼埃所言，逻辑时间中可以表达现在、过去和将来，在语法时间里有时只有表示现在和过去的系统，而多用一些词组表达将来。① 语法时间最重要的特点是指示功能。可以将某一时刻视为语句中时间的标准，以此来区分语法时间中可能的组成单位，如确定事件是当时正在发生、在那一时刻之前发生还是在其之后发生。② 这个时刻即为可供参照的中心点，可以通过该点描述事件，也可通过某个与中心点有直接或间接联系的时间点描述事件。

（一）参照中心点

当事件的发生时间与叙述时间保持一致时，参照点无疑便是叙述事件的那一点；当二者不一致时，比如描述历史上的"现在"的时候，正确的做法不是从物理时间上的"现在"出发，而是将中心点移动到事件发生的时刻。③ 如以下例句：

Es conocido que cuando Cristóbal Colón *llegó* a Cuba, en 1492, *vio* cómo los indios aborígenes prendían sus tabacos frotando con mucho esfuerzo esa madera.④

我们不把"es conocido"的时间视为参考基准，而是将中心点移到1492年，在那一年哥伦布"抵达了古巴"，"看到了"印第安人。又如：

Pocos días después de 《Turandot》 *canté* 《Don Carlo》, en unas funciones inolvidables junto a Montserrat Caballé, Piero Cappuccilli, Fiorenza Cossotto...⑤

这句话的中心点为唱《图兰朵》，而唱《卡洛先生》则是发生在距中心点之后的几天。确定中心点的目的不是人为地消解过去和现在的区别，将中

---

① Tesnière, L. (1927):《L'emploi des temps en français》, *BFLUS*, 39-60. 转引自：Gutiérrez Araus, María Luz: "El paradigma verbal", *Introducción a la lingüística española*, Barcelona: Editorial Ariel, 2000, p.215.

② Lyons, J. (1980): *Semántica*, Barcelona, Teide. 转引自：Gutiérrez Araus, María Luz: "El paradigma verbal"..., p.215.

③ Veiga, A. (1987):《El presente histórico como hecho del sistema verbal》, *Verba*, 14, 169-216. 转引自：Gutiérrez Araus, María Luz: "El paradigma verbal"..., p.216.

④ Davies, Mark. (2002-) Corpus del Español: 100 million words, 1200s-1900s. Available online at http://www.corpusdelespanol.org. Palabra clave de búsqueda: 1492. Resultado 36, 2016年7月20日.

⑤ Davies, Mark. (2002-) Corpus del Español: 100 million words, 1200s-1900s. Available online at http://www.corpusdelespanol.org. Palabra clave de búsqueda: canté. Resultado 21, 2016年7月20日.

心点移动到过去也不是企图把现在的时间强加于过去，而是站在当时的角度，审察发生在其周围的其他动作和事件。

（二）绝对性与相对性

董燕生老师在分析西语时态时提到："有的时态无须别的参照成分便足以指明动作发生的时间。这种时态叫作绝对时态，其中最典型的就是过去时①。"② 例如：

Dejó caer el tejido y me *miró* con sus graves ojos cansados. ③（Julio Cortázar, *Casa tomada*）

Dejó 和 miró 这两个动作都发生在中心点以前，并且在无其他任何参照成分的情况下可以单独使用。"在时间轴上，简单过去时是过去的一个封闭的环节，因此常常伴有表示过去的时间副词。"④ 换言之，当出现了明显的时间状语时，大多数情况下可以判定使用简单过去时，如：

A las ocho *sonó* la campanilla del comedor; pero no me consideré con la serenidad necesaria para estar cerca de María después de lo ocurrido.⑤（Jorge Isaacs, *María*）

节选的语段中指明，在八点钟的时候，餐厅的铃声响了起来。

另外一种必须通过绝对时态作为参照，才能指明动作发生时间的时态即为相对时态。由 cuando 引导的时间状语从句清楚地展现了这两种时态间的联系：

---

① 董燕生老师此处的过去时系指本文中的简单过去时。
② 董燕生：《西班牙语句法》，北京：外语教学与研究出版社 2014 年版，第 90 页。
③ 原文参见 http://www.literatura.us/cortazar/tomada.html, 2016 年 7 月 22 日。
④ 常福良：《西班牙语语法新编》，北京：北京大学出版社 2004 年版，第 166 页。
⑤ 原文参见 http://tldigitales.com/system/files/ebooks-gratis/MARIA, 2016 年 7 月 22 日。

Amanecía cuando los vencedores *atracaron* las piraguas a la ribera derecha del río,...① (Jorge Isaacs, *María*)

过去未完成时是一段开放式的时间,与突出开始和结束的简单过去时不同,它的重点在于描述一个无头无尾的阶段。"atracaron"表明动作发生在中心点之前,"amanecía"是"atracaron"同时发生的,作为故事的背景,描述停船的时间。当"征服者将他们的独木舟停靠在对岸时,天已放明"。②

Lo *pensamos* bien, y *se decidió* esto: mientras yo *preparaba* el almuerza, Irene *cocinaría* platos para comer fríos de noche.③ (Julio Cortázar, *Casa tomada*)

"考虑"与"决定"都是在中心点之前发生的动作,二者引出了后续的动作:准备午餐和做冷餐。倘若将该句中简单过去时的这两个动词去掉,仅剩"mientras yo preparaba el almuerza, Irene cocinaría platos para comer fríos de noche",不妨译为"我准备着午餐,伊雷内做着晚上吃的冷餐"。如此一来,读者会不禁疑惑,那然后呢?由于过去未完成时不是一个独立的时态,单独使用后会给人造成句子不完整、话没有说完的感觉。"所以,有些语法学家也把过去未完成时称作'共过去时',突出它与过去时共存并为之起衬托作用的特点。"④

---

① 原文参见 http://tldigitales.com/system/files/ebooks-gratis/MARIA, 2016 年 7 月 22 日。

② 豪尔赫·伊萨克斯:《玛丽亚》,朱景冬译,北京:人民文学出版社 1985 年版,第 200 页。

③ 原文参见 http://www.literatura.us/cortazar/tomada.html, 2016 年 7 月 22 日。

④ 董燕生:《西班牙语句法》,北京:外语教学与研究出版社 2014 年版,第 91 页。

五 时态与体貌

(一) 简单过去时和完成体、未完成体动词的结合

完成体动词指表示动作、强调瞬间行为或现象的动词，也就是常说的瞬间动词。当这类动词用于简单过去时的时候，体现出整个动作行为过程的完成。

Entrada la noche, el capitán *hizo* poner en una lancha a Nay con los tres esclavos restantes, y embarcándose él también, *dio* orden a los marineros que debían manejarla para que se dirigiesen a cierto punto luminoso que *señaló* en la costa.① (Jorge Isaacs, *María*)

译文：入夜，船长吩咐将娜侬和余下的三名奴隶押送进平底船，然后，船长亲自登上船，命令驾船的水手把船驶往他指定的海岸上某处有灯火的地方。②

无论是船长的吩咐、命令还是指定，都是发生在一瞬间的动作，指令发出后也就预示了这个动作的结束。

未完成体动词强调动作的状态和可持续性，即常说的持续性动词。当这类动词用于简单过去时的时候，不关心整个动作的完成情况，而是将重点聚焦在这个动作开始的那一点上，至于持续多久、什么时候结束则不是考察的重点。

Cuando despertó de ese sueño quebrantador y espantoso, se halló sobre cubierta, y sólo *divisó* a su alrededor el nebuloso horizonte del mar.③ (Jorge I-

---

① 原文参见 http://tldigitales.com/system/files/ebooks-gratis/MARIA, 2016 年 7 月 22 日。
② 豪尔赫·伊萨克斯：《玛丽亚》，朱景冬译，北京：人民文学出版社 1985 年版，第 202 页。
③ 原文参见 http://tldigitales.com/system/files/ebooks-gratis/MARIA, 2016 年 7 月 22 日。

saacs, *María*)

译文：当她从令人心碎的噩梦中苏醒时，发觉自己已在甲板上。极目四望，只看到一条雾蒙蒙的地平线。①

"despertar"是瞬间动词，搭配简单过去时使用表示动作已经完成。而"hallarse"表示处于一种状态，"divisar"是持续性的动作。作者不强调主人公发觉了多久或看了多长时间，只是交代她醒来之后便看到的周围的景象。简单过去时这个时态力求最大程度地展现动词的活力，当其与持续性动词搭配时，动词自身的状态性被打破，活力增强。于是原本强调的状态转而变成了强调动作的起始。②

（二）过去未完成时和完成体、未完成体动词的结合

当过去未完成时和完成体动词搭配使用时，主要有两个作用：一是与描述句子主要内容的简单过去时形成对比，它承担的叙述动作或行为过程的作用是第二位的；二是特别用来描述习惯性的重复动作。③ 比如：

Yo *cebaba* el mate con mucho cuidado, pero ella *tardó* un rato en reanudar su labor.④

译文：我小心翼翼地品马黛茶，她过了好一会儿才接着织。⑤

两个动词"cebar"和"tardar"在体貌上形成了鲜明的对比，前者就像铺述出一种场景，"我"在慢慢地喝着马黛茶，"她"由于思考事情放下了手中的针线活，也许愣了一会儿神儿，过了好一会儿，突然又拿起了针线，重新开始织衣服。句中的连接词"但是"也恰到好处地点明二人动作上的反差。

---

① 豪尔赫·伊萨克斯：《玛丽亚》，朱景冬译，北京：人民文学出版社1985年版，第202页。
② Gutiérrez Araus, María Luz: "El paradigma verbal", …, p.220.
③ Gutiérrez Araus, María Luz: "El paradigma verbal", …, p.220.
④ 原文参见 http://www.literatura.us/cortazar/tomada.html, 2016年7月22日。
⑤ 科塔萨尔：《动物寓言集》，李静译，北京：人民文学出版社2011年版，第4页。

Hacíamos la limpieza por la mañana, levantándonos a las siete, y a eso de las once yo le *dejaba* a Irene las ultimas habitaciones por repasar y me iba a la cocina. *Almorzábamos* al mediodía, siempre puntuales; ya no *quedaba* nada por hacer fuera de unos platos sucios.① （Julio Cortázar, *Casa tomada*）

译文：我们七点起床，上午打扫卫生。十一点左右，伊雷内清扫最后几间屋子，我去厨房做饭。中午，我们准点开饭。除了几个脏盘子要洗，没别的事了。②

节选语段描述的是宅子没有被侵占以前，兄妹二人的日常生活。从语段中出现的时间状语，如"七点钟""十一点左右""中午""总是"中也可以推测出，作者此处的用意是展现重复性的动作。

过去未完成时与未完成体动词搭配时，重点在于描述过去，③ 烘托背景，营造氛围。这也是过去未完成时最常见的用法。

Pero casi a ninguna hora *estaban* sin lágrimas los ojos de la hija de Magmahú: el canto de alguna ave americana que le *recordaba* las de su país, o la vista de flores parecidas a las de los bosques de Gambia *avivaban* su dolor y la *hacían* gemir. Como durante los cortos viajes del irlandés le *permitía* Gabriela dormir en su aposento, habíale oído muchas veces llamar en sueños a su padre y a su esposo.④ （Jorge Isaacs, *María*）

译文：但是，马格马乌的女儿的眼睛几乎无时无刻不是泪水汪汪的：美洲飞鸟的一声鸣叫会使她触景生情，忆起祖国的禽鸟；见到一些同冈比亚丛林中盛开的鲜花相似的花朵，会令她痛苦倍增，长吁短叹。她的爱尔兰主任短期外出时，加勃利埃拉就允许娜依睡到自己的房里来，她不止一次听见她在睡觉中呼唤着自己的父亲和丈夫。⑤

---

① 原文参见 http://www.literatura.us/cortazar/tomada.html，2016 年 7 月 22 日。
② 科塔萨尔：《动物寓言集》，李静译，北京：人民文学出版社 2011 年版，第 1 页。
③ Gutiérrez Araus, María Luz: "El paradigma verbal", …, p.220.
④ 原文参见 http://tldigitales.com/system/files/ebooks-gratis/MARIA，2016 年 7 月 22 日。
⑤ 豪尔赫·伊萨克斯：《玛丽亚》，朱景冬译，北京：人民文学出版社 1985 年版，第 205 页。

选文中的副词短语"无时无刻"和冒号都暗示出作者将要细腻地描写马格马乌的女儿的痛苦与思乡之情。值得一提的是,作者具体描绘出了是什么事物令主人公触景生情,如此一来既显得真实,又拉近了与读者的距离。

三 语用功能

(一) 语言交际中的关联理论

斯波伯和威尔逊在《关联性:交际与认知》中把说话人的意图分为"信息意图"和"交际意图"。通常情况下,信息意图和交际意图应该同时得到满足。但在某些情况下,即便无法满足信息意图,交际意图也可实现。而一旦获得交际意图,交际就成功了。在很多文本中,由于叙述的需要,作者都使用了过去时态描写,

> Reímos a carcajadas, como dos alegres idiotas. Hablamos de no sé qué y le dije que estaba con prisa y me iba, pero antes le pregunté si alguna vez me permitiría que la invitara a cenar, y sin decir que no me preguntó cuándo y le contesté que cuando me recibiera de economista y me fui. Bajé de nuevo por las escaleras y descubrí que las grandes alegrías del corazón nos ponen alas… en los pies.[①]

透过"大笑着,像两个快乐的傻子一样"(Reímos a carcajadas, como dos alegres idiotas.)的表述,不难看出节选语段的两位主人公之间的关系非常亲密。随后"我"因有事在身,不得不先行一步。在告辞之前,"我"邀请她来日共进晚餐。她没有拒绝我,也没有明确表示可以,即她并未给予明确的信息意图。但通过"她问我什么时间"(me preguntó cuándo),"我"和读者完全可以从中获得交际意图——她对我的邀请表示接受。

---

① Davies, Mark. (2002 -) Corpus del Español: 100 million words, 1200s – 1900s. Available online at http://www.corpusdelespanol.org. Palabra clave de búsqueda: contesté. Resultado 49, 2016 年 7 月 20 日。

（二）主要叙述行为和次要叙述行为

过去未完成时常被视作与简单过去时相伴的时态，因此在一个语句中就出现了主要叙述行为和次要叙述行为的分别。显而易见，可独立使用、强调动作起点和终点的简单过去时承担主要的叙述行为，它是第一性的；需要以其他时态作为参照、只强调过程中的一段时间的过去未完成时则承担次要的叙述行为，是第二性的。下面将以下文节选的语段为例，分析简单过去时和过去未完成时配合使用的情况。

Levantó ella la cabeza de las rodillas, y *divisó* una línea azul más oscura que la que *rodeaba* constantemente el horizonte. Algunas horas después *entró* el bergantín a un puerto de Cuba, donde *debían* desembarcar algunos negros. Las mujeres de entre éstos, que *iban* a separarse de la hija de Magmahú, le *abrazaron* las rodillas sollozando, y los varones le *dijeron* adiós, doblando las suyas ante ella y sin tratar de ocultar el llanto que *derramaban*. Casi *se consideraban* dichosos los pocos que *quedaron* al lado de Nay.① （Jorge Isaacs, *María*）

译文：跪着的娜依抬起头来，远远望见一条蓝色的线，其颜色要比往常围绕地平线的那条深得多。数小时后，舰船驶进古巴的一个港口，一些黑人俘虏该在这儿上岸。他们不久将同马格马乌的女儿分别，所以女人们抱着她的膝头痛哭流涕；男人们则跪在她面前，向她道别，任凭夺眶而出的泪水不住地流淌。少数几个留在娜依身边的人简直自认为是不幸中的幸运儿了。②

"抬头""驶进""拥抱""道别"等动词使用简单过去时，表示出施事者相继发出的一系列动作。通过这些动作串联出故事的发展脉络，推动小说发展进程。此处的未完成体动词"远望"同样以简单过去时的形式出现，体现出强调的是"看"这个动作的开始。先行词为"una línea"的定语从句中

---

① 原文参见 http://tldigitales.com/system/files/ebooks-gratis/MARIA，2016 年 7 月 22 日。

② 豪尔赫·伊萨克斯：《玛丽亚》，朱景冬译，北京：人民文学出版社 1985 年版，第 202 页。

的"rodear"、"las mujeres"的定语从句中的"ir"和先行词为"el llanto"的定语从句中的"derramar"均为完成体动词，用作过去未完成时，主要起辅助说明的作用，即这三个动作不是描写的重点，但可用于修饰主要动作，为小说营造出饱满的氛围。在时间上，它们与用于简单过去时的动词同时发生。在最后一句话中，明显可以感受到作者想要强调的主要动作是"留下"，并且"留下"已经成为一个确凿的事实，这件事令人"感到"幸运，因而未完成体动词"considerar"使用过去未完成时呈现出了一种持续性的心理状态。

让我们姑且做一个大胆的实验，倘若将选文中所有的简单过去时与过去未完成时对换，会造成怎样的变化和结果呢。经过替换和调整后的文本如下：

> Levantaba la cabeza, divisaba una línea azul más oscura que la que rodeó el horizonte. Entraba el bergantín a un puerto donde debió desembarcar negros. Las mujeres que fueron a separarse de la hija, le abrazaban las rodillas y los varones le decían adiós sin tratar de ocultar el llanto que derramabó. Se consideraron dichosos los pocos que quedaban al lado de Nay.

第一句话中主人公抬着头望着一条蓝线，却并未做出任何实际的行为。"rodear"使用过去未完成时似乎暗含动作已经结束，地平线已不再围绕那条线之意。舰船缓慢地驶入港口，而原本应该等在那里的黑人却没有出现。"ir"与前置词"a"搭配表示将要做某事，而简单过去时表示动作的结束，二者间产生矛盾。女人们一直抱着她，男人们不停地说着再见，泪水已流淌过脸颊。"quedar"用于过去未完成时可以理解为，他们一直陪在娜依的身边，而失去了由于变故有些人留下了、有些人要离去的弦外之音。

通过以上对比，似乎可以推断出过去未完成时转变为简单过去时尚且可以操作，而反而为之则会遇到较大的问题。这是因为简单过去时是绝对时态，不受制于上下文的影响；而过去未完成时是相对时态，强烈依赖于上下文。[①] 尽管第一种情况可勉强说通，但对调之后的意思较原文相比已经相距甚远，还是让两种时态各司其职为妙。

---

① Gutiérrez Araus, María Luz: "El paradigma verbal",..., p.223.

（三）特殊用法

如董燕生老师所言："有时候，在说话人头脑中，时态的体貌含义会越居上风，部分或完全取代它们的时态功能。在陈述式诸时态中，过去未完成时尤其会经常摆脱其时态功能，而专用于传达体貌含义。"① 过去未完成时是一种过去的时态，说话人透过过去的视角传达信息，因此远离了事实，与事实保持一定距离。② 这种距离感也促使事件保留其他的可能性。在本章中，将借助实例梳理过去未完成时在语用中的特殊用法。

1）表达委婉客气的语气，常见的动词有 querer, desear, venir。

Entonces él le dice que qué viene a hacer, que por qué viene ahí a molestarlo. "Pero yo *deseaba* verte. Tanto tiempo que estoy en Santiago y soy tu mujer."③
—*Quería* preguntarle cosas de su vida.
—Bueno, la verdad. eso es bastante difícil...④

2）表示建议

El tábano sobre el noble caballo. *Debías* aprender de nosotros, que somos unos porteños humildes y sin embargo sabemos quién es Pieyre de Mandiargues.⑤（Julio Cortázar, *Rayuela*）

Ahora, la cuestión es esa que hay que buscarlo. A lo mejor *convenía* que lo buscarais porque, desde luego, yo creo que por cuarenta mil pesetas no tendríamos

---

① 董燕生：《西班牙语句法》，北京：外语教学与研究出版社 2014 年版，第 92 页。

② Pérez Fernández, Santiago. (2005-2006): "Usos discursivos del imperfecto de indicativo", *Contextos*, N°45-48, p.384.

③ Davies, Mark. (2002 -) Corpus del Español: 100 million words, 1200s - 1900s. Available online at http://www.corpusdelespanol.org. Palabra clave de búsqueda: deseaba. Resultado 14, 2016 年 7 月 20 日。

④ Davies, Mark. (2002 -) Corpus del Español: 100 million words, 1200s - 1900s. Available online at http://www.corpusdelespanol.org. Palabra clave de búsqueda: quería. Resultado 13, 2016 年 7 月 20 日。

⑤ Davies, Mark. (2002 -) Corpus del Español: 100 million words, 1200s - 1900s. Available online at http://www.corpusdelespanol.org. Palabra clave de búsqueda: debías. Resultado 10, 2016 年 7 月 20 日。

grandes problemas en que la Sociedad Estatal lo comprara.①

　　—No, andate. Yo me voy a defender lo más bien.

　　—Le *hacía falta* una Heftpistole, yo se lo dije. Pone ganchitos por todos lados, y es mejor para sujetar los piolines.② (Julio Cortázar, *Rayuela*)

　　3) 表示反驳

　　—¡Debe de ser una maravilla! —comentó Peggy—, Mira, tía Olivia, ¡qué preciosidad!

　　—¡Sí, una preciosidad! —murmuró la dama otoñal y melancólica—. Pero creo que más nos *valía* volvernos y no desembarcar. He oído decir que en estas islas le comen a uno vivo las serpientes.③ (*La melodía prohibida*)

　　4) 用于虚构的故事情节

　　Había una vez, miguelito, un par de enamorados que dejaron la casa de los mortales para convertirse en leyenda, todo comenzó una noche de julio, en un motelucho cerca de aeropuerto, cuando uno de ellos comenzó a escuchar…④ (Historias de Amor Fairy Tale por Sergio Ochoa Meraz en *Ficticia Fairy Tale Sergio Ochoa Meraz*)

　　5) 动作中断后的继续

　　¡Vamos a compartir un secreto! Bueno, eso tiene su precio: ¡Una verdadera amistad! En fin, *como te iba diciendo*, no sé lo que ocurre ni por qué lo hago, pero percibo en ti eso que en aquella época me unió a Nicolás.⑤ (Yula Riquelme de Moli-

---

　　① Davies, Mark. (2002 -) Corpus del Español: 100 million words, 1200s – 1900s. Available online at http://www.corpusdelespanol.org. Palabra clave de búsqueda: convenía. Resultado 24, 2016 年 7 月 20 日。

　　② Davies, Mark. (2002 -) Corpus del Español: 100 million words, 1200s – 1900s. Available online at http://www.corpusdelespanol.org. Palabra clave de búsqueda: hacía falta. Resultado 53, 2016 年 7 月 20 日。

　　③ Davies, Mark. (2002 -) Corpus del Español: 100 million words, 1200s – 1900s. Available online at http: //www. corpusdelespanol. org. Palabra clave de búsqueda: valía. Resultado 83, 2016 年 7 月 20 日。

　　④ Davies, Mark. (2002 -) Corpus del Español: 100 million words, 1200s – 1900s. Available online at http://www.corpusdelespanol.org. Palabra clave de búsqueda: había una vez. Resultado 14, 2016 年 7 月 20 日。

　　⑤ Davies, Mark. (2002 -) Corpus del Español: 100 million words, 1200s – 1900s. Available online at http://www.corpusdelespanol.org. Palabra clave de búsqueda: como te iba diciendo. Resultado 7, 2016 年 7 月 20 日。

nas, *Puerta*)

6) 表示讽刺

¡Ojalá! Insensible me prestaba El inmenso beneficio de librarme de un suplicio cuya insistencia ignoraba. De angustia y rabia se me arde la frente, el alma; ¡Oh! no siente Martirio igual un valiente, cuando le rinde un cobarde. ¡*Daba yo* fin tan diverso a mi amor!...①(Juan Eugenio Hartzenbusch, *La jura en Santa Gadea*)

四 教学实践与应用

简单过去时和过去未完成时向来是基础学习阶段的难点和重点内容，究其根本不外乎主客观两个原因：客观原因在于，这两种过去时态各自用法的复杂性，特别是当二者分别用于完成体和未完成体两种动词时，所强调的内容截然不同；主观原因在于，这两种时态一般在基础阶段，也就是大一的第二学期进行讲解，学生接触西班牙语的时间尚短，在中文和英文中又均不存在类似的、可供参照的情况，于是接受起来颇为费力。

有些学生在学习外语时容易出现知其然不知其所以然的问题，宁愿死记硬背也不愿意进行规律性的总结。为了应对这种状况，一方面需要教师在教学过程中为学生梳理一些关于两种时态特点的总结；另一方面重视学法指导的作用，通过教师的引导，让学生在独立学习的过程中养成分类、归纳的习惯，从平时遇到的文章中积累素材，检验总结的内容是否正确，形成从实践到理论、用理论检验实践、再用实践改进理论的良性循环。

与此同时，还应该注意，语言不是一成不变的，企图用一套理论囊括所有语言现象的做法是徒劳无益的。当把目光聚焦到语言的实际应用中时，不难发现会遇到各种各样有"悖"于理论的"特例"。比如董燕生老师举出的这个例子："El 1 de octubre de 1780 la tercera expedición del capitán Cook echaba

---

① Davies, Mark. (2002 -) Corpus del Español: 100 million words, 1200s – 1900s. Available online at http://www.corpusdelespanol.org. Palabra clave de búsqueda: daba yo. Resultado 3, 2016 年 7 月 20 日。

el ancla en el río Támesis."① 明明提到了具体的时间，又表现了事实，为什么使用了过去未完成时呢？原因在于这是文学上的一种叙述方式，过去未完成时扮演了简单过去时的作用。一般来说，过去未完成时通常被看作是动作的一种延续，但是这种解释只表现出了它的一种用法。过去未完成时不强调结束，并不意味着它明确表现出了延续性或非完结性。② 以纯语义学的观点来看，"imperfecto"这个词汇中没有任何规定表明它不能与动作、状态或过程共存，因此可以认为"imperfecto"的词义仅仅注明了这是发生在过去、不在当下的一种时态，此外别无他意。③ 过去未完成时没有清楚地指明结束，但这也不意味着它坚决否认"结束"的存在。或许是事件本身没有结束，又或许是在叙述的过程中，以过去未完成时为时间参考，转而又去提起其他事情了。④ 如"… daba la vuelta al codo que llevaba a la cocina cuando escuché algo en el comedor o en la biblioteca."绕过厨房拐角的时候，我听到了餐厅或书房里有动静。这两种时态只是侧重点不同，鲁伊斯·坎皮略提供了一种对比二者的视角，即简单过去时就像"外部视角"，而过去未完成时则是一种"内部视角"。⑤

总而言之，分析这两种时态时，在宏观上要把握二者的区别，在微观上又要考虑二者间的联系。切勿将总结出的用法生搬硬套。重要的是多读原文，活学活用。

---

① 董燕生：《西班牙语句法》，北京：外语教学与研究出版社 2014 年版，第 93 页。

② Castañeda Castro, Alejandro. (2003): "Implicaturas generalizadas de cantidad en el rendimiento de algunas formas y oposiciones del sistema verbal español", *Language Design*: *Journal of Theoretical and Experimental Linguistics*, N°. 5, p.85.

③ Castañeda Castro, Alejandro. (2003): "Implicaturas generalizadas de cantidad en el rendimiento de algunas formas y oposiciones del sistema verbal español", *Language Design*: *Journal of Theoretical and Experimental Linguistics*, N°. 5, p.86.

④ Castañeda Castro, Alejandro. (2003): "Implicaturas generalizadas de cantidad en el rendimiento de algunas formas y oposiciones del sistema verbal español", *Language Design*: *Journal of Theoretical and Experimental Linguistics*, N°. 5, p.87.

⑤ Ruiz Campillo, J. P. (1998), *La enseñanza significativa del sistema verbal*: *un modelo operativo*. Universidad de Granada (tesis doctoral inédita). 转引自 Castañeda Castro, Alejandro: "Implicaturas generalizadas…, p.86.

where-nouns 与虚构运动句

——一项基于语料库的研究

首都师范大学　马　赛

摘　要：where-nouns 与 what-nouns 相对，通常描述地点、处所类等体积比较大的、不易移动的实体；what-nouns 一般描述体积比较小的、易移动的物体。where-nouns 在描述 what-nouns 的位置的句子中充当参照点。那么当说话者想要表达 where-nouns 的位置时会采取什么语言手段呢？本文通过在语料库中收集表达 where-nouns 的位置的句子来回答这一问题。研究发现，where-nouns 后出现的动词中有 40% 是表达移动的动词，虚构运动句是描述 where-nouns 的位置的重要手段。

关键词：虚构运动　where-nouns　焦点背景

一　引　言

本文认为虚构运动句是表达 where-nouns 的位置和构型的重要语言手段并从认知语言学的角度对此进行了解释。

虚构运动句是指用动态的语言形式（比如表达移动的动词、表达方向的介词等）来表达静态的实体或场景的句子。

(1) The fence goes from the plateau to the valley.①

例(1)是典型的虚构运动句。此句中,篱笆(the fence)是静止的,但是篱笆的构型由表达移动的动词 go 和表达方向的介词 from…to… 描述为动态的。

目前对于虚构运动句的研究多集中于以下几方面:一、虚构运动背后认知机制的研究,如心理扫描②、概念隐喻③、多种认知机制的比较④;二、虚构运动里的路径和方式信息⑤⑥;三、关于人们理解处理虚构运动时大脑活动情况的实验研究⑦。

目前对于虚构运动里的运动主体的研究则为数不多。共延路径(coextension path)虚构运动主体往往具有无生命、不能移动、狭长的特性⑧⑨;与本研究直接相关的是虚构运动的主体(即焦点)通常是体积比较大

---

① Talmy, Leonard, *Toward a Cognitive Semantics* (Vol. 1), Cambridge, Mass.: MIT Press, 2000.

② Langacker, Ronald W., "Dynamicity, fictivity, and scanning: The imaginative basis of logic and linguistic meaning," in D. Pecher & R. A. Zwaan, eds., *Grounding Cognition: The Role of Perception and Action in Memory, Language, and Thinking*, New York: Cambridge University Press, 2005, pp. 164-197.

③ Lakoff, George & Mark Turner, *More than Cool Reason: A Field Guide to Poetic Metaphor*, Chicago: University of Chicago Press, 1989.

④ Blomberg, Johan, *The expression of non-actual motion in Swedish, French and Thai*, Cognitive Linguistics, 2015 (4): 657-696.

⑤ Matsumoto, Yo, *Subjective motion and English and Japanese verbs*, Cognitive Linguistics, 1996 (2): 183-226.

⑥ Slobin, Dan I., "Relations between paths of motion and paths of vision: A crosslinguistic and developmental exploration," in Virginia C. Mueller Gathercole, ed., *Routes to Language: Studies in Honor of Melissa Bowerman*, New York: Psychology Press, 2009, 197-221.

⑦ Matlock, Teenie, Kevin J. Holmes, Mahesh Srinivasan & Michael Ramscar, *Even abstract motion influences the understanding of time*, Metaphor and Symbol, 2011 (4): 260-271.

⑧ 范娜:《运动事件模式下汉语虚构运动表达的认知研究》,南京:南京大学出版社2014年版。

⑨ 李秋杨、陈晨:《英汉虚拟位移表达的体验性认知解读》,《山东外语教学》,2012年第146期,第40—45页。

的实体①,典型例子是地理实体及其他与处所有关的实体②。虚构运动句表达运动主体的名词倾向于是 where-nouns。

Where-nouns 在语言学上和 what-nouns 是一组相对的概念。Where-nouns 描述的实体通常体积很大、实体的边界不那么清晰、不能移动、更像是起到背景的作用；what-nouns 所描述的实体体积比较小、边界清晰、易于移动、更像是事件的参与者③④。以上是 where-nouns 和 what-nouns 的原型特征，这两个概念是相对而言的，没有绝对的 where-nouns 和 what-nouns，只有典型的 where-nouns 和 what-nouns。

在描述物体的位置时有一组与 what-nouns 和 where-nouns 相对应的概念，即焦点（Figure）和背景（Ground）。焦点的地理位置待确定，通常比较小、可移动、一旦注意到就变得很清晰；背景作为参照点帮助确定焦点的地理位置，通常比较大、不可移动、更像是背景⑤。

(2) A bike stands next to the river.

这句话描述的是自行车的位置，其中自行车是新信息，河是已知信息，因此，bike 的位置待确定，是焦点，river 在这里充当认知参照点帮助确定 bike 的位置，是背景。

在描述一个物体的位置时，where-nouns 常常是句子里的背景，what-nouns

---

① Matlock, Teenie, "The conceptual motivation of fictive motion," in G. Radden & K. U. Panther, eds., *Studies in Linguistic Motivation*, Berlin: Mouton de Gruyter, 2004, pp.221-248.
② Ma, Sai, *Fictive Motion in Chinese*, PhD thesis, University of Auckland, 2016.
③ Lyons, John, *Semantics* (*Vol.* 1&2), Cambridge: CUP, 1977.
④ Mark, David M., Smith, Barry, & Tversky, Barbara, "Ontology and geographic objects: An empirical study of cognitive categorization," in C. Freksa & D. M. Mark, eds., *Spatial Information Theory. Cognitive and Computational Foundations of Geographic Information Science*, Berlin: Springer Berlin Heidelberg, 1999, pp.283-298.
⑤ Talmy, Leonard, *Toward a Cognitive Semantics* (*Vol.* 1), Cambridge, Mass.: MIT Press, 2000.

则是句子的焦点①②。我们用 where-nouns 作为参照点来确定 what-nouns 的地理位置。

一方面,where-nouns 经常作为背景和参照点出现在表达其他物体位置的句子中;另一方面,表达实体位置构型的虚构运动句中的焦点倾向于是 where-nouns。Where-nouns 从背景到焦点的转换似乎与虚构运动句这一特殊句式有关。本研究将通过收集 where-nouns 作主语且描述其位置构型的句子来探索虚构运动句在其中的作用。

本文第二部分介绍研究方法;第三部分展示研究结果;最后两部分分别是讨论和结论。

二 研究方法

本研究使用的语料库为美国当代英语语料库（Corpus of Contemporary American English/COCA）。美国当代英语语料库为目前公开的语料库中最大的平衡英语语料库。Where-nouns 的选取参考了朗文多功能分类词典（*Longman Lexicon of Contemporary English*）③,最终选词数量为 16 个,包括 plain, plateau, mountain, cliff, canyon, glacier, desert, sea, field, meadow, forest, grassland, highway, trail, bridge, road。

如果将这 16 个词输入语料库进行检索将会得到大量的句子,比如包含 road 的句子有 91411 个,其中描述 road 的位置和构型的句子比例非常低。这种搜索方式从解决问题的角度来讲最适合,但是从操作的角度来讲工作量是巨大的,可行性不大。因此我们选取了一种折中的搜索和分析方式,既照顾

---

① Mackenzie, Lachlan J., "Places and things," in Matthew P. Anstey and J. Lachlan Mackenzie, eds., *Crucial Readings in Functional Grammar*, *Functional Grammar Series*, Berlin and New York: Mouton de Gruyter, 2005, pp.141-165.

② Rybka, Konrad, *How are nouns categorized as denoting "what" and "where"?* Language Sciences, 2014(45): 28-43.

③ McArthur, Tom, *Longman Lexicon of Contemporary English*, Essex: Longman Group Limited, 1981.

所需解决问题的要求，又考虑到可操作性。我们的搜索方式为所选名词与实义动词搭配，如 plain+VERB. LEX，实义动词出现在所选名词右一位置，即紧跟所选名词，如图 1 所示。

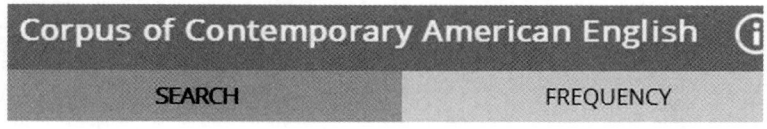

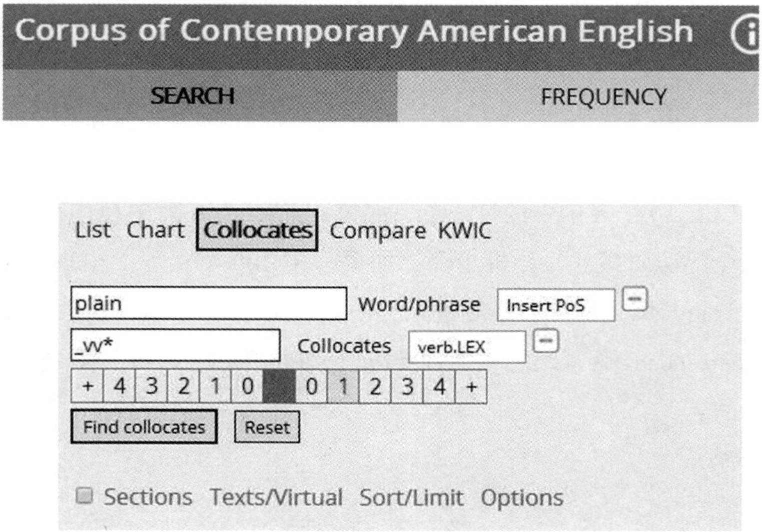

图 1

使用这一搜索式的目的在于将句子最大程度上限定在以 where-nouns 作焦点且 where-nouns 被实义动词所描述的范围内，尽量排除 where-nouns 作背景的情况。这样搜索可以看到什么样的动词出现在 where-nouns 的后面对其进行修饰。动词会按照频率由高到低的顺序排列，如图 2 所示。如果单击动词，可以看到包含搜索式的句子，如图 3 所示。

		CONTEXT	FREQ	
1		SAID	15	
2		YOGURT	14	
3		SPOKEN	11	
4		COVERED	9	
5		LOOKING	9	
6		CALLED	7	
7		SURROUNDED	7	
8		SPEAKING	6	
9		DOTTED	5	
10		KNIT	5	

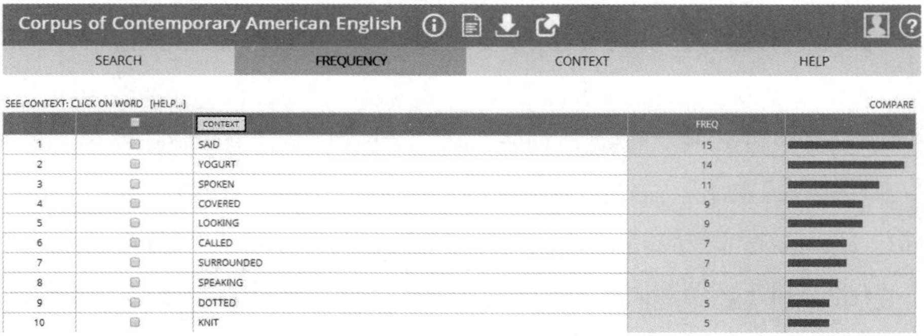

图 2

	Corpus of Contemporary American English	
	SEARCH　　FREQUENCY　　**CONTEXT**	

CLICK FOR MORE CONTEXT

1	2012 FIC	reached the eastern edge of Murala, and the green **plain stretched** away toward a gray horizon where lightning danced between heaven and earth.
2	2009 FIC	saw made no sense to him - a vast triangular **plain stretched** out before him, its sides converging to an impossibly distant vertex ahead
3	1997 FIC	the highest tier of the monument, where the Kedu **Plain stretched** out beneath us and we watched the afternoon sun cast shadows over the
4	1992 FIC	. On the other side of us, the flat **plain stretched** off to a range of distant mountains. The first stars twinkled along

图 3

对于以上 16 个名词中的每一个，如果 where-nouns 后的动词种类小于 100 个，那么全部动词都进入分析步骤，如果多于 100 个，那么出现的前 100 种动词进入分析步骤。这样，最终进入分析的动词形符（token）数为 4067。通过分析 where-nouns 后紧跟的动词种类可以大致判断 where-nouns 作焦点时是如何被描述的。

三　研究结果

经过上述搜索和分析，我们可以找出描述 where-nouns 的动词中有多少是表达运动的动词。如图 4 所示，不同的 where-nouns 后出现的动词形符数不同，其中属于描述移动的动词形符数也不同，因此我们计算了同一个名词后描述移动的动词形符数占所有动词形符数的比例。

由图 4 所示，出现在 where-nouns 后的动词形符总数为 4067，其中表达移动的动词形符总数为 1621，占所有动词的 40%。其中，描述与道路有关的名词的句子里运动动词所占比例最高，分别为 *highway* 中占 52%，*trail* 中占 69%，*road* 中占 61%。运动动词占 34% ~ 43% 的名词有 *plateau*、*mountain*、*cliff*、*canyon*、*desert*、*bridge*。运动动词占 23% 到 33% 的名词有 *plain*、*glacier*、*field*、*grassland*。运动动词所占比例比较低的名词为 *meadow*、*sea* 和 *forest*。

不论是对于运动动词所占比例的平均值 40%，还是对于各单个名词后的运动动词所占的比例，可以说 where-nouns 用虚构运动句进行描述的情况远远大于其他类名词出现在虚构运动句中的情况。游记和地理类文本是虚构运动出现比较多的语域，即便是在此类语域中，虚构运动句按字数算出现的比例仅为 1.7%[①]。上表数据并没有排除主语是一个 where-nouns 但句子并不描述其位置或构型的情况；如果只考虑描述 where-nouns 的位置或构型的句子，那么虚构运动句出现的比例应该会更高，在将 where-nouns 作为焦点描述其位置或构型时所起的作用将更大。

	no. of motion verbs	no. of all verbs	percentage of motion verbs
plain	37	152	24%
plateau	11	26	42%
mountain	90	235	38%
cliff	67	157	43%
canyon	33	84	39%
glacier	11	47	23%
desert	52	140	37%
sea	38	317	12%
field	75	325	23%
meadow	20	325	6%
forest	53	318	17%
grassland	4	12	33%
highway	100	194	52%
trail	238	346	69%
bridge	110	277	40%
road	682	1112	61%
total	**1621**	**4067**	**40%**

图 4

下面我们以 *cliff* 为例来仔细探究虚构运动句是如何将 where-nouns 处理成焦点的。描述 *cliff* 的动词共有 157 形符数，其中移动动词 67 个，占总数的 43%。移动动词包括 *rose, dropped, came, fell, ran, go, rising, slumped, rushing, runs, roll, reached, fall, embracing, dropping, lifted, leans, leaned, jutting, jutted, jumps, jumped, goes, diving, dipping* 等。非运动动词包括 *overlooking, thought, became, called, sits, gazed, stood, sipping, shows, saw, said, form, overhanging, loomed, lay, demarcating, bordering* 等。运动动词中出现比较多的有 *rose, face, dropped, faces, drops, looked, came, fell, ran, go, rising, reared*。

Cliff 后跟 *rose* 的句子如图 5 所示。在图 5 的 8 句话里，有 7 句中的 *cliff* 在纵向上的构型被描述为自下而上的共延虚构运动。*Cliff* 本身已经存在很久，

---

① Ma, Sai, *Fictive Motion in Chinese*, PhD thesis, University of Auckland, 2016.

并没有向上的运动发生，通过动词 rose，cliff 变成了虚构运动的主体，即焦点。这种用法可能是因为被描述的 cliff 太高大，超过了眼睛的视野，需要目光一直追随 cliff 向上才能将其全部看到。这种向上攀升的目光被描述成了向上进行虚构运动的 cliff。值得注意的是，这些句子用了动词 rise 的过去式形式而非表客观事实的一般现在式，这也说明 cliff 进行的虚构运动在说话者看来是需要时间的，因此这一虚构运动极有可能与某种真实运动有关。另外一例中 Cliff 是一个人的名字，动词 rose 描述的是此人的真实运动而非虚构运动。

1	2013 FIC	catch their breath on a rocky shelf. The sheer **cliff rose** on one side, the fern forest fell away on the other,
2	2012 FIC	hills abutted the lake, and in one place a **cliff rose** forty feet above the water. Nearby was a village where she met
3	2008 FIC	clustered at the end of the beach where a rocky **cliff rose** against the sea. Ranging in age from twelve to twenty-three, the
4	2005 FIC	Shit, I have to concentrate. Staring time. **Cliff rose** and peered out the window. Less wind today. The snow ghosts
5	2003 FIC	, and then Nova. The shadowy bulk of the **cliff rose** to one side. The white ceiling of the forest swayed above them
6	2003 FIC	, casting ghostly light. On her left, a **cliff rose** into the darkness: on the right, a wall at chest height
7	1999 FIC	his waist under his rain gear. # A steep **cliff rose** behind the beach, now hidden by the sheets of rain driven by
8	1990 FIC	." Later," He stomped off. The **cliff rose** like a drive-in screen. "All right," Danny said.

图 5

另有两例 cliff 后跟 rising 的情况，如图 6 所示。同样，静止的 cliff 被描述成由下而上的路径。

| 1 | 2008 FIC | man wanted her. # Guama glanced up at the **cliff rising** above the lagoon and saw her husband at his post, reading the |
| 2 | 2003 FIC | of leaves and branches he saw the side of a **cliff rising** up to the right, and partway up " Mrs Coulter," |

图 6

除了自下而上的共延路径，自上而下的路径也可以描述 cliff 的位置和构型。动词 drop 的不同形式将 cliff 描述成一个进行自上而下运动的可移动物体，如图 7 和图 8 所示。除 Cliff 作人名用外，其余各例说话者都将 cliff 概念化成进行虚构运动的实体。使用动词 drop 的一般现在式 drops 的句子将 cliff 的客观位置和构型描述为自上而下的路径；使用一般过去式 dropped 的句子更有可能将 cliff 的位置和构型与说话者看到 cliff 时的目光移动联系起来。用动词 rise 和 drop 的不同形式对 cliff 进行描述反映了说话者的观察视角的不同。当说话者的视角处于悬崖脚下的时候需要把目光上移才能看到悬崖，这时说话者会用 rise 描述 cliff；当说话者的视角在悬崖顶端时需要自上而下移动目光才能看到悬崖，这时说话者会用 *drop* 描述 *cliff*。

1	2005 MAG	18760. Are **cliff drops** from more than 100 feet a natural progression of the sport, or
2	2004 MAG	, then drop into Star Fire for 5- to 15-foot **cliff drops** onto steep, open landings. 3 DAYS LATER Powder loiters in the
3	2003 MAG	a shaded back side with naked bowls, gullies, **cliff drops** -- more than 40 expert runs. And while it's true that
4	1999 FIC	fist again. Adam pops him in the nose. **Cliff drops** his right arm to his side. # EVE # Adam?!
5	1994 FIC	. HIGHWAY IN BLIZZARD - DUSK 32 # A treacherous **cliff drops** quickly away from the road, certain death protected by an inadequate guard-rail
6	1993 FIC	rock is covered with moss and rotted leaves. The **cliff drops** off ahead in one plunge against a background of dreaming hills that glitter

图 7

1	2015 FIC	the pavement, looming as high above them as the **cliff dropped** off to his back. Instead, he found himself drawn to a
2	2005 FIC	and I sigh. " # The phone rang. **Cliff dropped** the bottle. It rolled neatly under the desk. # " Yes
3	2003 FIC	tossing, red -- stained foam, and the ragged **cliff dropped** into it precipitously. Nial Gayne had made the perilous descent from
4	2003 FIC	side of her, and on the other a vertical **cliff dropped** straight down to the roaring river, hundreds of feet below. Winding
5	1999 FIC	and at certain spots it had broken down. The **cliff dropped** one hundred feet to the sea. Sarah shielded Snow, shouldering her
6	1993 MAG	men near the mesa's edge, where the sandstone **cliff dropped** sheer to the talus below. They dismounted, walked to the rim

图 8

当说话者的视角处于悬崖的侧面、视线水平移动时，*cliff* 就被描述成发生水平位移的实体，如图 9 所示。动词 *ran* 将 *cliff* 描述成发生水平位移的实体。

| 1 | 2015 FIC | ed into a dive. In the increasing dimness the **cliff ran** on down, stifl almost sheer. A good twenty feet below the |
| 2 | 2011 FIC | of dust, across the valley a long, dark **cliff ran** as far as the eye could see. I forced myself to sit |

图 9

以上描述 *cliff* 进行虚构运动的句子均为共延路径句，即 *cliff* 的位置或构型被描述成沿 *cliff* 的某一个维度（如自上而下、自下而上、水平方向）进行的延伸运动。除此以外，*cliff* 也出现在另一类虚构运动句中，即出现路径句（advent path）。在这种虚构运动句里，原本就存在于某一位置的 *cliff* 被描述成突然出现在此位置。如图 10 和图 11 所示，动词 *jutting* 将 *cliff* 描述成突然伸出或伸入某个地方，动词 *grew* 将 *cliff* 的出现描述成是从天际长出来的。这一类用法有可能是由于 *cliff* 出现得比较突然或者 *cliff* 具有出人意料的构型。

1	2011 ACAD	red and gold shades. Her eyes fall on a **cliff jutting** out just above the beach. A man stands there watching her,
2	2006 FIC	right here, this morning. She peered at the **cliff jutting** into the water a few hundred meters to the north. Although she
3	1993 NEWS	the few surviving resident lighthouses in the country atop a **cliff jutting** into Lake Superior 30 miles north of Marquette, Mich. Mariners have

图 10

| 1 | 2005 MAG | room with a terrace overlooked the bay. A high **cliff grew** out of the far left horizon, its spiny fingers forming calanques. |
| 2 | 1992 MAG | to work and denied worker's compensation, Eddie and **Cliff grew** despondent. Cliff lost twenty-four pounds in two weeks and fifteen months later |

图 11

最后一类用来描述 *cliff* 的虚构运动句是前景路径（prospect path）。这种虚构运动句通过描述 *cliff* 与周围环境的关系来说明 *cliff* 的位置。*Cliff* 在这种情况下被概念化成有一个像动物一样的正面，*cliff* 的某一面被赋予了动物的脸一样的特征，就像长了眼睛一样。如图 12 所示，视觉动词 *overlook* 被用来描述 *cliff* 与周围环境的关系。朴素物理学中视觉的产生是由于眼睛发射出的无形的线到达物体，类似地，前景路径中 *cliff* 的正面发射出无形的线向周围环境移动。在这个意义上说，这是一种虚构运动，尽管 *overlook* 本身并不是一个表达移动义的动词。

1	2015 FIC	It was a car date. We drove to a **cliff overlooking** the beach. Porter and Julie were in the front. Tim and
2	2014 MAG	was born here, " Goren tells us atop a **cliff overlooking** the sheet of iron-colored water. " Once we invented agriculture, we
3	2013 FIC	at the western fringe of the # village on a **cliff overlooking** the sea. It was tidy and compact, the # sort of
4	2013 MAG	shame if generations to come could not sit on a **cliff overlooking** Big Sur and see a condor soaring in the distance. #
5	2013 MAG	end of the trail we found ourselves on a low **cliff overlooking** a marsh. Through it ran Selden Creek, essentially a side channel
6	2013 NEWS	do they provide equal protection. Anything perched on a **cliff overlooking** the sea is less vulnerable to storm damage than people or property located
7	2013 NEWS	the California coast. " We were sitting on this **cliff overlooking** the ocean in Big Sur, eating apples. It was this picture-perfect
8	2012 NEWS	and a movie theater in a dramatic setting on a **cliff overlooking** the sea. " It's been years and we've gone through
9	2011 SPOK	recorded the new album in a 19th-century church on a **cliff overlooking** the sea. Why did you choose to record the album in a
10	2011 FIC	worst year in Carley's life. High on a **cliff overlooking** the deep blue waters of Nantucket Sound, Carley stood in her bedroom
11	2011 FIC	one set at the end of a road on a **cliff overlooking** the Sound. Gus was an only child, too. " It

图 12

四 讨 论

如引言所述，在描述一个物体的位置时，焦点往往是体积比较小且易于移动的，背景往往是体积比较大且不易移动的；典型的 what-nouns 常常充当焦点，而典型的 where-nouns 由于其体积大、不易移动的特点常常充当背景。那么当说话者出于表达需要或者行文需要来描述 where-nouns 的位置时会采取什么策略呢？本研究认为虚构运动表达是这种情况下一种常用的语言策略。

易于移动是焦点的重要特点之一。而虚构运动句就是把静止的实体描述成运动的实体,此时说话者将静止的实体概念化成运动的实体。因此虚构运动句赋予了不易移动的实体可以运动的特征,让经常充当背景的 where-nouns 具备了焦点的某些特征。这样,典型的 where-nouns 就可以充当焦点,其位置或者构型就可以用典型的描述位置的句子进行说明。

我们需要对体积大、不易移动的 where-nouns 和体积小、易移动的 what-nouns 进行区分吗?答案是肯定的。研究朴素地理学的地理学家们认为这两种实体在本体论和认识论上是不同的。[1] where-nouns 所表达的实体在朴素地理学上叫 large-scale entities, geographical entities, spatial entities,包括山川河流、道路、建筑等;what-nouns 所表达的实体在朴素地理学上叫 human-scale entities, manipulable entities, table-top entities,包括日常生活中我们时常接触到的可操纵的物体。除了这两种实体本身的区别,人类认识它们的方式也是不同的。例如,大规模实体我们一眼看不完,需要视线或者心理扫描才能完整感知,而小规模实体可以完整地呈现在我们的视野中;[2] 我们对大规模实体的操作性不高,接触比较少,有时需要在大规模实体内部移动来对其进行探索感知,而我们对小规模实体操作性很高,日常接触多,更加熟悉。[3] 由于可操作性低和接触少,我们对大规模实体的感知、概念化和描述相对来讲比较困难且不直接。

将描述大规模实体的 where-nouns 概念化成可以移动的实体创造了一种对于我们来说更加熟悉的理解世界的方式。移动是我们日常生活的重要组成部分,也是我们认知模式的重要因素。我们常常把抽象的、不易于理解的概念

---

[1] Smith, Barry, & Mark, David M., "Ontology and geographic kinds," in T. K. Poiker & N. Chrisman, eds., *Proceedings from the 8th International Symposium on Spatial Data Handling*, Vancouver, BC: International Geographical Union, 1998, pp.308-320.

[2] Mark, David M., "Cognitive perspectives on spatial and spatio-temporal reasoning," in M. Craglia & H. Couclelis, eds., *Geographic Information Research Bridging the Atlantic*, London: Taylor and Francis, 1997, pp.308-319.

[3] Egenhofer, Max J. & Mark, David M., "Naive geography," in A. U. Frank & W. Kuhn, eds., *Spatial Information Theory-A Theoretical Basis for GIS*; *International Conference COSIT'95 Semmering, Austria, September 21-23, 1995 Proceedings*, Berlin, Heidelberg: Springer-Verlag, 1995, pp.1-15.

理解、表达成运动域里的概念①。运动图式,即 SOURCE-PATH-GOAL 图式常常用来在概念隐喻中组织抽象概念②。

五 结 论

本文通过分析典型 where-nouns 后紧跟的动词种类来探索虚构运动句是否是描述 where-nouns 的位置和构型的语言策略。结果表明,where-nouns 后紧跟的动词有 40% 是表达移动的动词。这一比例远远高于游记、地理类文本中按照字数统计虚构运动句出现的比例(1.7%)。本文的结论是当 where-nouns 在句子中作焦点时,虚构运动句就语言手段来说是一个重要选择。作为焦点的 where-nouns 与虚构运动句的结合源于我们对 where-nouns 所描述的物体直接接触的匮乏和认识的不足,虚构运动句通过将 where-nouns 描述成移动的焦点使得表达更贴近我们的日常经验。

未来研究可以考察其他语言中的 where-nouns,以探索当有描述大规模物体的表达需要时各个语言会采取什么样的策略。这有助于我们更好地理解人类如何表达以及认知空间概念。

---

① Johnson, Mark, *The Body in the Mind*: *The Bodily Basis of Meaning*, *Imagination*, *and Reason*, Chicago: Chicago University Press, 1987.

② Lakoff, George, *Women*, *Fire*, *and Dangerous Things*: *What Categories Reveal about the Mind*, Chicago: University of Chicago Press, 1987.

语义场理论在语言学研究领域中的发展变迁

首都师范大学　徐东辉

摘　要：语义场理论自 20 世纪 30 年代被引入到语言学领域之后，先后经历了与语义学、功能语言学、认知语言学等不同语言学派相互作用、相互影响的发展阶段，本文以俄罗斯语言学界历史上影响较大的几个语言学派对语义场理论所做的不同阐释为研究对象，尝试对语义场理论的发展做一简要梳理。

关键词：语义场　专名学　功能语言学　认知语言学

20 世纪 30 年代，以 J.Trier, L.Weisgerber 等人为代表的德国新洪堡特语言理论学派的一些学者将物理学中的"场"概念引入到语言学中，语言学界开启了用语义场理论为指导对词汇进行聚合、组合、功能等方面研究的时代。八十多年的历史证明，语义场理论在词典编撰、语言教学，尤其是外语教学等领域发挥了重要的指导作用。

一　语义场理论

（一）语义场的定义

时至今日，学界对语义场仍没有形成统一的定义。正如俄罗斯学者 А. И. Кузнецова 所指出的那样，"场理论实质上涵盖了关于语言中的词在意义上彼此相关这一共同思想下的众多观点"[①]。本文仅以俄罗斯大百科辞典对"场"的界定为准：场是有着共同内容（有时表现为共同形式参数）的语言（主要是词汇）单位的总和，这些语言单位反映所表达的现象在概念、事物或功能等方面具有相似性。一般认为，每个语义场不但有将场内所有单位统一在一起的共同语义特征（该共同特征通常用带有概括意义的词位，即超词位表达），而且还有将场内单位彼此区分开的个别（区分）特征。[②]

（二）语义场的性质

И. М. Кобозева 在其所著的《语言语义学》一书中指出，语义场具有以下性质：（1）同一语义场的词汇之间存在一定的语义关系；（2）该语义关系具有系统性；（3）词汇单位之间相互依存、相互制约；（4）语义场具有相对的独立性；（5）意义的表达具有连续性；（6）整个词汇系统中的语义场彼此之间相互联系。[③]

（三）语义场理论的发展变迁

语言学界（以 J.Trier, L.Weisgerber 等为代表）最初普遍认为，构成语义场的单位是以聚合关系集中在一起的，因此，对语义场的研究最早是从语言与现实的关系这一聚合角度展开的。自从 B. Порциг 提出"组合场"理论之后，一些语言学家开始从组合角度研究语义场，即开始关注词与词本身的联

[①] ГавриловЮ. М., *Семантическое поле как один из способов систематизации семантики*, Семантика и прагматика языковых единиц, Душанбе: 1990, с. 57.

[②] ЯрцеваВ. Н., *Большой энциклопедический словарь* Языкознание, М: Большая Российская Энциклопедия, 1990.

[③] КобозеваИ. М., *Лингвистическая семантика*, М: Эдиториал, УРСС, 2000, с. 88.

系。20世纪六七十年代起，以英国著名语言学家 J. Lyons 为代表的一些语言学家主张将聚合理论与组合理论结合起来，以整合的方式研究语义场。他在《语义学》一书中明确指出："必须把 J. Trier 的聚合法与 B. Порциг 的组合法结合起来运用到对词汇结构理论的研究中。"①

随着功能语言学的产生，语义场理论从传统的以具有相同特征、共同意义的词汇为主要研究对象扩展至对发挥相同功能语言单位的研究，А. З. Бондарко 的功能语义场理论便是最典型的代表。因此，套用季元龙先生对语义场理论研究所作的总结，其研究趋势如下："语言学家已把注意力从研究语言单位之间的聚合关系转到研究聚合/组合关系乃至系统功能关系：聚合关系→聚合/组合关系→系统功能关系。"②

近年来，随着认知语言学的迅猛发展，语言学家开始认识到，语义场的划分与认知主体"人"之间有着直接的联系。将观念研究与语义场研究相结合，通过对某一观念进行相应的观念分析，构拟出该观念的结构以及该观念所代表的语言世界图景片段，从而揭示出该观念所反映的民族文化特点是学界在语义场研究领域的新转向。

二 专名学视域下的语义场理论研究

（一）语义学与专名学

语义学是语言学界最早开始语义场理论研究的语言学派。该学派重视对语言意义的研究，语义场理论的最早研究就是从将语言系统中的词划分为词汇-语义群、同义词词群、反义词词群、种属词群等开始的。俄罗斯莫斯科语义学派的领军人物 Ю. Д. Апресян 等人则将词的聚合研究和组合研究提高到了更加深入系统的高度。与语义学的这种从语言出发，探究其意义的研究方

---

① БеловА. А., *Лексико-семантическое поле 《Зной》 в поэтических текстах Ф. И. Тючева*, Череповецкий государственный университет, 2008.

② 季元龙：《语义场的功能结构——剖析具有"变化"语义的俄语词汇》，《中国俄语教学》，2000年第1期，第32—35页。

向截然相反，遵循从现实到语言这一研究方向的专名学（ономасиология）则是研究一个概念在语言中如何得到表示，致力于将语言内容结构系统化的语言学派。鉴于语义学对语义场理论的研究方法及成果已广为人知，本文选择专名学为阐述对象，以期说明语义场理论的研究是多方位、多视角的。

（二）专名学视域下的语义场理论研究

以俄罗斯语言学家 В. П. Даниленко 对俄语"目的"词汇语义场的研究为例。他在其所著的《语言学的分析方法》[①] 一书中指出，"目的"词汇语义场有抽象和具体两种形式。抽象词汇语义场构成该场的核心。核心词汇（纯表目的词汇）的最边缘区的是包括表示目的"之前""相关""之后"意义的词汇。纯表目的词汇的其他近边缘区被含有目的"之前""相关""之后"词汇的远边缘区包围。

抽象目的词汇指纯表目的的词汇，构成核心抽象目的词汇的有名词 цель，самоцель，целенаправленность 等；动词 целить，целиться 等；形容词 целевой，целенаправленный 等；副词 целенаправленно，целесообразно 等；前置词 для，ради 等；连接词 чтобы，лишь бы 等。抽象目的词汇的中心是 цель 一词。

Даниленко 指出，词的词汇意义的动态性质是由它所反映的现实的动态决定的。цель 一词的意义就是"目的"与"非目的"成分统一和斗争的结果。若目的成分的数量减少，"目的"一词的意义回归为 замысел；若上述成分增加，该词的意义接近 план。

цель 一词的语义结构分为两个层级，第一层级由"固有性"和"预测性"两个义子构成，而其第二个义子"预测"则具体化为内部语义成分"结果性"和"活动性"。目的意义的最小值由 идеал 一词表达。倘若 идеал 一词的语义中的目的内容数量增加，该词转化为 мечта 一词。而 мечта 可以转变为 замысел，замысел 转化为 цель。同样，如果上述一组词中的"非目的性"占据优势，则发生如下转化：идеал → утопия，мечта → греза，замысел → химера。这样一来，идеал，мечта，замысел，утопия，греза，химера 这些词以

---

① В. П. Даниленко, *Методы лингвистического анализа*, М: Флинта Наука, 2011.

及这些词的派生词（мечтать，мечтательный，мечтательно 等）构成"目的"词汇语义场最近的"目的之前"边缘区。此外，该区还包括一些在语义和修辞两方面有别于上述词的词：проект，задумка，идея，мысль 等。

构成最近的"目的相关"边缘区的是 миссия，предназначение（назначение），смысл 等词，而 план，задача，намерение 则构成最近的"目的之后"边缘区。目的词汇语义场最远的边缘区包括一些反映合理活动原因、手段、结果的目的之前、目的相关、目的之后的词汇。

在语言系统层级上，目的词汇只限于抽象的目的词汇语义场。

而在言语系统层级上，目的词汇语义场还包括表示具体目的的词汇，即借助特殊的语境手段获得目的意义的词汇，例如，видеть，слышать 等。该类词汇通常与目的标记手段（以前置词 для 和目的关联词 чтобы 为最典型）共同表示具体的目的。其中，"чтобы+不定式"这一结构中的不定式包括表示生物物理（уйти，побродить）、心理（посмотреть，услышать）、文化（испахать，сварить）等行为的动词。

综上，专名学视域下的语义场理论研究主要集中在对词的聚合关系研究上。

三 功能语言学视域下的语义场理论研究

如前所述，功能语言学的研究对象是发挥相同功能的语言单位。所谓功能语义场，即基于一定的语义范畴的该语言不同层级手段的组合，并且这些手段在共同的语义功能基础上相互作用。[①] А. В. Бондарко 将俄语语言系统共划分为四类功能语义场：带有述谓核心的功能语义场（体、情态、态、人称场）、带有主-客体核心的功能语义场（主体/客体、语句交际情景、定/不定场）、带有质-量核心的功能语义场（性质、数量场）、带有述谓-疏状（空间性、存在性、领属性、条件性）核心的功能语义场（条件、原因、目的、结

---

① БондаркоА. В., *Проблемы функциональной грамматики полевые структуры*, Санкт-Петербург：Наука，2005. с. 17.

果、让步场)。①

以俄罗斯功能语言学派的另一代表人物 В. Г. Гак 对方位述谓功能语义场所做的研究为例。② 该研究从空间模式的初始功能（空间关系表达的初始形式）、空间关系表达的二性形式、空间模式的二性功能三个方面展开。

Гак 认为，用于初始功能的空间模式的初始形式构成方位功能语义场的核心，表达这些意义的二性形式构成该功能语义场的边缘。用于二性功能的空间模式属于其他功能语义场的边缘。

（一）内容层面

Гак 将空间关系划分为普遍空间关系和个别空间关系。他认为，普遍空间关系与过程类型本身密切相关，而任何过程（空间关系）都包括过程的开始、持续、结束三个阶段。例如：Петр вошел в сад；Петр находится в саду；Петр вышел из сада. 空间关系的开始和结束都具有动态过程（位移）性质，持续是静态过程。空间关系的基本对立便是"位移"和"位于"的对立。位移动词包括指出打破某一空间界限的动词和谓词，例如，Петр входит в сад；Петр выходит из сада. 若主体进行运动，倘若不超越某一空间界限，在定位方面处于同一位置，则该过程应被视为是"位于"。例如，Петр гуляет по саду. 第一类型的动词被称为方向性动词，第二种类型是静态性动词。"位移"分为独立性位移和从属性位移两种，二者又都可以区分为"接近"和"离开"两种意义。前者如 войти，выйти，后者如 ввести，вывести 等。"位于"同样也可以划分为独立性的（例如，находиться）和从属性的（例如，держать）。

个别空间关系是指以语言形式表现出来的事物具体的几何位置。包括以点（或三维空间）的形式（内部与外部、前面与后面、上面与下面、附近与远处等）呈现的空间，以线（平面）的形式呈现的空间（穿过、沿着表面、沿着、旁边），圆周及其组成部分（围绕、穿过）等。

---

① Бондарко А. В., *Проблемы функциональной грамматики полевые структуры*, Санкт-Петербург: Наука, 2005. с. 18.

② Гак В. Г. *Функционально - семантическое поле предикатов локализации*, Теория функциональной грамматики локативность бытийность посессивность обусловленность, Санкт-Петербург: Наука, 1996, с. 6-26.

（二）表达层面

被定位的对象 A 在句子中可以行使主语或补语（通常为直接补语）功能。该成分通常由名词或代词表达。

俄语表达空间关系的手段有前置词（简单前置词 из，复杂前置词 из-за、组合前置词 рядом с 等）、格词尾（行使独立功能的工具格 идти полем 和行使共轭功能 в дом-в доме 以及形式-构建功能 к дому 的词尾）、动词，其中动词分为空间位置动词、运动动词、纯空间动词，前两者与普遍空间关系有关，后者参与个别空间关系的表达。空间位置动词分为存在动词（быть，находиться 等）及其使役形式（помещать 等）、随位动词（стоять，лежать，висеть 等）及其使役形式（ставить，класть，вешать 等）、表达某一主体存在方式的专门的存在动词（例如，表动物的 водиться 表植物的 расти）、表情性随位动词（例如，возвышаться，торчать）等。运动动词，分为定向（例如，идти，лететь）和不定向运动动词（例如，ходить，летать）。空间动词，分为及物动词（例如，покидать，оставлять）和不及物动词（例如，подниматься на，спускаться с）两种。动词前缀（идти_ войти，выйти，дойти，взойти，обойти，пройти，перейти，сойти，отойти，подойти，прийти，разойтись，сойтись 等）、副词（нигде，там，справа，далеко 等）、定位词，其主要表达形式为名词+前置词（Наш институт находится рядом со станцией метро.）或名词单独使用（例如，Они шли полем.）、**地点复合句**（例如，Он пошел туда, где была аптека.）。

（三）空间关系的表达结构

空间关系的表达结构分为初始形式和二性形式。首先，空间情境包括三个必要成分：被定位的事物 A、空间关系 r、定位词 L，和一个任选成分 V，表示运动或位置的方式。表达空间关系基本的、初始的模式是：A+V+r+L。该基本模式可以划分为四种子模式：一般的动态模式（Петр едет в Москву.）、一般的静态模式（Петр живет в Москве.）、积极的动态模式（Петра направили в Москву.）、积极的静态模式（Петра все еще задерживают в Москве.）。

二性形式主要是将定位词 L 置于不属于该成分的句法位置上。基本成分包括：主语、补语、状语、定语、谓语。主要表现为 L 代替状语作主语、定语、（直接）补语、谓语。例如，定位词充当直接补语：Стол занимает *угол*（＝Стол стоит в углу）. Я посетил（＝приехал в）*этот город.* 定位词充当主语：*Книга* содержит пять глав（＝В книге пять глав）. Конференция собрала двести делегатов（＝На конференцию прибыло двести делегатов）. 定位词充当谓语：空间关系显性地由动词前缀表达，或隐性地由构词模式本身表达：прилуниться（сесть на Луну）。定位词充当定语：сражение, которое произошло под Бородином – сражение под Бородином – Бородинское сражение.

Гак 指出，表达空间关系的结构，除上述初始模式和二性模式外，还包括一些复杂化的模式，即将情境中的说话人或感知者等提升到表层结构中的模式。例如，С улицы доносился шум. – Он услышал шум на улице.

（四）空间模式的二性功能

由于词序、词汇填充等因素，空间模式可以获得二性功能，表示其他关系。

由于词序和逻辑重音，空间有可能和存在意义相结合，甚至完全让位于存在意义。例如，Кенгуру водятся в Австралии. – В Австралии водятся кенгуру。表示时间关系：例如，Это было в прошлом году。表示主体的状态或特征：例如，Весь город был в волнении。表示主体的特征：例如，Он ушел из торговли。

综上，Гак 指出，空间功能语义场的核心模式是：主语（被定位的事物）+动词+前置词+状语（定位词）。离核心最近的这一核心模式的变体主要表现为，或者将表达空间关系的成分统一在一起，或者省略定位词，该结构获得受语境决定的指示性质。场的边缘是一些用于表达空间关系，但属于其他功能语义场的结构。空间结构同样可以发生转义，转入其他意义的功能语义场。

四　认知语言学视域下的语义场理论

以"人类中心性"为主要指导思想的认知语言学在语义场理论方面，主要表现为将观念研究与语义场研究相结合，通过对某一观念进行相应的观念分析，构拟出该观念的结构以及该观念所代表的语言世界图景片段，从而揭示出该观念所反映的民族文化特点。

以 В. Ю. Меликян，Е. А. Касаткина 的研究为例，二人在《俄语语言文化中的"权力"观念》[①] 一文中，从认知和成语语义角度对"权力"观念进行了全面系统的研究，分别描述了权力的认知场和成语语义场。认知场对"权力"作了科学的阐释。二人经研究发现，"权力"的认知场由 108 个认知特征组成，场的核心以权力的名称命名，近核心区由"统治"（господство）和"服从"（подчинение）两个基本意思成分组成，而近边缘区和远边缘区分别由 80 个和 25 个特征组成。二人将"权力"认知场的这一结构作为确定"权力"现象不同类型语义场结构的基础，通过对"权力"一词的意义进行成分分析构建出"权力"的词汇语义场。该语义场的核心是权力的名称——"权力"义子。"统治""服从"语义成分构成"权力"一词词汇语义场的近核心区。近边缘区包括 64 个语义成分，其中，47 个是"统治"成分的扩展（统治、征服、强大等），17 个义子属于"服从"成分（依附、执行、服从等）。远边缘区含有 5 个词源和历史语义特征，其中 2 个系含有"统治"成分性质的单一特征（队伍、军队），另外 3 个则是合成特征（州、封地、公国）。鉴于成语是语言系统中反映民族个性心智、心理、民族文化价值的最有效手段，因此，二人对俄语表"权力"的成语单位进行了系统研究，发现俄语系统中的权力现象被 532 个成语单位客观化，而这 532 个成语单位又构成了 2 个成语语义场。成语语义场—1 主要基于某些语义特征对"权力"这一现象特点的

---

① Меликян В. Ю. Касаткина Е. А., *Концепт "власть" в русской лингвокультуре: когнитивный и фразеосемантический аспекты*, Филологические науки，2014，№4.

重要性，体现的是人们在日常生活中对"权力"的认识；成语语义场—2 则基于个别语义特征在所表示的成语单位中出现的频率，是人们对"权力"的评价。经对比分析"权力"认知场和成语语义场结果表明，由 108 个认知特征呈现的权力认知场借助 54 个语义等值单位（其中的 20 个单位有 30 个补充同义特征）在语言的成语层（成语语义场—1）中获得表达。俄语成语意识中，54 个表示权力现象的认知特征没被词语化。"权力"认知场的核心（"权力"特征）和近核心区（"统治"和"服从"特征）在成语语义场—1 中得到了全面的体现。认知场的边缘区（105 个特征）借助 51 个语义等值单位和 27 个同义词在成语语义场—1"获得"表征；认知场的近边缘区（80 个认知特征）对应 43 个语义等值单位及其 24 个同义词，认知场的远边缘区（25 个认知特征）对应于 8 个语义等值单位及其 3 个同义词。成语语义场—2 的核心由 5 个特征组成，这些特征在成语单位的意义中出现的次数为 46—62 次。这些特征分别为：权力现象的名称——权力，以及 4 个与"统治"意思块相关的简单特征（强迫、惩罚、影响、力量）。近核心区包含 4 个特征，这 4 个特征在成语意义中的表征数量为 31—45 次。这四个特征为 3 个简单特征和 1 个合成特征，其中的简单特征，1 个表示"统治"成分（意愿），2 个表示"服从"成分（恐惧、依附），合成特征表示地位。近边缘区由 7 个简单语义特征构成，5 个表示统治成分（控制、强迫等），2 个表示服从（臣服、顺从），其在成语单位的表征次数为 16—30 次。远边缘区包含 37 个语义特征，其在成语单位中的表征次数是 1—15 次。37 个语义特征分别为 26 个基本特征，其中 22 个表示统治成分（优势、利益等），4 个表示服从成分（崇拜、软弱等），其余 11 个为合成特征（法律、法规等）。

  В. Ю. Меликян, Е. А. Касаткина 二人通过以上研究得出结论：在社会关系方面，较之于服从，俄罗斯人更认同的是存在着某个控制、规定其一生的力量。因此，他对社会阶层划分的认定不是从自身，而且从统治者的角色、地位、作用等角度出发的，即：不是我要服从，而且他在控制。

结　语

　　综上，不难看出，重视语言与现实关系的专名学对语义场的研究主要集中在词汇的聚合关系上，功能语言学将语义场的组成单位扩大到发挥相同功能的语言单位，而认知语言学将观念研究与语义场研究相结合，将语义场视为语言世界图景的组成部分，是反映民族文化特点的重要视角。换言之，语义场理论与语言学发展轨迹一脉相承，皆从单纯的语言研究转向了通过语言探究使用该语言的人，这一方面反映出语言学研究不断完善、深入的事实，另一方面也进一步说明语言是为人服务的，只有结合人才能对语言有更全面的认识，反过来，也才能更深入了解使用该语言的人。

论动词配价的句法体现

首都师范大学　郑秋秀

摘　要：动词的配价是词汇的深层语义成分，当动词上升到句子层面，这些语义成分通过支配模式的填充以一种具体的语言形式体现出来，构成各种类型的句子。然而语义成分转换成句法成分的过程不是简单的一对一。本文根据莫斯科语义学派的观点，通过动词配价在句法中的体现，说明深层语义与表层句法的互动关系。

关键词：莫斯科语义学派　动词配价　句法体现

一　引　言

在句子生成过程中动词起着决定性的作用。语言学家们普遍认为，句子中词与词之间存在各种联系，正是这种联系构成了句子的框架结构。词与词相互联系、相互依存，其中动词（主要是动词）处于中心，它具有支配其他词的能力。因此句法结构中的联系是以动词的支配能力为基础的。这也就是"动词中心说"（вербоцентризм）的观点。从表层看一个句子是由单个词排列的线性序列结构，但从深层上看是由动词所支配的各个语义成分所构成的语义网络。表层句法成分之间体现的是以动词为中心的支配关系，而这些支配关系体现的是动词的语义结构。莫斯科语义学派认为，动词的语义决定了其所能够支配的语义成分，在表层句子中体现为各种句子成分，如主语、宾语、补语等，而动词所支配的深层语义成分（主体、客体、工具等）就是动词的配价。动词的配价是句子中词与词之间相互联系的核心，也是句子构成的基础。当动词处于静态的时候，动词的配价是潜在存在的，然而当动词上升到句子层面，动词配价就要通过支配模式的填充，体现为句子的题元，从而实现配价在表层结构的转换。

二 动词的配价是构成句子的基础

在句子的语义研究中，学者们向来重视对句法语义结构核心的动词的研究。在句子语义研究中"动词中心论"得到了许多语言学家的承认。动词是句子的核心，动词和与其相关的其他语义成分共同组成了句子的语义结构，也正是具有不同句法语义属性的动词决定了受其支配、与其共现的其他语义成分的性质、数量和形式。这些语义成分就是动词的配价。莫斯科语义学派认为，动词的配价直接来自于词汇意义。谓词（主要为动词）语义单位以情景为描写对象，必需情景参与者在相应谓词语义单位的元语言释文中与语义变项（抽象语义参数）对应，这些参数同样对应于词汇释义中所必需的变项。因此可以说，这些变项必须出现在词的解释中，例如，"感谢"情景的必需参与者有主体、客体和原因，它们分别与благодарен释义中的变项 X, Y, Z 对应：Y 做了一件有利于 X 的好事 Z；X 记得 Z，认为自己须用言语或好的举动补偿 Y。[①] 这些变项是词汇意义的一部分，是必须的，也是固定的，失去其中一项则该词的意义不完整甚至改变该词所描述的情景的意义。因此配价具有语义的性质，是句子构成的深层基础。这种深层基础的语义成分必须经过支配模式的具体填充才能体现为现实的句子。比如从上述动词的语义阐释中可以推导出三个语义变项：主体 X（受益者）、客体 Y（被感谢的人）、原因 Z

---

① Апресян Ю. Д. *Лексическая семантика—синтаксические средства языка*, М.: Наука, 1974, С. 187.

（所做好事）。通过对这三个语义配价的填充得到了现实的句子：Я очень благодарен тебе за твою помощь。而填充配价的句法语义单位为题元。由此可见题元是句子层面的概念，是句子描绘的情景的构成要素，表达的是句子深层的语义，如主体、客体、原因、工具等，但是在表层中题元体现为具体的语言单位。动词的语义价是由动词所表示的情景参与者的数目决定的，是动词词义的构成要素，因此，动词语义价的数目是不变的常数，具有语言的共性特征。动词语义配价研究的是动词的构成要素及其相互联系，反映的是一种线性的序列结构。而题元是句子的命题结构的要素，反映的是一个完整命题的基本构成要素。动词的语义价是词汇层面的概念，其数量是不变的常数，而题元是句子层面的概念，其数目受到语言交际目的的影响而变化。И. М. Богуславский 认为，语义价与题元的关系好比鱼钩与鱼的关系，鱼钩好比语义价，总是不变的，所钓的鱼好比题元，总是变化的。[1] 根据命题意义，动词的配价与命题的题元可能相符，如处所句中的主体题元和处所题元与表示处所意义的动词（находиться, стоять, лежать 等）的语义配价正好相符。而在有些句子中两者却没有对应关系。如 Они пришил на завод 的句子中题元有主体与终点，然而从动词的深层语义结来看，动词 прийти 的语义配价有主体、源点、终点，而源点语义配价并没有在表层体现。然而处于深层语义结构中的动词配价是构成现实句子的语义基础。

三 配价的填充-支配模式

  动词的配价只有填充才能体现在句法层次中。动词配价的填充实际上是对动词的各层级的语义描写。莫斯科语义学派的《俄语详解组合词典》使用支配模式（модель управления）对进入词典中的每个动词在语义、句法和词形方面的支配能力进行描述，提供了这些动词的语义配价类别及其句法表现的信息，根据这些信息可以生成语义和句法上都合格的句子，为动词上升到

---

[1]　Богуславский И. М. *Исследования по синтаксической семантике*, М.: Наука, 1985, С. 11.

句子层面奠定了基础。动词的支配模式是描述动词句法潜能的理论框架，是深层模式到表层模式转换的中介。支配模式中的每一个词项有以下三个区域：语义区、句法区和词汇同现区，并以表格的形式体现。表格的第一栏目是语义区，表示动词语义单位的语义配价的数量、语义角色（如施事、受事、结果、方式等）及其排序，记录为 M1、M2 等。Апресян 提出了 25 个语义角色，在这些语义角色中主体、客体、涉事体、逆主体、内容、事物受体的角色总是相应动词意义的一部分，也就是进入动词的语义配价的组成中；起点、终点、工具和手段经常作为语义配价，而不是语法上的从属词；其余所有的语义角色（条件、原因、目的等）通常是纯语法的从属词，而非语义配价，因此可以与任何动词组合。语义角色与词形表达之间往往存在着某种联系，其中有许多语义角色具有典型的词形表达形式，如：主体通常由名词、代词一格或三格表示、客体是名词四格、信息受体为名词或代词三格、工具用名词五格表示等。支配模式中动词的语义配价是有一定顺序的。这些顺序可以预示它们在句子中相应的句法位置。如 купить 是四价动词：1 为主体（кто），2 为客体（что），3 为来源（у кого，где），4 为价钱（засколькоденег）。按照这样的顺序在表层可以形成这样的句子：Онкупилмаркунапочтезапять рублей. Апресян 认为，通常出现在第一位的是主体配价，第二位为直接客体配价，其他序号规定相对自由。① 第二栏目体现句法区，用 D1、D2 表示表层句法结构中实现的配价的词形，这一层面包括下列特征：（1）名词——（S）（各种格的形式：им. род. дат. вин. твор. пред.）；（2）动名词——NV；（3）原形动词形式——（V）инф；（4）形容词——Adj；（5）副词——Adv；（6）数词——Num；（7）代词——Pron；8）述谓部分——Sent 等。表格的下方注明语义配价在表层体现的限制条件。这些限制条件要考虑到该词形的语义所属造成表层体现时的限制，也包括表层实现时的语义兼容情况。例如 поцарапать：X 用 Z 划破 Y 的 W 的支配模式如表 1 所示：

---

① Апресян Ю. Д. *Лексическая семантика—синтаксические средства языка*, М.: Наука, 1974, С. 201.

表 1

M1 = X	M2 = Y	M3 = Z	M4 = W
D1.(S)им 名词一格	D1.(S)вин 名词四格	D1.(S)твор 名词五格 D2.O(S)вин O+名词四格	D1.(S)дат 名词三格

如果 M3 为 O+四格的名词，那么 M4 就用 себе 表示。根据该模式可以组成下列的句子：

А. Кошка поцарапала ему лицо когтями.

Б. Осторожнее, ты мне поцарапаешь иголкой палец.

В. Я поцарапал себе палец о стекло.

四 动词配价句法体现的制约因素

动词配价是否能够在句法结构中体现受到以下因素的制约：

（一）动词语义的制约

有些动词的语义配价是以类属概念隐含在词义中，因此不需要显示在句法表层，Апресян 称其为包容语义配价（инкорпорированная валентность）。如 гореть（着）的客体只能是огонь（火），подмигнуть（眨）的客体只能是глаза（眼睛），因此 гореть 和 подмигнуть 的客体配价不能在表层体现。通常隐含在词汇中的语义配价有工具：утюжить 熨 = гладить утюгом，серебрить 镀银 = покрывать серебром；行为方式：глупить 做蠢事 = поступать глупо，басить 用低沉的声音说话 = говорить/петь басом；行为地点：берложить 住洞穴 = жить в берлоге；行为结果：токовать 捆成捆 = упаковывать в тюк，эшелонировать 组成梯队 = объединять в эшелон 等。这些配价不需要体现为题元。除此之外带有否定意义的一些动词语义配价通常不体现，如 молчать 的意思是"не писать кому-л. или не отвечать на чьи-л. слова"①，但实际上实现的只是主体，不能说 * молчать кому-л., * молчать на что-л.。动词 промахнуться "не попасть в цель"（没有击中目标），其中的"目标"项不能体现，试比较：попасть в мишень, * промхнуться по мишени。② 有些动词的语义在特定的使用中会出现新的语义配价，这些配价在表层必须体现。新的语义配价的出现通常指的是带前缀-до 的运动动词的基本意义，如 добежать, добрести, доехать, дойти, долететь, доплыть, доползти, доскакать, дошагать 等。这些动词的完成体形式中有下列深层的阐释：（以 добегать - добежать 为例）X добежал до Y-а ≈ X 向 Y 的方向跑去，在某个时刻 Ti 时处于离 Y 距离 P 的地方（预设），后来在某一个时刻 Tj 时 X 处于 Y 的地方或者与 Y 平行（陈说）。在肯定句中这类动词没有"离客体 Y 的距离"这一配价，因为施事在移动的开始、中间或最后所处的距离进入解释的预设中，而不是陈说。在否定句中陈说明显变化。在类似 Он не добежал（недошел, недоскакал）до дерева 的句中动词很容易支配类似这样的从属词，如 пяти шагов（пяти шагов）（Он не добежал до дерева всего пяти шагов），这些从属词表示施事因为某种原因没有走完离客体 Y 的距离。可见否定句中带有前缀 до-的动词的词汇解释中增加了 X 没有走完离 Y 的距离的新的语义配价，这一配价必须在表层体现：Ему оставалось добежать до укрытия пять метров, когда раздался выстрел。有些特定语义的动词对其在表层的支配成分有限定作用，体现为强支配，必须在句法层体现。比如在中性的语境中通常及物动词的客体配价必须在表层中体现。这些客体配价与动词具有强支配关系，因为只有这一成分可以使该动词所构成的句子表达完整的信息。比如动词 строить 表达具体的体力行为（创造、建造）时具有四个配价：主体、客体、工具、材料。然而该动词只同带有创造客体意义的词形有强联系，因为只有这一词形可以使该动词构成的句子表达完整的信息：Рабочие строят дом. * Рабочие

---

① Ушаков Д. Н. *Толковый словарь русского языка*, М.: Гос. ин-т 《Сов. Энцикл.》, 1935, С. 252.

② Апресян Ю. Д. *Лексическая семантика—синтаксические средства языка*, М.: Наука, 1974, С. 147.

строят. 其他的词形是可有可无的，它们同动词的联系比较弱，失去这些词形不会对该动词的构句造成影响。动词的强支配成分可能只有一个，也可能具有两个。比如动词 провести 的意义是"определенным образом использовать свое время, находясь в определенном месте"（在某地以一定的形式使用自己的时间），该动词具有四个语义配价：主体、期限（провести год, лето, целый день）、地点（в Ницце, в деревне）、方式（весело, вместе, за шитьем, в занятиях, с головной болью）。除了客体配价必须体现外，其中地点和方式的配价中有一个必须体现：Они провели вечер очень весело; Мои дети провели лето в деревне. 但不能说 * Они провели вечер. * Мои дети провели лето。类似的动词还有 пробыть，它的地点配价是必须的：пробыть сутки в городе, пробыть в бане часа два。比如 Он пробыл у меня весь день。另外 прожить, просидеть, простоять 等动词也属于这种情况。动词 краснеть 表示"害羞"这一意义中除了表示主体的配价还有两个配价：原因（краснеть за сына, краснеть за свое поведение）和用 перед+名词五格表达的主题配价（краснеть перед коллективом, краснеть перед товарищами）。从上述例子中可以看出，每一个配价在表层都有可能不体现。然而带有动词 краснеть 的句子中如果这两个配价没有一个实现，那这个句子要么是错误的（* Он краснеет.），要么具有另外一种意思。也就是说，краснеть 的第二个和第三个配价其中一个配价必须体现。

（二）表层句法因素的制约

（1）语义配价的分裂（расщепление семантических валентностей）。在语义语言中类似 давать кому-л. книгу 和 гладить кому-л. голову 的句法结构实质上是有区别的。前者动词具有三个语义配价——主体、客体和接受者，在第二种情况中只有两个配价——主体和客体：第四格名词表示这个受事的承受动作的身体局部，而名词第三格表示的不是接受者，而是受事整体，其名称在原始的句法结构中从属的不是动词 гладить，而是名词 голова。词汇 A 的一个配价（我们这里说的是动词 гладить 的客体配价）的表现借助于 A 的两个并列的词形，我们称为配价的分裂。原则上分裂的可以是任何语义配价，但通常是主体、客体和内容配价。主体主要指人体部位，人的属性。分裂的主体配价通常具有如下语义关系：

整体与部分或人与属性的关系：Его руки вздрагивали – Он вздрагивал руками；Глаза девочки улыбнулись – Девочки улыбнулись глазами。事物与属性的关系：Высота горы сильно увлекает зрителей – Горы сильно увлекают зрителей высотой。所有者和被拥有者的关系：Смелость мальчика поразила меня – Мальчик поразил меня своей смелостью. Его болезнь волнует нас – Он волнует нас болезнью。人与其言行的关系：Его слова тронули меня – Он тронул меня словами. Его речь больно уколола меня – Он уколол меня речью。

客体价的分裂的两个部分为：

人与人体部位的关系：битьпочьейшее – битькогопошее；Гладитьпочьимволосам – гладитькогоповолосам。身体部位和整个人的关系：брить（стричь）чьюбороду – брить（стричь）комубороду, глядетьвчьи-л. глаза – глядетькому-л. вглаза。人、具体事物与其属性或言行的关系：критиковатьвялостьязыка книги – критиковатькнигузавялостьязыка, сердитьсянашалостьсына – сердиться насыназашалость。具体物与性能的关系：испытыватьпрочностьмотора – испытыватьмоторнапрочность, проверятьвсхожестьсемен – проверятьсеменана всхожесть。

2）语义配价的合并（склеиваниесемантическихвалентностей）指的是谓词的两个语义配价在句法结构层面上用一个句法配价体现。例如：动词критиковать, хвалить 本来要求"客体"和"原因"两个语义配价，但在表层上却可以用一个词形体现：критиковатьегозаошибочныевзгляды → критиковатьегоошибочныевгляды, хвалитьегозаусердие → хвалитьза（его）усердие。语义配价合并的形式有两种：

合并为主体：Он совпадает с ним → Они совпадают. Он отличается от него → Они отличаются, Он дружит с ним → Они дружат, Он торгует с ним → Они торгуют。

合并为客体：Прошу простить меня за неосведомленность → Прошу простить мою неосведомленность, Он хорошо связывает теорию с практикой

→Он хорошо связывает теорию и практику, Надо отличать настоящее от ложного→Надо отличать настоящее и ложное。

(三) 句子类型的制约

在动词的支配模式中动词的语义配价是有一定顺序的，这种顺序通常预示一定的句法位置，如施事↔主语，受事↔直接补语，地点↔带前置词的补语，工具↔间接补语，手段（方式）↔对 прибивать 一类动词来说是间接补语[①]。支配模式所描述的各种支配关系是一种静态的刻画，是在对述语动词的语义分析的基础上所提供的动词的句法语义信息，这些信息可以保证动词上升到句子层面时所需的全部规则。然而支配模式中的各个语义角色进入具体的交际层面时会受到具体交际任务的制约，不同的交际目的体现为不同的命题，因此这些语义角色受到命题的影响而形成不同的组配，由此构成了不同的句式。不同的句式对配价在表层的体现有着制约作用。这些制约性可以体现在以下两个方面：1) 不同的句式导致一些动词的配价不体现在句法层面上。比如 приехать 的动词具有以下几个语义配价：кто, откуда, куда, 而时间（когда）并不是该动词的配价成分，没有在支配模式中体现，但是当该动词用于表示时间的说明句时，带有时间限定语的词处于句尾并带句重音，表示事件发生的时间，这时动词的其他语义成分（源点、交通工具）不在句法中体现。

(2) 句式影响语义角色的组配，从而凸显句子的语义关系。比如存在句表示某人或某物存在于一定的空间里，它首先要求存在的空间、存在动词和存在物，其顺序是固定的：Дом стоит на берегу реки. 如果次序颠倒，即存在物放在句首，那么这属于另外一种句式——处所句：На берегу реки стоит дом。语义角色没有变化，但是其组配位置发生变化。不同的组配体现不同的交际目的，也凸显句子结构的语义关系。存在句强调某一范围有无某物，而处所句强调的是某物所处的空间范围。在用实义动词表达的等同句中题元的存在方式必须具有这样的结构，即主体兼主语在句中占据末位，如：На машине едет Маша。这句话等于是 Тот, кто едет на машине есть Маша。而

---

① Апресян Ю. Д. *Типы соответствия семантических и синтаксических актантов*, Проблемы типологии и общей лингвистики, СПб., 2006, С. 15-27.

ехать 的配价有主体、源点、终点、工具。这里不但语义角色的配置有所变化，并且源点和终点的配价并没有体现。

五　结　语

语义结构和句法结构之间的关系是一种互动关系。语义对句法起着基础和促进作用。动词的配价是动词的深层语义结构，在深层结构向表层结构的转换中动词的配价是决定性的语义基础。配价成分在句法中的体现首先要对动词语义进行阐释，并通过支配模式对配价进行具体的填充，使之转换成句子的题元，并形成现实的句子。然而深层语义结构和表层句法结构并不具有完全对应的关系。表层结构除了受到本身结构语义的制约，也会受到句法结构本身的规定性的制约。语义和句法具有相动作用，其中语义是基础。

▼

外国文学

语言是什么

——《语言是什么》介评

首都师范大学　刘晓天

摘　要：对于"语言是什么"这一问题向来是仁者见仁，智者见智。而 John McWhorter 的《语言是什么》更是从书的标题上就十分吸引读者的眼球，这部著述的标题全称为《语言是什么（它不是什么，它可能是什么）》(*What Language is and What It Isn't and What It Could Be*)。作者围绕这一设问分五个章节探讨了语言世界是何其复杂，同时又是多么令人着迷；进而分析了目前人类所使用的各种语言的形成、使用以及它们的不断演进。可以说，这本书在很大程度上颠覆了我们对于语言是什么的一般认识，因为作者认为我们大多数人对于语言所持有的很多想当然的理解都是错误的。语言并不纯粹。语言不仅仅是词语。语言也不能被划分为真正的语言及其"方言"。语言不是我们写在纸上的东西。那么，语言到底是什么呢？

关键词：语言　内生性　复杂性　混合性

一　内容简介

在第一章中，作者指出所有的语言都具有可以实现表述具体或者抽象的事物的功能，但具体体现出来却是千奇百怪，有的简单，有的繁复。比如作者在书中举例，有的人认为法语中的阳、阴两性变换起来非常恼人，殊不知一种名为 Nosioi 的语言中具有 100 个性之多！同时所有的语言都具有其自身内在生成的、与生俱来的、内部约定俗成的特点。一种语言，使用它的人数越少，或者是没有文字的语言，它的这种内在生成的特点保留的也就越多，也更烦琐。相反那些在世界范围内被很多人使用的语言，如英语、法语、汉语（普通话），倒是被使用它们的人们在其广泛地使用过程中不断地改进并简化了，这在某种程度上也是由于成年人不可能像孩子们一样具有那么强的学习及自然获得语言的能力。以英语为例，我们现在所讲的英语与莎士比亚时期的英语相比已经是大不相同了，而莎士比亚所讲的英语与乔叟所讲的英语又大不一样。一种语言讲的人越多，也就越趋向于简化。而只有 1200 人会说的语言 Archi，它的各种变换复杂程度之高简直超乎想象，但是如果有一天 Archi 能够成为一个大语种，那么它也不可能那么复杂了！

在第二章中，作者指出所有语言都具有的另一个特点是混乱、缺乏逻辑性。我们可能更乐于相信语言应该像经过电脑程序处理一样：符合逻辑、有条理、有效率而且目的明确。但事实上完全不是那么回事。再以上面提到的语言 Archi 为例，它的复数变化形式比起英语中，如从 person 变成 people 要"疯狂"得多。以现在大多数大语种所共同具有的一些特点来看，一些"小众"语言在其语法、词汇等形式上存在"重复"的现象。类似于英语中已经用了前缀 ir 表示反义，还再加上 less 这一同样表示反义的后缀一样。另外作者还举例说明很多说英语的人在学习法语或德语时觉得每个名词都有不同的性，比如阳性、阴性、中性，是件痛苦的事情。但是在名为 Navajo 的语言中，这种语言的每个动词都有五种不同的变换形式，而你必须要知道这些。这就会使我们思考这样的问题：这一切有那么重要吗？如果把 Navajo 与英语相比，是表明这种语言落后呢抑或是它更先进呢？那种希望所有的语言都具有逻辑性的想法是不现实的，因为语言在被真正使用的过程中，很多时候人们只看重会意，即能够达到交流的目的就可以了，并不会顾及太多它是否符合语法规范。因此，作者认为语言都是一派混乱的，只是混乱到什么程度而已。

在第三章中，作者指出尽管语言有时表现得杂乱无序、不合逻辑，但所有的语言都是复杂的。虽然一些语言看似"简单"，但是当人们讲某一种语言时都有一定的系统规则可以遵循,除非讲话人是初学走路的孩子或是语言障碍患者。以黑人英语为例,很多人认为它错误百出,但其实它具有其自身内在的规则、体系。它只是完全不同于《华尔街日报》上所用的英语而已。同时作者提醒我们语言规则包含的内容很多,对它的理解绝不仅仅是单词词尾规则变化表或者什么是主语、什么是宾语那么简单。当你无法确定一种语言中出现的现象是否是语法时,作者在书中为我们支招:"如果以这种语言为母语的人无法解释一种特定的结构,只是耸耸肩,说,'我也不知道为什么,我们就这么说。'那么这就是语法。"

在第四章中,作者指出任何一种语言都不能因为它没有书面语而被称之为原始。世界上目前有 6000 种语言,其中只有两百种语言有文字。文字只是把讲的话记录下来,而所说的话才具有内在形成的、杂乱而又复杂的特点,文字只不过是这些特点的反映。有没有文字,语言都是存在的。正如当前由于网络的发达,很多人担心人们在编辑短信或写电子邮件时所用的语言非常不规范,担心长此以往是否可能对语言发展产生不利的影响。其实书面语并不是语言本身,一个人如何写电子邮件与他讲话时所表现出来的语言的复杂性是没有关系的。

在第五章中,作者指出没有一种语言是"纯"的,语言都具有混合性的特点,都在某种程度上被其相邻近的语言或入侵的语言所影响。例如现在很多人都会讲不止一种语言,而在同一个人的嘴里,两种语言就像两股液体,不可能不交汇在一起。还是以上文提到的 Archi 为例,在苏联解体之前,说这种语言的人们也是苏联的成员。他们在学校学习俄语,同时在他们这 1200 人之间进行交流时还会使用 Archi。但是当他们用 Archi 交流时,说不了几个字他们就会加上一个俄语词。这就像说拉丁语的人会常常使用希腊语词汇,而说英语的人有时会使用拉丁语词汇一样。到目前为止,语言学家们还没有看到哪种语言完全没有受到其他外来语的影响,不用说词汇,就是语法结构也并不是纯粹的。

在本书的结尾,作者指出语言是丰富多彩的,同时也远不是我们所想象的那么简单,那么有规律可循;语言同样随着人类社会的发展在不断地变化、进化。

二 简 评

《语言是什么》一书首先是一部语言学研究方面的专著,但是并不艰涩难懂;纵观全书,它具有研究视角新颖、研究成果具有新意以及例证丰富、笔调幽默等鲜明特色。

(一) 研究视角新颖

作为一名语言学家,作者要求读者在阅读这本书时也要从一个语言学家的角度去看待语言。与此同时,作者希望读者能够摆脱对于语言认识的一些浮表现象,真正深入到语言内部去认识、了解它。正如作者在引言部分所举的一个生动例子一样,到海边游玩的人们,如果只是待在沙滩上的话,也不过总是看到那么几种有限的鱼类或水鸟,却有可能误认为那就是海洋的全部。但是如果潜入海底呢?下潜到不同的深度所看到的景象又会是迥然不同。可以说作者希望通过这本书带领读者深入到语言的内部去更好地认识语言的本质。

(二) 研究成果具有新意

首先,作者认为目前世界上有 6000 种语言,每一种都是独立的语言,因为它们都有自己独立的体系。这包括语法规则以及词汇。例如在作者看来摩洛哥阿拉伯语是一种独立的语言,它与标准阿拉伯语的关系就像法语与拉丁语的关系一样。而这与其他很多语言学家的看法是不同的,因为很多语言被看作是"方言",而不是独立的一种语言。

其次,作者认为有些语言,在很多语言学家看来可能是错误百出的,不应该被看作是独立的语言,例如黑人英语。但在作者看来,黑人英语其实也是一种独立的语言,因为它也有自己内在的语言体系。

最后,作者认为人们在某种程度上过于关注书面语,认为书面语才是语言。其实恰恰相反,口语才是最鲜活、最真实的,它代表了一种语言的最新发展。

(三) 例证丰富,语言幽默

书中大量的例证和翻译使得作者的观点十分清晰明确、令人信服。例如这本书里配有很多张地图，通过这种直观的方法，读者很容易看到作者在书中列举的很多并不为人熟悉的语言分布在世界的什么地方，同时有助于读者了解这些语言产生的条件、发展的历史以及它们与其他语言的关系。

正如前文所述，《语言是什么》是一本由语言学家撰写的语言学书籍，但是它并不高深莫测，相反作者使用了很多生活中口语化的语言，如 the big-dude globe-striding, jerry-rigged splotches 等，以一种幽默轻松的笔调娓娓道来；但其观点却引人深思，它使我们重新思考我们应该怎样看待语言的生发、发展以及成年人的语言学习。

三 不足之处

本书的不足之处主要在于作者的主要专业研究领域是研究克里奥语，因此在这本新作中作者也大量列举了分布在世界各地的使用人数极少、甚至无人知晓的语言。而以这些语言为例证可能会使读者，尤其是不是专门研究语言学的读者感觉些许隔膜和生涩。

四 结 语

总之，John McWhorter 的《语言是什么》一书在某种程度上颠覆了我们对于语言的惯常看法和理解。作者以学者之思为我们揭示了语言的进化既是不可避免的，也是令人兴奋的。本书可读性较强，希望有更多的读者去欣赏它。

解读青山七惠的《离别的声音》

——以叙事特征为中心

首都师范大学 金凌卉

摘 要：本文以文本研究为主要方法，对青山七惠的作品《离别的声音》进行了叙事时间、叙事方法、人称、人物关系、场所特征等方面的考察，就《离别的声音》的叙事特征提出了四点结论。在上述研究过程中发现，《离别的声音》是青山七惠创作方式、创作风格变化的承前启后之作。

关键字：《离别的声音》 叙事特征

一 青山七惠的作品及其研究现状

（一）青山七惠的作品及译介现状

青山七惠是日本新生代作家中的佼佼者，2005 年，她凭借大学时写的小说《窗灯》获得了第 42 届日本文艺奖，该奖在日本有"芥川奖摇篮"之称。2007 年，她 23 岁时凭借第二部作品《一个人的好天气》获得了第 136 届芥川奖。2009 年又凭借短篇小说《碎片》获得了第 35 届川端康成文学奖，2012 年开始担任群像新人文学奖的选考委员。

从踏入文坛之初至今，青山七惠几乎每年都有新作品问世，其写作能力可见一斑。至今出版的单行本有《窗灯》（2005年11月，另外收录了《村崎太太的巴黎》）、《一个人的好天气》（2007年2月）、《温柔的叹息》（2008年5月，另外收录了《捡松球》）、《碎片》（2009年9月，另外收录了《榉树的房间》《山猫》）、《魔法师俱乐部》（2009年11月）、《离别的声音》（2010年9月）、《我的男友》（2011年3月）、《灯之湖畔》（2011年11月）、《新娘》（2012年2月）、《紫罗兰》（另译为《只不过是孩子》，2012年6月）、《快乐》（2013年5月）、《めぐり糸》（2013年12月）、《风》（2014年5月）、《茧》（2015年8月）、《ハッチとマーロウ》（2017年5月）共15部①。此外青山七惠还有很多未收入单行本的其他作品，如2009年2月的《实习生豊子》、2013年1月的《ダンス》，2014年5月的《ヨーの话》，2015年2月的《山の上の春子》《钵かづき》等②。

青山七惠的单行本，目前除了《めぐり糸》《风》《ハッチとマーロウ》以外，其余12部均在中国已有译著，可见其在中国读者中的受欢迎程度。她曾在2010年9月来华参加了第二届中日青年作家交流会。于2013年10—11月，应上海译文出版社之邀，在上海、北京、广州举办了公开的读者见面会，和中方作家、学者、读者进行了交流互动。她还在2015年3月至2016年3月的《城市画报》上开辟了为期一年的独家专栏，以写给中国读者12封信的形式，谈及生活、工作、友情、亲情，和读者分享了自己在东京的日常生活状态。这在当代日本新生代女小说家当中，可以说是绝无仅有的。

（二）先行研究

随着青山七惠的作品被译介到中国，国内学界对她作品的研究也着实不少。从女性意识、女性话语权、叙事结构、叙事风格、翻译、青年成长、颜色意向、甚至是生死观等各角度对《一个人的好天气》进行研究的论文相对较多。比较有代表性的有：易国定的《试析〈一个人的好天气〉的叙事风

---

① 此处时间均为单行本第一次发行时间，不包含文库本出版时间。
② 青山七惠《实习生豊子》，《群像》，2009；青山七惠《ダンス》，《新潮》，2013年。青山七惠《ヨーの话》，《村上春树への12のオマージュ いまのあなたへ》，NHK出版，2014年。青山七惠《山の上の春子》，《ラブソングに饱きたら》，幻冬舎文库，2015年。青山七惠《钵かづき》，《群像》，2015年。

格》、陈君的《青春的孤独自白——浅析〈一个人的好天气〉》、叶琳《论青山七惠获奖小说〈一个人的晴天〉》、王先科的《女性意识下的孤独与成长——论青山七惠的〈一个人的好天气〉》、张东玮的《关于青山七惠的〈一个人的好天气〉的日中翻译实践报告——以词语的对比翻译为中心》① 等。

另外，对她另两部获奖小说《窗灯》《碎片》的研究也不少，主要有：青山七惠小说中译本的主要翻译者竺家荣的《〈碎片〉的和谐之光》，万向兴、赵翔的《〈碎片〉中的疏离感》，王琦的《青山七惠〈碎片〉的主题探究》，许文冉的《关于青山七惠小说〈窗灯〉人物形象的研究》，刘昶的《分析青山七惠作品〈窗灯〉》等②。

目前中国学者对青山七惠其他单行本小说的专业研究并不多见。其中比较主要的有：万向兴的《从〈离别之音〉看当代人际的疏离》、李征的《游走于内部与外部的"他者"——青山七惠〈温柔的叹息〉中"弟弟"形象的解读》③。

此外，也有或从总体上考察青山七惠作品，或比较分析当代日本青年女

---

① 易国定：《试析〈一个人的好天气〉的叙事风格》，《名作欣赏》，2011年18期。陈君：《青春的孤独自白——浅析〈一个人的好天气〉》，《北方文学》（下半月），2012年4期。叶琳：《论青山七惠获奖小说〈一个人的晴天〉》，《现当代日本文学女性作家研究》，南京，南京大学出版社2013年版。王先科：《女性意识下的孤独与成长——论青山七惠的〈一个人的好天气〉》，《长春工业大学学报（社会科学版）》，2014年11月第26卷第6期。张东玮：《关于青山七惠的〈一个人的好天气〉的日中翻译实践报告——以词语的对比翻译为中心》，西安外国语大学硕士论文，2016年。

② 竺家荣：《〈碎片〉的和谐之光》，《中华读书报》，2011年11月30日。万向兴、赵翔：《〈碎片〉中的疏离感》，《名作欣赏》，2012年第30期。王琦：《青山七惠〈碎片〉的主题探究》，《名作欣赏》，2013年第02期。许文冉：《关于青山七惠小说〈窗灯〉人物形象的研究》，天津理工大学硕士学位论文2014年。刘昶：《分析青山七惠作品〈窗灯〉》，《安徽文学（下半月）》，2016年第11期。

③ 万向兴：《从〈离别之音〉看当代人际的疏离》，《云南大学学报（社会科学版）》，2013年第3期。李征的《游走于内部与外部的"他者"——青山七惠〈温柔的叹息〉中"弟弟"形象的解读》，《外国文学动态》，2012年第6期。

作家作品，或比较、考察中日当代青年女作家作品的研究①。

通过对先行研究的梳理可以看出，目前国内学界鲜有学者针对青山七惠的《离别的声音》这部作品进行研究。已有的论文主要是从分析书中的人物关系和分析故事情节角度来论述、探讨小说深层次的主题——现代社会生活中不可避免的人际关系的疏离。

二 《离别的声音》的叙事特征

那么，《离别的声音》究竟是怎样的一部小说呢？小说最初分别连载于2008年8月、2009年1月、2009年5月、2010年1月、2010年夏季号的《文学界》杂志上，每期一个故事，耗时2年完成。2010年9月该部小说由文艺春秋出版社出版，日文版名称为《お別れの音》。大陆地区中译本第一版《离别之音》于2012年3月由南海出版公司出版，竺家荣翻译。第二版出版公司、翻译者未变，2016年9月出版，更名为《离别的声音》②。

《离别的声音》是青山七惠的第六部作品，日文版出版时间距首部单行本发行时隔五年，是在她首部小说出版后第三年到第五年的两年时间里创作的。小说由六个时间、地点、人物、故事情节各自独立的故事构成，行文淡淡。六个故事虽然各不相同，但主题相对比较统一，如日文版腰封上写的是："——すれ違ってゆく、忘れられない人たち"，直译为中文是："——擦肩而过的，无法忘怀的人们"；中译本第一版翻译为："生命中那些难以忘却的擦肩而过"。恬淡的行文风格之下，每个故事都与离别相关，或写实或抽象。

---

① 林祥瑜：《浅析日本80后女作家青山七惠的作品模型》，《日语教学与日本研究——中国日语教学研究会江苏分会2011年刊》，2011年。王玉英、刘研：《芥川奖获奖作品与女性话语的建构》，《外国问题研究》，2012年第1期。王晶、杨鹏宇、张姗：《日本80后女作家的自我成长与救赎》，《日本研究》，2016年第4期。本望雅己：《中日"80后"女性小说叙事研究——以张悦然、绵矢丽莎与金原瞳小说为例》，中国海洋大学硕士论文，2011年12月。

② 本论中《离别的声音》文本即指第二版中译本。

如果将六个相对独立的故事从叙事的角度加以剖析,《离别的声音》这部作品会呈现怎样的面貌？从而得出怎样的结论呢？笔者进行了考察。

（一）精心设计的叙事时间和多样的叙述方法

《一个人的好天气》在叙事时间上采取了春夏秋冬和春天即将到来的一整年的顺时针时序。那么《离别的声音》在叙事时间上有什么特点呢？以下是六个故事中的季节时间描写：

表 1

故事	季节描写
《新大楼》	·真美子今年二月进公司的时候…… ·现在是五月中旬，让人汗津津的艳阳天已持续了好几天。樱花开始凋谢，这几周以来，新大楼眼看着增高了好多。
《修鞋的男人》	·我用刚刚存进去的奖金买了新衣服。买的是带褶皱的茶色裙子，淡驼色的薄羊绒衫，还有小牛皮小手袋。 ·随着电车进站的声音，冷风嗖嗖地打在脸颊上，我裹紧了围巾。 ·那是一双单调朴素的黑色皮鞋……拿起来一看，薄毡子样的手感，应该是冬天穿的鞋，我下了判断。 ·最终我也没能下决心穿一身新衣服，只穿了新毛衣和新鞋。 ·好久没有陷进缝隙了……这就是第一次和诸井君去吃饭时穿的那双鞋。 ·上面写的取鞋日期是近两个月以前，上面的字已经磨得看不清了。
《自己的女儿》	·天渐渐冷起来，那个姑娘开始穿着一件鲜艳的粉红色羽绒大衣来食堂吃饭了。 ·干冷的北风不断掀起行人的大衣下摆，吹乱他们的头发。 ·雪子穿着厚厚的羊毛外衣，下边是化纤裤子和轻便的运动鞋。 ·当外面街上的树叶开始变黄时，姑娘的脸色也随之一天比一天难看起来。 ·天空是灰色的，刮着呼呼作响的北风。 ·十四楼外面的暗夜中刮来了干冷的风。
《二饲先生的近况》	·进入四月，两个刚毕业的大学生进了公司。 ·……"樱花，开的好像不多啊。" ·电风扇呼呼作响。 ·"四月一日就四十岁了。" ·我扣上了上衣扣子，快步朝着据说樱花含苞待放的中央公园走去。

（续表）

故事	季节描写
《徒劳》	・（电视）画面是某个公园盛开的樱花和在树下一边吃喝一边赏樱的人们。 ・"啊，回来啦。樱花好像开了有八分了。" ・提议看完公园的樱花后再去看一处樱花的人是弥生。 ・樱花的香气萦绕在晚风里。朝前望去，楼群间隙中出现了路灯照射下的樱花树。一阵大风刮来，细小的花瓣一齐朝着阿九津飘飞而来，迷住了他的眼睛。
《法比安家的回忆》	・我去法比安家做客，是在十五年前的夏天。 ・因为学校已经放暑假了。 ・夏天的瑞士是最美的。 ・人们穿着夏天的衣服，坐在露天座位上享受着美食。

通过上述整理可知：六个故事的叙事时间，虽不是顺时针时序，但经过了作者的精心安排。第一个故事明确交代了发生在5月，第二、第三个故事发生在秋天至初冬，且都是通过人物的服饰穿戴描写明确了季节表现。第四、第五个故事发生在春天，通过樱花描写表现季节，前者是樱花"开的不多""含苞待放"的时候，后者是"好像开了八分了""大风刮来，细小的花瓣一齐飘落"的时节。第六个故事开端第一句就说明了"在十五年前的夏天"，日本的暑假之后，可以推测是8月左右。

另外，考察叙述方法。《新大楼》采用了正叙的方法，插叙了五次，分别关于：藤仓告诉真美子怀孕辞职，真美子进公司时的大楼建设，初次进公司那天，磨合早晨到办公室的时间，为改善关系真美子曾做过努力。《修鞋的男人》《自己的女儿》《二饲先生的近况》都是正叙，文中插叙一次。前两个故事的插叙都用于介绍解释主人公与人物的关系。第四个故事中的简短插叙是写我与哥哥见面时被哥哥的朋友打扰。《徒劳》也是正叙，插叙两次，第一次是描写里沙与阿九津的关系，第二次是阿九津回忆弥生。《法比安家的回忆》是倒叙写法，中间没有插叙。可见六个故事除了最后一个采用了倒叙的方法，其余的叙述方法较为接近，整体而言正叙、插叙、倒叙都包括了。

（二）交替的人称设计与较为全面的人物关系类型

考察叙事要素中不可或缺的人物描写。

表 2

故事	人称	主要人物（次要人物）
《新大楼》	第三人称	藤仓：同事（男友）
《修鞋的男人》	第一人称（女）	修鞋匠：陌生人（同事、前同事/交往的男友）
《自己的女儿》	第三人称	点裙带菜面的女孩儿：视作自己女儿般的存在（家人、同事、▲讨厌的女孩儿的男友）
《二饲先生的近况》	第一人称（女）	二饲：陌生人（同事、哥哥、▲哥哥的友人）
《徒劳》	第三人称	弥生：有些喜欢的大学女同学（事务所办事员、前女友、大学时代的恋人、弥生夫妻）
《法比安家的回忆》	第一人称（男）	朋友的友人/旅游时寄住家庭的女儿（朋友、寄住家庭的其他成员）

六个故事的人称是第三人称和第一人称交替出现，且非常有规律。可以看出作者在这方面的用心设计。比较有意思也比较与众不同的是最后一篇《法比安家的回忆》，采用了男性角度的第一人称，而众所周知青山是个年轻的女作家。

2013 年 11 月青山七惠宣传第七部小说《我的男友》的中译本[①]接受新京报记者采访时说道："从《我的男友》开始，我尝试切换镜头比较快地讲故事。我是一个比较容易厌倦的人，处女作发表后，有三四年的时间一直写情节缓慢的故事，后来我对此厌倦了，想换一种新的写作方式。《我的男友》就是在这时候写的。"[②] 如本论前文所述《离别的声音》于 2008 年夏至 2010 年夏在《文学界》上连载，而《我的男友》在处女作发表后的三四年后即 2008—2009 年后开始创作，那么可以推断《离别的声音》与《我的男友》几

[①] 日文原版发行时间是 2011 年 3 月。中译本：青山七惠《我的男友》，林青华译，上海：上海译文出版社 2013 年版。

[②] 姜妍：《青山七惠：〈我的男友〉让我大转变》，《新京报》，2013 年 11 月 1 日。

乎是在同一时期创作，先后于 2010 年 9 月、2011 年 3 月出版。目前众所周知，青山认为长篇小说《我的男友》是她转变最大的作品。那么先于《我的男友》出版，和《我的男友》一样，采用了男性第一人称叙述的《法比安家的回忆》可以被认为是作家转换写作方式前在短篇创作上的尝试吧。

人物关系方面，故事主线上都不是非常亲密的人物关系，符合前文所述的"擦肩而过的、无法忘怀的人们"。六个故事描写的都是令人怅然的、若即若离的、想要建立而最终没有建立的人物关系。而大多数次要人物才是主人公们日常或频繁或亲密接触的（表 2 黑色▲部分人物关系除外）。可见，《离别的声音》在人称、人物关系上的叙事特征是非常统一和鲜明的。

另一方面，主要和次要人物关系综合来看，类型丰富。六个故事涉及了和见过面的陌生人的关系、与未谋面的陌生人的关系、同事关系、和交往男友的关系、母女关系、母子关系、夫妻关系、兄妹关系、同学关系、男女间互有好感关系、朋友关系大致十一种人际关系。再次印证了某些评论提出的青山七惠擅长描写人与人之间的微妙关系。

（三）简单而往复、移动的场所

下面是《离别的声音》中所述的主要场所。

表 3

故事	场所
《新大楼》	回公司的路上→办公室(插叙①藤仓告诉真美子怀孕辞职②真美子进公司时的大楼建设③初次进公司那天)→家→斜对面大厦前广场→办公室(插叙如何磨合早晨到办公室的时间)→斜对面大厦→家→公司
《修鞋的男人》	地下广场修鞋铺→公司→经过修鞋铺→公司(插叙诸井君欢送会)→地下广场→咖啡店→家→公司→修鞋铺→商场→公司餐厅→修鞋铺
《自己的女儿》	大学食堂(插叙如何喜欢上女孩儿)→家→大学食堂→商场→家→大学食堂→家
《二饲先生的近况》	公司→餐厅→家→公司(插叙到东京站和哥哥吃饭被打扰)→街上

(续表)

故事	场所
《徒劳》	客户的家→公司→家(插叙与里沙关系)→出门(插叙回忆弥生)→居酒屋→夜晚的街上
《法比安家的回忆》	学校→日内瓦机场→日内瓦市→日内瓦湖→苏黎世→小镇→法比安的家(客厅、餐厅)→酒吧→法比安的家(我们的房间、浴室)→街上(湖边/鸟园/教堂/议事堂)→咖啡屋→森林→山洞→法比安的家(我们的房间、餐厅、客厅)→我们的房间、浴室→车站→……(现在、无明确地点)

小说中的场所不是孤立存在的，同人物和情节发展紧密相关。《离别的声音》中六个故事的场所因情节和人物的限定，都不复杂，清晰而简单，也随着人物的日常生活而移动、转变，转换频率比较高。无论是描写日本国内的五个故事，还是在瑞士旅游的故事，单就场所而言，即便是人物、情节相比之下最简单的《新大楼》，都使读者产生了往复、移动的感觉。

（四）丰富的五感描写

除了前文所述的特征之外，笔者考察《离别的声音》时发现，还有一个不得不提及的叙事特征：人物感官的丰富表达，使整个作品更立体、生动，使读者更容易身临其境。所谓五感即视觉、听觉、嗅觉、味觉、触觉。

表4

故事	五感描写统计
《新大楼》	声音8处　气味5处　味觉2处　触觉1处
《修鞋的男人》	声音5处　气味2处　温度2处　味觉1处
《自己的女儿》	声音8处　气味3处　味觉1处　温度1处　听觉1处
《二饲先生的近况》	声音8处　视觉(光)3处　味觉1处　嗅觉1处　温度1处
《徒劳》	视觉为主　气味7处　声音2处　触觉2处　味觉1处
《法比安家的回忆》	声音4处　温度3处　触觉2处　视觉(光)2处　味觉1处

经过上述统计可以推断，在篇幅并不长的六篇短小说中每篇运用如此多的五感描写，恐怕是作家在斟词酌句时的有意为之。

三 结 论

综上所述,笔者在先行研究的基础上,以文本研究为主要方法,对青山七惠的作品《离别的声音》进行了叙事时间、叙事方法、叙事人称、人物关系、场所特征等方面的考察,就《离别的声音》的叙事特征提出了上述匹点结论。上述特征无论哪条都体现了青山七惠在完成这部作品时的"精雕细琢",也使人重新认识了作品的价值。这是一部体现作家创作方式、创作风格变化的承前启后之作。

中国纪德研究中的热与冷[①]

首都师范大学　由　权

摘　要：纪德于20世纪20年代进入中国学者的视野，但纪德研究却一波三折，三四十年代中国文坛曾出现"纪德热"，之后三十余年，纪德研究处于冰冻期，80年代才开始回暖。张若名及盛澄华是早期纪德研究中的两座高峰，他们的研究深入而具有开创性，成为后来国内纪德研究的参照。80年代以来纪德研究日渐升温，但研究中存在冷热不均现象，热点集中；研究内容、方法及角度不乏突破，但也有不少盲点和不足。本文通过对翔实的资料进行综述和分析，首次全面总结了三十余年来中国纪德研究的状况，并探询了背后的根源，指出国内纪德研究的拓展深入空间。

关键词：纪德研究　热点　突破　局限

安德烈·纪德是法国20世纪与普鲁斯特并驾齐驱的作家，他在法国深刻地影响了几代人。这种影响既是思想上的，也是美学上的。思想上而言，他倡导的自由地选择个人道路、成为无可替代的自己的思想对法国存在主义哲

[①]　本文系国家社科基金2009—2012年项目"十一届三中全会以来外国文学研究三十年"（项目批号09AWW001）的阶段性成果。项目管理单位是北京大学。作者承担该项目中法国文学专题中的纪德研究专题。

学的代表人物萨特、加缪、波伏娃等人具有至关重要的启迪作用。法国历史学家米歇尔·维诺克将两次大战之间的时期称为"纪德时代"①，足见纪德当时在知识分子中的地位。美学方面的影响同样深远，纪德对小说的种种思考与创作中的革新尝试充满现代性，刻画人物内心复杂隐秘的世界、纹心结构、多重聚焦、视野局限、自我书写等，这些观念与手法被后来的"新小说"家们继承并推进。毫不夸张地说，出生于20世纪前三十年的法国思想界、文学界的巨擘们几乎都是在纪德的影子里成长起来的。今天在法国，纪德作为法国文学史上堪与巴尔扎克、左拉、普鲁斯特等并称的经典作家，其作品仍在不断再版并增加新内容、新评论，与亲友、同行、出版人等的通信不断结集面世，每年也都有研究他的专著及（或）论文集出版。

法国甚至世界的纪德研究从其生前开始延续至今，成果斐然，涉及他的生活、思想、美学的各个侧面和全部作品，既有传统的作家作品研究，也有精神分析、文本的叙述修辞研究、互文性研究、自我书写、比较研究等。

这样一位重要作家在中国的接受和研究却是一波三折。且不谈纪德在普通读者中的接受情况，本文关注的是中国学界的纪德研究状况。早在20年代他就已进入中国学者、作家、译者的视野中，三四十年代中国文坛还曾出现过"纪德热"。但之后的三十余年里，纪德研究处于冰冻期。80年代起，情况有了改观，纪德研究开始重现生机并逐渐增多，似有繁荣之势。段美乔曾在《论1940年代中国文坛的"纪德热"与知识分子的精神境遇》一文中对三四十年代的"纪德热"进行了梳理分析②。北塔在其《纪德在中国》中，以翔实的资料介绍了纪德在中国被介绍、翻译和评论的实况，并进行了一定的考辨，但关于80年代以后纪德的接受情况、翻译方面着墨颇多，对时至该文发表之日的译本记录详细全面，研究则涉及很少。许钧也撰文并把透视焦点集中在三四十年代对纪德的译介、接受和研究，改革开放以后同样也是梳理了

---

① 参见米歇尔·维诺克：《法国知识分子的世纪》，孙桂荣、逸风，南京：江苏教育出版社2006年版。作者将20世纪知识分子的历史分为三个时期：巴雷斯时代、纪德时代、萨特时代。

② 段美乔：《论1940年代中国文坛的"纪德热"与知识分子的精神境遇》，《徐州师范大学学报》，2006年第3期。

纪德作品重译、新译的概况，研究方面介绍十分简略①。故此，纪德研究从热到冷又再度转暖这一过程背后的原因虽值得探究，但前面几篇文章都有一定涉及，而对于新时期的纪德研究状况则尚未有人做过深入分析，所以本文会把目光更多投向这一时期，只是我们要对这一阶段的研究情况做出客观准确的判断，不可能对之前的研究避而不谈，所以将首先审视早期纪德研究的成果，再对三十余年来纪德研究的总体状况做出回顾，然后进一步考察这些研究的规模、角度和深度，从中发现研究的热点与盲点，研究中的突破与尚存的问题，并探询根源及未来研究的空间。

一 早期纪德研究的两座高峰

我国对纪德的研究起步相当早，从 1923 年第 14 卷第 1 期《小说月报》上沈雁冰所写的《法国文坛杂讯》中纪德首度进入中国人视野，到 1948 年盛澄华的《纪德研究》出版，其间出现各种纪德作品译序及期刊杂志上长长短短的评论介绍纪德的生平、创作，评述其宗教观、艺术观、道德观、情爱观尤其政治上的所谓"转向"。当然，真正对纪德进行了最为深入的研究的则当推张若名和盛澄华。

张若名是中国纪德研究的开创者。她在里昂大学文学院的博士论文《纪德的态度》1930 年通过答辩，1931 年作为《中法大学丛书》之一在北平出版（法文）。这篇论文是她纪德研究的最高成果，之后虽有其他文章发表，但深度与规模都不及此篇，所以这里只谈这篇论文的成就。张若名在文中对纪德的人格、思想、艺术观做出了在当时极有见地的分析。她开篇便颇具慧眼地在纪德的人格中辨识出三种要素：道德、神秘与艺术。她精准地概括出这三要素的关系："道德的品格和现实的生活接触，引起纪德的焦虑和不安；艺术的品格使纪德津津乐道于这样的情感，并且促使他剖析道德戏剧的每一成分；神秘的品格使纪德遁入生命幽深的境遇，引起他的狂热，而道德的品格和艺

---

① 许钧：《相通的灵魂与心灵的呼应：安德烈·纪德在中国的传播历程》，《江海学刊》，2007 年第 3 期。

术的品格从中汲取力量。"① 接着她指出这三者的共同发展方向,起初都带着新教的色彩,之后则打上尼采式个人主义和基督教个人主义的烙印。这其实是对全文论述的总的揭示。具体而言,宗教信仰方面,张若名认为通过艺术,纪德从试图调和自由与宗教信仰转为创立自己的"宗教",她将艺术家与神秘主义者的心理两相比较,暗示艺术对于艺术家是通往永生之路。道德方面,她敏锐地看到纪德在摆脱了新教道德的束缚之后,以艺术家的身份来分析道德行为,在其作品中,发现他设下的"批判性的脉络",不断"破坏他建立起来的东西,让最后经得起考验的信仰存在"②。她欣赏纪德对待道德的这种态度,将它与尼采的态度相比,认为尼采作为道德家抨击道德,结果陷入逻辑"混乱"之中,而纪德作为艺术家来关注道德危机,却进入"天真纯朴的状态"。在对待感官事物的态度上,张若名又将纪德与普鲁斯特、波德莱尔相比,显示其超凡的独特性。关于纪德的古典主义,张若名的论述也深得纪德美学的精髓,指出纪德的古典主义在于"个性与普遍性的相互渗透之中","调和了必然性与特殊性"③。她看到纪德对浪漫派的超越,不再是不加分析的情感宣泄,而是描写人物心理全部的复杂性,通过矛盾达到的统一,是一种"充满活力的平衡"④。风格上,以讲究的形式表达自由的内容,"精确妍雅的笔调"赋予感情以"有章的步伐",她还通过文本的品读,与有相同风格追求的福楼拜的作品相比,表明纪德的风格更胜一筹。受到纪德盛赞的关于自恋的一章,应该是张若名最具独创性见解的一章,她认为纪德在《那喀索斯论》里开辟了一条通往原初形式的道路之时,揭开了宇宙间相互感应的秘密:"通过内省,纪德发现了宇宙间的相互感应。"⑤ 而且,"通过内省,纪德找到了作品的题材"⑥。在塑造某个人物时,通过"非人格化"的手法,"放

---

① 张若名:《纪德的态度》,北京:生活・读书・新知三联书店1994年版,第3页。
② 张若名:《纪德的态度》,北京:生活・读书・新知三联书店1994年版,第27页。
③ 张若名:《纪德的态度》,北京:生活・读书・新知三联书店1994年版,第58页。
④ 张若名:《纪德的态度》,北京:生活・读书・新知三联书店1994年版,第60—61页。
⑤ 张若名:《纪德的态度》,北京:生活・读书・新知三联书店1994年版,第40页。
⑥ 张若名:《纪德的态度》,北京:生活・读书・新知三联书店1994年版,第41页。

弃自己的意志，让位于他，站在他的角度来生活"①，但也会摆脱他，而使自己自由。这一切都在内心的自省中完成。

在纪德作为道德家、艺术家与神秘主义者的态度中，张若名发现了三者的共同之处，即纪德的根本态度：克己或者说自我牺牲精神。它体现在纪德钟爱的福音书的一句话中："凡要保存性命的反要失掉它，要失掉性命的反要得着它。"这是纪德保持对基督的信仰的根本原因，是使他能将"对立的倾向相互碰撞"产生的不和谐"引向秩序"的唯一美德，也是他的古典主义与个人主义的要求——二者的胜利都要求放弃个性。

张若名作为中国首位研究纪德的学者，其开创性自不待言。她对纪德心理、道德、宗教、艺术及它们之间的关系提出的很多观点具有洞察力和启发性，论述中显示出她非凡的文学感受力及对法国文学和文化的了解。不仅如此，中国文化的背景对她理解纪德和一些观点的产生也必然潜在地起了很大作用。纪德特别称赞关于自恋的第五章，说自己"从来没有被别人这么透彻地理解过"，那些评论是他"很久以来所盼望的"②。正如乐黛云所言，"纪德之所以感到张若名对他的论述如此新颖脱俗"，"肯定与两种不同文化的交往有关"，张若名论文中"强调自省，认为'一切都是在内心的自省中完成'；强调美好的形式，使强烈的感情保持高度的平衡；强调对立因素的共存，坚信'克己'可以促成新的发展"，"这些都与中国文化的思维方式息息相关"③。同样，在"小我"与宇宙的感应这样的观点中也可以窥见中国传统思想的踪影。

《纪德的态度》得到了当时法国学术界的肯定。1931 年，让·罗德（Jean Rodes）对张若名的作品给予高度评价，他说："我认为她有关《道德家纪德》的评论，应该列为第一流的评论文章。人们发现她的文章非常优雅、简洁、

---

① 张若名：《纪德的态度》，北京：生活·读书·新知三联书店1994年版，第45页。
② 《安德烈·纪德给张若名的信》，张若名：《纪德的态度》，北京：生活·读书·新知三联书店1994年版，第1页。
③ 乐黛云：《异国心灵的沟通——纪念安德烈·纪德诞生140周年》，《中国比较文学》，2009年第4期。

清晰而透彻，可谓一字不易。"① 张若名的研究给后来国内的纪德研究开出了条条道路，成为纪德研究者绕不开的参照。

另一位纪德研究专家盛澄华是中国纪德研究者中唯一与作家有过直接交往和持续通信的人。他在巴黎的数年间通读当时法国出版的《纪德全集》，并做了"一千三百十三页蝇头蟹文的笔记"②。1948年，他的《纪德研究》由森林出版社出版，收录了他从1934年到1948年写的论文、译序、演讲稿等共九篇文字。其中，除一篇介绍普鲁斯特，一篇论述《新法兰西评论》对法国现代文学的影响，其余均直接评论纪德。在这些直接论述纪德的文章中，《安德烈·纪德》写于他学生时代，他在注释中也坦言，此文是参考法国研究者的研究写成，"并无一己见解"。但文中指出纪德所有的作品都"只是一种道德问题的连续争论"③，与张若名的观点恰相印证。他进而指出纪德一生的挣扎和不安就是要摆脱旧道德，从而创造一种新的个人的伦理观，为此他要尽心竭力探究人的内心，而最适于分析内心生活的体裁是日记体，所以，纪德的作品多采用日记体。这些观点一直为今天研究者所接受。

论文集中最有分量也最能体现盛澄华纪德研究水平的是为《伪币制造者》写的序言《试论纪德》。此文远远超出一篇序言的规模，是对纪德全面深入的探究。

盛澄华的思路是通过纪德传记和日记了解其个性，通过其文艺论文把握其美学观，通过小说戏剧看其美学观与伦理观的体现。按此思路，他将纪德一生分为四个阶段。第一阶段是《凡尔德手册》（*Les cahiers d'André Walter*）经《沼泽》（*Paludes*）至《地粮》的阶段，指出这一阶段纪德起初探索"诗、音乐、爱与形而上"的抽象领域，追求"灵魂难能的幸福"，而后失望苦闷，最后走向思想解放建立新的伦理观，艺术方面从深受象征主义影响到脱离其"卵翼"。第二阶段是从《地粮》之后一直到《田园交响乐》时期。比较前面

---

① 约翰·罗德斯，《与里昂大学文学院中国年轻女博士的会谈》，北京政闻社，1931年11月17日，第1304—1306页，参见林如莲：《超越障碍——张若名与安德烈·纪德》，张若名：《纪德的态度》，北京：生活·读书·新知三联书店1994年版，第176页。
② 盛澄华：《盛澄华谈纪德》，桂林：广西师范大学出版社2012年版，第223页。
③ 盛澄华：《盛澄华谈纪德》，桂林：广西师范大学出版社2012年版，第7页。

这两个时期的作品，盛澄华说第一阶段倾向"沉思与抒情"，第二阶段则重"检讨与批评"。这一概括十分精练地道出这两个时期作品的基本特征。他对第二阶段的小说、戏剧与论文分别论述，讨论了纪德小说偏爱第一人称的原因，人物塑造的"秘诀"，"傻剧"（Sotie）形式的独特与创新性，其中对《窄门》和《梵蒂冈地窖》思想价值的比较颇有个人见解。戏剧论述主要指出剧作取材特点，人物与承载的思想的关系，不过未作展开。文艺论文中，盛澄华与张若名一样特别重视纪德对古典主义的诠释，还介绍了《波德莱尔与法盖》和《论德国》两篇文章的主要观点。但他也指出，纪德并未建立什么体系，不过，他认为"艺术产生于约束，成长于斗争，死于自由"是纪德艺术观的绝好概括。第三阶段是《如果种子不死》《哥丽童》（Corydon）及《伪币制造者》创作及出版时期。他着重指出前两部作品的创作与发表是纪德真诚的体现，不过把论述重心放在《伪币制造者》上，从作品构思、计划、纪德的小说观到作品的人物、主题、小说中写小说的手法（也即纪德所谓的"纹心结构"）、魔鬼的角色等各个方面做了深入透彻的讨论与分析，认为这部作品是"作为思想家和艺术家的纪德的最高表现"。最后一个阶段是《伪币制造者》之后的纪德，盛澄华主要分析了纪德社会介入尤其是政治介入的基督精神根源。

另一篇文章《纪德艺术与思想的演进》是对《试论纪德》的缩写，《纪德的文艺观》则围绕纪德有关文艺说过的三句话联系中国现实，近似漫谈，而《纪德在中国》则是一份纪德在中国译介的资料。《〈新法兰西评论〉与法国现代文学》虽然不以纪德为研究对象，但纪德是这份影响深远的杂志创刊后近三十年间的灵魂，从此文中我们也可理解两次大战期间被称为纪德时代的重要原因。

盛澄华基于对纪德数年的全面研读，加上亲自翻译纪德的重要作品《地粮》和《伪币制造者》（还有《日尼微》和一些论文），对纪德的个性、道德伦理观和美学观理解体会非常透彻，精辟之见频频出现，如他对纪德的"不安定"的解释，认为他是人类文明进程中少数质疑传统、探发新途径新理想的艺术家，不惧变，"敢以万变应不变"，他生活中的动荡正是他"力"的源泉,"正像他内心中的矛盾与错综适形成他作品中的和谐与平衡"①。他对纪德艺术与思想演进的四个阶段的划分也被后来国内研究者沿用。文中引证丰富,足见他积累之功;所论涉及纪德几乎所有重要作品,论述虽然不都像《伪币制造者》这样细致展开,却都评点得当。尤为可贵的是他有自己的行文风格,语言灵动,挥洒自如。

盛澄华能倾尽全力专攻纪德,乃出自由衷的热爱。张若名和盛澄华作为纪德的"伯乐"与"知音",为国内纪德研究确实设置了很高的起点,在之后的五十年间无人超越。

二 新"纪德热"中之"热"

纪德研究经过三十年的冰冻期,20世纪80年代开始解冻。论文方面,通过中国知网检索统计各类期刊上发表的以纪德为主题的文章有八十余篇,而除去一些随笔感想和主题雷同篇幅很短的浅析文字,在外国文学类专业期刊、高校学报、其他学术刊物上发表的有一定分量的论文有三十余篇。著作方面,张若名的《纪德的态度》于1994年首次译成中文出版,盛澄华的《纪德研究》2012年以《盛澄华谈纪德》为题重新出版,另有两部专著分别为宋敏生的《纪德的"那喀索斯情结"与自我追寻》与朱静、景春雨的《纪德研究》。

从论文发表的时间来看,20世纪80年代5篇,20世纪90年代8篇,2000年以后则有23篇。研究的总体趋势是在逐渐升温,这与我国改革开放以来法国文学研究的总体态势一致。纪德这样重量级的作家成为研究的热点不足为奇,纪德作品中表现出来的现代性也与这一时期学术界的热点吻合。不过,还有一个因素不容忽视,就是罗曼·罗兰1935年访问苏联时所写的《莫斯科日记》封存五十年后公开,20世纪90年代中译本出版。当年他对纪德的《访苏归来》严厉批评,而六十年后,罗兰日记的内容恰恰印证了纪德的观感。曾经造成纪德研究遇冷的原因如今又成了纪德复"热"的一个重要因素。

---

① 盛澄华:《盛澄华谈纪德》,桂林:广西师范大学出版社2012年版,第24页。

从研究的对象和角度来看，新时期纪德研究中有一些热点和突破。

首先，对纪德作品的总体介绍性文章集中发表于八九十年代。陈占元的《纪德和他的小说》① 可说是新时期纪德研究的发端，功不可没。他在三四十年代就曾翻译过纪德的《妇人学校》，对纪德主要的几部小说的介绍与评论比较中肯。郑克鲁也从总体上对纪德小说的思想内容和艺术特色做出概括。不过，90 年代以后，就某一部作品的分析是纪德研究中论文数量最多的，而且集中于几部作品，尤其是《伪币制造者》和《田园交响乐》。《伪币制造者》作为纪德虚构作品创作的顶峰最受关注，在恢复纪德研究之后最早被深入研究也是自然而然的事。冯寿农的《〈伪币制造者〉的象征意蕴》具有代表性，作者分析了"伪币"的多重象征含义，如违背人本能的传统价值观、伪文学、上帝的虚伪性等。② 对这部作品的叙述方式的关注则是"热"中之热，代表性的文章有柳鸣九的《终极目标与"纹心"术——纪德〈伪币制造者〉中译本序》③、冯寿农的《论〈伪币制造者〉的叙事美学》④ 和由权的《〈伪币制造者〉的叙述技巧》⑤。这种对作品叙述方式的关注一是由于在这部纪德称为"我的第一部小说"的作品中作家实践了自己逐渐形成的小说观，叙述方式具有创造性和前瞻性，二是 90 年代恰是结构主义叙事学在中国方兴未艾之时，从作品最具"文学性"的方面去审视它，摆脱过去几十年文学批评领域中的意识形态话语，对于当时的研究者颇具吸引力。《〈伪币制造者〉的叙述技巧》一文尤为突出，此文用热奈特的叙事学理论及术语去观照描述文本的叙述特色，揭示纪德小说与现实主义小说在叙述方面的区别，突显纪德在丰富小说理论与技巧上的贡献。上述三篇文章都对"纹心结构"做出分析，柳鸣九侧重比较《伪币制造者》与《哈姆雷特》及《红楼梦》中"纹心"术的差别，冯寿农强调小说中也属于这种手法的隐喻和象征的挖掘，由权梳理了纪德命名的这种结构产生的过程及其在不同作品中的功能。同一时期张新木的

---

① 《法国研究》，1984 年第 1 期。
② 《外国文学研究》，1994 年第 3 期。
③ 《世界文学》，1998 年第 4 期。
④ 《外国文学评论》，1994 年第 4 期。
⑤ 《外国文学评论》，2000 年第 4 期。

《论〈田园交响乐〉的叙述结构》也从叙述入手,运用了巴尔特、阿蒙、托多罗夫等人有关叙事作品结构分析的理论,以《田园交响乐》为分析对象,指出作品中既有标示叙述的形式结构,也有反映社会生活与伦理道德的逻辑结构,但论文的最终目的似乎不在于研究纪德作品却在于检验这些理论的可行性和局限性,如作者所言"看看要建立一门文学叙事作品类型学是异想天开,还是切实可行"。①

进入 21 世纪,对作品内容和主题的分析在作品研究中取代了叙事分析成为主流。这时的研究者试图更多地从西方文化传统中获取解读纪德的钥匙,例如姚达兑的《基督之挚爱和爱神之爱欲间的冲突——解读纪德的〈田园交响乐〉》②便将作品中牧师与盲女之间的爱和心灵变化解读为基督之挚爱和爱神之爱欲间的冲突,虽然其中有可商榷之处,如认为牧师对盲女的爱是一种向希腊爱神的上升,是对绝对的美和善的追求,但文章的确提出了个人的新解。除了前面两部作品被人反复探究,值得一提的是辛苒的两篇文章《纪德〈如果种子不死〉中的自我建构》③和《浪子回家——〈如果种子不死〉中的隐喻结构分析》④。前一篇借用法国自传理论与美国的叙事学理论,结合纪德的宗教危机和情感危机,认为纪德的《如果种子不死》是纪德力图进行自我形象建构的一次文本尝试,但作家试图建构的大胆反叛宗教伦理道德的同性恋作家形象又存在自我矛盾性,因此文本又表现出深层的自我解构。后一篇则在互文理论观照下比较《圣经》中"浪子回家"的故事和《如果种子不死》,将后者视为对前者的一种戏拟式写作。两篇文章都以当代西方文论为支撑对《如果种子不死》做出解读,在对纪德的自传研究方面迈出重要的一步。

另一个研究热点是纪德在中国的译介和接受,尤其对三、四十年代的接受研究卓有成效。除了本文开头提到的几篇文章,多位研究者对《访苏归来》

---

① 《外国文学评论》,1998 年第 2 期。
② 《法国研究》,2009 年第 2 期。
③ 《淮北师范大学学报(哲学社会科学版)》,2012 年第 8 期。
④ 《淮北煤炭师范学院学报(哲学社会科学版)》,2010 年第 2 期。

的译本进行考证或就此书与其他到过苏联的作家特别是罗曼·罗兰的观感进行比较。颇有意义的是，研究者注意到创作受到纪德影响的中国作家，尤其是卞之琳和戴望舒。卞之琳的研究专家江弱水认为纪德对卞之琳的影响毋庸置疑。北塔在其文中详细转述了江弱水的论证理由。① 王文彬的《戴望舒与纪德的文学因缘》② 与严靖的《文本旅行中的情知纠结——谈戴望舒译纪德〈从苏联回来〉》③ 则专论戴望舒与纪德的关系，不过前者属于影响研究，除了梳理比较戴望舒翻译《从苏联回来》的两个译本的过程，还评析了戴望舒在诗学思想的构建和创作中对纪德艺术经验的吸纳，侧重戴望舒对纪德艺术观念的接受和认同，而后者侧重戴望舒翻译纪德《从苏联回来》这一事件中显示出的文学与政治关系的复杂性。

除了上述热点研究和突破，一些研究纪德及其作品的文章的切入角度具有一定突破性。纪德作品中充满宗教成分，张若名的论文中谈及纪德的宗教信仰问题，不过她关注的是纪德如何从对基督教的上帝的信仰转为一种"艺术的宗教"，更重视艺术家与神秘主义者之间相似心理的透视，而从宗教角度去研究纪德的几部作品则始于刘珂的《从〈窄门〉到〈梵蒂冈地窖〉看纪德对基督教问题的批判性思考》④。文章对纪德宗教情结产生的家庭及社会历史背景和宗教思想发展轨迹进行了梳理，通过对《窄门》和《梵蒂冈地窖》的细致分析，看到纪德对新教和天主教的不同态度。纪德对古希腊神话有着颇具其个性特征的独到阐释，创作了几部取材于希腊神话的小说和戏剧，在这方面，刘珂的《神话的归宿》⑤ 也具有一定开创性，文章对几部较少为中国学者深入研究的（尤其是《没有缚牢的普罗米修斯》）挖掘希腊神话题材的作品进行了详细介绍和分析，侧重展现纪德在对希腊神话题材的改写上独特大胆的想象和艺术形式的创新。此外，陈映红的《寻觅体验"存在"的意

---

① 北塔：《纪德在中国》，《中国比较文学》，2004 年第 2 期。
② 《新文学史料》，2003 年第 2 期。
③ 《中国现代文学研究丛刊》，2012 年第 1 期。
④ 《国外文学》，2006 年第 3 期。
⑤ 《欧美文学论丛》第五辑，2006 年。

识——探寻纪德的轨迹》①也另辟蹊径,从存在的角度,通过纪德的几部作品论述其认识自我、追寻真实的存在、建构体验人性多元的过程;由权的《陀思妥耶夫斯基对纪德的影响》②从作家间的影响角度,援引纪德日记、论文和散页的内容作为佐证,论述纪德在矛盾人格的确立、宗教观的改变和小说美学观的形成等方面从陀思妥耶夫斯基那里获得的启迪与教益,借此深入理解纪德的思想和人格特征,认识其小说美学观的渊源。这篇影响研究带有比较性,但重点不在陀氏而在纪德。以上论文能从新的角度去审视纪德思想和创作的某些方面,而且主要参考法文资料,为国内纪德研究带来新的空气。

专著方面,朱静和景春雨的《纪德研究》主要对既有研究成果进行了梳理与总结。宋敏生的《纪德的"那喀索斯情结"与自我追寻》是新时期纪德研究中较有分量的成果。论著充分利用了国内纪德研究的成果,又在弗洛伊德、拉康等人的精神分析理论、菲力浦·勒热纳的自传理论的观照下,挖掘希腊神话中"那喀索斯"的符号意义,将作家与其主要作品并置起来研究,探寻作家"变化多端""难以捉摸"的性格产生的根源和本质,认为他的全部作品均可视为一种"自传体小说",旨在构筑一幅完美的自我形象,最终获得对自我的超越。③

三 "热"中之"冷"

从前述情况来看,新时期纪德研究确实似为热门,不过,比较而言,"纪德热"却不能与加缪、杜拉斯或罗伯-格里耶热的程度相比。其中原因多种多样,既有国内学界自身问题,也有纪德个人及作品特性的原因。

纪德可以说是古典作家里最现代的一位,但他不归属任何一个流派、思

---

① 《法国研究》,2001年第1期。
② 《国外文学》,2004年第4期。
③ 宋敏生:《纪德的"那喀索斯情结"与自我追寻》,北京:中国社会科学出版社2010年版,第302页。

潮，不适合把那些带有一定公式化的语言去套用在他身上。虽然他影响了一代法国存在主义思想家和作家，却不是曾引起萨特、加缪热的存在主义作家或所谓"荒诞派"作家；他在很多方面可以说是"新小说"的先驱，却并不属于什么"先锋派"，对于一些热衷现代和后现代的人来说大概不够现代；他不像杜拉斯那样有过东方生活的经历，作品中找不出什么东方（此处的东方指的是远东和东南亚）的痕迹。当然，翻译的因素也不可忽略，纪德作品虽在三、四十年代已有很多译本，但已很难觅得，而八、九十年代纪德作品的翻译出版还相对有限，外语专业以外的研究者对他关注很少也可想而知。

纪德作品中强烈的个人色彩，或隐或显的同性恋书写，复杂矛盾的心理特别是矛盾产生的文化根源必定也是使一些研究者却步的原因。盛澄华便说："纪德永不能是一个通俗性或通俗化的作家。"① 的确，有多少人能理解他作品中展现的那令人窒息的对美德的狂热追求，那不顾一切甚至不近人情的彻底解放和自由，那常被提起但并无深入分析的无动机行为？纪德曾亲历的以及作品中描写的焦虑、挣扎很难在普遍缺少具有超越性的宗教观念的中国引起多少共鸣，就如曾受纪德影响并很早便翻译了他数部作品的卞之琳在《窄门与大道——〈窄门〉译本新版序》中就基督教的原罪写的那样："虔诚的凡胎俗骨""以'赎罪'为毕生的最高理想！西方人将近二千年来竟以此为'文明'；这对于中国悠久的文化传统的主体说来，对于我们今日辩证唯物论和历史唯物论者说来，却是咄咄怪事"②。纪德所有的问题和思考都有着深刻的新教的、哲学的背景，作品中这方面的影射也随处可见，而这对于很长时期里缺少这两方面知识的研究者们来说自然造成理解的困难。

"纪德热"规模上的相对有限从研究专著方面新成果寥寥也可见一斑，说明专门致力于纪德研究的人相当稀少。

纵观新时期纪德研究取得的成果，确实可以看到一些突破，也有更多的研究者将目光投向纪德或者他的某部作品。但同时也要承认纪德研究存在冷热不均的情况。首先，就体裁而言，纪德的小说备受瞩目，传记次之，但尚

---

① 盛澄华：《盛澄华谈纪德》，桂林：广西师范大学出版社2012年版，第15页。
② 卞之琳：《窄门与大道——〈窄门〉译本新版序》，《读书》，1989年第1期。

有研究，而他的戏剧、日记、书信、论文集却迄今依旧门庭冷落。纪德在小说方面的成就确实最高，但他不是一个单纯的小说家，而是一个全面的作家，创作体裁多样，一些作品又很难归类，比如他影响深远的《人间食粮》，形式独特，含义丰富，语调变化多端，然而，除了里面一些广为人知的警句常被人引用之外至今没有对这部作品的深入专门研究。即使是叙事作品中，也有明显厚此薄彼的情况，《伪币制造者》《田园交响乐》《背德者》《窄门》等作品确实可做不尽的阐释，至今仍有可挖掘之处，但且不说纪德后期创作的涉及女性解放的三部曲，就连被纪德称为"傻剧"的《沼泽》（*Paludes*）、《没有缚牢的普罗米修斯》《梵蒂冈地窖》这样能够体现纪德别样风格的耐人寻味的作品都很少有人问津，至于纪德的一些较短的叙事、抒情或论说性作品，如《假先知解说》[或《朝圣者》(*El Hadj*)]、《伊莎贝尔》等恐怕连书名都少有人知道了。从研究的角度而言，纪德的矛盾人格、纪德的道德观、纪德开启现代小说先河的技巧、纪德的政治介入甚至纪德的自我书写问题被一议再议，但研究者往往注意纪德的生活与作品故事内容上的对应，多停留于文字的表面，更细致的文本分析，对文字的隐义、模棱两可的语句的敏感体察却嫌缺乏。早期研究者处于与纪德同时代的文学背景之下，对纪德美学中的古典主义十分关注，重视他与浪漫派的区别，也寻找他象征主义的成分，当代的研究者则多关注纪德反传统的、现代性的一面，而忽略其作品中古典性、音乐性等方面的特点，即便涉及也是重复已有的成果，对他作品中深厚的文化内涵还缺少深入透彻的揭示。

  国内纪德研究中出现这些盲点和不足的原因很多，其中很重要的一点是新时期缺少像当年盛澄华、张若名那样专注于纪德研究的专家，多数论文作者只对纪德的某部作品有兴趣。这与纪德热规模有限的原因有些重合。有的论文作者只对纪德有很粗略的了解，导致文中有时出现一些关于纪德的常识性错误。此外，一些纪德研究者的参考书雷同，比如都是国内出版的某部翻译过来的纪德传记，或者张若名的《纪德的态度》，这些研究的视野无疑十分有限，甚至在引征文献时，不少是转引。如果说八、九十年代有关纪德的法文参考资料在国内不易找到尚可理解，而到了21世纪网络发达的时期，研究中很少利用国外纪德研究成果，而满足于既有中文资料，甚至纪德作品的中译本，恐怕就不能否认避重就轻、急功近利的成分了。当然，还有一个因素也许需要指出，纪德的很多重要作品都已译成中文，有的作品甚至有数个译本，但也有很多作品尚未翻译出版，如前面提到的《没有缚牢的普罗米修斯》《那喀索斯论》《假先知解说》，其剧作、书信方面更几乎是空白，就连纪德研究中至关重要的日记，至今也只有 1911 年以前的日记选译。

总结三十余年纪德研究的成果与问题，希望对于研究者有所启发。在既有成果之上，要做的工作还有很多，除了重要作品的新解，少有人问津的作品研究和作家间的比较研究大有可为，纪德所有作品里体现出的深厚的西方文化底蕴也为互文性研究留下了广阔的空间。

从爱情观的视角分析路易丝·拉贝"歌集"特色

首都师范大学 马雪琨

摘　要：路易丝·拉贝，法国文艺复兴时里昂著名女诗人，她一生中仅留下一部作品，即《里昂人路易丝·拉贝作品集》。在这部作品中，路易丝·拉贝表现了自己对人性、爱情理念、婚姻和女性地位的重新思考，《作品集》的卷首献辞是法国历史上著名的女性主义宣言。本文通过对她"歌集"中爱情观的分析，总结出她作品中的创新和与众不同之处，希望借此将这位"法国的萨福"带入中国。

关键词：爱情观　文艺复兴　新柏拉图主义

路易丝·拉贝，16世纪法国女诗人，她出生年月不详（约生于1520到1523年之间，卒于1566年），历史资料的缺乏使得她的生平成谜。她一生中仅留下一部作品，即《里昂人路易丝·拉贝作品集》（以下简称《作品集》），该书初版于1555年由里昂著名出版商让·德·杜尔勒的印刷工厂，次年由同一出版商再版。《作品集》由卷首献辞、一篇名为《疯神与爱神的辩论》（以下简称《辩论》）的散文、3首哀歌和24首十四行诗组成（它们共同组成了拉贝的"歌集"），《作品集》后附录了24首其他诗人写给路易丝·拉贝的赞诗，以及国王颁发的出版特权证明书。《作品集》乍一看结构复杂，内容不均一，作品体裁多样，但路易丝·拉贝细致地用重复的主题将作品集的不同部分完美地缝合在一起，各体裁之间相互呼应，构建了一个"作品集的隐秘结构"①，她采用了一系列手法"使得每一个部分，《疯神与爱神的辩论》中的每一段叙述，每一首诗，都为整体的协调作出贡献，并从整体和每个组成部分中获得意义"②。爱情是《作品集》最重要的主题，也是将《作品集》各部分缝合在一起最重要的线索。

拉贝在《作品集》中对爱情进行了深入的思考：爱情是什么？爱情与疯狂有什么样的联系？爱情带来的究竟是痛苦还是快乐，等等。这些都是她试图通过《作品集》回答的问题。《辩论》如同一篇爱情论文，为我们带来了关于爱情与疯狂关系的讨论。"歌集"是拉贝以第一人称吟唱的、快乐与痛苦相交织的爱情之歌。拉贝"歌集"所体现出来的爱情是如此真挚、如此热烈，以至于费尔迪南·布吕乃基耶于1900年写道，"这是第一次有人用我们的语言如此强烈而朴实地表现激情"③。埃米尔·法盖也说，"路易丝·拉贝的诗句是世界上最美的、充满热情的诗句"④。路易丝·拉贝对爱情的思考，尤其是其"歌集"所反映的独具特色的爱情观，对当前来讲仍有非常重要的现实意义，值得我们进行研究和分析。本文从爱情观的角度对她的"歌集"进行分析研究，试图揭示出她诗歌中的创新或与众不同之处。

一 路易丝·拉贝《作品集》中的爱情观分析

爱情究竟是什么，这个问题一直困扰着人们，哲学家、心理学家，甚至生物学家们都试图给出自己的解释，但至今没有一个令人满意的答案。不过这并不妨碍爱情成为永恒的主题，被各个民族、各个时代的文学作品反复吟

---

① Daniel MARTIN, *Signe(s) d'Amante, l'agencement des Euvres de Louïze Labé Lionnoize*, Paris: Champion, 1999, p.15.

② Daniel MARTIN, *Signe(s) d'Amante, l'agencement des Euvres de Louïze Labé Lionnoize*, p.15.

③ F. BRUNETIERE, *La Pléiade française et l'école lyonnaise*, in *Revue des Deux Mondes*, 1900, p.915.

④ E. FAGUET, *Histoire de la litérature française*, Paris: Librairie Plon, 1905, p.387.

诵。甚至有人说，没有爱情就没有文学。从古罗马诗人奥维德的《爱经》到中世纪的骑士爱情，爱情这个主题在文艺复兴时期达到了一个高峰，成为了时代文学的主旋律。正如梅拉热所说的，"爱情也许是 16 世纪文学最受欢迎的主题：它既是散文家，也是诗人的灵感来源。而当时的时代多样性、时代的矛盾在这里得到了最好的体现：时而纯洁，时而现实，时而柏拉图式的，时而现实主义的，爱情成为一个时代的写照，这个时代也许偏好柏拉图主义，但并没有因此放弃不那么崇高的传统。在这方面，意大利的影响是巨大的，尤其是因为彼特拉克及其欣赏者们的声音。但是，作家们常常试图将爱情建立在一个更加现实的心理基础上，并不相信理想爱情所带来的爱情奇迹"①。16 世纪的人文主义者们通过各种方式表现自己对人、人性和爱情的深刻思考。路易丝·拉贝也在"歌集"中展现了自己的爱情观，我们可以从三对主题：爱情与疯狂、爱情与痛苦、爱情与完整性，对其进行总结分析。

在路易丝·拉贝的笔下，爱情首先与疯狂紧密相连。这一点从《作品集》中的散文《疯神与爱神的辩论》标题上就可以看出。这篇散文的故事情节很简单：疯神与爱神产生争执，疯神将爱神的眼睛挖了出来。双方请求朱庇特裁决。朱庇特在听了双方的辩论之后，做出判决：疯神和爱神从此生活在一起，疯神充当瞎了眼睛的爱神的向导，她可以带爱神去任何她想去的地方。由此可见，爱情与疯狂如影随形，紧密相连，爱情的本质就是疯狂。爱神是盲目的，疯神是他的向导。

十四行诗 8 就是一首非常典型的体现爱情疯狂的诗，全诗并没有提到疯狂，但如果我们仔细体会诗中对偶的使用，就会发现诗中人物"我"处于一种精神混乱状态。诗中几组反义词的使用强化了"我"爱情情感和不稳定性格之间的对决：

  我生，我死；我燃烧，我沉溺
  我感觉热不可耐却又寒彻入骨
  生活对我来说既甜蜜又痛苦

---

① D. MENAGER, *Introduction à la vie littéraire du XVIe siècle*, Paris: Bordas, 1968, p.90.

相互纠缠的是我的快乐与忧郁
我又哭又笑
我承受着欢乐中的无数苦恼
我的幸福已去，它将永远延续
我干涸的同时也在变绿①

就这样，拉贝在诗作中向我们描绘了爱情让"我"从身体到精神都呈现出的一种癫狂状态。这种癫狂超出了理智的范畴，成为一种病态的激情。这种被古罗马人称为 furor amoris 的爱情狂热像毒药一样渗入"我"的血液，化为"我"的骨肉，最后成为"我"身体的一部分，蚀骨噬心，让"我"无时无刻不身处痛苦的深渊。

除了爱情与疯狂这对主题，爱情和痛苦这对主题在路易丝·拉贝的诗作中也经常出现。在路易丝·拉贝看来，爱情就是让人痛苦的毒药，"毒"这一意象在她的诗歌中反复出现：

在十四行诗 1 中：

残酷的命运！蝎子将我蛰伤
蝎毒的解药
只能在毒伤我的蝎子身上找
爱神，请你停下对我的烦扰
但莫要熄灭我宝贵的欲望
欲望消失而我必将死亡②

或在十四行诗 4 中：

---

① Karine BERRIOT, *Louise Labé, La Belle Rebelle et le François nouveau*, Paris: Editions du Seuil, 1985, p.376.

② Karine BERRIOT, *Louise Labé, La Belle Rebelle et le François nouveau*, Paris: Editions du Seuil, 1985, p.369.

自从残忍的爱神第一次
用它的烈火将毒药种在我的胸膛①

　　爱情"毒药"自古就有，柏拉图就把爱神称作"一个配制毒药的"②。虽然这一意象在彼特拉克的诗歌中很少出现，但到了16世纪，彼特拉克的追随者们，如龙沙和七星诗社的成员，还有与路易丝·拉贝同属里昂学派的莫里斯·赛弗都将这一意象运用在自己的创作中。

　　与痛苦相关的意象还有"伤口"：

就让爱神用弓箭将我瞄
让它将我作为它新的火焰和新的箭的目标
就让它愤怒，让它尽力使坏
而我早已遍体鳞伤
在我的身上，没有新的伤口
能找到落脚的地方③

　　除了"毒药"与"伤口"之外，"痛苦""折磨""疼痛""不幸"等与痛苦有关的词汇几乎出现在路易丝·拉贝的每首诗中。由此可见，在路易丝·拉贝看来，爱情中的幸福是脆弱的、短暂的，如同昙花，而爱情中的痛苦和不幸才是永恒的。因此，在她的诗作中，与痛苦有关的语义场无论是数量还是质量都远胜与幸福有关的语义场。

　　最后，关于爱情与完整性，我们首先要回到柏拉图的理论，柏拉图在《会饮篇》中对爱情是什么给出了一个非常有趣的论述。他说以前人分为三种，男人、女人和阴阳人。后来因为人惹恼了诸神，被宙斯降下惩罚，将人

---

　　① Karine BERRIOT, *Louise Labé, La Belle Rebelle et le François nouveau*, Paris：Editions du Seuil, 1985, p.372.

　　② 柏拉图：《会饮篇》，北京：商务印书馆2013年版，第52页。

　　③ Karine BERRIOT, *Louise Labé, La Belle Rebelle et le François nouveau*, Paris：Editions du Seuil, 1985, p.371.

一分为二,"所以我们每人都是人的一半,是一种合起来才成为全体的东西。所以每个人都经常在寻求自己的另一半"①。那些由男人剖开的人喜欢男人,由女人剖开的人喜欢女人,由阴阳人剖开的人喜欢异性,"其所以如此,原因就在于我们原来的性格就是这样,我们本来是个整体,这种成为整体的希冀和追求就叫做爱"②。

在路易丝·拉贝的诗作中,爱人也成为整体中不可或缺的一半。与爱人的结合能带来幸福,爱人的远离则是痛苦和折磨的源泉。爱人让陷入爱情的"我"完整,甚至让"我"忘记周围的世界:

> 我的好与不好全是因为你
> 有了你,我就拥有了一切,没有你,我一无所有③

对于"我"来说,如果"我"的爱人不在身边的话,我周围的一切都失去了意义,爱人带走了"我"一切幸福和快乐的可能,因为爱人已经变成了"我"的快乐与幸福。因此"我"只有在和爱人在一起时才是完整的。再比如十四行诗7中:

> 当轻盈的灵魂离开身体而去
> 所有生物在我们眼前死去
> 我是身体,你是它最美好的那部分
> 你究竟在哪里,哦,我深爱的灵魂
> 不要让我昏迷这么长时间
> 我会来不及拯救自己
> 唉!不要让你的身体发生危险

---

① 柏拉图:《会饮篇》,北京:商务印书馆2013年版,第32页。
② 柏拉图:《会饮篇》,北京:商务印书馆2013年版,第33—34页。
③ Karine BERRIOT, *Louise Labé, La Belle Rebelle et le François nouveau*, Paris: Editions du Seuil, 1985, p.358.

还给它深爱的那一半①

路易丝·拉贝在这几句诗中展现了柏拉图借阿里斯多潘之口说出的一个关于爱情的定义，即爱情就是每个人去寻找自己的另一半，当他们"一旦遇到自己的另外一半，他们就会马上互相爱慕，互相亲昵，可以说片刻都不肯分离"②。不过在柏拉图笔下，这是两个人，两个身体和两个灵魂之间的结合。而路易丝·拉贝则以一种新颖的方式重新处理了这一主题，将这种结合变成了诗中一个身体和一个灵魂的结合。爱人是身体最美好的一部分，是身体中的灵魂，失去灵魂的身体是不完整的，处于濒临死亡的状况中。所以"我"在诗中呼唤灵魂——爱人的回归，以求重新获得这种完整性。

二 爱情与写作

拉贝爱情观的特色首先体现在她将爱情与写作相提并论，她借爱情表达自己对知识和写作权利的渴求，表达一种女性主义诉求。路易丝·拉贝将文学创作看作与爱情，甚至和生命同等重要的事情，在《疯神与爱神的辩论》中，她借阿波罗之口说出了她对文学创作的评价，"爱情之后最大的快乐，就是谈论爱情"③。在十四行诗 14 中，她写道：

  我还不想将生命结束
  但当我感到眼睛干枯
  当我嗓音破碎，双手虚弱
  这乏味的人生旅途

---

 ① Karine BERRIOT, *Louise Labé, La Belle Rebelle et le François nouveau*, Paris: Editions du Seuil, 1985, p.375.
 ② 柏拉图：《会饮篇》，北京：商务印书馆2013年版，第33页。
 ③ Louise LABE, *oeuvres de Louise Labé Lyonnaise*, Lyon: Jean de Tournes, 1556, p.54.

当我的灵魂再不能表现爱的信号

我请求死神为我最明亮的白昼拉上黑幕①

在这里,路易丝·拉贝将文学创作上升到与爱情和生命同等重要的位置,对她来说,如果无法"表现爱的信号",即不能进行创作,那么她也将死去。

其次,路易丝·拉贝爱情观的特色还在于她诗作中爱情双方角色的颠覆。传统的彼特拉克式诗歌中,都是男性对女性的歌咏,男性成为爱情的奴隶,面对女性的冷淡和拒绝,求而不得的男性经历着爱情过程中的千般痛苦,万般折磨。而在路易丝·拉贝这里,作为一个女诗人,她完全采用了男性的口吻来抒发情感,使得男性成为了女性渴求的对象,成为了诗人的缪斯,灵感的来源。而女性则经历了彼特拉克式诗歌中本该是男性所经历的爱情历程。传统从女性角度进行文学创作歌咏男性的作品虽然不多见,但并非没有先行者。与她同时代、同属里昂学派的贝尔奈特·德·基约也是一位女诗人。但路易丝·拉贝与她的不同之处在于,拉贝完全将女性提升到与男子同等的位置,女性不再是被动地被男性爱慕的对象,而是一个主动的猎爱者,在爱情中掌握主动的一方。与贝尔奈特·德·基约在作品中表现出一种对男性的臣服不一样,路易丝·拉贝诗作中的"我"是作为征服者的角色出现的。

最后,路易丝·拉贝爱情观的特色还体现在她作品中灵与肉的结合。文艺复兴时期,经斐奇诺解读的新柏拉图式爱情盛行,其理论的要旨就是禁欲。爱情被看成精神的体验。女性是美的化身,是男性欲望的对象。男性发现女性的美,然后对这种美产生肉体的欲望,随后男性通过精神上的禁欲发现美的本质,以此达到理念世界。但是,这种精神禁欲不一定能够成功,因为它和人身体与生俱来的欲望是背道而驰的。对于诗人来说,诗歌就是陷入爱情的诗人们表情达意的工具,诗人通过诗歌去接触美和道德的本质。诗歌中的

---

① Karine BERRIOT, *Louise Labé, La Belle Rebelle et le François nouveau*, Paris: Editions du Seuil, 1985, p.382.

爱情关系充满矛盾、冲突、痛苦的根本性原因，就是因为精神禁欲和肉体欲望之间的对立。在写作上，这种对立就以对偶、隐喻和一些特殊的诗歌语义场表现出来。诗人通过诗歌创作来缓解精神禁欲所带来的痛苦。在这种爱情观的指导下，不会让人联想到肉欲的视觉描写和听觉描写是被允许的，而触觉描写、亲吻等会让人联想到肉欲的描写是被禁止的。

路易丝·拉贝的诗歌虽然也受到了新柏拉图主义的影响，在她的诗歌中，爱人也是被描写成完美的化身，而诗中的"我"也经历着种种爱情痛苦的折磨和考验。但路易丝·拉贝与众不同的地方就在于，她对爱情本质的追求并不能让她将肉体的欲望放置一边，以达到精神的禁欲。她十四行诗中的许多地方都用隐晦的方法表达出一种肉欲。比如十四行诗2中：

哦笑声，哦额头，发丝手臂双手与指头
哦幽怨的诗琴，提琴，琴弓与嗓音
如此之多的火炬，足以将一个女子燃尽①

在这三行诗中，诗人列举了情人身体的各部位，这在当时女性诗人的作品中是非常少见的。

再比如，十四行诗13：

噢如果我投入他美好的怀抱
为了他我可以死去
如果嫉妒不会阻止我
度过这所剩不多的时光
如果他将我搂抱，对我说道：亲爱的朋友
让我们彼此满足
他将知道，在我们生命中

---

① Karine BERRIOT, *Louise Labé, La Belle Rebelle et le François nouveau*, Paris：Editions du Seuil, 1985, p.370.

不论是风暴、尤里普斯海峡或水流，都不能将我们分离

如果我将他搂在自己的怀抱

就像常春藤将大树缠绕

死神来到，羡慕我的幸福

当他温柔地吻我

当我的思想在他的唇间逃跑

死亡比活着更加让我幸福①

  这首诗在路易丝·拉贝 24 首十四行诗中拥有非常重要的地位，不仅因为这首诗在 24 诗中处于中心的位置，而且还因为在这首诗中，路易丝·拉贝用了许多香艳的词汇，如"搂抱""缠绕""彼此满足"等，描写了自己的爱情幻想。因此纪尧姆·科莱特指出，"在那些以道德或宗教为标准进行批评的人眼中，这样的诗歌实在是难登大雅之堂"②。但是，"路易丝·拉贝的作品让我们听到的是充满激情的语言，她的精神也体现在其中，'敏感、准确、自然、聪慧，这些特点足以让龙沙和与他类似的人因给诗歌带来学究气而感到惭愧'"③。

  在其他诗句中，类似的情色之词如"燥热""亲吻""拥抱""干涸"等也不断出现。这类辞藻的使用不仅在当时的女性诗人中罕见，即使对于男性诗人，尤其是那些追求精神禁欲的男性诗人来说，也具有很大的冲击力。但是，对于路易丝·拉贝来说，"艳情成为了心灵的表达，爱情成为生命和生存的理由"④。

---

  ① Karine BERRIOT, *Louise Labé, La Belle Rebelle et le François nouveau*, Paris: Editions du Seuil, 1985, p.381.

  ② Mireille HUCHON, *Louise Labé, une créature de papier*, Genève: Droz, 2005, p.73.

  ③ Mireille HUCHON, *Louise Labé, une créature de papier*, Genève: Droz, 2005, p.73.

  ④ Madeleine LAZARD, *Louise Labé*, Paris: Fayard, 2005, p.193.

小　结

　　总而言之，路易丝·拉贝是一个备受争议的人物，她因为爱情观中的女性主义倾向和作品中对肉欲的隐晦描写，使得人们一直以来对她的关注重心放在了她的品行上，作品反而成为她生活不检点的旁证。在当今社会，爱情信仰的缺失、人与人之间关系的冷漠、速食品式的爱情等导致了人们心灵的"干涸"，路易丝·拉贝的作品语言简单火热，直抒胸臆，拥有直扣读者心灵的魔力，因此人们重新在她的作品中发现了一个本真的爱情世界，她的诗歌也成为了渴望爱情、却在现实世界中遍寻不到爱情之人的心灵绿洲。笔者希望这篇文章能够成为一个引子，可以将这位"法国的萨福"带入中国。

《鱼王》中的自然

首都师范大学　于明清

摘　要：《鱼王》是描写自然与人的作品，自然是小说中最重要的描写对象。自然是《鱼王》里的精神家园，是可以代替教堂的信仰所在；自然是《鱼王》里的物质家园，人类的生身之境；自然在小说里拥有人的化身——阿基姆；自然是《鱼王》中真与美的典范。

关键词：阿斯塔菲耶夫　鱼王　生态文学　自然

自然，是《鱼王》中最鲜明的形象，也是这部作品给人感受最深切的地方。《鱼王》是维克托·彼得罗维奇·阿斯塔菲耶夫（1924—2001）的短篇叙事集，单行本出版于1976年，这部作品让作家荣膺1978年的苏联国家文学奖。近期，广西师范大学出版社新版的《鱼王》的中译本发行，终于让这部小说在问世四十余年后，在另一种语言文化中再度获得自己的圆满。

《鱼王》是一部描写自然与人的作品，自然在前，不是人与自然，这是作家多次强调的次序，也与我们道家对道、天、地、人四者的定位有相通之处。阿斯塔菲耶夫的创作主题颇为丰富，自然、社会、战争、道德、爱情、宗教等均有涉猎。这些主题里，自然占据着某种超然的地位。作家的主人公们往往将大自然当作治愈一切创伤的场所，《忧伤的侦探》里，索什宁的女儿身体羸弱，但是一离开城市，来到村庄里就变得健康好动。《该诅咒的与该杀死的》之中，德国军人与苏联军人只要脱下军装的束缚，在河里游泳，马上变回平等互动的自然人。自然离开人，依旧岿然不动，可人离开自然，便会有所缺失。《牧童与牧女》中的德军将领在作家眼中不过是个被与土地分离的可怜农民。《鱼王》里的集体农庄建设需要农民大规模迁徙，这在阿斯塔菲耶夫看来并不具备正义感，因为它导致人与生身之境的分离。

一　自然——精神家园

自然是《鱼王》里的精神家园，是信仰所在，是一个可以代替教堂的神圣的地方。短篇《一滴水珠》的标题就具有一花一世界、一叶一菩提的意味。这滴饱满凝重的椭圆形水珠垂挂在柳叶的尖梢上，映照出静谧到极点的世界。嘈杂的社会被挡在了叶尼塞河的另一边，水珠折射出没被撼动过的原始森林，尊重森林法则的猎人在静默沉思中寻求与自然的交流，感悟生命、信仰的意义。五彩斑斓的生命没有因为夜晚的漆黑而褪色：黑貂在树梢上奔走；大雷鸟钻进花花绿绿的树丛，去孵花花绿绿的蛋；火红色的北嗓鸦从树枝上拧下了淡紫色的雪松果；灰色的鹡鸰钻进红茎花冠的花丛里去吃昆虫。幽暗的夜色中，人们看不到，却借助灵性的眼感觉到了这些美丽的色彩。在原始森林的星空下，人们凭借对自然的内心感应，感到"极顶的寂静和新生婴儿在诞生之日囟门上的搏动"，仿佛看到"独一无二的圣灵在世上翱翔的刹那来临了"。作家说："在这天堂般的宁静里，你会相信有天使，有永恒的幸福，罪恶将烟消云散，永恒的善能复活再生。"西伯利亚森林的纯净夜色、星空为人类提供了一个逃避尘俗的庇护所，仿佛是接近终极存在的一个不可侵犯的圣地。人们通过凝视滔滔巨浪、仰望午夜星空而获得的敬畏和谦卑感绝不亚于在教堂中所得。"星星那神灯样的光辉，那种神秘莫测的超凡拔俗，总会在我的心里引起一种夹杂着痛苦和忧郁的慰藉。如果有人对我说'彼岸世界'，那么我想象的不是什么阴曹地府，不是黑暗，而是这些微弱的、遥远的、一亮一亮的小星星。"宗教起源于对自然的敬畏，抛却不同文化赋予信仰的窠臼，回归自然，也许才能直达信仰的本质。

二 自然——物质家园

  自然是《鱼王》里的物质家园，人类的生身之境。它在《鱼王》一篇中有了具体的化身，是一个具有性别、不容亵渎的女性形象。这个短篇的两位主人公一个是代表自然、代表海洋的鱼王，另一个是高人一等的渔夫伊格纳齐依奇、人类之王。伊格纳齐依奇在叶尼塞河里下的排钩勾住了一条大鱼，但在捕鱼的过程中他自己也被排钩拽到水里，差点和大鱼同归于尽。传说中隐身在大河深处的鱼王，如今出现在钩子上，它的两只眼睛"光秃秃的，没有眼睑，没有睫毛，像蛇一样冷漠地盯着人看，隐含着某种深意"。鱼王撞上人的排钩，也把人拽进水里。"河流之王和整个自然界之王一起陷入绝境。守候着他俩的是同一个使人痛苦的死神。"食物链上，鱼和人之间似乎有千山万水，远得可以忽略二者的关联。《在黄金暗礁附近》一篇中，柯曼多尔曾经居高临下地嘲笑鱼的痛苦。"鱼儿会哭泣吗？谁又能知道呢？它在水里本是湿的，即使哭泣也看不出来，而且它又不会叫喊。要是会叫喊的话，整条叶尼塞河，而且何止是叶尼塞河，所有的河流和大海岂不要吼声如雷。"他在想这些的时候，心里泛起的并非同情，而是一种幸灾乐祸的得意：既然鱼儿不会叫喊，它们就活该无声无息地死去。但是，在这条简单的排钩上，在这个缩短的链条中，我们却读到，鱼的痛苦和人的痛苦如此接近，人类与自然只能选择共生或是共死。在失血的迷狂状态中，在昏黄色的灯光里，伊格纳齐依奇终于低下高傲的头，开始忏悔自己的罪孽。鱼王细皮白肉，胖鼓鼓的、柔软的肚子含有某种女性的意味，让他想起曾被自己玷污的女友格拉哈。面对格拉哈，伊格纳齐依奇一直怀有强烈的罪恶感，他曾用各种方式希望得到格拉哈的谅解，但都没有成功。从此，他不再对任何女性动手动脚。侵犯女性在他看来是沉重的罪孽。"你要承受全部痛苦，为了自己，也为了天地间那些此时此刻尚在作践妇女、糟蹋她们的人！"作家所说的"她们"中显然也包括特殊的女性——鱼王。伊格纳齐依奇在潜意识里已经将鱼王和格拉哈相混淆，分不清自己"在这河上干什么？等待饶恕？等谁饶恕？"他对格拉哈的愧疚自然地转移到了鱼王身上，而鱼王是作为水族、自然界的代表出现在这场争斗中的。格拉哈，女性，鱼王，自然，这些形象合而为一后，伊格纳齐依奇终于确认："大自然也是个女性！"他也确实侵犯了大自然，"你掏掉了它多少东西啊？"侵犯女性是一种罪孽，侵犯大自然同样是罪孽。这样，阿斯塔菲耶夫就把大自然纳入了人的道德体系之内。雨果曾断言，在人与动物、花草及所有造物的关系中，存在着一种完整而伟大的伦理，这种伦理虽然尚未被人发现，但它终将会被人们所认识，并成为人类伦理的延伸和补充。从人类社会进步的角度来看，伦理学的进步也可看作是平等程度的增加和应用范畴的扩大。从封建专制到民主制度，从男人享有专权到妇女解放运动，每一次平等范围的扩大都代表人类的进步。在《鱼王》里，阿斯塔菲耶夫将这个权利扩展到人类范围以外。在人的忏悔中，鱼王伤痕累累地没入水中离去，大自然似乎暂时与人类达成和平。拉斯普京的《告别马焦拉》里，人类无法毁掉树王，只能自欺欺人地将它没入水下。艾特马托夫的《断头台》里，母狼阿克巴拉一家虽然殒命，但是月亮中的狼神比尤利·安娜依然在孤独地嚎叫。这些隐身于天地中的自然神和阿斯塔菲耶夫的鱼王一样，沉默地守护着孕育了人类生命，却因此受到伤害的自然界。

三　自然——阿基姆

自然在《鱼王》里拥有人的化身——阿基姆。在《鲍加尼达村的鱼汤》一篇中，我们结识了这个作家笔下最完美的自然人。阿基姆似乎只有自然性的一面，社会性的一面则被作家有意抹去。"在鲍加尼达村出生和长大的小阿基姆，上学读书之前从来也不知道世上还有其他的村镇和居住地。他从来没在哪儿受过洗礼，从来没有一本花名册上登记过他的名字，他是自由自在地来到这个世界的。"从阿基姆身上，我们可以感受到作者对于大自然的赞美和尊敬，对毒害人类本性的所谓现代文明的否定和拒绝，对冷酷无情地追逐物质财富的厌恶，对接近自然的田园生活的向往，对人性复归自然，同自然和谐相处的渴求。阿基姆是个热爱自然的人物，是一个狩猎能手，对森林了如指掌，了解自然的法则，能同荒野和睦相处。他在大自然中学到了一系列的美德：怜悯、谦恭、勇敢和忍耐。他不计代价地拯救艾丽雅的生命，把在森林中最珍贵的药毫无保留地用在她身上，把最好的食物送到她面前，尽管对方只是个素不相识的自私的人，最初对他的牺牲并无感激。阿基姆把扶危救人看得远远高于合同上规定完成的狩猎指标的价值。在他的价值观念中，人的生存权利是第一位的，远远超过了人的社会价值。因此，他会安葬对自己充满敌意的盖尔采夫，而不会像格罗霍塔洛那样，对自己师父的呼救声置若罔闻，任凭其在水中死去。

四　自然——真与美

自然是《鱼王》中真与美的典范。唯有真实存在于自然之中的，才是美的。《图鲁汉斯克百合花》里有一种美丽的百合花，名叫"萨兰卡"。它生长在高山上，"红若朱唇，形似小喇叭，花心深处像覆盖了一层白色的天鹅绒，寒霜雾凇似的花蕊仿佛透出丝丝意想不到的暖意"。这是一件世间罕见的艺术珍品，一经发现，就盛开在作者的心里，永不凋谢。叶尼塞河岸边"排排巨浪卷着白色的浪花一刻不停地涌过石滩，撞到礁石上，水花四溅，随即化为阵阵青烟"，河边居住的老人临终前都会让人把自己抬到石滩上，因为这壮丽的景色会给人以生命不朽的信念，帮助他们庄重地离开人间，走向另一个世界。阿斯塔菲耶夫的西伯利亚山河有大刀阔斧的雄伟壮观，也有一笔一划的温婉细腻，处处传达着大自然天真未凿的美。作家热爱自然的真与美，不能容忍人类一己私意强加于自然，用矫揉造作来毁坏它的质朴。在作家看来，光秃秃的科技城，深入丛林的铁路，河上的水电站既是愚蠢，更是罪过。"大自然的一切奇迹都是这样，它那变幻无穷的美只有在它的'生身之境'才能保存下来。"占有并不代表获得，有时反而意味着失去，就像上钩的细鳞鱼一样，你能远远地看到它的脊背在阳光下闪亮的色彩，可拿到手里后，却再也欣赏不到。

　　自然，是《鱼王》最重要的描写对象，自然法则是作家判定是非善恶的分水岭，爱自然的人，必然爱自然而然的生命方式，阿斯塔菲耶夫于1985年出版过一本叫作《事事有定时》的集子，题目就是源自《圣经·训道篇》中"事事有定时"一节。《鱼王》的结尾更是全文引用训道者的言语。"造化有时，万物有期"，道法自然的智慧在东西方文化里产生共鸣。天地以其不自生，故能长生，阿斯塔菲耶夫的《鱼王》是否也因其豁达地不争人类个体利益，以自然万物为先，才能让我们百读不厌、欲罢不能呢！

一位作家的自然观

首都师范大学　张　静

摘　要：作为一名知名作家，劳伦斯早在20世纪之初就意识到自然绝不是人类生活的背景或是某种供人类利用的条件，相反人类应该对于自然存有敬畏之情，同时应该更多地从原始文明当中汲取与自然和谐相处的精髓。

关键词：D.H.劳伦斯　自然　环境意识

现在提起英国作家 D.H.劳伦斯（David Herbert Lawrence，1885—1930）可能不会引起很热烈的反响，在大学里把劳伦斯及其作品作为主要研究对象的研究人员也并不多了；尤其是与和他大体上同时代的作家相比起来，比如，乔治·艾略特（George Eliot，1819—1880）、弗吉尼亚·伍尔芙（Virginia Woolf，1882—1941）。但是在20世纪六七十年代，劳伦斯声名显赫，他的作品具有巨大的社会影响力；而中国的劳伦斯热则热在20世纪90年代，劳伦斯作品研究的成果可谓是汗牛充栋。

众所周知，D.H.劳伦斯是20世纪英国的一位天才作家，同时也是一位备受争议的作家，其作品在他的祖国——英国，还一度遭禁而成为禁书。与很多与他同时代的作家相比，劳伦斯具有极强的自然意识，他的作品中充满了对于自然世界的美好书写、对现代工业文明的蔑视以及强烈地希望改变它的愿望；同时在一定程度上，他的自然观代表了西方文学领域中一种新的环境意识的萌发。

　　从劳伦斯的作品中不难发现，劳伦斯一直试图把人类从唯我尊大的宝座上拖拽下来，这主要归咎于人类在其漫长的历史演变过程中形成了完全以自我为中心的人类中心主义观念；而劳伦斯最希望做的就是把人类从与非人类的与自然疏远与失和的现状中拯救出来，重塑人与自然之间的和谐共生关系。他对于土地、动物、植物，这些在西方文化中只不过充当人类实现自身目的的工具的他者充满敬意。因为他看到了现代人类那种极其短视、不断增长的过度依赖技术的弊端，他在其晚期的创作中不断暗示人类应该尝试通过摈弃人类是宇宙中一切衡量标准的观念的基础上重建人类社会。

　　通过分析、研究劳伦斯的生命轨迹及其作品，可以发现在他的作品中存在着一以贯之的对于自然的关切和热爱，尤其是他对于自然、宇宙的种种理解，包括他对于原始主义、直觉体验、血性意识、自然整体观以及人类殚精竭虑试图与整个宇宙建立一种有机关系的偏好；我们不难发现，劳伦斯自然观中浪漫主义的体现以及一种环境意识的生发。在文章《D. H. 劳伦斯和他的母牛》中，作者这样定义浪漫主义：浪漫主义被描绘成对于自然的回归，同时是对于遥远时代和地方的一种怀念情结；它包括怪异、神奇、想象、神秘感、非理性以及一些病态和性变态。① 如此说来，劳伦斯的作品包括浪漫主义的所有要素特征。对于劳伦斯和其他浪漫主义作家来说，人类回归自然既是躲避令人不能忍受的工业文明的出路，同时也是人类追求纯粹精神真理的媒介。他非常渴望在隐秘的乡间过一种简单的生活，同时和朋友们一起建立一个乌托邦的社会。肩负着强烈的挽救逐渐衰落的西方文化的使命感，他游历了世界的很多地方。游历的目的不是逃避，而是希望在世界的某个角落发现拯救工业文明的良方。他希望拯救人类和失落的世界的方法是，通过他的作品，来迫使人们获得一种生命的完整性，完善人与宇宙之间最初的、原始的关系。

　　艾伯森（Roger Ebbatson）在《劳伦斯与自然传统》一书中曾详尽分析过，劳伦斯的自然观是深深植根于浪漫主义传统以及18、19世纪的创作传统

---

① William Y. Tindall, *D. H. Lawrence & Susan His Cow*, New York: Columbia University Press, 1939, p.193.

之中的。他指出小说中的自然传统是以浪漫主义对于自然的认识,以人类在自然中所经受的痛苦经历得以展现的。这种传统非常复杂多样,而这种表现形式在劳伦斯的作品中达到了登峰造极的程度。① 这也是为什么格里高利(Horace Gregory)称劳伦斯为英国文学中浪漫主义传统的传家宝。②

与他本人的生活经历和其浪漫主义自然观相联系的是他被标以浪漫主义的头衔,但除此以外,他还被冠以诸如泛神论者、原始主义的崇拜者等绰号。从这些绰号,我们对于劳伦斯的有机生命的特点有了一个较为全面的认识,这反映了他对于自然的方方面面的强烈意识。一些生态学家把这种意识称为"未来的原始性",它表现了劳伦斯自然观中的自然生态意识。

劳伦斯自然观的一个重要部分就是对于往昔原始文明的向往,其主要表现是向往原始文明中的人类对于自然的尊敬、崇拜以及与自然为友的态度;因为在劳伦斯看来生活在原始文明中的人类更加明白保护、善待自然就是善待人类自己,但是随着工业文明的不断发展,机械、技术的进步似乎使人类变得不可战胜。同时伴随工业社会而产生的各种理性思潮进一步禁锢、束缚人类的精神,使人变成了人形的机械。从表象上看,似乎人类种种疯狂之举,如盲目自大,破坏、役使自然及自然界中的"他者"是工业文明的恶果和产物;但究其根本还是人类思想中形成的某些危险、有害的思想在起决定性作用。

劳伦斯在他1926年最后一次回到自己的家乡英国诺丁汉郡的伊斯特伍德时难过地看到飞速发展的工业文明已经把他的家乡、他自幼的生存环境变得异常丑陋,这对于他来说是英格兰的真正的悲剧。在他的眼中自然的乡野是如此的美丽、可爱,但是被工业文明摧残的英格兰却是丑陋不堪的。他看到他童年时代的生活环境是"我们的生活处在一个奇特的交叉点上:介于工业

---

① Roger Ebbatson, *Lawrence and The Nature Tradition*. New Jersey: Humanities Press Inc. 1980, p.26.

② Gregory Horace, *D. H. Lawrence: Pilgrim of the Apocalypse: A Critical Study*, p.xvi, quoted in James C. Cowan, *D. H. Lawrence's American Journey*, Cleveland: Case Western Reserve University Press, 1970, p.24.

时代和莎士比亚、弥尔顿、菲尔丁和乔治·艾略特的农业英国"①。这种"奇特的交叉点"的情况成为他的自然观中最让他关心的部分,并且一直存在于他的思想背景和作品之中。通过他的散文和小说,尤其是《虹》《查特莱夫人的情人》和《羽蛇》,劳伦斯利用一切可以利用的方法宣扬人类重新获得与地球、与自然环境合为一体的生存整体性的重要性。对于他来说,生存的整体性,不幸被工业化破坏了,需要通过恢复旧的生活模式才能复苏。

劳伦斯提倡原始主义,但是原始主义并不意味着野蛮和落后,抑或是那些落后的文化或迷信思想。它的主要宗旨是人类与自然、宇宙的和谐共存,世间万物在宇宙间的完整存在。劳伦斯希望从这些古老的文明中汲取营养来重振生命的力量,因为生活在古老文明中的人们对于自然、宇宙怀有一种神圣的宗教崇拜和敬意,而重拾这些古老的神秘信仰可以帮助我们重新建立与神秘宇宙的联系,而这是人类的最后一根救命稻草。② 现代工业和科学化的进程也不是一定就给我们带来了美好的生活,尤其是我们心灵和社会的平静。现代的生活方式,或者说人类自我的时代,已经破坏了自然的平静和平衡。不断发生的使环境趋于恶化的种种行为都是源于人类永无止境、永不满足的物质需求。许多国家已经意识到现代文明对于自然环境的破坏并着手采取措施开始环境保护,但与此同时,很多国家却依然通过激烈的经济竞争和大肆攫取自然资源来实现经济发展,结果很多国家品尝到了由于他们希望改善自身生活却未料到的、由此而带来的自然灾害的恶果。

在历史的教训面前,现在越来越多的有识之士认识到单单靠技术、科学或经济学都改变不了目前人类的环境危机;而只有基于道德、价值观等精神、文化层面的变革才能从根本上解决问题。因此,尊重自然、敬畏自然、与自然和谐相处的自然观可以帮助人们从文化变革的角度来解决环境危机,变革人们的态度、面貌和情感取向并使它们与伟大自然的现实相协调一致。对此,劳伦斯在他的作品中做过尝试。以小说《羽蛇》为例,原始的生活方式从某种程度上来说为人类如何变革自己的文明指出了方向,同时它对于为子孙万

---

① D.H.劳伦斯:《纯净集——劳伦斯随笔》,黑马译,北京:中国国际广播出版社2009年版,第38页。

② D.H.Lawrence, *The Plumed Serpent*, New York: Alfred A.Knopf, 1933, p.135.

代保持一个健康的环境具有重要意义。原始文化的消失揭示了人类的宿命，人类必须约束自身行为并重建与自然之间的紧密联系。劳伦斯看到了地球作为人类的掠夺对象所经受的苦难，他认为如果人类继续以这种寄生的态度破坏地球与太阳，那么人类可能也自鸣得意不了多久。①

自然是有生命的，同时一旦被伤害，它又是充满报复性的。任何人类中心主义的想法，即人类能够征服自然、改变自然的想法都是天真且自大无知的。劳伦斯坚持人类在征服自然和与自然和平相处之间做出选择。他认为一个被征服的世界对于人类而言是没有任何好处的。我们需要宇宙充满生机地存在，这样我们也能生机勃勃地存在。一个被征服的宇宙是一个僵死的潘神，我们也没有任何生存的理由。人类必须在潘神再次复活之前放弃征服的念头。②

其实无论人类怎样努力，自然是永远无法被彻底认识和理解的，这主要由于人类本身知识、力量等方面的局限性；人类每时每刻都面临无法预知的前因后果，无论他们原本的初衷是好是坏。有时即便是出于保护自然目的的人类行为都不一定产生好的结果，更不要说人类过度剥削自然的这种由于无知而引发的无畏的行为是对于宇宙自然法则怎样的侵害。

作为一个作家，劳伦斯通过自己的文学创作颂扬自然世界的内在本质，同时他把生态主义的理论应用在文本之中。从现代生态学的观点看，他的作品从"未来原始主义"的角度为我们呈现了一个全新的世界。美国学者贾尼克在他的文章《D.H.劳伦斯与环境意识》中这样总结了劳伦斯的整体生命观念和他超前的生态意识。他认为劳伦斯是一个具有变革意识的作家……他对于土地、植物、动物，这些在西方人眼中被看作只不过是人类进步过程中的工具的万物都抱有一种深深的尊敬。他看到了现代人是多么短视地依赖于技术……在他后期的作品中，劳伦斯不断暗示应该在承认人类绝不是宇宙主宰的基础上重建人类社会。毫无疑问，劳伦斯是文学中一种新的环境意识发展

---

① D.H.Lawrence, *The Crown*, New York: The Viking Press, 1915, p.306.
② D.H.Lawrence, *Pan In America*, Phoenix, New York: The Viking Press, 1968, p.29.

的先驱。① 研究劳伦斯的自然观可以使我们更好地理解和欣赏劳伦斯对于人类生活的看法以及他对于人类与自然关系的独到见解；更进一步，还可以使我们从超自然和存在论的角度认识自然环境的价值。

在历史发展过程中，尤其是在当今科学技术日新月异的时代背景下，艺术家们和一些多愁善感的知识分子感觉很难适应这飞速变化以及纷纷攘攘的世界。科学、工业和种种怀疑的理由促使他们从宗教或是从古老、神秘的自然中寻求精神上的安慰，诸如原始主义、乌托邦都可以看作是对于难以忍受的现实的一种逃避。劳伦斯也是这些人中的一员，他对于这个变化的世界的反应与其他的知识分子是一样的。他不愿意向工业文明妥协，他尝试在所有与工业文明相对立的事物中寻求解脱，例如从一些神秘的、奇怪的宗教禁忌中，从自然世界的生命活力中去寻求可能的答案。与此同时，出于对基督教义的失望，尽管他本人来自一个虔诚的基督教家庭，他希望建立起自己的宗教，即对于自然世界的顶礼膜拜。在这个世界中，花、鸟、太阳等都有他们各自的宗教意义和神圣价值。对于劳伦斯来说，古老的哲学不但提供给他不同寻常的思想和情感，同时还滋养了他的艺术灵魂。从另一个角度，对于我们来说，深入研究劳伦斯，一位作家的自然观可以使我们更好地理解当今纷繁世界中的一些价值观、审美等方面的问题。更为重要的是在当下人类所处的环境危机加剧的时代，关注于对于自然的关怀、探讨人类如何与自然和解已变得刻不容缓。立足于这样的一种历史语境，不断探究、分析劳伦斯的自然观就更凸显出重要的社会现实意义。其一，他的自然观有着重要的历史传承作用；其二，他的自然观为今天寻求生态智慧的人们提供了一种源头性的价值；其三，劳伦斯的自然观具有一定的科学前瞻性，直至今日仍然具有强大的生命力和影响力。

---

① Del Ivan Janik, "D.H.Lawrence and Environmental Consciousness", *Environmental Review*, (winter)1983, NC:The Forest History Society and American Society for Environmental History, pp.359-372.

《1898：一个英国女人眼中的中国》的中国形象建构

首都师范大学　秦晓星

摘　要：西方女性来到中国，作为独特群体在清末民初的社会文化生活中扮演了特殊角色。其中来华女性作家笔下的中国是欧洲人眼中的"他者"，带有深刻的双极性。维多利亚时期英国女作家伊莎贝拉·伯德在其旅华写作《1898：一个英国女人眼中的中国》一书中，建构中国形象，同时将中国作为参照来考量自己的文化身份。

关键词：伊莎贝拉·伯德　女性传教士　中国形象　旅行写作

一　来华英国女传教士视野中的中国形象

中国形象，作为欧洲人对东方社会集体想象物的一种特殊表现形态，是欧洲人对"他者"的描述，它源于欧洲人的自我意识。所以，中国形象是那些来到中国或实际并未到过中国的欧洲人对东方文化现实的描述，带有一种深刻的双极性，即认同性和与其相辅相成的相异性。在他们看中国这个"他者"时，"他者"的形象也同时传递了他们自身的某些社会、文化形象。因为在他们个人、他们所身处的社会、国家、民族，或思想流派、社会舆论的层面上，中国形象不可避免地表现出欧洲人对这个"他者"的否定，以及对他们自身的补充和外延。

在19世纪初至20世纪初的近100年中，来华的欧洲旅行者是异域视野里中国形象的见证者与制造者，他们也通过旅行写作成为这个时期异域视野里中国形象的传达者。在这些旅行者中，女性旅者是一个独特的群体。她们往往具有多重身份，一些女性是作为外交官和商人的夫人，随丈夫来华，在京津沪等一些大城市、长江流域等地经商、驻足。另有一些是以女性传教士的形象和身份，在中国大西北的陕甘宁地区、长江流域如川渝地区、南下粤闽桂地区传教，她们在传教的同时进行游历和创作。

西方女性传教士，或传教士夫人来华，其目的是传播有别于中国传统宗教和伦理哲学思想的基督福音，然而客观上却给中国传统社会注入了一种新的理念和思维方式，进而影响到中国社会的妇女解放思潮，一定程度上促进了中国近代化进程。英国女性传教士来华旅行写作里的中国形象，若概括地说，包括四大方面：一、中国人的特性；二、中国女性地位与缠足；三、政府性质、司法制度与统治者、官员的素质、行为；四、国民的传统、生存环境与社会发展状况。这第四项可细分为宗教、习俗、礼仪、语言、文艺、娱乐等精神生活，以及诸如教育、军事、医学、卫生、城市建设、建筑、自然景观、农业生产、物产、商业贸易等物质文明两个层面。

这些女性来华传教士的旅行写作绝不是简单的视觉反馈，清政府对外国人的一系列政策以及传教士在华团体的组织性使来华旅行者常常与其他来华人士产生接触，或同伴而行，或接待陪同，因此她们在华受到的形象言说者的影响不能忽视。例如，本文研究对象伊莎贝拉·伯德（Isabella Lucy Bird Bishop, Mrs. Bishop, 1831—1904）独行的时间比较长（当然仆役和士兵除外），但许多时候也有同行者。她对旅行地区的了解许多是来自当地传教士和同伴的介绍，她曾强调过在华旅行中传教士的重要作用，她认为对一个旅行者来说，风土人情是颇具吸引力的，可在中国，要从中国人那里了解当地的风土人情，对一个外国人来说简直不可能，但传教士们却可以相当精确地描述教堂周围的一切。这种旅行方式自然产生了旅行写作中中国形象的先在讲述者，同时也是和声者。

二 伊莎贝拉·伯德的来华旅行写作

伊莎贝拉·伯德的身份特殊，既是英国维多利亚时代著名女性旅行家，历史上第一位英国皇家地理协会的女性会员，又是一位女性传教士。她早在22岁便开始旅行，行迹遍布北美、中东和亚洲，曾到过美国、加拿大、澳大利亚、波斯、库尔德斯坦、伊拉克、印度、朝鲜半岛、日本、摩洛哥等。1881年，伊莎贝拉·伯德与约翰·毕晓普（John Bishop）结婚，她于1896年来到中国时已然65岁高龄，创作了《1898：一个英国女人眼中的中国》[①]。作为来华的英国女性传教士，伯德在中国境内自然持续着她在其母国就已经具有的身份特征，在晚清和民初的中国经历着属于她的精彩。

伊莎贝拉·伯德是第一批来到中国的女性旅行者，受过良好教育，有着深厚的知识储备，这些条件成为她在建构中国形象时的有效资源和工具；此外，她在来到中国之前已游历过世界的许多地方，如北美、澳大利亚等地，这些旅行经历无疑也会对她的中国旅行形成参照。因此在她的旅行写作里，中国形象的生成空间并不仅仅在中英两国之间，而是具有更广阔的地理空间背景。

伊莎贝拉·伯德在中国穿越了长江流域和川藏地区，旅行历时7个月，曾到过上海、杭州、绍兴、宁波、镇江、芜湖、九江、汉口、沙市、宜昌、奉节、云阳、万县、间中、成都、宜宾、重庆、西藏等许多城市和地区。伊莎贝拉·伯德因其无畏的冒险精神和在地理考察方面做出的贡献，成为英国皇家地理学会第一位女会员。她在旅行期间出版了大量游记作品，1997年，伽内什出版社出版了11卷本的《伊莎贝拉·伯德游记全集》（*Collected travel writings of Isabella*）。

伯德来华，时值中国由传统农业社会向近代工业社会转型时期。19世纪末期，中国近代经济体系已初具雏形。《马关条约》签订后，义和团爆发前

---

① 伊莎贝拉·伯德：《1898：一个英国女人眼中的中国》，原为《扬子江流域及以外地区》（*The Yangtze Valley and Beyond*, 1898），武汉：湖北人民出版社2007年版。

夕，社会弥漫着"仇洋排外"的民族主义情绪。伯德作为女传教士，同时也以一个来自殖民国家的旅行者身份，在《1898：一个英国女人眼中的中国》中对中国的自然风貌、中国的社会文化和中国的男人女人都有着自己的解读。

三 《1898：一个英国女人眼中的中国》的中国形象建构

《1898：一个英国女人眼中的中国》原名为《扬子江流域及以外地区》(*The Yangtze Valley and Beyond*, 1898)。著作的价值不仅在于了解当时的社会民生，还在于西学的东渐，东学的西游，在于中西文化的碰撞和交融。从旅行目的和旅行者身份上来看，伊莎贝拉·伯德来华进行旅行考察，她自觉地从大英帝国利益出发，为英在华政治贸易扩张提供信息，是具有明确目的的考察者。

中国的山川河流给予了来华男女传教士们共同的审美愉悦，只不过在女性传教士的描述中，自有其独特的细腻与温馨。伯德所旅行的扬子江，因古有扬子津渡口而得名。扬子江原本只是指长江较下游的部分，但由于这是西方传教士最先听到的名字，"扬子江"（the Yangtze River）在英语中也就代表了整个长江。沿途中，伯德记录了清末旧中国时代的风土人情。如今许多已经消逝的景志、人物的面孔与生活状态，在伊莎贝拉·伯德那里得到了保留。

从1898年春开始，伯德历时15个月，先从长江出海口上海逆流而上，到重庆万县走陆路考察长江上游地区，最远到达马尔康的梭摩，然后在成都乘船至重庆，继而由重庆顺长江而下，返回上海。伯德在长江的头尾之间来来去去地长时间游历，长江及其周边流域的风光使她一次又一次为其兴奋、陶醉、痴迷。她用得最多的赞美长江流域风貌的词语"非常""不可名状"等这些英语语言中的"最高级"词汇，表现了绝对、完美的意义，极具女性情感丰富色彩。从宜昌以远，伯德进入长江上游，对三峡风光的描写，对江岸美景的倾诉，伯德更是极尽所能，"让我们叹赏了一整天"，"我从未看到如此令人兴奋的水景——激流奔腾,汹涌澎湃"①。当她弃舟走陆路穿过四川西部,伯德作为女性的细腻与倾情尽显无遗。她细数路旁有 37 种常绿植物,她默记山间有 7 种不同的松树,她用"仙境""与世隔绝""美不胜收"等来描述川西与西藏接壤的地方。一切的一切都让她叹为观止:"细微之处如此优美,以致很难看出和抓住美丽无与伦比的风景的显著特征。"②

伯德作为英国皇家地理学会会员,身份本身促使她在旅行和游记书写中倾向于科学缜密性,在为期 7 个月的中国旅行中,她试图对中国做一种全景式的人文地理考察,在游记中,每到一处,她都会花费大量笔墨描述当地的水文地貌、社会经济状况、出产物品、贸易前景等。这一特点在文字书写方式中的最简单突出的表现就是游记中不断出现许多精确的数字陈述,从旅行里程到气温差异,从棺材价格到鸦片进出口量,从地区土地面积到人口构成百分比,数字随处可见。这种科学精确的书写方式使得伯德的旅行写作更像是一部文辞优美的中国社会调查报告。

由于女性的身份特点,伯德和其他女传教士们所聚焦的中国文化,与丁韪良、林乐知、李提摩太等许多男性传教士们所关注的中国文化有不同的侧重。最吸引女教士们的,不是中国的思想文化,她们的女性视角主要集中在中国普通的民间文化、传统艺术,比如服装文化、饮食文化、桥文化、戏剧文化、语言文化等。

与一些男教士穿着中国服装传教一样,许多女教士也喜欢穿着中国服装进行传教、讲课活动。当然,和男教士一样,她们穿着中国服装传教的目的,自然是为了更好地融入中国社会,更快捷地传播上帝的福音。不过,女教士们穿着本土服装的原因不仅于此。从性别角度分析,作为女性,女传教士不仅为传教而着装,还因为她们对人类着装特有的敏感。伯德对杭州丝绸细致入微的描述,尽显女性对于服装艺术的独到见解:"有华丽的色彩和精致的图案,各种浓淡的靛青工艺,还有雅致的紫红色和浅灰色,织成洗丝绸;每洗

---

① 伊莎贝拉·伯德:《1898:一个英国女人眼中的中国》,武汉:湖北人民出版社 2007 年版,第 53 页。

② 伊莎贝拉·伯德:《1898:一个英国女人眼中的中国》,武汉:湖北人民出版社 2007 年版,第 55 页。

一次就变得更有光彩；厚实宽大的缎子，素色的和织锦的；我尤其赞赏的是色彩斑斓，底色深玄，绣有图案卖与中国男人穿的厚实丝绸极为精妙。"①

作为女性，男人和女人自然更是伯德这些女传教士们关注的重心。女性传教士远涉重洋来到东方的中国，在异乡土地上，她们见到了在外表、身形、气质、情感与自己本土如此不同的男男女女，女人特有的对人的敏感使她们把目光更多地停留在中国的男人和女人上。伯德有一个称职的翻译白廷，陪伴她走完中国的扬子江。女传教士身边的男人，能让传教士们近距离观察中国男人，得出她们作为西方女人、西方女传教士对中国男人的第一印象。伯德身边的白廷，身材高挑，模样端庄，虽脾气不好且傲慢，却是位尽职尽责的翻译和旅伴。在女教士眼中，这些中国男人其实跟她们本国的男人没有多大差异，都是一些有血有肉的普通男人。然而，当伯德以及其他女教士把中国男性作为整体，在远处观察和品评时，中国男人就有其自身的总体"特点"了。不管是富人还是穷人，只要晚上能躺在烟床上抽上几口鸦片，似乎人生足矣。在伯德看来，这些中国男人普遍没有远大理想，生活对于他们就是吃饭睡觉。需要指出的是，伯德也好，其他英国女教士也罢，她们对于中国男人的解读，都是站在自己作为西方人、西方女人、西方女传教士的角度，以自己的西方文化作为参照来完成的。

作为女人，西方女传教士们在中国的游历、传教过程中，会更关注与自己相同性别的中国女性。可以说，她们对于中国女性的注视是全方位的，由外及里，并且试图按照自己的思维模式来重塑中国现代女性。女人的天性使伯德对中国妇女的服装颇感兴趣。中国服装的质地、样式、绣花等与她本国的女性装束是如此的大相径庭，因而深深地吸引伯德对中国服装文化的猎奇心理。

作为女传教士，伯德更关注的是向内深入探究中国女性，她对中国女性所受的身心摧残深感震惊：女人从小就开始痛苦地缠足，未成年的穷苦人家的女孩被卖去做童养媳，做媳妇的女人是家庭中地位最低下的人。但伯德也有对粗鄙如船主老婆那样的中国女人的微词，如用"泼妇""暴躁"等字眼

---

① 伊莎贝拉·伯德：《1898：一个英国女人眼中的中国》，武汉：湖北人民出版社2007年版，第102页。

形容那个在寒冷夜晚,在伯德休息时仍然争吵、咒骂不停的船老大的女人形象。

缠足作为中国女性在西方社会中的一种突出形象代表,许多来华旅行写作中都出现了关于女性缠足的叙述。从对女性缠足一事的不同表达中,伊莎贝拉·伯德着眼于对中国女性缠足的社会状况分析,对三寸金莲的描述依然是数字化的"不超过 4 英寸长",① 她由女性缠足联系到当时的婚嫁风俗,并提及诗歌、散文和言谈中对"金莲"的美誉,文中虽表现出同情,但仍是一种不动声色的文化陈述,中国女性缠足成为伊莎贝拉·伯德的社会文化考察的一部分。

伯德对中国妇女的关注不仅止于同情和震惊,她为中国女性的处境愤愤不平,并试图为中国的男女平等做些事情。于是,她和其他女传教士们一起积极兴办女学,倡导女子教育,并用基督教男女平等思想来教育学生。无论女性传教士办学的真正目的如何,来华女传教士对近代中国妇女教育事业和妇女的觉醒都做出了一定的贡献。

四 结 语

19 世纪中晚期至 20 世纪初期西方女性传教士的东来,一方面是在履行其传教与文化侵略的职责;而另一方面,从近代中国妇女解放思潮的角度,她们在传教过程中给近代中国女性带来一定影响,成为影响近代中国历史进程的一支特殊的外来群体。在这个特殊群体中,英国女传教士通过在近代中国的传教经历,为中国带来了一些资本主义文化,并建构她们眼中的近代中国形象。英国旅华女传教士对近代中国社会文化的解读,说明在性别社会中,来华的传教活动有着性别特征,而女传教士自身在传教过程中对中国文化的认知达到了升华,同时将中国作为参照来考量自己的文化身份。

---

① 伊莎贝拉·伯德:《1898:一个英国女人眼中的中国》,武汉:湖北人民出版社 2007 年版,第 184 页。

《源氏物语》的女性分析

——以末摘花为中心

首都师范大学 唐晓可

摘 要：日本平安时代假名文学的代表作品《源氏物语》描述了光源氏和众多女性的爱情故事。物语以平安时代贵族生活为背景，呈现了丰富多彩的贵族生活，刻画了性格迥异的众多女性。作品中的主人公光源氏是一个近乎完美的人物形象，与其发生感情纠葛的女性，也是各有魅力，从不同的角度吸引这位贵公子。本文以物语中登场的末摘花为例，通过对其生平的分析，探究这样一位出身高贵，但家道中落，相貌丑陋的女性是如何在那个时代实现逆袭的。

关键词：光源氏 末摘花 迂腐 流放 再会

《源氏物语》成书于日本平安时代，成书时期据现有资料的考证大约是1000年左右。在以摄关政治为主导的平安时代，贵族文化得到了极大的发展繁荣。伴随着假名的出现，紫式部、清少纳言等女性作家创作出《源氏物语》《枕草子》等假名文学作品，日本本土文化的发展迎来了一个崭新的局面。

《源氏物语》所刻画的正是这一时期日本的贵族生活。物语的主人公光源氏，由于母亲出身低微，并且早逝的缘故，在宫中成了没有后援人的王子。父亲出于对他前途的考虑，让他娶了左大臣的女儿，并且降为臣籍。虽然失去了皇室贵族这种显赫的身份，但是身为大臣，其身份地位还是凌驾于很多人之上的。光源氏的感情生活可谓丰富，从情窦初开时暗恋自己的继母，到遇到一生的挚爱紫上，到最后娶了比自己儿子还小的公主。光源氏的感情世界从来没有单调过，即使在流放期间，虽然家中有紫上心心念念的等待，还是阻止不了他在流放地开展一段新的恋情。当然，光源氏的人物性格魅力也正在于此，虽然多情，但对于与其发生过关系的女性也很长情，并且都能使其善终。所以，单纯地把他解读为花花公子、玩弄女性的形象还是有些片面的，这也正是这个人物设置充满魅力的所在。

整个故事看起来似乎荒诞，但是在当时的历史环境中又合情合理。以光源氏为代表的贵族青年似乎每天的事情就是猎奇各种女性，增添自己恋爱故事的筹码。但是反观那个时代的女性，对自己的婚姻是没有自主权的。拿最开始嫁给光源氏的葵上来说，完全就是一个政治牺牲品。虽然作品中大多数女性对光源氏是欲罢不能的，但恐怕只有葵上是真心不喜欢光源氏的，从嫁给他那一刻起就不喜欢。光源氏被降为臣籍，是因为当时的天皇也就是他父亲为了他的前途着想，但是还要给他找一个强大的后盾，所以，选了能力只在皇族之下的左大臣。而让左大臣成为光源氏后盾的最好办法就是联姻，左大臣这时候也急需培养一个能增添自己羽翼力量的人来抗衡日益强大的右大臣一族。降为臣籍的皇子又成了他最好的选择对象。光源氏怀揣着对继母的痴恋，成人式刚结束就懵懂地进入了这段婚姻。但即便光源氏条件如此优厚，而葵姬却对其不屑一顾。原因就在于，身为左大臣的女儿，她最好的出路本应是入宫为王妃，想必葵上从小受到的教育也都是这样的。一旦能够入宫为妃，紧接着就要为壮大家族的势力而殚精竭虑。这在当时恐怕是作为一个女子最为自豪，并且能够掌握自己命运的时候。而左大臣的女儿心怀这样的梦想，却莫名其妙地嫁给了光源氏，所以内心的失落可想而知，对光源氏那是万万爱不起来的。可以看出，在那个时代，特别是贵族的婚姻往往是以互惠为原则，女子的恋爱也一定是要建立在为自己找一个依靠的基础上，不然婚姻也是毫无意义的。

一 "雨夜品评"中的女子评价

在那个时代什么样的女子才是男子理想的恋爱结婚对象呢？在帚木卷的"雨夜品评"中，有过经典的描述。其中将女子分为三个等级，"有的女子出身高贵，宠爱者众，缺点多被隐饰；闻者见者，自然都相信是个绝代佳人。其次，中等人家的女子，性情如何，有何长处，别人都看得到，容易辨别其优劣。至于下等人家的女子，不会惹人特别注意，不足道了"①。出身高贵的女子，由于其显赫的家世，自会受到良好的教养，但是奇货可居。中等出身的女子虽然不同但可分出优劣，下等人家的女子自然不会引起这些贵公子的注意。看这样的标准，中等人家女子的范围似乎弹性更大一些，由于其数量相对多，而且素质参差不齐，在这里面找到心仪的对象对于贵公子们来说更能满足他们的猎奇心。

那中等女子又是如何区分的呢？"无论何等升官发财，本来门第并不高贵，世人对他们的期望总是两样的。还有，从前门第高贵，但是现在家道衰微，经济困难了；加之时势移变，人望衰落了，心中虽然还是好高，但是事与愿违，有时会做出不体面的事来。像这两种人，各有各的原因，都应该评定为中等。还有一种人，身为诸国长官，掌握地方行政，其等级已经确定。但其中又有上中下之别，选拔其中等的女子，正是现时的好尚。还有一种人，地位不及公卿，也没有当过与公卿同列的宰相，只是有四位的爵位。然而世间的声望并不坏，本来的出身也不贱，自由自在地过着安乐的日子。这倒真是可喜的。这种家庭经济充足，尽可自由挥霍，不须节约；教养女儿，更是郑重其事，关怀无微不至。这样成长起来的女子之中，有不少才貌双全的美人呢！此种女子一旦入宫，侥幸获得恩宠，便享莫大幸福，其例不胜枚举。"②

可以看出，在这些贵公子的眼中，身份高贵、受到过良好的教育、口碑声望好的女子，被封为上等女子，数量屈指可数，有些也不是这些贵公子能

---

① 紫式部：《源氏物语》，丰子恺译，北京：人民文学出版社1982年版，第22页。
② 紫式部：《源氏物语》，丰子恺译，北京：人民文学出版社1982年版，第23页。

够染指的。出身卑微的下等女子他们不屑一顾。只有位居中间的中等女子，由于出身以及后天受到的教育会因为家庭的变动而变化，所以素质不会很一致，但是有时候会给人惊喜。

二　末摘花物语

（一）初闻

光源氏和末摘花的相识缘于光源氏乳母的女儿大辅命妇的牵线搭桥。"已故的常陆亲王晚年生下一个女儿，非常疼爱，悉心教养。现在这女儿死了父亲，生涯十分孤寂。"① 这就是对于末摘花最开始的介绍。光源氏听闻有这样的女子，出身高贵，又是无人照顾的孤女，自然好奇心大起。由于常陆亲王琴艺闻名，所以想以听琴为名接近她。但是听过之后发觉并没有特别的高明之处。想再听听仔细品味之时，又受到大辅命妇的阻拦，这些都让光源氏对末摘花产生了极大的兴趣。当光源氏发现除了自己，其他的贵公子也在觊觎末摘花的时候，好胜心又让他欲罢不能。当他给末摘花写去书信时，迟迟没有等到末摘花的回复，这些又吊足了他的胃口，觉得末摘花的这种矜持正是她的魅力所在。殊不知，这些只是末摘花迂腐、不通世事的表现罢了。

（二）初见

在末摘花的遮遮掩掩和光源氏的狂追不舍下，两个人终于有机会在一起。共度春宵之后，光源氏看到的末摘花是这个样子的："首先，她坐着身体很高，可知这个人上身是很长的。其次，最难看的是那个鼻子。这鼻子首先映入人目，很像普贤菩萨骑的白象的鼻子。这鼻子又高又长，尖端略略下垂，并带红色，特别教人扫兴。脸色比雪还白，白得发青，额骨宽得可怕，再加下半边是个长脸，这整个面孔就长得稀奇了。身体很瘦，筋骨棱棱，形甚可

---

① 紫式部：《源氏物语》，丰子恺译，北京：人民文学出版社1982年版，第131页。

哀。肩部的骨骼尤为显露，衣服外面也看得出，教人看了觉得可怜。"① 再看看她的穿着："这位小姐身穿一件淡红夹衫，但颜色已经褪得发白了。上面罩一件紫色褂子，已旧得近于黑色。外面再披一件黑貂皮袄，衣香扑鼻，倒很可喜。这原是古风的上品服装。然而作为青年女子的装束，到底不大相称，非常触目，使人觉得稀罕。"② 不用说，"犹抱琵琶半遮面"的末摘花终于露出了"庐山真面目"，这一切似乎很好地解释了末摘花之前的行为和光源氏的"误解"。光源氏听到她琴声觉得没有什么太大的惊喜，而实际上末摘花的琴艺不过如此，中规中矩地学过，但是并没有遗传父亲的天分。至于，迟迟不回复光源氏的信件，只是由于胆怯和不知道该怎么办而已，以致身边的侍女都觉得她做得不够礼貌。这些被光源氏"误解"为是一个矜持内敛的大家闺秀的行为，实在相差甚远。但是即使光源氏看到如此的末摘花，还是承诺要好好地照顾她，让末摘花的侍女觉得有了如此出色的公子做靠山，大家都喜不自禁。末摘花自不必说，从此心里只有光源氏一个人。

（三）重逢

末摘花遇到光源氏之后，在他的接济下，生活有所依靠。但是好景不长，光源氏被流放须磨，京中的一切事物都已经无暇顾及，更不用说末摘花。在这个过程中，末摘花的生活逐渐潦倒，只剩下与老宅相伴。有人劝其变卖老宅的物件以支持生计，但是末摘花以是祖辈留下之物不可变卖之由，坚决拒绝变卖。近亲劝其抛弃老宅另谋生存之所时，她也以要守住老宅为由，拒绝离开。她心里想的只有一件事"今虽如此，但再过几时，他总有一天会想起我来吧？他对我曾有真心诚意的誓约，只因我身命运不济，以致一时被他遗忘。将来设有好风吹送消息，他闻知了我的窘况，一定会来访我"，末摘花只为了在老宅等待光源氏的再度拜访，这段内心独白，让人十分动容。

光源氏从须磨回来后，一时风光无限。虽然偶尔会想起末摘花，但是并没有急于访问，在他心中，末摘花应该生活得很好。没想到在一次出行中偶然经过末摘花的宅邸，发现破败的景象很是触目惊心，派人打探发现末摘花

---

① 紫式部：《源氏物语》，丰子恺译，北京：人民文学出版社1982年版，第143页。
② 紫式部：《源氏物语》，丰子恺译，北京：人民文学出版社1982年版，第144页。

依旧住在老宅中，生活落魄不堪。这让光源氏心中五味杂陈，同情末摘花的境遇，也感动于末摘花的坚贞。光源氏帮助末摘花整饬荒芜的宅邸，对末摘花的照顾体贴入微，并承诺将来自己的房屋修筑完毕后接末摘花过去同住。以为末摘花失宠而散去的侍女重新回来，末摘花的生活又回归于前，并在老宅又住了两年后，迁居光源氏的二条院东院。至此，末摘花算是在和光源氏的爱情中有了善终。

三 末摘花的逆袭

末摘花这个人物形象在源氏物语中占有很重要的位置。正是这样一个出身好，但性格迂腐的丑女的出现，让我们更加清楚地看到了那个时代两性关系的存在方式。试想如果末摘花的父亲还健在，定会为自己的女儿寻一个门当户对的婆家。但是末摘花丑陋的相貌以及迂腐的性格、奇怪的审美，很难被哪个男人真心对待，即使嫁得门当户对，也未必会得到幸福。末摘花很不幸，父亲去世，自己没有了靠山，只能在老宅里等待上门求爱的公子。她又算是幸运的，等来了光源氏这个貌美无双身份高贵的公子。以至末摘花身边的人都为末摘花觉得高兴。但是光源氏的流放使末摘花安定的生活失去了保障，一度陷入窘迫。当大家都觉得光源氏大势已去，末摘花应该另寻生计的时候，她却拒绝了一切可能性，顽固地在老宅里等待光源氏的回归。最终她的结果是美好的，起码如她所愿。

末摘花在之后的生活中，还是中规中矩地做自己，每每做出些迂腐的行为，让光源氏哭笑不得。同样是孤女，紫上聪慧美丽，是光源氏培养的理想伴侣，但最后却郁郁而终。明石姬虽然晚年还算幸福，但是是用背井离乡和跟女儿的分别换来的。只有末摘花，用自己的坚持换来了有光源氏庇护的下半生。

在这里我们可以重新审视下平安时代的婚姻结构。"在当时，一个男子法定的妻子也只有一个。由两个家庭谈妥后，再举行由亲族们认可的结婚仪式。像这种得到法律和社会认可的妻子只有一人，被称为'嫡妻（正妻）'。只是，与现代不同的是，当时社会允许男性在'正妻'之外，拥有为数不少的妾。这些如夫人没有法律保障，一旦男子的感情淡泊了，就比较容易被解除关系，很不稳定。"① 从这段描述我们可以看出，末摘花在和光源氏的这段关系中，只能算是妾或者情人的身份，是两性关系中很不稳定的。光源氏可以在感情淡泊后放弃对她的照顾，她也可以另寻庇佑。综上所述，在平安时代施行的走婚制度中，男女在恋爱婚姻问题上似乎有很大的自由度。但通过对末摘花的描写来看，对于忠贞的肯定又显现在作品的字里行间。

四　小　结

在考察末摘花和光源氏的关系时，可能会产生这样的疑问，末摘花是"爱"光源氏才能做到从一而终的吗？是在末摘花的感情中，看不到光源氏的另一个情人六条御息对光源氏爱过之后所产生的那成魔般的嫉妒，也看不到紫上般的在命运中的叹息，更看不到如明石姬般的算计。末摘花对光源氏一定是心仪的。因为在她看来她和光源氏留下的都是美好的回忆。以致，她曾经那么不想搬离她的老宅，但当光源氏要她去和自己同住时，她毫不犹豫就答应了（这也说明了她在光源氏心中再不仅仅是一个妾或者情人）。她也从没有因为自己的长相而看轻自己，即使周围人都觉得光源氏不会再来了，只有她坚信光源氏会想起她。即使光源氏在久违之后重新访问她的宅邸时，她的状况极其窘迫，也没有想要马上见到光源氏，而是觉得这个邋遢的形象见人不大礼貌。末摘花一直中规中矩地守着那个时代女子应该有的德行，所以，她的"爱"里面没有嫉妒，只有忠贞。末摘花虽然相貌丑陋，迂腐守旧，但是她身上有深深的大家闺秀所接受的传统教育的烙印。通过这个人物，我们可以看到在作品中似乎要传达给我们这样的一种观点：与容貌相比，近乎迂腐般的忠贞更容易让女性获得幸福。这种形象似乎更符合那个时代的价值观。

---

① 山口仲美：《男人和女人的故事——日本古典文学鉴赏》，张龙妹译，北京：商务印书馆2004年版，第5页。

四镜的"镜"意识

日本广岛大学　李莘梓

摘　要：本文以四镜为研究对象，首先介绍了四镜的概况以及镜物这一文体的特征。而后通过四镜与《贞观政要》《百炼镜》中的"镜"意识进行比较，对四镜的"镜"意识进行解读。本文意在弥补先行研究对于"镜"意识的空缺，通过对"镜"意识的解读，从而加深对这一文体的整体理解。

关键词：四镜　"镜"意识　《百炼镜》　《贞观政要》

一　前　言

所谓四镜，是指从平安末期至室町时期出现的《大镜》《今镜》《水镜》《增镜》四本书的总称。这四本书的书名中，都包含有"镜"这个字。这类文学也被统称为镜物。在这四本书中，分别对"镜"这个概念进行了或清晰或模糊的阐述。然而，对于镜物中"镜"的意义，先行研究中少有提及。即使存在相关研究，也单纯地认为其与《贞观政要》任贤第三之中唐太宗所提及的"夫以铜为镜，可以正衣冠。以古为镜，可以知兴替。以人为镜，可以明得失"鉴戒思想相同。本文以四镜为研究对象，旨在对四镜的"镜"意识进行解读，从而加深对这一文体的整体理解。

二　所谓四镜

（一）《大镜》

四镜的第一部作品是《大镜》，它成书于平安末期（1120年前后）。关于《大镜》的作者，至今尚无定论。《大镜》主要讲述的是万寿二年（1025年），云林院的菩提讲开始之前，在等待讲师讲经的过程中，自称190岁、曾经服侍过班子女王的大宅世继和自称180岁、曾经服侍过藤原忠平的夏山重木讲述了从文德天皇继位（850年）至后一条天皇万寿二年期间的176年的历史。在两人讲述的过程中，一位年轻侍从对一些问题进行提问并表达了自己对某些事件的看法。法会结束后，作者将整个过程进行整理，写成了《大镜》这部书。

《大镜》采用纪传体的方式进行记述，全文一共六卷。第一卷讲述的是从文德天皇继位至后一条天皇之间的天皇家的历史。第二卷至第五卷，讲述了从藤原冬嗣开始到藤原道长为止的藤原家位极人臣的历史。第六卷讲述了大宅世继和夏山重木过去的亲身经历。从《大镜》各卷所占的比重来看，作者记述的核心是以藤原道长为中心的藤原家大臣们的事迹。

（二）《今镜》

继《大镜》之后，四镜的第二部作品《今镜》于平安末期（1170年前后）应运而生。关于《今镜》的作者，至今尚无定论。《今镜》主要讲述了作者及朋友在参拜长谷寺后，打算去往大和国继续参拜佛寺。在树荫避暑之时，众人遇到了一位老妪。老妪自称是《大镜》讲述者大宅世继的孙女，曾经服侍过藤原道长的夫人源伦子，与当时服侍藤原彰子的紫式部关系很好。在众人的提议下，老妪承接《大镜》讲述了自己从后一条天皇万寿二年至高仓天皇嘉应二年（1170年）的见闻。此后，作者将老妪讲述的内容进行整理，写成了《今镜》这部书。

《今镜》采用纪传体的方式进行记述，全文一共十卷。第一卷至第三卷讲述了从后一条天皇至高仓天皇时期发生的大事件，其中重点介绍这个时期举行的文化活动。第四卷至第六卷讲述了这一时期藤原家主要人物的故事。第七卷讲述了源氏家族的人物故事。第八卷讲述了各位亲王的人物故事。第四卷至第八卷的人物故事，主要以每个人的文化修养为核心进行讲述。第九卷讲述了这一时期的一些逸事。在第十卷中，众人针对《古今集》成立年代和《源氏物语》作者紫式部的堕落地狱说，向老妪进行发问，老妪随之一一作出解答。从《今镜》整体来看，作者记述的核心是院政期文化史。

(三)《水镜》

继《今镜》之后，《水镜》成书。《水镜》写作年代大致为12世纪末，此时正值新旧时代（平安时代与镰仓时代）交汇之际。关于《水镜》的作者，至今尚无定论。《水镜》主要讲述了老妪在参拜长谷寺的夜晚，遇到了一位修行者。修行者向她讲述了自己的一段经历。一年前在葛城修行的某天夜晚，修行者遇到了一位老翁模样的仙人。仙人向他讲述了自己从神武天皇到仁明天皇期间的约1522年的历史见闻。修行者向老妪讲述的正是仙人讲述给他的那段见闻。与修行者分别后，老妪将听闻的内容记述下来，写成了《水镜》这部书。

《水镜》采用编年体的方式进行记述。上卷讲述了从第一代神武天皇至二十一代钦明天皇的历史。中卷讲述了第二十二代天皇敏达天皇至第四十七代孝谦天皇的历史。下卷讲述了从第四十八代废帝至第五十五代仁明天皇的历史。从《水镜》整体来看，作者记述核心是上代到仁明天皇期间的一段完整的历史。相比围绕着各个历史人物展开的《大镜》《今镜》，《水镜》更加注重历史本身。

(四)《增镜》

在《水镜》完成后的一百多年间，并没有其他的镜物作品问世。直到室町时期，四镜中最后一部作品《增镜》才得以问世。关于《增镜》的作者，目前尚无定论。《增镜》主要讲述了在释迦牟尼佛忌日，《增镜》的作者到嵯峨的清凉寺参加法会。在法会上作者遇到了一位老妪，听她讲述了从治承四年（1180年）后鸟羽天皇诞生至正庆二年（1333年）后醍醐天皇从隐岐返回京都的154年间的事件。由于《增镜》缺少最后章节，其成书的经过我们不得而知。但通过前三镜，我们大概可以推测出，《增镜》的作者在听闻了老妪的讲解之后，将其记录下来，写成了《增镜》这部书。

《增镜》目前传世的有两种版本，一种版本为十七卷本，通称为"古本系"；一种版本为十九卷本，通称为"流布本系"。二者的重大区别在于对后嵯峨天皇继位以及后嵯峨天皇院政时期的描写。一般认为"流布本系"是以"古本系"为原本，在其基础上进行了一些改动和内容的增加。两个版本于14世纪中叶均已成形。①

《增镜》采用了编年体的方式进行记述。全文大体由三部分组成。第一部分是以后鸟羽天皇为中心展开的记述。第二部分是以后嵯峨天皇为中心展开的记述。第三部分是以后醍醐天皇为中心展开的记述。在记述历史的形式上，《增镜》承袭了《水镜》，采用了编年体的方式。但在内容上，《增镜》承袭了《今镜》，用很大的篇幅描写了历史事件中的文化大事件。

综上所述，我们可以看出四镜，或者说是镜物文学的几个特点。第一，镜物文学与历史相关，记述的是某个历史时期的历史人物和历史事件。第二，镜物文学不同于历史书，是用文字记载口述的历史。纵观四镜，我们不难发现，作者们在历史讲述的场景设定以及人物设定方面下了很大的功夫。他们力求为自己想表述的历史及历史观塑造适合的讲述者和倾听者（记述者）。一方面，作者们通过塑造人物，让他们讲述自己的经历，力求让讲述的历史更有说服力。另一方面，作者们则是通过记录别人讲述历史的形式，规避了讲述内容与史实出现龃龉时作者所要承担的责任。即，作者所记述的，只是从其他人那里听来的历史，并不代表作者个人的历史认识及观点。被记述的历史即使并不符合史实，也并不是作者的责任。或许正是因为这种矛盾的心理，作者们才在记述历史时选择这样一种文体。

---

① 井上宗雄译注：《增镜全译注（下）》，东京：讲谈社学术文库出版部，1979年，第386—387页。

三 四镜的"镜"意识

(一)《大镜》的"镜"意识

在四镜中,基本上每一部作品都有对"镜"的意义的阐述。在《大镜》中,第一卷的最后,在大宅世继讲述从文德天皇到后一条天皇间天皇家的历史之后,夏山重木发表了如下感想。

> 您讲得真是太好了。您讲述的天皇家的故事就好像是被映照在镜子中一样清晰。想必您即将讲述的大臣家历史也是这样。这些年,对于历史我如同被困在黑暗中一样并不清楚。您的讲述犹如打破黑暗的朝阳。历史的脉络在我脑中逐渐清晰。就仿佛,曾经的我一直在用家中女子们放在装饰盒中多年未曾研磨的镜子来自视。而现在的我则是面对着一面研磨得十分清晰的镜子,一方面看到镜子中自己垂垂老矣的相貌感到羞愧,另一方面则是看到了从之前模糊的镜子中从未看到过的新奇的景象。①

在这一部分中,夏山重木将大宅世继讲述的历史评价为"像映在镜子里一样清晰"。也就是说,夏山重木将大宅世继比作反射历史的镜子,从镜子里映出的、被人们所看到的"历史"也就是自己听到的历史。

接下来的部分,夏山重木作和歌赠送给大宅世继。诗云:"今日逢明镜,古今事明了。"② 大宅世继也回赠了夏山重木一和歌:"听君一语,天皇家事。如观古镜,一览无余。"

---

① 河北腾译注:《大镜全注释》,东京:株式会社明治书院,"古代镜论",2008年,第61—66页。

② 夏山重木原和歌为"明らけき鏡に逢へば過ぎにしもいま行末の事も見えけり",大宅世继回赠原和歌为"すべらぎの跡も次々隠れなくあらたに見ゆる古鏡かも"。

佐藤球在《大镜详解》① 中,对两人的赠答诗进行了如下的解释。

> 书名《大镜》,正是由此处得来。书名中"镜"来源于《贞观政要》中唐太宗的话:"以古为鉴,可以知兴替。以人为鉴,可以明得失。"鉴,一作镜。

佐藤球氏认为,书名《大镜》中的"镜"字来源于《贞观政要》。但是仔细分析大宅世继和夏山重木的和歌,以及前文提到的夏山重木对大宅世继讲述的历史的评价,我们不难发现,书名《大镜》中的"镜"实际上指代的是讲述者大宅世继,可以说是"以人为镜"。而不同于《贞观政要》中的"以人为镜,可以知得失",在《大镜》中体现出的是"以人为镜,可以知古今"的概念。两者相比较而言,《大镜》中"镜"的概念与《贞观政要》的鉴戒观念相去甚远。那么《大镜》、乃至于镜物中"镜"的概念是如何产生的呢?关于这个问题,可以通过对第二部作品《今镜》的"镜"进行分析,从而得出结论。

(二)《今镜》的"镜"意识

《今镜》是四镜的第二部作品。前文已经提到过,在讲述历史的场景设定上,《今镜》承袭了《大镜》的设定。《今镜》的讲述者为《大镜》讲述者大宅世继的孙女,名为菖蒲。在《今镜》中,关于"镜"的概念与讲述者菖蒲相关。菖蒲曾在《今镜》中这样讲述自己的身世:

> 我年轻时曾经在宫廷里做事。也曾经作过不少汉诗和和歌。我曾服侍过上东门院藤原彰子的母亲源伦子,而那时,服侍上东门院的正是被称为式部君的越国国司的女儿(紫式部)。那个时候,式部君听说了我的名字,便问我是不是出生在五月五日那天。我告诉她,我确实出生在那天。那时我母亲正在志贺附近,在船上生下了我。式部君说,这么说来,你的生辰,正像白居易诗中写到的那样"五月五日生于舟中烟波之上"。

---

① 佐藤球:《大镜详解》,东京:明治书院,1927 年,"帝纪余谈",第 85—90 页。

另外,你是生于午时吗?我告诉她,我父母说过我生于午时。式部君说,那你正是"百炼铜"啊。白居易的诗中曾经说过"鉴古鉴今",把你称为"古镜"感觉不太合适,就把你称为"今镜"吧。看你年纪尚轻,也可以把你称为"小镜"。①

从这段文字中,我们不难看出,《今镜》的讲述者菖蒲与白居易笔下的"百炼镜"存在着某些相似之处。海野泰男②、森正人③都曾经在论文中论证过两者的相似性。

首先,让我们先来看看白居易的《百炼镜》中是如何描写百炼镜的。

> 百炼镜,镕范非常规,日辰处所灵且祇。
> 江心波上舟中铸,五月五日日午时。
> 琼粉金膏磨莹已,化为一片秋潭水。
> 镜成将献蓬莱宫,扬州长吏手自封。
> 人间臣妾不合照,背有九五飞天龙。
> 人人呼为天子镜,我有一言闻太宗。
> 太宗常以人为镜,鉴古鉴今不鉴容。
> 四海安危居掌内,百王治乱悬心中。
> 乃知天子别有镜,不是扬州百炼铜。

(《白氏文集》卷第四 讽喻四)

百炼镜是在五月初五午时的江中制造而成的,菖蒲也是五月初五午时的江中出生的。通过比较菖蒲的身世和《百炼镜》,我们可以看出:《今镜》作者在创造菖蒲的身世时,借鉴了《百炼镜》中的内容。海野泰男氏认为:《今

---

① 海野泰男译注:《今镜全释(上)》,东京:株式会社福武书店1982年版,"序",第13页。

② 海野泰男译注:《今镜全释(上)》,东京:株式会社福武书店1982年版,第15—16页。

③ 森正人:《场的物语论》,东京:若草书房2012年版,"Ⅳ今镜",第147页。

镜》作者想要突出表现的是"鉴古鉴今"之镜,但在《百炼镜》中已明确说明,"鉴古鉴今"之镜并不是百炼镜,而是能够映射出古今成败的镜子。这说明《今镜》作者并未完全理解《百炼镜》这首诗。① 然而,作者可以在借用百炼镜设定的同时,表达《今镜》中"镜"拥有"鉴古鉴今"的作用,这两者并不矛盾。

另外,《百炼镜》中虽然提到"人人呼为天子镜,我有一言闻太宗。太宗常以人为镜,鉴古鉴今不鉴容",但实际上《百炼镜》中所表达的"镜"的含义已经与前文中所提到的《贞观政要》中唐太宗的鉴戒观有所偏离。《百炼镜》中表现的"镜"的含义实际上是"以人为镜,鉴古今"。这个思想与前文提到的《大镜》的"镜"意识相吻合。

同样,这个思想也与《今镜》中的思想相吻合。从紫式部和菖蒲的对话中,我们可以看出《今镜》的作者将菖蒲作为"镜"。通过历史的亲历者菖蒲的讲述,真实的历史被菖蒲这面镜子反射到读者的眼前。然而,历史并不是完整地被复制到读者面前,读者只能通过讲述者菖蒲的视角,看到菖蒲眼中的历史,也就是看到镜子中映射出的历史。

综上所述,通过对《大镜》《今镜》《贞观政要》《百炼镜》的分析,我们不难看出,与《贞观政要》相比《百炼镜》的"镜"意识对《大镜》《今镜》的影响更为深远。

(三)《水镜》与《增镜》的"镜"意识

在《水镜》的跋文中,作者对自己的写作意图进行了如下阐述。

> 《大镜》也是普通人所写成的书籍,并没有达到佛的"大圆智镜"的境界。而比起《大镜》,我所记录的历史即使不能正确地反映出真实情况,也能够像水倒映出物体那样,显现出过去曾经发生过的事件的影像。②

在《水镜》中,作者将自己记述的历史等同于映照在水中的曾经发生过

---

① 森正人:《场的物语论》,东京:若草书房,2012年,"Ⅳ今镜",第147页。
② 金子大麓等译注:《水镜全注释》,东京:株式会社新典社,1998年,第452页。

的事件的影像。而按照《水镜》的设定,作者记述的历史,正是修行者讲给老妪的历史。修行者正是反射历史的镜子。由此可以推断,《水镜》的"镜"意识与前两镜相同。

在《增镜》中并未找到明显表现其"镜"意识的部分。但讲述者老妪在开始讲述历史之前,首先回顾了前三镜,表达了自己效仿前人讲述历史的意愿。由此可以推断,《增镜》中虽未能明确表达"镜"意识,但表达了对前三镜的认同及承袭。另外,《增镜》的讲述方式同前三镜相同。历史的亲历者老妪向记述者讲述自己的见闻。故而,在《增镜》中也可以把老妪理解为反射历史的镜子。

综上所述,四镜的"镜"意识在《百炼镜》的"以人为镜,鉴古今"的基础上进行发展,形成了一种全新的"镜"意识。即,"真实的历史"映射到一面被称作"亲历历史之人"的镜子中,反射出"亲历历史之人眼中的历史"的影像。原本无法直接观看的历史,以"亲历历史之人"为媒介,呈现在读者眼前。

四 结 论

镜物作为记述历史的一种文体,其特征主要体现在讲述历史的场景和人物设定上。作者为了体现讲述内容的真实性,塑造了熟悉历史的老人,通过他们来讲述历史。另外,作者以这种方式记述历史,规避了在记述历史事件时出现错误的风险。

同时,这种设定,体现了新的"镜"意识。这种新的"镜"意识,来源于《百炼镜》的"以人为鉴,鉴古鉴今"。在新的"镜"意识中,存在两个历史的概念。即客观的历史映射在讲述者这面镜子上,反射出了讲述者视角中的"历史"。换言之,通过这样的设定,将客观的历史,变化为主观的历史。同时,因为镜自身具有的视觉化效应,将讲述者比作镜子,意在将记述历史的文字,转化为影像,呈现在读者面前。这也正是镜物问题最大的特点。

彼得·凯里小说中的隐喻及其审美意义

首都师范大学　张晓宁

摘　要：彼得·凯里是澳大利亚后殖民主义作家的代表。他时常利用隐喻的不确定性来重新阐释历史，并在阐释的过程中构建澳大利亚的文化身份。这使得他作品中的隐喻富有独特的审美意义——通过创建隐喻语词或赋予隐喻模糊的意义指向来在阐释的过程中完成隐喻对政治和历史的阐释作用。

关键词：彼得·凯里　隐喻　阐释　审美意义

将隐喻的意义指向作为凯里作品中最重要的审美研究对象由凯里的后殖民作家的身份决定，以及他在作品中极力要表现的阐释历史的意义指向，并通过阐释历史重新建构多元文化主义下的澳大利亚后殖民文化，并在阐释的过程中寻求指导历史社会发展规律以求得政治与道德的平衡点的社会责任。

戴维·E.库珀在其著作《隐喻》当中就引用了意大利作家、未来主义创始人马里内蒂的话来说明隐喻的不确定性："隐喻不是那种几乎与照相相同的……直接类比。"[①] 对于隐喻的不确定性，库珀分析了隐喻意义和言说者相

---

① F.T. Marinetti, "Destruction of Syntax – Imagination without strings – Words – in – Freedom", in Appollonio, ed. *Futurist Manifestos*, Thames and Hudson, 1973, p.100.

互的关系中的三种可能性①,并阐明隐喻意义的不确定性来自言说者的不确定性。他引用美国分析学家赛尔的话对这三种可能性进行了阐明。"首先,我们可能忽略了言说者实际上所意向的内容。"塞尔形象地对此作出了解释,"当罗密欧说'朱丽叶是太阳'时,他可能意味着一系列的东西。""其次,言说者的意向本身就可能是不确定的或'开放的'。""言说者说 S 是 P,但他隐喻地意味着一系列不确定的意义,S 是 R1,S 是 R2,等等。最后,可能的言说者可能通过这个隐喻言说意味着某种截然不同的东西。"② 于是,对于隐喻意向和言说者的关系的三种分析便在一定程度上体现了隐喻可以作为阐释历史的有力手段的主要契机是隐喻的不确定性。同时隐喻的自主性不仅增加了它意义的不确定性,同时体现了文学作品的创作者在运用隐喻叙述情节并阐释的时候,从新历史主义角度来看,这种隐喻实际上充分地表现了历史的文学性。换言之,新历史主义下的隐喻在其言说者表现其意向的时候,历史的文学性得到了极大的发挥,而在隐喻中挖掘出的意向也实现了文学对历史的能动作用,历史的文学性在文学作者的隐喻实践中得到了最大限度的实现,并通过"阐释、重写、篡改、构建"在历史中起到了对历史及文化建构的能动作用。

隐喻意义的言说者在一定程度上对这个隐喻的意义有比较大的自主性和能动性。这也为如凯里一般的后殖民作家在通过文学作品彰显民族特征和构建文化身份提供了新的方向,传统的后殖民书写往往通过解构主义写作手法以及文字上的处理——故意拼错词、沿用澳大利亚土著语言和将澳大利亚白人英语与土著语混合而造出新词等。而透过塞尔对隐喻言说者和隐喻意义之间关系的解释,特别是第一种诠释,打破了传统语义学和符号学对隐喻意义指向之约定俗成的解释,自主地有意识地发挥"一系列不确定的或开放的"意义,便很有可能成为使文学能动地影响历史和文化并建立后殖民文化身份的有力武器。

---

① 库珀(Cooper, D.E.):《隐喻》,郭贵春、安军译,上海:上海科技教育出版社2007年版,第72页。

② 库珀(Cooper, D.E.):《隐喻》,郭贵春、安军译,上海:上海科技教育出版社2007年版,第72页。

当然，在言说者——在这里主要是指文学作品的创作者——表达隐喻意义的过程中也体现了文学的历史性，即如前所述塞尔对隐喻意义与其言说者关系的第二种分析。库珀作为哲学分析家剖析了隐喻语义学以外的意义或隐喻意向。他在《隐喻》一书中说道，"一个隐喻一旦被说出，就像一首发表的诗和一幅展出的画那样'属于'世界了。言说者、诗人或画家并不具有排他性的解释权，甚至当他们进行解释时也无须模仿一开始编造这个隐喻时所具有的意向"。①

　　这也可以理解为在一系列言说者设计的隐喻的意义中，有一些是在言说者的"计划之中的"，而一旦成为"成品"交于"世界"去理解和解读，预先的"计划"有的会实现，有的会随时间和地域不同而偏离、扭曲，甚至背道而驰。这都是有可能的。而这种理解、阐释并对本身隐喻意义的能动作用的过程也体现了隐喻的阐释性。因此，新历史主义下的历史是在"阐释"过去的过程中的当代活动，其最终目的是建构"当下"，并试图找到指导文化社会发展的一般规律。在这种角度下的历史是具有不确定性、阐释性的，它更看中阐释者的意义指向，并在此基础上发挥的文学对文化的能动作用。如前所述，隐喻的不确定性和阐释性使得它多为文学创造者所用，从而建构特定的文化认同和社会秩序。隐喻从它被使用开始就和文化和政治有着颇为密切的关系。而它主要的审美意义就体现在其阐释性上。

　　对于隐喻当中体现出的历史性和阐释性以及对社会文化的能动作用，康德的评价简练而精辟，他认为："隐喻的价值在于提供某种据以反思的规则。"② 这种反思不是单纯地、被动地成为历史的镜子，而是一种从阐释活动中总结出的规则，而这规则不是约定俗成、一成不变的，更不是一个言说者能够独占绝对话语权的。库珀将康德的评价作了进一步解释——如果我们的反思取决于我们所认为的那些最初的新词创造者头脑中所具有的东西，那么这种价值就会消失。这也就是表示，在隐喻的运用过程中，往往更加值得关

---

① 库珀：《隐喻》，郭贵春、安军译，上海：上海科技教育出版社2007年版，第73页。

② 库珀：《隐喻》，郭贵春、安军译，上海：上海科技教育出版社2007年版，第75页。

注的不是隐喻中语词的精妙和作为话语组成的语义学意义，而是言说者的隐喻意向，以及这种意向在形成、变化的过程中完成的阐释和作用于文化建构上的意义。

综上所述，隐喻具有不确定性和阐释性，它的阐释功能体现在它的历史性、多变性、能动性和模糊性上。库珀在《隐喻》这本著作中特别提到了模糊性，从而重点突出了隐喻的表达意向的功能，并启发人们对规则的总结。虽然依据塞尔对言说者和隐语意向关系的分析，言说者通过隐喻想要表达的意向是开放的和不确定的，且这种不确定在隐喻形成并投入到世界当中去时将会日益加强，但这种不确定性并不意味着一个词语或说法意向非此即彼，而是模糊的，有待进一步阐释，并在阐释中不断被解构和建构的。换句话说，对于隐喻多变的阐释体现了隐喻意向的非规则性，而正是这种非规则性使得隐喻更富有阐释性。而言说者只有通过具有看似模糊意向的隐喻来完成和彰显其阐释功能，并从一个个特殊的、随机的、不具规律性的隐喻意向来寻找指引历史、社会及文化发展的规律。可以说，隐喻最终还是意在阐释。这也是文学家，特别是后殖民作家力图通过作品来完成的阐释任务。

彼得·凯里就是在这方面比较擅长的作家。他的作品无不显示着语言的丰富和幽默，同时充满了隐喻。他的隐喻意向比较具有跳跃性，同时还经常以出其不意的方式创造出一些模糊的意向，从而完成阐释的功能。彼得·凯里在这方面极为擅长，不断通过标新立异的看似漫不经心、随意而为之的隐喻语词的创造，开辟了通过模糊的意向来阐释，并由阐释中为其创造的隐喻不断赋予的新的解释和解构完成后殖民世界中多元文化的历史重构。这里需要重申，作为后殖民作家，隐喻的阐释性为其完成文化身份的构建起到了非常重要的作用。

凯里笔下的人物极富"颠覆性"，从形式上看既是阐释历史的载体又是政治隐喻的载体。

彼得·凯里在其作品《幸福》中将隐喻意义加在人物和事件上。比如主人公哈里的妻子贝蒂娜和她的情夫大卫就是资本主义经济和政治制度的体现。贝蒂娜使尽全身解数，唯一目的就是能过上"美国人那样的生活"，当发现哈里准备放弃经济利益而"行善"时，贝蒂娜疯狂了，她与大卫合谋把哈里送进了精神病院。然而她人性的毁灭也最终为她带来了自己的毁灭，在美梦就要实现的时刻，她发现自己身患癌症，让她一切的努力都成了泡影。不甘心命运捉弄的贝蒂娜最终选择自杀，也寓意着美国资本主义经济将走向灭亡。癌症为贝蒂娜带来了反思的机会，使她成为审视自己一生的他者和审判官。这里，癌症成为了美国文化的隐喻，凯里赋予了这个词新的意义指向，那就是美国文化最终将给澳大利亚带来不可逆转的危害。

将人物作为隐喻意义的承载者在《幸福》这部作品中还体现在哈里的第二个爱人——哈妮·巴巴拉身上。和贝蒂娜不同，巴巴拉和哈里一样认为城市里的生活充满了腐败的味道，人们一身铜臭味，为了金钱不择手段。作者凯里赋予了这个人物以"澳大利亚本土文化"的隐喻意义，虽然她明显表示出了对都市中所有美国资本主义的生活方式和追求中道德沦丧的不齿，这从她在哈里不堪贝蒂娜的胁迫离开巴巴拉回到贝蒂娜身边时愤怒地离开了哈里就能看出她与美国文化决绝的决心。但是，情节的戏剧性又向读者展示了巴巴拉内心的矛盾和软弱。她虽然想与充斥着美国文化特征的大城市决裂，想和哈里到乡下生活，建立自己的世外桃源，但是如果真的让她远离大城市，她又开始怀念城市的灯红酒绿，因为在认识哈里之前，她虽然住在乡下靠采蜂蜜为生，但是农闲时她就会到附近的城市中去做妓女来贴补生活。完全脱离哈里回到她原来的家——澳大利亚热带雨林——让她无法完全适应。钱是主要的原因，因为如果不到大城市卖淫，去过她认为的腐朽和堕落的生活，她自己的生活状况就要受到影响，与在纸醉金迷的生活中内心所受到的一些道德和良心上的小煎熬比起来，生活水平的下降要更让她难受。从这一点来看，巴巴拉作为澳大利亚本土文化的隐喻承载体，她预示着美国因为经济强大而在世界范围内影响深远，而澳大利亚在后殖民时期又由于独立后文化建构时的迷惘，和因与美国的经济和政治往来及美国的民权运动而长时间将美国视为经济文化圣地，并希望通过模仿美国的政治经济体制，来实现本国经济的昌盛和文化的繁荣。由经济和政治霸权带来的文化霸权在澳大利亚是根深蒂固的，这种由于经济依附而带来的文化影响不可消除和消解，只能消减。而当澳大利亚从这曾由经济带来的文化依附关系中意识到霸权对本国文化的危害的时候，想要完全剔除美国文化的影响已经是不可能的了。在抵御文化帝国主义霸权的道路上，澳大利亚本土文化的构建面临的是无奈。

同样的隐喻也出现在凯里的另一部作品《魔术师》中，主人公赫伯特·拜杰葛瑞是一个靠谎言生活的职业骗子。他编造的谎言栩栩如生，就连自己的年纪也敢公然说成是"139"岁，并且在文章一开始就"承认"自己是一个谎言家。

在这里，作者彼得·凯里对拜杰葛瑞（Herbert Badgery）这个人物赋予了政治隐喻的意义指向。拜杰葛瑞就是散发和制造历史的权力持有者，或者更直接一点说就是在政治和经济上依附美国的澳大利亚政府。政府在后殖民时期仍然不断渲染澳大利亚的殖民历史，让民众相信，澳大利亚独立自主的时刻真正到来了。尽管澳大利亚在独立后仍然是英联邦国家之一，仍承认英国女王是英联邦国家的首领，而且在1984年才真正有了自己的国歌，之前都是用英国国歌作为澳大利亚的国歌；但从政治主权来讲，它已经是一个完全独立和自治的国家了。然而，事实上，在摆脱了对英国的政治依附之后，澳大利亚却在这个过程中又迎来了自己新一任的文化宗主国——美国。美国虽然从来没有占领过澳大利亚并把它变成自己的殖民地，但是由于它对外实施霸权的经济和政治政策，使得澳大利亚首先和其他很多处在后殖民时期的国家一样，成了经济上的附属国。随后，美国还对外实施文化渗透，美化其社会制度和民众的生活水平。其经济上的强大首先征服了澳大利亚人当中的盎格鲁-撒克逊白人新教徒（WASP）的后代，他们的祖先虽然不都来自美国，但却和美国第一批移民——英国清教徒同根同源。因此，从根本上，这些澳大利亚白人新教徒的后代是欢迎美国的文化来到澳大利亚的。之后，随着美国的民权运动和反战、反种族主义及反霸权的社会运动的兴起，自由之国成了美国的代名词。而澳大利亚国内的另一些曾被白人压迫，甚至受到澳大利亚"白澳政策"迫害的文化群体也找到了突破口和精神支柱，他们就是澳大利亚非白人新移民和土著人。他们当中有很多人加入了澳大利亚嬉皮士的行列，加入到很多反战、反种族主义甚至是反政府的激进运动当中去。在这种情况下，澳大利亚最终废除了"白澳政策"，在政治、经济和教育等制度中注入了多元文化主义的元素。这一点都是对美国的政治体制的建立和文化政策的模仿。于是，现在的澳大利亚政府在对外解读澳大利亚文化的时候往往会将其阐释和叙述为自由民主的、多元文化并存并繁荣发展的发达资本主义国家。然而真实的情况是澳大利亚独立之后原本效仿美国而建立自由民主的国家在一开始就无法完全实现，因为尽管澳大利亚摆脱了英国的统治，但由于多年的殖民地历史，再加上脱离英国之后在政体和文化建构上急于依附于美国，使得它在独立之初即刚刚开始建构澳大利亚文化的时候就不是独立的了，就处于美国的霸权政策当中了。美国对外的霸权政策时而怀柔时而强硬，在澳大利亚更是易如反掌，因为再没有比从文化建立之初就接受它的统治的国家再好实施文化帝国主义霸权的了。但是，澳大利亚的统治阶级并不这样去诠释澳美两国的关系，而是重点强调澳大利亚经济的发达以及多元文化主义的繁荣发展。殊不知，澳大利亚的经济主要来源是畜牧业和以旅游业为主的第三产业。因此，经济运作模式和美国有些相似，而多元文化主义也是步美国的后尘，目的是掩盖其对土著人和澳大利亚非白人移民的歧视。

那么，《魔术师》中拜杰葛瑞所被赋予的政治隐喻又该如何解释呢？小说的开头是以第一人称来开始叙述的。语气自负而毫不客气。虽然他称自己是谎话精（liar），但他却理直气壮地说他之所以说自己是骗子是为了把丑话放在前面，"信不信由你们"——Caveat emptor（后果自负）。同时，他在一开始就已经表明了自己的另一个身份——言语者和阐释者，三言两语就能将艰难时世展现在听众的面前，并使其身临其境，不能自已。这预示着整个故事将从谎言说起，而接下来的故事是否是谎言，就只能交给读者自己去判断了。于是，凯里善用的模糊隐喻场景出现，读者将和主人公拜杰葛瑞一起来阐释和建构下面的故事和判断。

此外，拜杰葛瑞在故事开头的语气非常具有权威性。虽然读者或故事中的听众很明白一个正常人很难活到139岁，不免对他产生怀疑。但他超凡的自信确让人对自己的判断产生了怀疑，甚至质疑自己的认知水平。这里的隐喻意义在于，因为虽然拜杰葛瑞不仅猖狂地承认自己说谎，并且说自己就是一个骗子，但他也为他的谎话会为人所相信而奠定了信心，即虽然"我"对我说的话很有权威，但真正有可能让"你"明知道是谎言却仍然选择相信的原因"不是我说"（…and not because I say so…），而是经过了权威机关的公开认证。这个说法幽默且颇具超现实主义风格，当读者在为"说谎者也会获得认证不解和迷惑时，这其中的政治隐喻意义油然而生：那就是政府或享有权利的那一方才是真正的说谎者"。他们甚至将"说谎者"当作一种职业来认证。这也就是说，如果谎言是统治者以及权力的拥有者认可的"谎言"的话，它就不再是谎言，而是历史。而说谎者就不会是骗子，而是"说谎者""言说者"或"阐释者"。历史在这些阐释者的"努力"下，将朝着为他们颁发认证的统治者希望的方向被叙述和缔造出来，更很有可能被当作真理成为历史文本流传下去。所以，拜杰葛瑞说"后果自负"（Caveat emptor），其隐喻意义显而易见：如果你相信我说的话，把它当作真理，那是你自己的问题，是你融入到统治阶级和权力机关构造历史的话语活动中的标志。即使将来你发现它是谎言，你也不能怪罪于我。另外，这里还有一层隐喻意义，那就是：我拜杰葛瑞今天说的话有可能不全是谎言，至少在现在，有人——统治阶级让我这样去说，它在此时的现场里就是真理。同时也很可能是另外一种情况，时过境迁，那些符合历史社会发展规律的内容在将来的某个时刻某个地点仍然会被看作是"真理"。故此如果你们现在把我说成是"骗子"而不是"说谎者"就大错特错了。

短短几句话，却富含政治隐喻。既寓意政府实际上助长了历史谎言的滋生，对澳大利亚文化身份的建构有害而无益，同时也对历史的阐释性、叙事性以及文学性做了非常精辟的概括。预示着对于文化建构来说，一定要把握文学对历史的阐释作用，从而站在今天的角度重新解构和建构历史，并在此阐释和叙述的过程中寻求"明天"历史和社会文化发展的一般规律。

作者彼得·凯里在小说《魔术师》中对权利和谎言的关系的隐喻还涉及他和他三个情人的关系上。虽然弗比娅·麦克格拉斯、她的母亲莫莉·麦克格拉斯以及后来的女伴利厄都曾为他的"谎言"着迷，都因为他创造的华丽的谎言而对他痴迷，但当拜杰葛瑞想与她们坦诚相见，私下里说一些"事实"和"真理"时，她们的反应都是离他而去。这一点集中表现在弗比娅对他态度的转变。她因为拜杰葛瑞为她用谎言搭建的美好事件而着迷，并委身于他，甘愿为他生儿育女。谎言使得拜杰葛瑞的一切都变得非常美好。然而，当拜杰葛瑞决定不再说谎的时候，一切就不是那么的美好了。弗比娅对拜杰葛瑞厌恶之余与他决绝，同样的人在谎言和真理两个境遇里在被解构和建构时出现了两种不同的结果和模样。于是，凯里向读者展现这样一个"真理"——无论是谎言还是真理，它们在整个历史发展过程中都不会是被动地被解构后生成的文本，而是一种阐释的活动。在《魔术师》这部小说当中，凯里把拜杰葛瑞设计成阐释者和被阐释的对象，他讲述谎言且被谎言所操纵，最终无法逃脱这谎言的束缚。而这里的政治隐喻意义是：真理和谎言这两种能动的阐释活动会被权利所操纵，权利要依靠谎言，谎言在权利的趋使下变成真理。

除了权利与谎言的关系，《魔术师》中的主人公拜杰葛瑞这个人物还被赋予了另一个隐喻意义，即美国文化作用和影响下的澳大利亚文化，当它一旦失去谎言的装裱和美国文化的支撑，马上坍塌。凯里通过这层隐喻意义想要警示世人：澳大利亚的文化建构充满了危机，如不冲破和颠覆谎言，澳大利亚要想实现成为后殖民时期摆脱文化霸权的文化载体将是一件非常不容易的事，甚至是看不到希望。而作为谎言依托的权力拥有者也应在政治经济制度上不再做谎言制造的"帮凶"，应从"揭露谎言，根除文化霸权主义而非客观文化内容本身"上着手。而对于拜杰葛瑞的女伴们，她们是盲目崇拜美国文化的澳大利亚人及无法摆脱美国文化印记的澳大利亚文化的隐喻，并和拜杰葛瑞一起寓意澳大利亚文化建构中对其文化宗主国爱恨交织的情结。

▼ 应用语言学

分项评分对非英语专业大学生英语写作课堂学习的影响研究

首都师范大学 韩 梅 姚玲玲

摘　要：本文通过对某高校 83 名二年级非英语专业大学生进行调查问卷、访谈以及为期 13 周的写作教学及评分实验，探讨了分项评分对非英语专业大学生英语写作兴趣、写作水平以及对写作内容、结构、衔接、词汇、语法、语言规范六个项目的影响，以期探讨利用评估手段提高大学公共英语写作教学效果及提升非英语专业学生写作水平的实践途径。

关键词：英语写作　分项评分　非英语专业大学生　影响

一　引　言

自全国大学英语四、六级考试举行以来，大学英语的教学水平有了较大提高。但学生听、读、写能力的发展并不平衡，写作教学成绩提高不快[①]。本研究旨在探讨分项评分法对非英语专业大学生英语写作的影响。

分项评分指对学生作文的各基本方面分别评分，而不是只给出一个整体分数。根据不同目的，一篇文章可从不同方面进行评价，例如内容、结构、

---

① 陈海：《大学英语写作练习的评改》，《外语界》，1994 年第 4 期。

衔接、语法等①。分项评分的优点在于它能给学生提供更详细的反馈②,起到学业评价的诊断作用③。

二 文献综述

国外学者主要从三方面对分项评分进行了大量的实证研究。Harsch & Martin④对比了整体评分与分项评分的信度与效度,指出整体评分法掩盖了评分者对于作文各方面评价描述的不同理解。Hughes, Keeling & Tuck⑤通过研究指出分项评分能减少前面作文的得分对接下来所判作文的影响。Barkaoui⑥通过探索评分方法对二语测试成绩及评分者行为的影响指出使用整体评分法,评分者间的信度很高,而使用分项评分法,评分者内部的信度较高。Jacobs, Zinkgraf & Wormuth⑦设计了一个涵盖五个方面、四个等级的分项评分量表。

近年来,国内学者专家也对分项评分法进行了大量研究。姚琴宜,祁宗海,席仲恩⑧通过比较分项评分与整体评分得出分项单项评分结果的可靠性高

---

① Weigle, S. C., *Assessing Writing*, Beijing: Foreign Language Teaching and Research Press & Cambridge University Press, 2010.

② McMillan, J. H., *Classroom Assessment: Principles and Practice for Effective Instruction*, Boston: Pearson/Allyn & Bacon, 2007.

③ 武尊民:《英语测试的理论与实践》,北京:外语教学与研究出版社2002年版。

④ Harsch, C. & Martin, G., Comparing Holistic and Analytic Scoring Methods: Issues of Validity and Reliability, *Assessment in Education: Principles, Policy & Practice*, 2012, pp.1-27.

⑤ Hughes, D.C., Keeling, B. & Tuck, B. F., The Influence of Context Position and Scoring Method on Essay Scoring, *Journal of Educational Measurement*, 1980, 17(2): pp.131-135.

⑥ Barkaoui, K., Effects of Marking Method and Rater Experience on ESL Essay Scores and Rater Performance, *Assessment in Education: Principles, Policy & Practice*, 2011, 18(3), pp.279-293.

⑦ Jacobs, H. L., Zinkgraf, S. A. & Wormuth, D. R., *Testing ESL Composition: a Practical Approach*, Rowley: Newbury House Publishers, Inc, 1981.

⑧ 姚琴宜、祁宗海、席仲恩:《作文整体评分与分项评分结果的质量比对》,《外语研究》,2008年第5期。

于整体评分结果，分项复合分数的可靠性高于分项单项分数可靠性。席仲恩、汪顺玉①从计量学角度对整体评分与分项评分的效度及信度进行了对比分析。研究结果揭示，从计量学的角度，无论是效度方面还是信度方面，分项评分都比整体评分更可取。

三 研究问题

本研究力求探讨在课堂环境中使用分项评分对非英语专业大学生写作水平的影响，重点围绕三个研究问题：（1）在大学公共英语写作教学中使用分项评分评价学生作文是否能够增强学生的英语写作兴趣？（2）是否能够提高学生的英语写作水平？（3）如果能够提高学生的英语写作水平，在哪个项目（内容、结构、衔接、词汇、语法、语言规范）提高最大？更有利于哪些项目的提高？

四 理论基础

上述研究问题将分项评分与学习者的学习兴趣和学业表现联系起来，这种联系基于以下两个理论：脚手架理论及评估对教学的反拨作用理论。

（一）脚手架理论

"脚手架"（Scaffolding）一词最早由 Jerome Bruner 于 20 世纪 50 年代提出，形象地指由他人提供的一种能使学习者从现有水平上升到一个较高水平的必要帮助及支持。由于分项评分要求评分者对作文的多个方面打分，因而能为学生提供更加详细的指导和反馈。本研究中，该反馈被视为教师为英语写作学习者提供的"脚手架"，以期帮助学生提升英语写作的学习兴趣和水平。

---

① 席仲恩、汪顺玉：《英语作文整体评分与分项评分的计量学考量》，《英语研究》，2010 年第 3 期。

（二）评估的反拨作用

Arthur Hughes[①]提出，测试与评估是教学环节之一，不仅检验教学，还会反过来作用于教学双方。这种测试与评估对教学的影响被称为反拨作用，或指挥棒作用，它可以是有害的也可以是有益的。基于此，写作测试作为一项主观评估，其评分方法的选择也将会对写作教学产生一定的积极或消极的影响。针对学习者而言，主要体现在对学习者学习兴趣、写作水平以及写作各方面表现的作用。

五 实证研究

（一）研究方法及研究对象

本研究主要通过实验组与控制组的对比实验，探究分项评分法对学生英语写作水平的影响。在为期13周的课堂写作教学中，实验组使用分项评分法评判学生作文，控制组使用整体评分加简短评语的方法。

本研究的被试是某高校83名非英语专业的大二学生，来自两个平行班，英语水平相近，一班为实验组，二班为控制组。两组学生男女性别比例基本相同，在进入大学之前，都有相似的英语学习经历，而且一个学期后都要参加大学英语四级考试。

研究中的两位评分者分别是作者之一和一位大学公共英语教师，熟悉学生的写作水平以及大学英语四级考试写作要求。

（二）研究工具

1. 调查问卷

调查问卷分实验前和实验后两次实施。实验前后调查问卷内容相似，主要了解学生实验前后对英语写作的态度及兴趣、对老师实验前后作文评分方式的看法以及教师实验前后的评分方式对学生写作能力的影响。

---

① Hughes, A., *Testing for Language Teachers*, Cambridge: Cambridge University Press, 2003.

2. 访谈

本研究的访谈主要由开放性问题组成，旨在进一步深入了解被试学生看法。实验前访谈包括三个问题：（1）你对英语写作感兴趣吗？（2）老师平常对你英语作文的评分方式是什么？你赞同这种评分方式吗？（3）你觉得老师平常判作文的方式对你写作能力的提高是否有帮助？

实验后访谈也包括三个类似问题，主要是用来进一步调查实验后学生们对写作的兴趣、态度变化，他们对教师实验阶段使用的作文评分方式的看法以及该作文评分方式对他们写作能力的影响。

3. 写作测试

写作测试分实验前和实验后两次实施。为了保证两次写作测试的信度及效度，本研究中的写作测试均选自大学英语四级考试作文题目。两个题目均是大学生比较熟悉的话题且难易程度相似。

4. 分项评分量表

作者参照 Jacobs 等人设计的写作评分量表[①]、大学英语四级写作评分标准以及雅思考试写作评分标准，制定出本研究使用的作文分项评分量表（见表1）。同时根据教育部 2007 年公布的《大学英语课程教学要求》对大学生写作能力的要求，量表中的评价内容分六个项目：作文内容、结构、衔接、词汇、语法以及语言规范。每个项目按六个分数段对一些更具体的表现进行评价。作文分数取六个项目分值的平均值，满分为 15 分。

---

① Jacobs, H. L., Zinkgraf, S. A. & Wormuth, D. R., *Testing ESL Composition: a Practical Approach*, Rowley: Newbury House Publishers, Inc, 1981.

表 1　本研究制定的分项评分量表

评价项目	分数段	评价标准
内容	15—13	具备充分的主题背景知识；完整充分地展开论述观点；内容与话题高度相关。
	12—10	具备足够的主题背景知识；较充分地展开论述观点；内容与话题基本相关。
	9—7	具备一定的主题背景知识；基本展开论述观点；大部分内容与话题相关。
	6—4	仅具备有限的主题背景知识；没有充分展开论述观点；内容与话题不太相关。
	3—1	基本不具备主题相关背景知识；基本没有展开论述观点；内容与话题不相关。
	0	没有作答或者随意抄写不相关的文章。
结构	15—13	巧妙合理的分段；论点与论据之间的逻辑性很强。
	12—10	较合理的分段；论点与论据之间逻辑性较强。
	9—7	对文章进行了分段；有些论点与论据之间逻辑性不是太强。
	6—4	分段不合理；论点与论据之间逻辑性较差。
	3—1	文章没有分段；论点与论据之间没有逻辑性。
	0	没有作答或者随意抄写不相关的文章。
衔接	15—13	娴熟有效地使用衔接。
	12—10	合理地使用衔接手段；仅有个别的衔接不合理之处。
	9—7	使用衔接手段但有的句中或句间的衔接不太合理。
	6—4	较少地使用衔接手段。
	3—1	基本没有使用衔接。
	0	没有作答或者随意抄写不相关的文章。
词汇	15—13	自然巧妙地使用丰富的词汇；选词及搭配合理有效。
	12—10	较灵活地使用丰富的词汇；选词及搭配恰当，仅有个别错误。
	9—7	能够使用一定的词汇进行表述；选词及搭配存在一定错误。
	6—4	仅能使用有限的词汇；在选词及搭配中有明显的错误。
	3—1	只能使用基本词汇；基本不会选词及搭配。
	0	没有作答或者随意抄写不相关的文章。

(续表)

评价项目	分数段	评价标准
语法	15—13	能够灵活自然地使用丰富的语法及句型。
	12—10	能够较灵活地使用语法及句型；仅有个别错误。
	9—7	对语法及句型的使用有一定掌握但存在一些错误。
	6—4	仅能使用有限的语法及句型；错误比较多。
	3—1	基本上不能使用正确的语法及句型。
	0	没有作答或者随意抄写不相关的文章。
语言规范	15—13	没有拼写、标点及大小写的错误。
	12—10	仅有个别拼写、标点及大小写的错误。
	9—7	存在一些拼写、标点及大小写的错误。
	6—4	拼写、标点及大小写的错误比较多。
	3—1	拼写、标点及大小写的错误太多影响理解。
	0	没有作答或者随意抄写不相关的文章。

（三）研究步骤

研究持续13周，分实验前、实验中、实验后三个阶段。在整个研究过程中，两组学生的英语写作教学内容相同，教学方法相同。不同的是，实验组使用表1评价学生的作文，而控制组使用整体评分法加简短评语评价学生的作文。

1. 实验前

研究前两周为实验前阶段，主要包括评分者培训、前测、实验前调查问卷、实验前访谈以及在实验组介绍并解释表1。

（1）评分者培训

在实验开始前，评分者一起认真研究了大学英语四级作文评分标准以及表1，并一起进行了试评，最终在作文评分的标准上达成一致。

（2）前测

第1周，作者对两组学生同时进行了实验前写作能力测试，试题为2011年大学英语四级考试6月份写作题目。作者要求两个组的学生在规定时间内完成作文，然后将作文收回。

(3) 实验前调查

前测之后，对两组共 83 名学生进行问卷调查。为保证调查问卷的有效性，调查前作者向学生说明本调查为匿名而且各选项没有对错之分。共收回 76 份有效问卷。

(4) 实验前访谈

第 2 周，作者分别从两个组写作前测中的高分段、中分段、低分段各随机抽取 2 名学生进行访谈。为了更深入准确地了解学生的看法，访谈使用中文，并且每个学生都是单独被采访。作者将访谈进行了录音。

2. 实验中

研究第 3—11 周为写作教学实验阶段，包括三轮写作任务，每轮为期三周。每轮写作的题目均使用大学英语四级考试的写作真题。要求学生在 30 分钟内完成一篇至少 120 词的作文。作文被收回后，两位评分者分别对学生作文进行打分，实验组采用表 1 进行分项评分，控制组用整体评分法加简短评语进行评分，最终的分数是两位评分者的分数取平均值。作者将作文发给两组学生，并让学生按照老师的评价进行修改重写并再次上交。然后两位评分者再次依上述方法进行评分。最后，将评价完的作文再次发给学生，至此完成一轮写作教学和评估任务。

3. 实验后

作者在写作实验后再次对两组学生进行了写作测试、问卷调查及访谈。

(1) 后测

第 12 周，为了检验学生们在为期 9 周的写作实验后是否取得进步，作者对两组学生再次进行了写作测试。测试题目是 2013 年 12 月大学英语四级考试作文题。要求学生在 30 分钟内写一篇不少于 120 词的作文。作文上交后两位评分者使用表 1 对作文进行了评分。最终分数取两个评分者所给分数的平均值。

(2) 实验后问卷调查

在写作实验后，作者再次对两组学生进行了问卷调查，仍以不记名方式鼓励填写真实想法。共发出问卷 83 份，收回有效问卷 75 份。

(3) 实验后访谈

在本研究的最后一周，作者再次对两组的部分学生进行了访谈。与实验前访谈一样，被访谈的对象是从两组中写作后测的高分段、中分段、低分段各随机抽取 2 人组成。访谈同样使用中文，并进行了录音。

六 研究结果

实验后，作者用 SPSS19 及 Excel 对从问卷调查、访谈及写作测试获得的数据进行了百分比、均值及标准差分析。

（一）实验前后调查问卷结果分析

表 2 中问题 1—3 询问的是学生对英语写作的喜欢程度、兴趣和自信心，从选项 A 到 D 代表程度递减，A、B 选项为肯定，C、D 选项为否定。从表 1 的数据可以看出，大部分实验组和控制组的学生选择 C 和 D，说明两组学生在实验前对英语写作兴趣较低，信心不足。

表 2 两组学生实验前对写作的兴趣

问题	选项							
	A（%）		B（%）		C（%）		D（%）	
	实验组	控制组	实验组	控制组	实验组	控制组	实验组	控制组
1	0	0	2.7	2.6	70.3	74.4	27.0	23.0
2	0	0	10.8	10.3	73.0	74.4	16.2	15.3
3	0	0	5.4	5.1	67.6	66.7	27.0	28.2

对比表 2 和表 3 的 A、B 选项可以得出，实验后两组学生喜欢英语写作、对英语写作感兴趣和有自信的学生数量都增加了。同时，表 3 显示，在对英语写作的喜爱、兴趣及自信心三方面，实验组比控制组有显著提高，进而说明根据本研究制定的分项评分量表进行的分项评分比教师平常使用的整体评分加简短评语更能增强学生对英语写作的学习兴趣和信心。

表 3　两组学生实验后对写作的兴趣

问题	选项							
	A (%)		B (%)		C (%)		D (%)	
	实验组	控制组	实验组	控制组	实验组	控制组	实验组	控制组
1	8.1	0	45.9	13.2	40.5	71.0	5.5	15.8
2	5.4	0	51.4	18.4	37.8	73.7	5.4	7.9
3	13.5	2.6	45.9	28.9	37.8	55.3	2.8	13.2

表 4 问题 4、5 是学生对老师实验阶段评分方式的态度，A、B 选项为肯定，C、D 选项为否定。实验组选项 A、B 的百分比远高于控制组，选项 C、D 的百分比远低于控制组。这说明实验组学生对实验过程中教师运用的分项评分的满意度远高于控制组学生对老师运用的整体评分加简短评语的满意度。

表 4　两组学生对老师评分方式的态度

问题	选项							
	A (%)		B (%)		C (%)		D (%)	
	实验组	控制组	实验组	控制组	实验组	控制组	实验组	控制组
4	8.1	2.6	81.1	36.8	10.8	60.6	0	0
5	21.6	2.6	62.2	39.5	13.5	52.6	2.7	5.3

表 5 问题 6—9 均围绕学生认为老师的评分方式对他们写作能力有何影响，A、B 选项为肯定，C、D 选项为否定。从表 5 数据可以看出，实验组选项 A、B 的百分比远高于控制组，选项 C、D 的百分比远低于控制组，即实验组认为老师采用的评分方法对他们写作能力提高有帮助的学生人数显著多于控制组。

表 5　两组学生关于老师评分方式对他们写作能力的影响的看法

问题	选项							
	A (%)		B (%)		C (%)		D (%)	
	实验组	控制组	实验组	控制组	实验组	控制组	实验组	控制组
6	13.6	0	48.6	15.8	37.8	78.9	0	5.3

(续表)

问题	选项							
	A(%)		B(%)		C(%)		D(%)	
7	27.0	2.6	48.6	26.3	21.7	57.9	2.7	13.2
8	8.1	2.6	64.9	26.4	24.3	60.5	2.7	10.5
9	2.7	0	56.8	36.8	32.4	57.9	8.1	5.3

（二）实验前后访谈结果分析

在实验前访谈中，实验组被访谈的 6 个学生中有人表示他们对英语写作不感兴趣，甚至有 1 个学生惧怕英语写作。控制组和实验组情况类似，6 人中有 4 人对英语写作不感兴趣。然而，在实验后的访谈中，实验组 6 个被访学生中有 5 个表示经过这段时间的写作学习和练习，对英语写作更感兴趣了，但控制组只有 3 名学生表示对英语写作感兴趣。

在实验后，关于是否满意老师实验阶段的评分方式，实验组被采访的 6 名学生中有 5 名表示对分项评分很满意，因为这样的评分方法更详细、更具体，能给他们提供更多的反馈。而控制组仅有 2 名学生对老师使用的整体评分加简短评语比较满意，其余 4 名学生则表示这样的评分方式并不能给他们写作提供很大帮助。

另外，当被问到老师实验阶段的评分方式对他们写作水平的提高是否有帮助时，实验组被采访的 6 个学生不约而同地认为分项评分对提高写作水平帮助很大，因为分项评分有助于他们详细、明确地了解自己在写作哪些方面存在问题。而控制组的 6 个学生中仅 3 名觉得老师采用的整体评分加简短评语对他们提高写作有帮助。

由此可见，实验前后的访谈结果与问卷调查结果相一致，互为呼应。

（三）实验前后写作测试结果分析

写作前测及后测分别在实验第 1 周及第 12 周进行。前测、后测的学生作文均由两位评分者根据表 1 进行评分，最终分数取两位评分者所给分数的平均值。

1. 实验前后两组学生写作总成绩对比

表6数据显示实验组及控制组前测分数的均值、中值以及标准差均接近，说明在实验前两个组学生的写作水平相差不多。

表6 两组学生写作前测总成绩对比

	均值	中值	标准差
实验组前测分数	8.83	9.00	1.766
控制组前测分数	9.02	9.00	1.710

表7中实验组后测分数的均值及中值均大于实验组前测分数，而且实验组前后测分数的平均增长量为2.17，说明实验组在实验前后的英语写作水平有较大提高。

表7 实验组学生写作前后测成绩对比

	均值	中值	平均增长量
实验组前测分数	8.83	9.00	2.17
实验组后测分数	11.00	11.00	

从表8中可以看出控制组后测分数与前测分数相比，其均值和中值有一定增长。但前后测分数的平均增长量为0.86，说明控制组的学生实验前后的写作成绩增长不大。

表8 控制组学生写作前后测成绩对比

	均值	中值	平均增长量
控制组前测分数	9.02	9.00	0.86
控制组后测分数	9.88	9.00	

比较表7和表8，实验组前后测分数的平均增长量为2.17，显著大于控制组的0.86。因此，相比于整体评分加简短评语，分项评分能够更加有效地提高学生的英语写作水平。

2. 实验组前后测六方面成绩对比

为进一步研究分项评分法对学生在英语写作内容、结构、衔接、词汇、语法、语言规范六方面表现的影响，将实验组学生前后测中这六个项目的成绩对比分析如表 9 所示。

表 9 实验组前后测六方面成绩对比

评价项目	前测/后测	均值	中值	平均增长量	增长量排名
内容	前测内容成绩	8.76	9.00	2.12	2
	后测内容成绩	10.88	11.50		
结构	前测结构成绩	8.60	8.88	2.07	3
	后测结构成绩	10.67	11.00		
衔接	前测衔接成绩	8.76	8.00	2.14	1
	后测衔接成绩	10.90	11.00		
词汇	前测词汇成绩	8.81	9.00	1.98	4
	后测词汇成绩	10.79	11.00		
语法	前测语法成绩	8.69	8.50	1.33	6
	后测语法成绩	10.02	10.00		
语言规范	前测语言规范成绩	9.36	9.00	1.50	5
	后测语言规范成绩	10.86	11.00		

从表 9 的数据可以看出，使用分项评分法评价实验组学生作文后，学生在作文内容、结构、衔接、词汇、语法、语言规范等项目上的写作后测成绩均高于前测成绩，其中衔接方面的增长最多，之后依次是内容、结构、词汇、语言规范和语法。

七 结论与建议

本研究通过定量分析探究了分项评分法对非英语专业大学生英语写作学习的影响，得出如下结论：较之整体评分加简短评语的作文评价方法，使用分项评分法可以增强学生的写作兴趣及自信心，能够在一定程度上提高学生的写作水平，而且学生在写作内容、结构、衔接、词汇、语法、语言规范六个方面均有进步,其中在衔接方面提高最大。而且,分项评分法使英语学习者在作文的宏观逻辑结构上(衔接、内容、结构)的提高大于在语法、词汇等具体运用上(词汇、语言规范、语法)的提高。

鉴于此,在大学英语写作教学过程中,教师可根据具体教学目标和内容,自行设计分项评分量表,将评价作为教学手段,尽可能提供详细、全面、有效的反馈,使学生及时准确地诊断错误,掌握写作要点及难点。尤其,在讲解布局谋篇和选取写作内容时,可利用分项评分法提高学生的文章逻辑及衔接意识。其次,在英语写作评价过程中,教师可通过运用分项评分法使学生了解一篇优秀英语作文的构成要素,不应只注重语法。另外,在英语写作教学中,需注重培养学生根据教师评价意见不断修改作文、重写作文的习惯。

同伴编辑中语言错误类型与语言错误识别准确率的关系初探：同伴编辑先期研究报告

首都师范大学 马 爽 高剑妩

摘 要：在二语写作研究领域，同伴反馈常被视为教师反馈的有效补充。然而，学习者在对同伴习作的编辑过程中识别、修正其语言错误的准确率及相关问题却鲜有研究者关注。针对以往研究中存在的问题，笔者对学习者识别同伴语言错误的准确率进行了一次先期研究，本文将报告此次研究结果，并讨论其对二语写作研究及教学的启示。

关键词：二语写作 同伴反馈 同伴编辑 语言错误类型

一、研究背景

近年来，同伴反馈（peer review）逐渐受到二语写作研究者的重视[①]。许多研究者发现，相对于教师反馈者而言，同伴反馈者往往更加重视语言错误

[①] 杨丽娟、杨曼君、张阳：《我国英语写作教学三种反馈方式的对比研究》，《外语教学》，2013 年第 3 期。

的编辑而非更宏观的结构或意义问题的修正,因此可以作为教师反馈的有效补充①。然而,较少研究者关注学习者识别和改正同伴笔语中的语言错误的准确率的问题②。Diab(2010)发现相对于自我编辑(self-editing)而言,同伴编辑(peer-editing)能够更准确地发现并纠正基于规则的语言错误(rule-based language errors)。但Diab的研究存在几个问题:首先,研究者使用的数据来自学生自由写作练习的原稿和修改稿。由于写作练习中出现的错误类型和频数因人而异,这影响了对同伴及自我编辑中语言错误识别准确率测量的信度。其次,Diab统计的是两种基于规则的语言错误(分别为主谓不搭配和代词错误)和两种不基于规则的语言错误(non-rule-based language errors,分别为用词不当和句子结构问题)的识别准确率,其对语言错误类型的定义是先验式的,需要通过内部一致性检验和探索性因子分析来检验其信度和构念效度。因此,笔者认为有必要就以下两个问题展开进一步探索:

问题一:同伴编辑者识别同一类型语言错误的准确率是否一致?

问题二:同伴编辑者识别不同类型语言错误的准确率是否存在关联?

二 研究方法

(一)被试

本项研究的被试为首都师范大学英语专业三年级的68名中国本土学习者。被试年龄在20—22岁,接受正规英语教育的年限为9—15年。

(二)测试材料

本测试使用的材料为根据往届学生作业改编的一篇共607个单词的议论

---

① I. Leki. "Potential problems with peer responding in ESL writing classes", in *CATESOL Journal*, 1990 (3), pp.5–19. E.J.Paulson, J. Alexander, and S. Armstrong, "Peer Review Reviewed: Investigating the Juxtaposition of Composition Students' Eye Movements and Peer-review Processes", in *Research in the Teaching of English*, 2007, 41 (3), pp.304–335.

② 这方面少数的研究如 N. M. Diab, "Effects of Peer- versus Self-Editing on Students' Revision of Language Errors in Revised Drafts", in *System*, 2010, 38, pp.85–95。

文。在正式测试之前，研究者根据多名具有 7—11 年 EFL 教学经验的评审的意见，对材料进行了反复修改。该篇作文的改编版包含 16 个目标错误类型（见表 1），每个错误类型包含 5—6 个错例，共计 82 处目标错例。

表 1 目标错误类型

句子结构问题(Sentence Structure Problems)	名词词尾错误(Noun Ending Errors)
文体偏离(Deviations in Form)	句子碎片(Fragments)
冗余(Redundancy)	惯用法错误(Unidiomatic-ness)
连写句(Run-ons)	代词错误(Pronoun Errors)
拼写错误(Misspellings)	用词不当(Poor Word Choices)
主谓搭配不一致(Subject-Verb Disagreement)	动词形式错误(Verbal Form Errors)
标点与格式错误(Mechanical Errors)	冠词错误(Article Errors)
动词时态错误(Verbal Tense Errors)	词性错误(Part-of-Speech Errors)

表 1 中的错误类型包含 Ferris et al.（2000）[①] 基于中等水平英语学习者的写作语料总结的 15 个错误类别，此外还包含了中国学习者笔语中常见的"冗余"表达问题。

（三）测试步骤

68 名被试对同一篇测试材料进行语言错误的识别与修改，测试不限时。测试前，研究者要求学生使用下划线标注出该篇作文中的所有语言问题，并在空白处提供修改。如被试不知如何修改，也可在空白处对错误标注进行简要说明。为了减少被试的焦虑，研究者告知被试测试结果不计入任何课程的成绩。

（四）评分

在两名研究者的指导下，两名学生助教对 68 份测试结果进行了语言错误识别准确率评分。对于每个目标错例而言，如被试准确识别即可得到满分 1

[①] D. R. Ferris, S. J. Chaney, K. Komura, B. J. Roberts, and S. McKee, "Perspectives, problems, & practices in treating written error", Colloquium presented at International TESOL Convention, Vancouver, BC, 2000.

分，否则得 0 分。两名评分者的评分者间信度达到 1。

三　结　果

总体而言，被试对 16 类语言错误的识别准确率不高，且对不同类型错误的识别准确率差异非常大。16 种语言错误类型的平均识别正确率见表 2：

表 2　16 种语言错误类型的平均识别正确率

错误类型	样本数	最小值	最大值	均值	标准差
句子结构问题	68	.00	.40	.0706	.11337
文体偏离	68	.00	1.00	.0618	.17019
冗余	68	.00	.40	.0559	.09679
连写句	68	.00	.80	.2118	.28470
拼写错误	68	.00	1.00	.2824	.24491
主谓不搭配	68	.00	1.00	.3627	.30466
标点与格式错误	68	.00	.60	.0794	.13445
动词时态错误	68	.00	1.00	.2118	.22890
名词词尾错误	68	.00	.80	.0206	.10447
句子碎片	68	.00	1.00	.4176	.24613
惯用法错误	68	.00	.60	.0647	.11688
代词错误	68	.00	.80	.2206	.22696
用词不当	68	.00	.67	.0662	.13549
动词形式错误	68	.00	.60	.1765	.21449
冠词错误	68	.00	.40	.0382	.09309
词性错误	68	.00	.80	.1853	.20824
样本数	68				

如表 2 所示，16 类语言错误中平均识别准确率最高的为句子碎片，最低的为名词词尾错误，所有类型的语言错误平均识别准确率均未超过 50%。就

单个错例的平均识别正确率而言，共有 70 个错例的识别准确率低于 30%，其中 6 例为 0，包括句子结构问题 1 例、冗余 1 例、标点与格式错误 1 例、惯用法错误 1 例、用词不当 1 例、动词形式错误 1 例。平均识别准确率在 50% 以上的有 5 个错例，其中句子碎片类错误 3 例，主谓不一致 1 例，代词错误 1 例。识别准确率在 30%~49% 的有 7 个错例，其中主谓不一致 2 例，动词形式错误 2 例，拼写错误 1 例，动词时态错误 1 例，代词错误 1 例。

（一）同伴编辑者对同一类型语言错误样例的识别准确率

为了探索同伴编辑者对同一类型语言错误的识别准确率是否一致，研究者利用 SPSS 对 68 名被试的语言错误识别准确率展开了内部一致性检验。研究者将克隆巴赫 α 系数的临界值设为 .600。由于原始数据中某些题项对克隆巴赫 α 系数的影响较大，研究者在删除这些题项后，发现达到内部一致性信度要求的错误种类共 8 个（表 3）：

表 3 通过内部一致性检验的错误类型及其克隆巴赫 α 系数（$p<.05$）

错误类型	题项数量	克隆巴赫 α 系数
主谓不一致	6	.714
名词词尾错误	5	.782
文体偏离	5	.753
连写句	5	.740
代词错误	5	.660
用词不当	5	.610
动词形式错误	4	.651
句子碎片	4	.651

（二）同伴编辑者对不同类型语言错误样例的识别准确率

为了探究同伴编辑者对以上 8 种类型的语言错误的识别准确率是否存在关联，研究者对 68 名被试对这 8 种语言错误的识别准确率展开了探索性因子分析。表 4 显示了 KMO 和巴特莱特检验的结果：

表 4　KMO 与巴特莱特检验结果

KMO 统计量		.640
巴特莱特球形假设检验	近似卡方	89.976
	自由度	28
	显著性	.000

如表 4 所示，8 种语言错误类型的平均识别准确率之间的 KMO 统计量为 .640（>.600），且球形假设被拒绝（$p<.000$），因此 8 类语言错误的平均识别准确率的确存在相关关系，可以进行主成分分析（见表 5）：

表 5　8 类语言错误识别准确率的解释总方差

成分	初始特征值			提取平方和载入		
	合计	方差的(%)	累积(%)	合计	方差的(%)	累积(%)
1	2.518	31.469	31.469	2.518	31.469	31.469
2	1.195	14.938	46.407	1.195	14.938	46.407
3	1.133	14.169	60.576	1.133	14.169	60.576
4	.993	12.409	72.985			
5	.819	10.242	83.227			
6	.526	6.570	89.797			
7	.424	5.305	95.101			
8	.392	4.899	100.000			

提取方法：主成分分析。

如表 5 所示，有 3 个成分的特征值大于 1，它们合计能解释 60.576% 的方差。提取的三个成分的矩阵见表 6：

表 6 提取的成分矩阵

	成分		
	1	2	3
文体偏离	.298	-.144	.488
连写句	.698	.120	-.525
主谓不一致	.747	-.092	.107
名词词尾错误	.320	.848	-.157
代词错误	.252	.334	.617
用词不当	.541	-.159	.375
动词形式错误	.803	.055	-.046
句子碎片	.530	-.541	-.244

提取方法：主成分。

a 已提取了 3 个成分。

从表 6 可以看出，公因子 1 与所有 8 个错误类型的识别正确率都呈正相关，其中与动词形式错误、主谓不一致、连写句相关性超过了 60%。公因子 2 与名词词尾错误呈高度正相关；而公因子 3 则与文体偏离、代词错误和用词不当呈正相关。

四 讨 论

总体而言，同伴编辑者并不能准确地识别大多数类型的语言错误，包括基于规则的语言错误和不基于规则的语言错误，这与以往同伴反馈研究者（如杨丽娟等，2013）的乐观估计形成了反差。同时，同伴编辑者的确能够相对较准确地识别一部分基于规则的语言错误，如句子碎片、主谓不搭配、代词错误等。这一发现印证了 Diab（2010）的研究结果：Diab 通过比较同伴编辑和自我编辑，发现同伴编辑比自我编辑更能准确地识别和纠正主谓不搭配和代词错误。

(一) 研究问题一：同伴编辑者识别同一类型语言错误的准确率是否一致？

在 16 类语言错误中，只有 8 类语言错误的识别准确率通过了内部一致性信度的检验。这表明这 8 类语言错误规律性较高，因此适合通过教学干预来提高同伴编辑的错误识别准确率。值得注意的是，这 8 类语言错误中包含了文体偏离和用词不当这两种传统上认为"不可处理"的错误[①]。这一结果表明，以往先验的错误分类有待商榷。

(二) 研究问题二：同伴编辑者识别不同类型语言错误的准确率是否有关联？

主成分分析结果表明，不同类型语言错误的识别准确率的确存在一定程度的关联。由于公因子 1 与所有 8 类语言错误的识别均呈正相关，特别是与句子层次的语言错误（如句子碎片、连写句等）相关，可以将其命名为句子层面的错误识别能力；公因子 2 与名词词尾错误高度正相关，而与多达 4 种语言错误、特别是句子碎片负相关，可以将其命名为词语层面的错误识别能力；公因子 3 则与代词错误和文体偏离正相关，由于代词错误恰好出现在文章结构的关键句上，这提示我们公因子 3 可能与体裁等篇章层面的错误识别能力相关。

这一结果与 Paulson et al.（2007）的结果形成了反差。Paulson 等研究者通过眼动跟踪技术发现，同伴反馈者在反馈过程中更关注局部的语言问题，而忽略篇章层次的连贯问题。本次测试的结果则表明，除了局部的语言错误外，同伴编辑者也完全有潜力准确识别句子乃至篇章层面的错误。值得注意的是，Paulson 等研究者使用的被试是英语母语使用者，而且检查的篇章只包含 10 个错误样例，而我们所使用的是 EFL 学习者，所使用的篇章包含的错误类型和样例都远远超过了 Paulson 等的研究。此外，Paulson 等研究的是同伴反馈过程，且没有明确规定错误的类型和范围。我们研究关注的则是同伴编辑的结果，且明确告知被试测试的目标为语言错误的识别。因此，上述参数的差异有可能是两项研究结果差异的原因。

[①] D.R.Ferris, The Case for Grammar Correction in L2 Writing Classes: A Response to Truscott(1996), in *Journal of Second Language Writing*, 1999, 8, pp.1-10.

五 结 论

本文报告了关于同伴编辑的一项先期测试的结果。与以往同伴反馈研究不同,本研究要求所有被试编辑同一份测试材料中的语言错误。结果发现:(1)同伴编辑者对大部分语言错误的识别准确率较低;(2)同伴编辑者对8种语言错误的识别达到了内部一致性;(3)有3个主要因子对这8种语言错误的识别准确率的总变异的解释贡献较高,其中最重要的是句子层面的识错能力,其次为词语层面的识错能力,最后是篇章层面的识错能力。

本项先期研究的发现给二语写作教学也带来了一定的启示。首先,同伴编辑对语言错误的识别准确率普遍较低,这意味着教师不能对同伴编辑的效果过于乐观。其次,特定的语言错误识别准确率达到了内部一致性,这显示这些语言错误的识别较有规律,适合教师提供系统的指导。最后,教师在指导学生开展同伴编辑时可根据错误所在的语言层次来分批指导,从而提高指导的效率。

基于学习者语料库的高级写作课程教改研究

首都师范大学　高剑妩　马　爽

摘　要：对于外语学习者来说，除了了解本族语者经常使用的语言，了解学习者自身语言中的情况也至关重要。笔者在2015到2016年对英文系"高级写作"课程展开了基于学习者语料库的教学改革，本文介绍这次教改的动机、内容、成果和成效，并总结了存在的问题和未来研究的方向。

关键词：英语写作教学　学习者语料库　数据驱动学习模式

一　教改背景

近年来，二语习得研究者提出，对于外语学习者来说，除了了解本族语者经常使用的语言，了解学习者自身语言中的情况也至关重要[1]。自Tim Johns提出基于语料库的数据驱动学习模式后，许多国内外研究者提出可以将

---

[1] J. Mukherjee, "The Grammar of Conversation in Advanced Spoken Learner English: Learner Corpus Data and Language-Pedagogical Implications," in K. Aijmer ed., *Corpora and Language Teaching*, Amsterdam/Philadelphia: Benjamins, 2009, pp. 203 – 230. N. Nesselhauf, *Collocation in a Learner Corpus*, Amsterdam: Benjamins, 2004.

本族语语料库直接引入二语写作教学①。然而，当前国内外将学习者语料库直接引入二语写作教学的相关教学研究和实践仍然较少②。因此，有必要弥补这一领域的研究缺口，展开基于学习者语料库的数据驱动学习研究。

在学习者语料的标注方法上，近年来在篇章结构层次的人工标注，只有上海外国语大学的英语专业作文语料库③，而且其标注仅限于核心论点句，对主体部分的分论点句并未详细标注，遑论主论点和分论点的关系和段内的逻辑发展。英语专业写作课程的教学要求比非英语专业写作课程更高，高年级学生的写作输出也较复杂，理应采取更为精细的标注系统来研究学习者写作语料，从而更好地指导教学。因此，有必要对这一层次的人工标注展开初步理论和实证研究，探讨其信度和效度，帮助教师和学生探索学习者语料在这一层次展现的特点，为教学提供直接支持。

二　课程基础

2011年之前，英文系三年级高级写作课程一直由外籍教师任教，因此存在多方面的问题。一是外教不了解中国英语学习者的思维和语言特点；二是师生比过于悬殊（1∶80）。自2012年始，英文系任用骨干教师开始对该课程进行改革。经过三年的摸索，课程建设逐渐走向成熟。在2015年开始教改之前，高级写作课程已经具备了以下优势：

1. 以读促写的教学理念。教研组设计了核心阅读包和辅助阅读包，为学生的写作输出提供高质量的输入。在核心和辅助阅读包的选择上，教学小组

---

① 白志刚：《语料库与英语专业高年级自主学习探究》，《沈阳师范大学学报（社会科学版）》，2009年第1期。李文中：《语料库、学习者语料库与外语教学》，《外语界》，1999年第1期。李文中、濮建忠：《语料库索引在外语教学中的应用》，《解放军外国语学院学报》，2001年第24卷第2期。T. Johns, "Data-Driven Learning: The Perpetual Challenge," in *Language & Computers*, 2002: pp.107-117.

② 甄凤超、王华：《学习者语料库在外语教学中的应用：思想与方法》，《外语界》，2010年第6期。

③ 邹申：《英语专业写作教学语料库建设与研究》，上海：复旦大学出版社2011年版。

既选入了多部经典论著的选章,也选入了不少影响深远的学术论文。根据学生的反馈,教学小组每个学期都对核心阅读包和辅助阅读包进行调整和增补。

2. 贴近实际的写作任务设计。针对英文系学生对写作任务缺乏兴趣、观点空泛肤浅的问题,教研组提出了基于反思的写作训练思路,精心设计写作任务,让其既与核心及辅助阅读篇目紧密相关,又贴近学生身处的现实,鼓励学生联系和比较中西方思想传统,反思自己的话语实践。

3. 学生成长档案袋的评价设计。教研组采取了形成性评价的方式,将学生自评、同伴互评、阅读反思笔记和教师评价等多个方面纳入评价体系。学生需要在档案夹中提交同伴互评的反馈意见和基于同伴互评反馈的历次修改稿,以便教师进行对照并评价学生写作能力的成长。

4. 教师、同伴和自我反馈相结合。课程采取写作工作坊和教师面谈的形式,鼓励师生和学生之间提供聚焦/非聚焦反馈。每次写作工作坊都会聚焦某个内容或形式方面,先由教师抽取学生的作业作为分析样篇,与学生就样篇相关方面评价的标准协商一致后,再就这一方面展开同伴互评。除了在课上的指导,教师还在课下提供每周2—4小时的办公室面谈及在线咨询时间,为学生提供非聚焦反馈。

三 存在问题

在课程建设、教学研究的过程中,根据课堂观摩和学生反馈,我们发现本科高年级阶段的写作课仍然存在一些问题。首先是课堂可利用的时间较少,三年级高级写作每周2课时(80分钟)、四年级学术写作每周2课时(80分钟)。其次是学生对自身写作中语篇层次的问题认识不深,不利于学生批判性思维的发展。最后是同伴和自我反馈的效度和信度亟待提高。

基于以上问题,教研组提出将基于学习者语料库的数据驱动学习应用于高级英语写作课程,以便提高课程及教学资源的利用率、加深学生对语篇结构层次存在的问题的认识,提高学生自我反馈和同伴反馈的效度和信度,同时也方便教师收集和分析学生的语料,并展开后续研究。

四　教改内容

为了解决高级写作课程存在的问题，教研组决定自建反馈型学习者语料库。从2015年至今，教研组系统收集和整理了2013到2014级英文系学生的习作，建立了共约28万单词的往届学生作文语料库，并在调查、汇总并分析国内外基于语料库的学术写作教学研究基础上，初步发展了自己的标注系统，并尝试将语料库运用于教学实践。

具体而言，我们从以下三种方式将反馈型学习者语料库应用于教学：

1. 在教学理念上，我们引导学生自主分析和比较学习者和本族语语料，深化对自身语篇层次的问题的认知。

2. 在教学内容上，我们应用翻转课堂，通过在线标注练习和自动反馈，最大限度利用课堂时间，同时有效监控学生课下时间的自主学习。

3. 在反馈手段上，我们通过师生对同一语篇的标注练习/反馈，提高学生自我反馈、同伴反馈的效度和信度。

就教学流程而言，教研组在学期开始时利用课堂时间介绍标注系统的原则，并以往届学生的作业为例，讲解标注方法；学生则需要在课下自主展开标注练习，并在提交标注后查看教师提前输入到系统里的自动反馈。此外，教师还会根据学生课下提交的标注练习的情况，在课上提供不定期反馈。最后，学生标注练习的成绩占总评成绩的10%。

五　项目成果

项目的成果之一是编写并发布了反馈型学习者语料库的编码手册及标注示例。编码手册包含了学生习作中常见的27类结构问题，并针对每类问题提供了简要解释和标注方法。此外，教研组也为学生提供了往届学生习作的标注示例。

项目的成果之二是建设了反馈型学习者语料库的教师接口和学生接口。

其中教师接口包含"标注范畴""标注种类""文章管理"和"用户管理"功能；学生接口则包含"标注""删除"等功能。如图1所示，在"标注范畴"功能下，教研组把学习者语料库的标注分为"结构""逻辑"和"表达"三部分，目前初步建设完成的是"结构"部分。

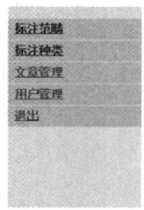

图1　反馈型学习者语料库教师接口——标注范畴

在"结构"范畴下，教研组建立了包含27类常见结构问题的标注系统，界面如图2所示：

图2　反馈型学习者语料库教师接口——标注种类

针对学生习作中常见的27类结构问题，教研组开发了"文章管理"功能，对已有的学生习作进行结构标注，并将此作为学生提交标注练习后收到的自动反馈的内容。"文章管理"功能的界面如图3所示，教师上传往届学习者语料，对语料展开结构问题标注，并利用"解冻"功能，将自己上传的语料作为练习发布给学生。学生提交练习之后，教师预先输入的语料标注会作为自动反馈提供给学生参考。

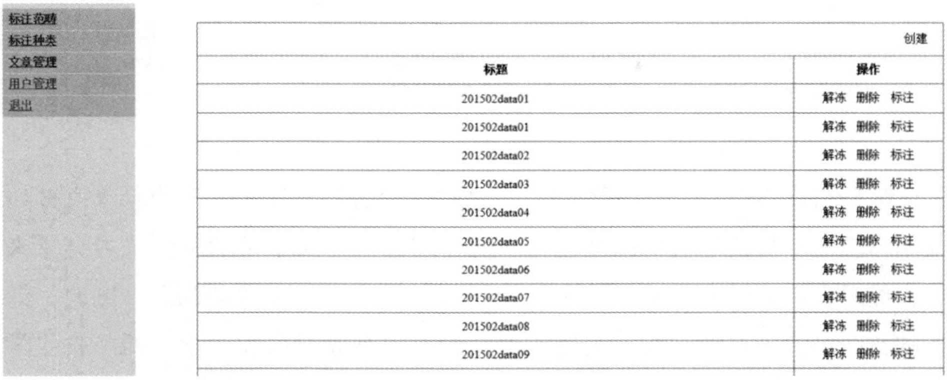

图 3　反馈型学习者语料库教师接口——文章管理

反馈型学习者语料库的学生接口则包含"文章标注"的功能，如图 4 所示：

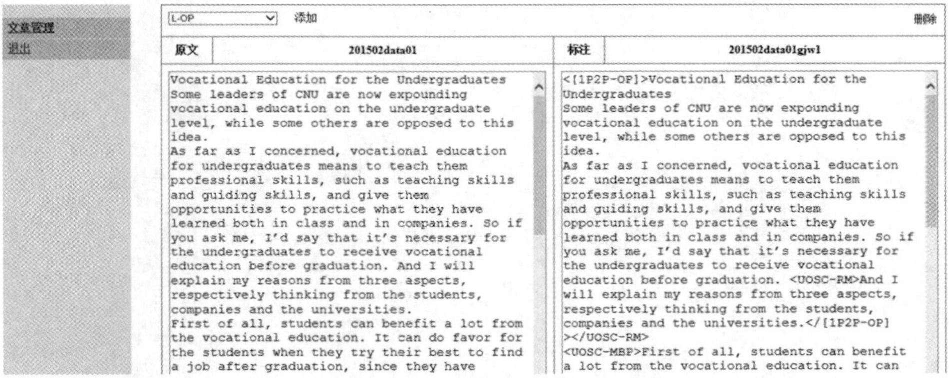

图 4　反馈型学习者语料库学生接口——文章标注

如图 4 所示，学生根据学期开始时教师提供的语料库标注的方法说明，对语料中存在的语篇层次的问题展开标注练习。在完成之后，学生可以选择提交，并查看教师对同一篇作业的标注结果。

六 项目成效

教研组从 2015 年 4 月开始设计反馈型学习者语料库，并于当年 9 月开始应用于教学，目前该项目已经运行了两年多时间。从学生的标注练习结果来看，经过训练，学生的确能够更好地识别并解决语篇层次的问题。同时，课下的在线标注练习也让教师实现了课上时间的有效利用和对学生课下自主学习的有效监控。

更重要的是，经过语料库标注的练习，学生在同伴反馈和自我反馈中体现了较高的对语篇层次问题的意识，如图 5、6 所示：

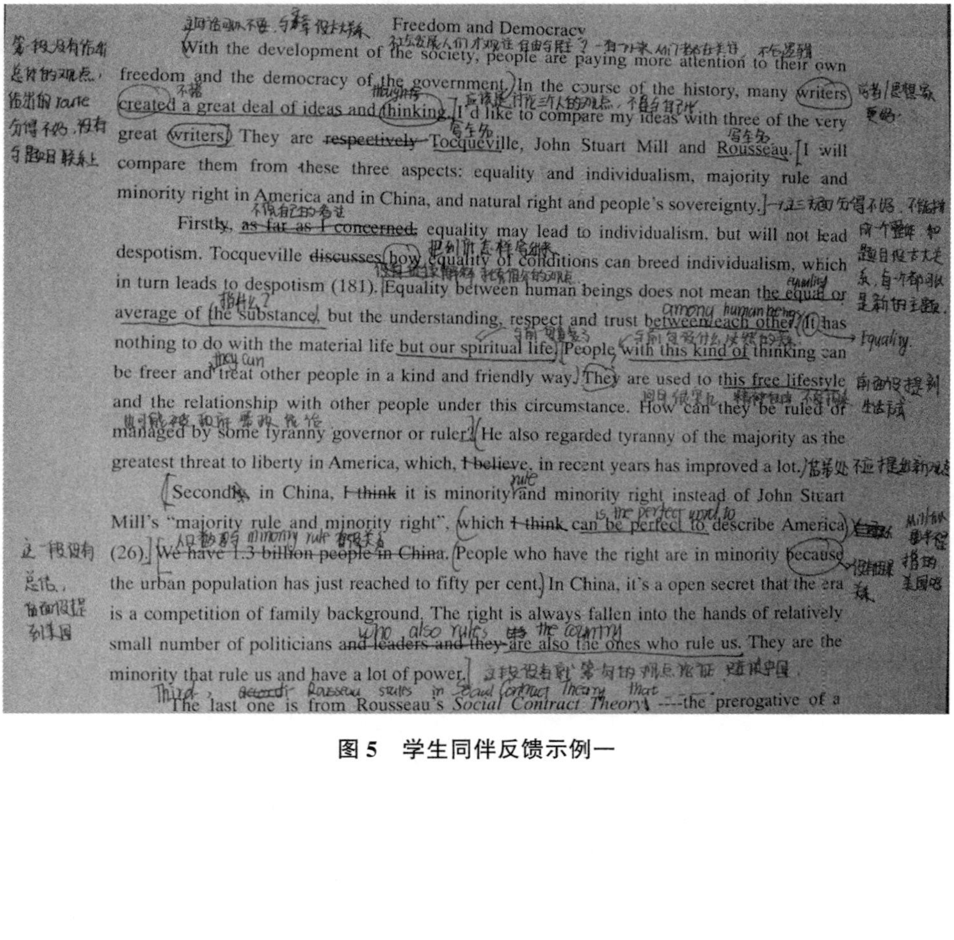

Freedom and Democracy

With the development of the society, people are paying more attention to their own freedom and the democracy of the government. In the course of the history, many writers created a great deal of ideas and thinking. I'd like to compare my ideas with three of the very great writers. They are respectively Tocqueville, John Stuart Mill and Rousseau. I will compare them from these three aspects: equality and individualism, majority rule and minority right in America and in China, and natural right and people's sovereignty.

Firstly, as far as I concerned, equality may lead to individualism, but will not lead despotism. Tocqueville discusses how equality of conditions can breed individualism, which in turn leads to despotism (181). Equality between human beings does not mean the equal or average of the substance, but the understanding, respect and trust between each other. It has nothing to do with the material life but our spiritual life. People with this kind of thinking can be freer and treat other people in a kind and friendly way. They are used to this free lifestyle and the relationship with other people under this circumstance. How can they be ruled or managed by some tyranny governor or ruler? He also regarded tyranny of the majority as the greatest threat to liberty in America, which, I believe, in recent years has improved a lot.

Secondly, in China, I think it is minority and minority right instead of John Stuart Mill's "majority rule and minority right", which I think can be perfect to describe America (26). We have 1.3 billion people in China. People who have the right are in minority because the urban population has just reached to fifty per cent. In China, it's a open secret that the era is a competition of family background. The right is always fallen into the hands of relatively small number of politicians and leaders and they are also the ones who rule us. They are the minority that rule us and have a lot of power.

The last one is from Rousseau's *Social Contract Theory* ---the prerogative of a

图 5 学生同伴反馈示例一

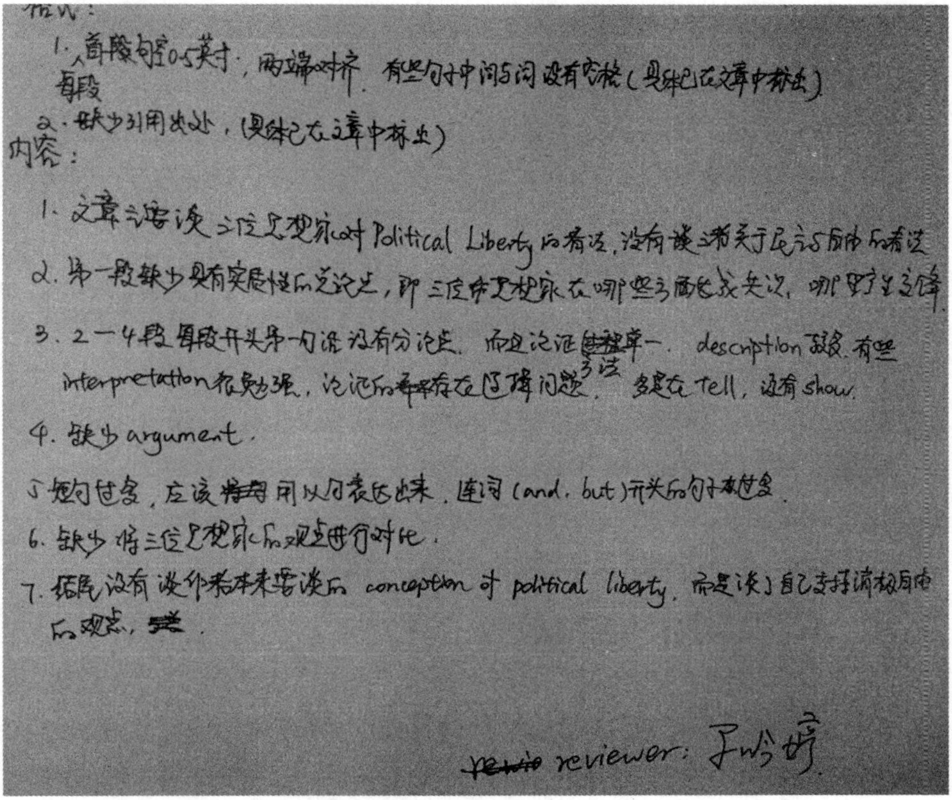

图6　学生同伴反馈示例二

七　问题及未来研究方向

由于经费和时间的限制，反馈型学习者语料库的许多其他功能还尚待开发。例如未来可以将语料库搭载在服务器上，以供多名学生同时在线使用。此外，教研组也将进一步建设逻辑发展和表达范畴方面的常见问题的标注系统，并应用于未来的写作教学。我们也将在平行班中引入实验组和对照组，并对接受过训练的三年级本科生展开跟踪研究，为反馈型学习者语料库的教学效果提供更全面的证据。

中学英语课堂提问模式调查与分析

首都师范大学 孙咏梅

摘 要：本研究分析了中学英语课堂的提问行为，以了解课堂提问是否被各年级教师有效地应用，以完成自己的教学目标，达到预期的教学效果。研究发现，随着年级的提高，高认知性问题会出现一定比例的提升，但总体上来说，课堂提问主要集中在低认知性问题上，反映出教师对课本及课本知识的侧重，说明教师更倾向于把自己看作语言知识的传输者，而非学生思考的启发者。

关键词：课堂提问 话语维度 回应 回应长度 互动模式

一 引 言

课堂提问是教师"激发学生思考和学习的基本途径"[1]，是有效课堂得以实现的重要手段之一。不同的提问方式会创设出不同的课堂学习环境，从而影响学生认知发展水平的高低。如果教师的提问具有灵活性、开放性和创新性，则有利于创设探究性环境（inquiry settings），能够促进学生高层次思维能

---

[1] Aschner, M. J., Asking questions to trigger thinking, *NEA Journal*, 1961(50): 44–46.

力的发展；反之，则会形成非探究性环境（non-inquiry settings），阻碍学生形成高层次思维能力[1]。

研究发现，尽管课堂提问在教师课堂话语中占有很大的比例（70%），但只有20%的课堂提问是为了促进学生思维能力的发展，其他的80%都属于回忆事实性问题（60%）和程序性问题（20%）[2]。近几年，随着英语教学改革的不断推进，学生思维能力的培养，尤其是高层次思维能力的培养，受到越来越多的重视。那么，作为"教师最常用的课堂教学手段"[3]，目前的课堂提问是否有利于创设探究性的教学环境，是否有利于培养学生的高层次思维能力？本文拟对中学英语教学中的课堂提问进行横向和纵向分析，以了解中学的课堂提问现状，进而以管窥豹了解当前中学英语教学质量的整体状况。

二 课堂提问

为了使课堂提问研究系统化、科学化，很多学者对课堂提问进行了分类并提出了多种分类方法。尽管理论基础各异，方法不一，但学者们基本认同，课堂提问大致可以分为两类：认知类问题和非认知类问题。非认知类问题常与课堂管理或课堂常规有关，受到的关注不多；而认知类问题由于与教学目标和效果直接相关，受到大量学者的关注。根据 Bloom 的六个思维层次（知识、理解、应用、分析、综合和评价）[4]，学者们大致将提问分为低认知性问

---

[1] Smart, J. B., & Marshall, J. C. Interactions between classroom discourse, teacher questioning, and student cognitive engagement in middle school science. *Journal of Science Teacher Education*, 2013(24): 249–267.

[2] Tsui, B. M., Analyzing input and interaction in second language classroom, RELC 1993 (16): 13.

[3] 胡青球、埃德·尼克森、陈炜：《大学英语教师课堂提问模式调查分析》，《外语界》，2004年第6期。

[4] Bloom, B. S. Ed., *Taxonomy of Educational Objectives: Handbook I: Cognitive Domain*. New York: David McKay, 1956.

题和高认知性问题,如 Long & Sato 的展示性问题与参考性问题①、Richards & Lockhart 的聚合性问题与发散性问题②。低认知性问题要求学生回忆事实或对事实性知识进行理解和应用,而高认知性问题则需要诸如分析、综合和评估之类的高端思维。

目前国内外研究主要侧重课堂提问的分类、模式、功能、候答时间等,鲜有学者纵向地考察课堂提问在课程类型相同但语言水平不同的课堂上,是否会呈现出不同的样貌,以及是否会对学生参与课堂学习的方式产生不同的影响。何安平③虽然对比分析了国内小学到高中的英语课堂与国外以英语为母语的小学英语课堂的教师话语,但他仅仅检索了教师话语语料库中疑问词后面紧跟有 you 的疑问句,因此很有可能漏掉其他类型的提问,也无法在具体语境中考量提问时的师生互动模式和课堂参与结构,忽略了课堂提问的整体性和连贯性。

研究课堂提问的最终目标是提高课堂教学的质量。本研究通过分析中学英语课堂的提问行为,目的在于了解课堂提问是否被各年级教师有效地运用,以完成自己的教学目标,达到预期的教学效果。具体研究过程包括:比较各年级英语教师在课堂上提问的问题数量、提问占教师课堂话语的比例和高认知性问题和低认知性问题在课堂提问中所占的比例;比较各年级学生的提问回应类型在提问回应中所占的比例;比较不同类型的提问与学生回应的长度、数量以及学生互动之间的关系。

三 研究方法

本文选取某中学初一、初二和高一、高二的 4 个课时共 160 分钟的示范课(初三和高三的英语课堂具有特殊性,分析后发现几乎没有课堂提问,因

---

① Long, M. H. & Sato, C. J. Classroom foreigner talk discourse: Forms and functions of teachers' questions, In H. W. Seliger & M. H. Long, eds. *Classroom Oriented Research in Second Language Acquisition*, Newbury House, 1983.

② Richards, J. C. & Lockhart, C. *Reflective Teaching in Second Language Classrooms*, Cambridge: Cambridge University Press, 1994.

③ 何安平:《基于语料库的英语教师话语分析》,《现代外语》,2003 年第 2 期。

此本研究没有选择其为有效样本），每个年级 1 个课时即 40 分钟。由于这 4 节英语课都是公开示范课，代表的应该是该校比较优秀的英语课堂的样貌。研究者将录像中的教师和学生话语转写成书面语料，并采用 EQUIP 话语模型 (Electronic Quality of Inquiry Protocol)① 对教师提问进行系统的分析。EQUIP 话语模型共有 5 个维度：提问水平、问题复杂度、提问环境、交流模式、课堂互动（其中提问环境、交流模式和课堂互动有较多重叠处，可归为一个大类：互动模式），每个维度分别有四个级别，涉及不同的认知代码：CC1（知识接受层次）、CC2（低认知层次：回忆、记忆、理解）、CC3（应用层次：展示、修正、比较）、CC4（分析/评估层次：论证、辩护、解释），以及由此产生的不同类型的课堂教学环境：预备型探究环境、发展型探究环境、应用型探究环境、示例型探究环境，如表 1 所示：

表 1　EQUIP 话语维度（D = Discourse；CC = Cognitive Code）

测量维度		CC1（预备型探究）	CC2（发展型探究）	CC3（应用型探究）	CC4（示例型探究）
D1	提问水平	课堂提问很少涉及学生记忆层面以上的能力。	课堂提问很少涉及学生理解层面以上的能力。	课堂提问涉及应用或分析层面的能力。	课堂提问涉及各方面的能力，包括分析层面或更高层面。
D2	问题复杂度	问题只有一个正确答案，通常是很短的答案。	问题大多数只有一个正确答案，有些问题具有开放性。	问题需要学生解释、论证、辩护。	问题需要学生解释、论证、辩护。学生也会对其他人的回应进行评价。
D3	提问环境	教师主讲或只让学生口头回答问题，没有讨论。	教师偶尔尝试让学生讨论，但没有成功。	教师成功地让学生回答开放性问题和进行讨论、研究。	教师持续有效地让学生回答开放性问题，进行讨论、研究、反思。
D4	交流模式	课堂交流被教师控制和指导，教师说教为唯一交流模式。	大部分课堂交流被教师控制和指导，偶尔有来自其他学生的输入，教师说教为主要交流模式。	课堂交流经常是对话性的，讨论有时被学生所提的问题引领。	课堂交流始终是对话性的，讨论经常被学生所提的问题引领。

① Marshall J. C., Smart, J. B. & Horton, R. M., The design and validation of EQUIP: An instrument to assess inquiry-based instruction. *International Journal of Science and Mathematics Education* 2010 (8): 299-312.

(续表)

测量维度		CC1（预备型探究）	CC2（发展型探究）	CC3（应用型探究）	CC4（示例型探究）
D5	课堂互动	教师接收答案，必要的时候纠正，但是很少有进一步的探讨。	教师或其他学生偶尔对学生的回答进行追问，但追问的是低水平问题。	教师或其他学生经常对学生的回答进行追问，追问需要学生提供证据或进行辩护、论证。	教师持续有效地创造互动环境，学生提出的证据、假设、论证会受到教师和其他学生的挑战。

在 EQUIP 话语维度中，CC1 和 CC2 层面的教学环境属于非探究性教学环境，CC3 和 CC4 层面的教学环境属于探究性教学环境。

四 结果与讨论

（一）提问水平

从表 2 可以看出，首先，随着年级的升高，课堂提问在教师话语中所占的比例逐渐缩小，从初一的 62.25% 减少到高二的 31.62%。从 EQUIP 话语维度来看，初中一年级的话语维度集中在 CC1 和 CC2 层面，属于典型的非探究性教学环境，初二开始出现小比例的 CC3 层面话语，并且随着年级的升高，CC3 的比例不断增加，到高二时增加到 24.12%，但是从初一到高二都没有出现 CC4 层面的课堂提问模式，这说明从初中到高中的英语课堂很少会使用论证、辩护、解释等教学手段培养学生的思维能力。从数量上来看，随着年级的增高，提问的数量出现明显的减少倾向。初一的课堂提问有 69 个，而到了高二，只有 25 个。而低年级的课堂提问数量虽然多，但主要集中在 CC1 和 CC2 上，初一完全没有出现 CC3，初二出现了小比例的 CC3（4.16%），而到了高二，CC3 比例明显提高，占到 24.12%。这说明初中阶段的课程主要以低认知性问题为主，教师提问的目的基本是为了测试学生是否已经掌握了所学的知识，提问以知识提取为主，而到了高中阶段，教师针对知识的问题数量明显减少，开始倾向于培养学生的应用和分析能力，但提问数量过少，所以学生的应用和分析能力得到锻炼的机会较少。总体来说，初中低年级的教师提问仅仅涉及回忆事实、判断正误等低水平认知活动，尽管因为提问数量多显得课堂气氛较为活跃，但是仅仅有助于学生对知识的巩固和记忆，对学生的思维能力发展缺乏价值。高年级的课堂提问则需要学生更多的思维参与，具有一定的启发性。

表 2 课堂提问比例对比

年级/提问	课堂提问数量（个）	课堂提问占教师话语比例(%)	CC1占课堂提问比例(%)	CC2占课堂提问比例(%)	CC3占课堂提问比例(%)	CC4占课堂提问比例(%)
初一	69	62.25%	86.96%	13.04%	0.00%	0.00%
初二	72	55.63%	76.72%	20.12%	4.16%	0.00%
高一	40	32.43%	52.43%	39.93%	12.5%	0.00%
高二	25	31.62%	24.33%	51.55%	24.12%	0.00%

（二）问题复杂度

从表 3 可以看出，初一以个体回应为最主要模式，占总比例的 97.1%。教师基本采用点名或按顺序回答问题的形式进行提问。学生针对问题的回应偏简短，对低认知性问题的回应长度为 3.13 个单词，初一课堂只出现了一个了解学生个人态度的问题，学生对这个问题的回应长度是 11 个单词。从初二开始，学生群体回应的情况发生较多，占 30.56%，针对问题的回应也明显变长；低认知性问题的回应长度为 7.52 个单词，高二认知性问题的回应长度则为 19 个单词，与初一相比，长度明显增加。高一的回应情况与初二类似，而到了高二，学生的群体回应数量超过个体回应数量，同时针对低认知性问题的回应明显变短，而针对高认知性问题的回应则较长（21 个单词），这说明，在中间阶段（初二、高一），提问从低认知性问题开始慢慢向高认知性问题过渡，低认知性问题倾向于采用群体回答的形式，而高认知性问题倾向于采用个体回答的形式。到了高年级阶段，提问模式完成交替，即低认知性问题基本以群体回答的形式完成，高认知性问题以个体的形式进行。总体来说，低年级的回应属于不经大脑思维的机械性重复操练。这种机械性重复操练以教师和学生单个对话的形式出现，而高年级的机械性重复操练则表现出教师与全班对话的形式。初中英语课偏重重复性的模仿和操练，动脑程度低，高中课减少了模仿和操练，开放性问题逐渐增多，开始注重培养学生的开放性思考能力。

表3 课间回应对比

年级/回应	个体回应	群体回应	教师自问自答	低认知性问题回应长度(个)	高认知性问题回应长度(个)
初一	97.1%	2.9%	0.00%	3.13	11
初二	68.05%	30.56%	1.39%	7.52	19
高一	66.67%	33.33%	0.00%	6.60	18
高二	48%	52%	0.00%	2.15	21

（三）互动模式

从互动模式上来看，还是由教师主导，教师占权威地位。由教师分配提问，各年级都没有出现学生提问的现象，所以教师对教室具有完全的控制，这种控制也许是出于维护自身权威性地位或顺利实施教学计划的需要，也有可能是因为教师缺乏促进学生提问的技术手段。教师的问题以封闭性问题为主，主要目的是获取知识性信息，需要学生事前准备，答案通常较简短。课堂提问主要以以下几种形式进行："yes/no"形式，学生只需用"yes"或"no"来回答，不需要生成句子来回答；"or"形式，学生只需选择问题中的一个词或词组来回答；"wh-"形式，以 who, what, which, when, where, how many, how much, how long, how far 等词开头的提问；引导提问，教师说出前半句，让学生说出后半句的提问；翻译形式，教师让学生进行英译汉或汉译英的提问。提问模式比较单一，无法有效锻炼学生的问题意识和主动思考能力。高认知性问题应该是以低认知性问题为基础的，学生在进行高水平的思考之前需要了解相关的事实性知识，同时，大多数教师也将英语课定位成帮助学生习得语言知识的技能课，因此把重点放在事实性知识的记忆和理解上，但低认知性的问题泛滥也说明教师本身缺乏深度思考能力，提不出高认知性问题。同时，低年级的教师不能给予有效的反馈，或反馈过于形式化，或不予反馈。高年级的教师能够给予一定的反馈，但这种反馈不属于促进学生进行思考的追问，更类似于表达肯定的态度标记。

五 结 语

本文所考察的各个年级的提问模式和类型反映出，随着学生语言水平和思维水平的增强，教师提问出现一定的高认知性倾向，但整体来说，课堂提问还是集中在低认知问题上，反映出教师对课本及课本知识的侧重。

教师在课堂上使用的提问类型反映出教师对教师角色的理解和对自己的定位。偏爱低认知性问题说明教师更倾向于把自己看作语言知识的传输者，而非学生思考的启发者。教师把提问用作检查学生对课文理解程度的手段，以确保学生是否已经掌握需要掌握的内容。大多数的问题都集中在背景知识、内容、结构和语言质量上，目的都是提取教师已知的答案。教师期望获得的是确切的答案，一旦答案给出，提问环节结束，一般不再会有追问及进一步的讨论。以重复为典型特征的低认知水平提问没有为学生提供充足的机会，让他们通过分析、综合或评价以形成自己的判断。久而久之，会阻碍学生突破现有的学习材料，进行深入的思考，会成为一种学习习惯被固化下来。教师提问对学生的思维、成绩、学习态度都会产生深远的影响。如何利用提问来提高学生的课堂参与程度，发展学生的思维能力，是值得深入思考的问题。

加拿大西部英汉双语教学实践及其启示

首都师范大学 孙 森

摘 要：由于经济全球化及国际交往的日益密切，加拿大于20世纪60年代开始推行双语教育，尤其是沉浸式（Immersion）教育取得了一定的成绩。中国作为受影响的国家之一，近几年来对于双语教学愈加重视，在自己摸索教学方法的同时也积极地借鉴有价值的经验。因此，本文主要以加拿大西部里弗班克学校（Riverbank School）的一个五年级英汉双语班级三名学生的个案研究为出发点，分析他们在学校中学习英汉双语语言和文化的实践，总结出三点教学启示：双语学习者可以通过：语际交流、同伴交流、场合交流更好地学习双语语言和文化。

关键词：双语教学 双语教育 语际交流 同伴交流 场合交流

一 引 言

"双语教学"于21世纪初才逐渐受到我国教育界的重视，相比于从20世纪60年代就开始试行沉浸式双语教育（French Immersion）的加拿大来说，我国在"双语教学"这一领域内仍有很多进步的空间，可以从加拿大的双语教育上借鉴很多成功的经验，因为就全世界来讲，加拿大是开展双语教育最为成功的国家之一。① 然而两个国家母语体系的差异要求我们在借鉴时要结合相似教学环境，取其所长，才有意义。袁平华和俞理明根据贝克（Baker）关于双语教学的分类②，对比了加拿大的双语教育和中国的双语教学，得出结论：中国和加拿大双语教学都是强式双语教育的属性；又根据兰伯特（Lambert, 1980）对于双语教学的分类③，得出结论：加拿大的双语教育是添加型双语教育（Additive Bilingual Education），而我国无论是英汉双语教学还是汉语–少数民族语言的双语教学都应当追求添加型双语教育，即在提高英语学习的同时也不摒弃对母语的学习④。

  对于加拿大双语教育与中国的双语教学的理论对比反映了我国的双语教学借鉴加拿大双语教育经验的合理性。因此，进一步的实证研究可以提供更为实际的经验供中国的双语教学参考。笔者以里弗班克学校（Riverbank School）的一个英汉双语五年级班级的三名学生为主要研究对象，同时也对该三名学生周围的同学、老师和父母进行了相应的研究，通过对学生的课堂表现、课后作业及和相关老师的交流发现，这个五年级双语班级的英汉双语教育的成功，与语际交流、同伴交流和场合交流是分不开的，因此笔者分析并归纳了相应的教学启示。这对无论是双语教学的教师，还是包含双语教学项目的学校来说都有一定的参考价值。

---

  ① 袁平华、俞理明：《加拿大双语教育与中国双语教学的可比性》，《中国大学教学》，2005年第11期。

  ② Baker, C. Foundations of bilingual education and bilingualism (4th ed.), Buffalo, NY: Multilingual Matters, 2006.

  ③ Lambert, W. E. 1980. The social psychology of language [A]. In H. Giles, W. P. Robinson and P. M. Smith (eds) Language: Social Psychological Perspectives[C]. Oxford: Pergamon.

  ④ 袁平华、俞理明：《加拿大双语教育与中国双语教学的可比性》，《中国大学教学》，2005年第11期。

二 加拿大英汉双语教学的产生及发展

自从 20 世纪 60 年代加拿大《官方语言法》（*Official Language Act*）确立了英语和法语同为官方语言后，加拿大就拥有了自己的一套国家双语语言政策。1988 年，《加拿大多元文化法案》（*Canada's Multiculturalism Act*）正式提出。此法案的目标之一是 "在加强加拿大官方语言的地位和使用的情况下，保护并增强除英语和法语之外语言的使用"。在加拿大政府多元文化政策的影响之下，1974 年，第一个小语种双语计划——乌克兰双语教育计划在阿尔伯塔省被提出。1993 年，小语种双语教育的术语表述上发生了转变，之前的 "传承语"（heritage languages）被 "国际语"（international languages）所代替。塔瓦雷斯（Tavares）说明 " '传承语' 到 '国际语' 的术语转变反映了全球化对加拿大教育系统产生的影响以及多元文化政策方面的重大转变"。①

1982 年，英汉双语教育项目由埃德蒙顿公立学校董事会正式成立，是目前北美规模最大的英汉双语教育项目。1982 年，此项目作为一个试行项目在阿尔伯塔省埃德蒙顿市的两所学校开展，对象为 40 名学生。尽管当时大部分的中国移民讲粤语和台山话，但因为普通话的广泛度和正式程度，仍选择普通话作为教授语言。

由于试行项目的成功，第二年埃德蒙顿公立教育局就采用了此双语教育项目。在三十多年的时间里，英汉双语教育项目已经发展成为该市最大的双语教育项目之一，涵盖 5 所小学、4 所初中、3 所高中，包括从幼儿园到 12 年级的 1800 多名学生（埃德蒙顿公立教育局，2009）。

埃德蒙顿市的英汉双语教育项目与双语教育协会（Bilingual Education Association，BEA）合作密切。双语教育协会成立于 1982 年，是由英汉双语学生的父母自愿发起的一个非营利组织，目的是促进并确保英汉双语教育的长

---

① Tavares A J, "From Heritage to International Languages: Globalism and Western Canadian Trends in Heritage Language Education", Canada: Canadian Ethnic Studies Journal, 2000, vol. 32.

期成功发展。所有在英汉双语教育项目中注册的儿童的父母自动成为双语教育协会的会员，他们也是埃德蒙顿市每一所双语学校的代表，每个月都有机会与校长或学校代表见面讨论。双语教育协会也安排了许多资金筹集活动来扩充汉语和汉文化资源，并且与加拿大和中国的很多社区有合作关系，借以促进语言文化教育的发展和国际间的合作。

三 研究背景

本研究在里弗班克学校的一个五年级的班级中进行，该班级共有24名学生，16名男孩和8名女孩。里弗班克学校是阿尔伯塔省埃德蒙顿市的公立小学之一，既提供从幼儿园到6年级的常规的英语课程，也从1992年开始提供英汉双语课程。这两种课程体系都遵循阿尔伯塔省规定的教学大纲。根据贝克对于双语教学模式的分类，该校的英汉双语课程属于强式双语教育，其目标是促进双语和双元文化的发展。双语课堂既是将汉语作为"传承语"而进行的维持型教育，也是包含英汉母语者的双向浸入式教育。

在此双语课堂中，教授语言50%为普通话，其他50%为英语。用普通话教授的课程包括：汉语语言艺术、数学、健康和体育；用英语教授的课程包括：英语语言艺术、科学、社会学、美术和音乐。五年级学生有两名班主任：彼得森（Peterson）老师和孟老师，分别负责英语相关课程和汉语相关课程的教授。还有一些其他科目的授课教师，其母语基本上是英语。

本个案研究的主要研究对象为3名五年级英汉双语学生，凯丽（Kelly）、珍妮（Jenny）和安东尼（Anthony）。这三名学生的母语都不同，并且在参与项目之前都有不同的背景经历。Kelly来自一个跨种族婚姻家庭。父亲是来自中国的二代移民，几乎不会说汉语，而母亲是加拿大本地人，因此Kelly的母语是英语，目前她在学习中文。Jenny几乎是在本研究开始的同时从中国大陆移民到加拿大。她的母语是普通话，目前在加拿大的这所学校里将英语作为第二语言学习。Anthony在他四岁的时候随父母一同来到加拿大。他同时讲粤语、普通话和英语。本研究也包括了其他的一些参与对象，如五年级课堂中的其他学生、五年级的教师、校长和五年级学生的家长，目的是进一步了解这些双语儿童和他们的老师、同学和家长在语言的文化实践过程中的关系构建。

四 教学启示

（一）语际交流

卡明斯（Cummins）的相互依赖假设强调学生的一语和二语之间有着相互依存的关系。① 对于本研究中的三个学生被试 Kelly、Jenny 和 Anthony 来说，他们在语言和读写能力的学习实践中将一语和二语联系起来而不是分隔开来，并将一语和二语的文化知识相互转移。笔者将首先讨论三位被试各自一语和二语的发展特点，之后着重讨论他们一语和二语间的互动活动。被试的一语和二语情况如表1所示。

表1 三位被试的一语和二语情况

学生	L1	L2
凯丽（Kelly）	英语	汉语（普通话）
珍妮（Jenny）	汉语（普通话）	英语
安东尼（Anthony）	汉语（粤语）	英语/汉语（普通话）

三位被试的一语都讲得很流利。在他们的二语学习中，都展示出积极参与的态度和持续进步的状态，并且积极地参与到一语和二语的跨语言活动中，具体包括：转换语言（code-switching）、翻译（translation）、跨语言迁移（cross-language transfer）和跨语言比较（cross-language comparison）。通过对课堂观察数据的分析，可以明显地发现这些跨语言活动积极地影响着这些学生的双语发展。

---

① Cummins J. The role of primary language development in promoting educational success for language minority students.［M］. Schooling and language minority students：A theoretical framework. 1981：3-49.

通过课堂观察发现，授课教师会鼓励学生间的跨语言活动。孟老师会借助英文单词来教授相应的中文单词，也鼓励学生以此方法学习。Peterson 老师的母语是英语，但鼓励学生使用中文来互相帮助，并组织一些关于英汉语言异同点的讨论活动帮助学生们去了解两种语言间的区别。Peterson 老师和孟老师相互协作，让学生可以轻松地将在课上学到的概念和策略相互转换，将在两种语言上习得的技巧相互运用。

Cummins 指出与"分离的潜在能力模式"（SUP）相联系的三种相互关联的错误猜想——"直接法"猜想（"direct method" assumption）、"无翻译"猜想（"no translation" assumption）和"双孤立"猜想（"two solitudes" assumption），还是在主导着双语教育领域。① 然而，本研究的结论可以说明，在此双语项目中的教育实践是与这三项猜想矛盾的，并促进了双语学习中的"共同的潜在能力模式"（CUP）。

（二）同伴交流

1991 年，莱夫和威格（Lave & Wenger）在书中解释道"学习是一个整体且不可分割的社会实践"②。他们强调学习不是个人的行为，而是通过参与到学习社区中发生的一种行为。在本研究中，三位学生都积极参与班级里同伴之间的交流，具体形式包括：互相帮助学习语言及学科知识，互相练习相对弱势语言，互相分享学习成果，互相尊重同伴弱点。这四种同伴间互动性的活动是有效的社会实践，积极地影响着他们的双语学习。

莱夫和威格（Lave & Wenger）阐释"实践社区（the Community of Practice）的社会结构，并说明它的权力关系和合法性条件决定了学习的可能性（例如：合法的边缘性参与）"③。当我们将双语学生的学习作为社会实践来检测时，我们需要考虑该社区的社会结构。很显然，研究中被试学生间的四

---

① Cummins J, "Rethinking Monolingual Instructional Strategies in Multilingual Classrooms", Canada: Canadian Journal of Applied Linguistics, 2007, vol. 10(2), pp.221-240.

② Lave J, Wenger E, "Situated learning:, Legitimate peripheral participation", Man, 1991, vol. 29(2), pp.167-182.

③ Lave J, Wenger E, "Situated learning:, Legitimate peripheral participation", Man, 1991, vol. 29(2), pp.167-182.

种同伴之间的互动帮助建立并加强了此社区中学生间积极的关系。另外，在这种双向的双语社区中，同伴之间的互动常常反映了互惠互利的权力关系。作为双语者可以促进学生在实践社区的全面参与，因为此类的双语课堂同时拥有汉语和英语的亚社区，无论擅长哪一门语言，都会让学生在他们的合法边缘参与中更加合理和更有权力，因为他们在此互惠合作中是拥有不同语言专长且做出了贡献的成员。

当我们使用社区实践框架将双语儿童的学习作为社会实践来进行检测的时候，仅仅评估个人在这个社区如何渐进地朝全面参与靠近是不够的；我们还需要检测社区如何建构积极且赋有权力的社会结构来帮助新来者在参与中取得进步。这就要提及本研究中的五年级班级，它的设计和社会结构都建构了一个支持且包容的学习社区。学生间的互动实践以帮助、练习、分享和尊重的形式呈现，是建构一个学习社区的一种有效且强有力的方式，在其中所有的学习者可以获取学习资源，例如：语言资源、学术资源和文化资源专长；学习者可以在互动中有练习的机会和向其他更有能力的学习者学习语言和学术知识的机会；再者，尤其是新来的移民学习者，他们在社区中占据了有利的位置，就会感受到被包括在其中、被肯定且在语言和读写实践中体现价值。

（三）场合交流

在被试学生在学校环境和非学校环境下的语言读写能力实践研究过程中，研究者发现在他们的学习环境中，例如：教室、学校、家庭、学校社团或者当地社区中，有四种方式可以将学习者联系起来：a) 通过语言；b) 通过知识；c) 通过活动；d) 通过"学校-社区"组织，即双语教育协会（BEA）。

通过语言连接：语言不一致的现象对于双语学生在校内和家中的语言学习有重大影响。例如，李（Li）曾论证在英语方面不足的父母可能会对孩子与教师的交流造成阻碍，也可能无法参与到孩子的家庭作业中。① 在本研究中，此双语项目包含两种教授语言：英语和汉语。该校的校长和一些老师都是双语者，既可以用英语也可用汉语和父母交流。当研究者与本研究中的三

---

① Li G. Literacy, "Culture, and Politics of Schooling: Counternarratives of a Chinese Canadian Family", Anthropology & Education Quarterly, 2003, vol. 34(2), pp.182-204.

个被试的家长交谈时，他们均表示对学校有融入感，对孩子的学习生活有靠近感。

参与研究的三个孩子在与他们的家人进行隔代交流的时候，英文和中文都会用到。学校内外的社团或者志愿活动都给了这些孩子充分的机会来练习英文和中文。这三个孩子都曾在中国居住过或者去过中国，这些经历也帮助他们学习和练习中文；并且通过报纸、新闻、与朋友交谈等多种方式，使这些学生在双语的语言文化实践上具备了连续性，给孩子们的语言学习和身份发展起到支撑作用。

通过知识连接：家长可利用一语的知识帮助孩子更好地完成学校中的学术学习，本研究中有一个典型的例子：Anthony 使用在中国学习的九九乘法表来学习数学计算。Anthony 的母亲也使用中文课本来教 Anthony 数学。当笔者问及其他孩子使用九九乘法表的情况，很多人提到他们是和父母学习到的，认为九九乘法表很有帮助。本项目研究表明，学生可以参与到由双语教育协会组织的志愿活动中，感受到英语文化和汉语文化之间的碰撞和交流，在家庭和学校之间分享自己所习得的文化，从而对语言的掌握更深入。

通过活动连接：这三名学生在学校中是同学之间交流的语言经纪人，在学校中参与文化的相关活动时，与同学、师长进行各方面的交流。并且，他们在帮助学校的同学的时候都很用心。在不同的情境下，在英语和汉语之间切换，去参加活动、去帮助他人，使他们形成了良好的学习习惯，从而掌握学习语言相关的技能。

通过双语教育协会连接：这三名学生和他们的家长都志愿加入到双语教育协会（BEA）的活动中。双语教育协会是一个连接学生的学校和家庭的重要桥梁。作为双语教育协会的成员，家长参加到与学校和相关负责人的会议中去，讨论孩子们的学校生活等相关事宜。校长和老师们也能够通过这种会议对学生的家庭生活有更多的了解。参与双语教育协会的家长组织的很多活动更广泛地推动支持了双语项目。本研究中的孩子们经常使用他们在双语教育协会的经历作为他们在课堂活动中的资源。

五 结 语

在"双语教学"愈加重要的背景下,通过对里弗班克五年级班级的三名学生的个案研究,笔者对这三名学生的学习实践进行分析,总结得出一定的教学启示。通过研究可知,语际交流、场合交流和同伴交流这三种类型的交流方式,可以帮助双语学习者更好地学习双语语言和文化。语际交流指的是跨语言的活动,如:语言转换、语言间的翻译、跨语言迁移和跨语言比较;同伴间的交流则要求双语学习者通过不同方式来与同伴的交流,在这种交流过程中,不断地熟悉和练习母语和二语的语言和文化。场合交流则强调了学习实践社区作为一种语言环境对于双语学习者的帮助以及学习者作为社区的一分子,无论对于哪一门语言擅长,都可以帮助构建一个包含更多资源的学习实践社区。

加拿大作为一个在双语教育领域内取得较大进步的国家,对其他国家的双语教学必有一定的参考意义。再者,随着世界经济文化全球化的发展,双语教学可以说是一股不可阻挡的潮流。教育部于2001年颁布《关于加强高等学校本科教学工作提高教学质量的若干意见》,强调了对本科教育信息技术等专业以及国家发展急需的专业开展双语教学的要求,也体现出双语教学逐渐在我国受到重视①。因此,我国在自身努力的同时,也要积极去吸收有价值的经验,结合自身国情和教育环境,才能更好地提高双语教学水平。

---

① 教育部:《关于加强高等院校本科教学工作提高教学质量的若干意见》,2001年。

二语概念通达模型中的一语介入问题探讨

首都师范大学　曲春红

摘　要：在二语概念通达的过程中，无法避免学习者母语的介入。本文通过梳理早期建立的二语概念通达模型，集中探讨二语概念通达过程中的一语介入问题，认为一语翻译对等词的介入是词汇能力发展初期概念通达的必经阶段，随着词汇水平的提高，二语词汇逐渐摆脱对于一语对译词的依赖，直接通达概念。

关键词：概念通达　一语对译词　共享元素　词汇联结

学习者二语心理词库的建立过程是近年来心理语言学的研究热点之一。其中，研究者们集中关注的问题是在双语心理词库的建立过程中，二语词汇如何通达语义？在语义通达的过程中，一语翻译对等词是如何介入的？根据近年来双语心理词库构建模型，对于母语介入问题的模式可以分为两种，一种是双语独立式，另一种是双语共享式（贾冠杰，2008）[①]。随着研究的深入，研究者们还发现，双语独立与双语共享是心理词库发展不同时期的心理

[①] 贾冠杰：《多语心理词汇模式与二语习得研究》，《外语与外语教学》，2008 年第 6 期，第 27—31 页。

表征。本文将对主要的二语心理词库模型进行梳理，以期对二语心理词库构建和语义通达过程中的一语介入问题进行深入的探讨。

一 混合与独立存储模型

早在20世纪50年代，Weinreich（1953）[①] 就根据空间隐喻理论，通过英语-俄语联想实验提出了的双语词汇语义通达的两种模型：混合型与独立存储型（图1）。该模型认为双语词汇概念提取和语义通达有三种组织结构，分别是并列型（coordinate）、复合型（compound）和从属型（subordinate）。并列型是指二语词汇的语义通达与一语心理词库系统互不干扰，各自独立；学习者建立两个相互独立的概念系统，其中二语词汇的语义直接通达二语概念系统。复合型认为学习者不会单独建立一个二语概念系统，而是与一语共享一个概念系统，而二语词汇的概念也可以从这一共享概念系统中直接提取。与复合型一样，从属型也认为学习者无法建立、也没有必要建立一个独立的二语概念系统，但与之不同的是从属型认为二语词汇要借助一语对译词通达语义，进行概念提取。

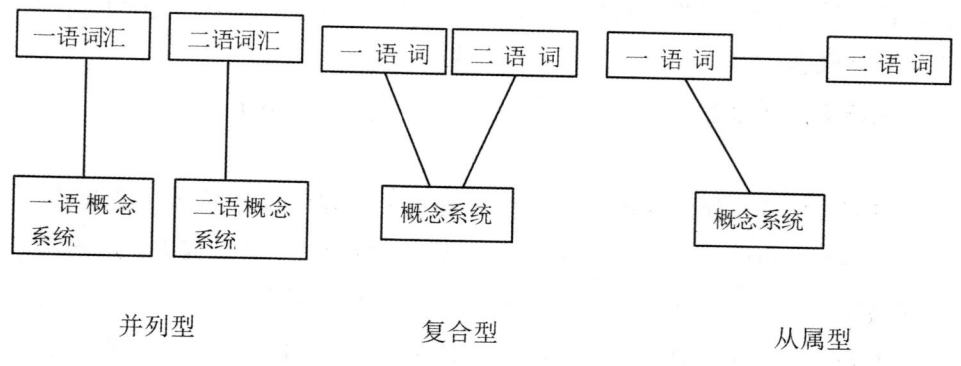

图1 双语词汇的混合与独立存储模型（Weinreich，1953）

---

① Weinreich, U.1953. Languages in Contact: Findings and Problems. New York: Linguistic Circle of New York.

针对这一假设，后续的研究发现，学习者双语心理词库的通达模式与学习者的语言发展水平有关（Kroll & Stewart，1994[①]；Potter et al.，1984[②]）。在二语词库建立的初级阶段，二语词汇的语义化过程必须要有母语的参与，映射到词形上的词义实际上是这个词汇的一语翻译对等词。二语词汇要借助这个翻译对等词通达概念系统，属于从属型；随着二语语言水平的提高，二语词汇网格开始建立，部分词汇可以直接通达概念，因此三种不同的表征形式可能同时存在，词汇的联结方式也会各有不同；而到了二语学习的高级阶段，所有的二语词汇都可以直接通达概念系统，即转化为复合型，学习者的二语词汇网格也逐渐接近母语者。

二 并列表征模型

Potter 等（1984）[③] 提出的并列表征模型（图2）是对上述三种模型的进一步细化和修订。并列表征模型包括两种概念提取模型：单词联想模型（word association model）和概念中介模型（concept mediation model）。这两种模型都认为双语者的语言表征分为两个层次：词汇表征层和概念表征层。两种语言的概念表征是共享的，概念表征独立于词汇表征。单词联想模型认为两种语言的词汇表征之间有着直接联系，二语的词汇表征与共同的概念表征之间没有直接联系，只能借助一语的词汇表征通达概念表征（董艳萍，桂诗春，2002）[④]；而概念中介模型则认为，双语的词汇表征都与共享概念表征有直接

[①] Kroll, J. & E. Stewart. 1994. Category Inference in Translation and Picture Naming: Evidence for Asymmetric Connections Between Bilingual Memory Representations. Journal of Memory and Language, 33: 149-174.

[②] Potter, M. et al. 1984. Lexical and Conceptual Representation in Beginning and Proficient Bilinguals. Journal of Verbal Learning and Verbal Behaviour, 23: 23-28.

[③] Potter, M. et al. 1984. Lexical and Conceptual Representation in Beginning and Proficient Bilinguals. Journal of Verbal Learning and Verbal Behaviour, 23: 23-28.

[④] 董燕萍、桂诗春：《关于双语心理词库的表征结构》，《外国语》，2002年第4期，第23—29页。

的联系，而两种语言的词汇表征之间没有直接的联系，因此该模型认为二语能够直接通达概念系统。

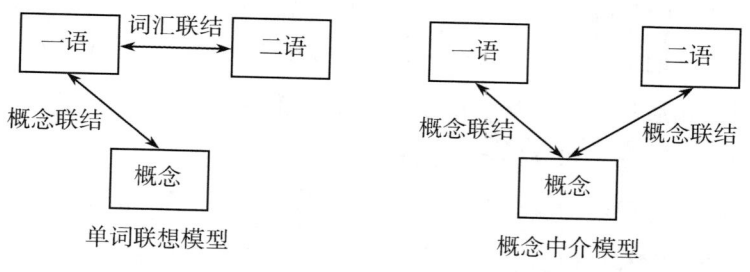

图 2　并列表征模型（Potter et al., 1984）

研究者通过图片命名和双语词汇翻译实验发现：用二语为图片命名的时间和从一语到二语的翻译时间没有区别，说明从形象刺激到二语语义提取和从一语到二语语义提取都经历了同样多的认知步骤。形象刺激首先激活的是概念，所以从一语到二语的翻译也一定同样通过了概念的联结，所以她认为概念中介模型是正确的。相反，如果用二语命名图片的时间长于从一语到二语的翻译时间，则证明双语的表征为词汇联结型。

后续的研究发现，二语水平不同的学习者表现出不同的联结模式，当受试的二语水平很低时，其双语的表征模型为词汇联结型，即二语与概念系统的联结要通过一语对译词；随着二语水平的提高，二语词汇能够直接通达语义，表征模型转为概念调节型（张萍，2009）[1]。也有部分学者认为，学习者语义通达模式与学习者水平之间并没有必然的联系。词汇的通达模式只是二语词汇在心理词库当中的存在状态，即在二语词汇能力发展的初级阶段，要通过语义化的过程与一语对译词进行映射；当词汇能力发展到网格构建和自动提取阶段的时候，通达模式会转化为概念中介模型。

---

[1]　张萍：《词汇联想与心理词库：词汇深度知识研究现状》，《外语教学理论与实践》，2009 年第 3 期，第 71—82 页。

三 非对称模型

为了更好地解释词汇翻译实验、图片命名实验，Kroll & Stewart（1994）[①] 提出了修正的层级模型（The Revised Hierarchical Model，RHM），也被称为非对称模型（the asymmetrical model）（董艳萍，桂诗春，2002）[②]。该模型认为不同语言的词库是各自独立储存的。

这一模型是双语者心理词库语义表征的重要模型，为双语者词汇识别过程中的跨语言激活提供了表征基础（张浩云等，2012）[③]。研究者通过图片命名任务实验发现，被试用一语命名要比用二语反应更快；而在翻译任务中，被试把二语翻译成一语的时间要比把一语翻译成二语的时间短。据此，Kroll 等认为概念中介模型和单词联想模型都不足以解释上述结果，进而提出了非对称性模型。这一模型明确了已有一语概念系统导致二语与一语心理词库的概念联结强度的不对等关系，认为二语与一语间的词汇联结强于一语与二语的词汇联结；而由于一语是最先建立在概念系统之上的，因此，一语和概念间的联结强于二语和概念的联结。在第二语言学习的初级阶段，学习者必须经过一语对译词获取语义表征。随着二语熟练程度的提高，二语的词汇表征层与概念表征层之间的联系也会逐渐加强，但是两种语言词汇表征层之间的联系并不会消失。另外，学习者的一语词库的语义网格大于二语词库，随着二语词项的增加，学习者整个概念系统也不断扩大。如图 3 所示（图中实线表示较强联结关系，虚线表示较弱联结关系；方框的大小表示相应概念系统的对比）：

[①] Kroll, J. & E. Stewart. 1994. Category Inference in Translation and Picture Naming: Evidence for Asymmetric Connections Between Bilingual Memory Representations. Journal of Memory and Language, 33: 149-174.

[②] 董燕萍、桂诗春：《关于双语心理词库的表征结构》，《外国语》，2002 年第 4 期，第 23—29 页。

[③] 张浩云、马凤阳、陈冰功、郭桃梅：《非熟练汉英双语者在英语词汇阅读中汉语自动激活的再探讨》，《外语教学与研究》，2012 年第 5 期，第 719—727 页。

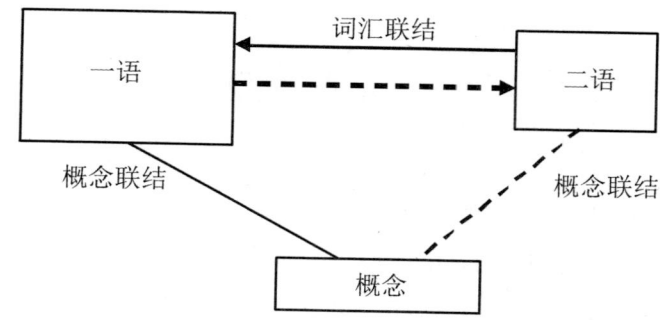

图 3 修正的层级模型（Kroll & Stewart, **1994**）

这一模型表明一语和二语词库共享同一概念系统，一语与概念系统的联结要强于二语概念系统，而双语之间的词汇联结也具有不同的强度。然而，二语词汇涉及的特有概念知识会逐渐增加，这些概念一方面会扩充学习者整个认知体系，但另一方面也会对于二语词库的构建和词汇联想产生特殊的影响，这种动态的发展趋势在模型中并没有相应的解释。与前面几种模型所不同的是，修正的层级模型不强调语义通达的阶段性，而是认为，从二语词汇进入词库开始，二语的词形就与一语对译词和概念之间存在着固定的联系，只是各种联系之间的强度不同，并且始终处于不断变化之中。初期的二语词汇与一语对译词之间的词汇联结更强，并通过一语对译词通达概念，随着二语词汇网格的逐步建立，二语与概念之间的联结也由弱变强，直到直接通达概念。

Kroll & Dijkstra（2002）① 对 Kroll & Stewart（1994）② 的观点进行了修改。他们认为，Kroll 和 Stewart 提出的不同语言的词库是各自独立储存的设想存在疑问，他们只是从空间的角度假设第一语言和第二语言词库是相互独立存在的，这种观点已相当过时了。同时，很多研究表明空间模式似乎将事情过于简单化。另外，独立存储模式属于空间隐喻型模式，虽然它只是适应于部分词

---

① Kroll, J. & A. Dijkstra. 2002. The Bilingual Lexicon. Kaplan R.(ed.) The Oxford Handbook of Applied Linguistics. pp.301–321.

② Kroll, J. & E. Stewart. 1994. Category Inference in Translation and Picture Naming: Evidence for Asymmetric Connections Between Bilingual Memory Representations. Journal of Memory and Language, 33: 149–174.

汇（贾冠杰，2008）[①]。

四　共享与分布模型

尽管许多双语语义通达实验都提出或者验证了不同的概念提取模型，但许多实验同时还发现了特殊词汇的词型效应。为了解释这种效应，de Groot 等（de Groot，1992[②]；van Hell & de Groot，1998[③]）提出了分布式模型（distributed model）（图4），认为不同类型的词共享的概念具有不同的节点数，其中，就两种语言中的翻译对等词而言，表示具体概念的词（C2，C3，C4）比表示抽象概念的词（C1，C5）共享更多的概念节点。

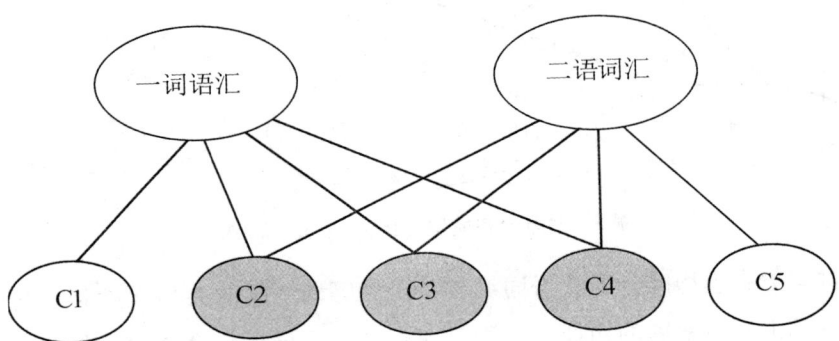

图4　概念特征分布模型（de Groot et al.，1994）

[①] 贾冠杰：《多语心理词汇模式与二语习得研究》，《外语与外语教学》，2008年第6期，第27—31页。

[②] De Groot, A.M.B. 1992b. Bilingual Lexical Representation: A Closer Look at Conceptual Representations. In R. Frost & L. Katz (eds.), Orthography, Phonology, Morphology, and Meaning. Amsterdam: Elsevier.

[③] Van Hell, J. & A. de Groot. 1998. Conceptual Representation in Bilingual Memor: Effects of Concreteness and Cognate Status in Word Association [J]. Bilingualism: Langauage and Cognition. (1): pp.193-211.

Dong 等（2005）[①] 在概念特征分布模型的基础上提出了共享分布式的不对称模型（图5），该模型指出一语和二语翻译对译词共有的概念元素享有相同的概念表征；一语和二语翻译等值词的概念表征由一系列共享和独有概念元素的节点组成，呈分布状态；一语词和共有概念元素的连接强于二语词和它的连接，一语和一语概念元素的连接、二语和二语概念元素的连接强于一语和二语概念元素、二语和一语概念元素的连接，形成不对称联系强度。该模型既关注了双语翻译对等词之间共享概念元素，也指出了二者之间概念和意义重叠的不对称性，较之概念分布模型更加完善。

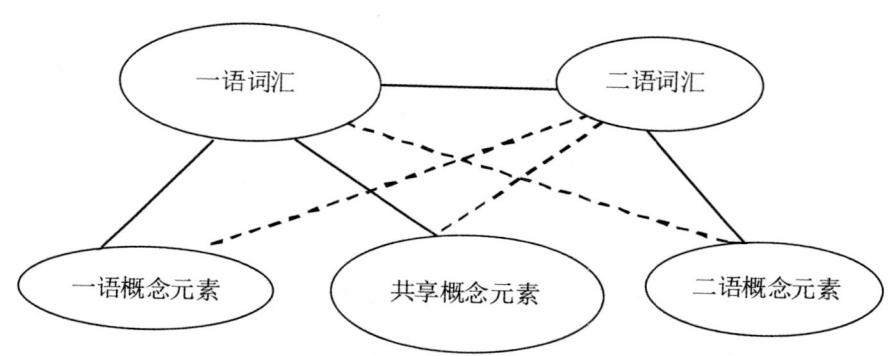

图5 共享分布模型（Dong et al., 2005）

共享分布模型区分了二语词汇与一语对等词之间的共享元素和非共享元素。在词汇能力发展的初期，一语对译词与二语词形是完全的映射关系，即除了双语之间的共享元素外，非共享元素也同样被映射到二语词形之上。但相对于一语，二语词形与共享元素之间的联结度较弱，并且二语与一语概念元素、一语与二语概念元素之间也存在着联系。随着词汇能力的发展，双语词形与非共享元素之间的联结逐渐减弱，与共享元素之间的联结逐渐加强。学习者能够有效区分共享与非共享元素。

---

① Dong, Y., S. Gui & B. 2005. MacWhinney. Shared and Separate Meanings in the Bilingual Mental Lexican. Bilingualism: Langauge and Cognition, 8(3): 221-238.

五 结 语

从上述模型的分析可以看出，双语词库的建立和词义提取的问题一直关系着一语的介入问题。问题探讨的关键是一语如何介入？总的来说，对于这一问题有两种观点：一是早期的混合与地理存储模型中的从属型，单词联想模型认为一语的介入方式是词形通达语义的中介，二语只有借助一语对应词，才能够通达概念；第二种观点认为一语、二语和共享概念之间始终具有一定的联系，只是这种联结的程度会有强弱的变化，如修正的层级模型和共享分布模型。

论英语专业学生元思辨能力的培养[①]

首都师范大学　张　莎

摘　要：元思辨能力是思辨能力的一部分，是对思维的自我计划、检验、调节、管理和评价，对于英语专业学生十分重要。培养英语专业学生的元思辨能力，首先要提高教师自身的教学监控能力。对学生的培养主要从两个方面开展，一是从培养反思和评价能力入手，二是营造思辨能力的环境。

关键词：元思辨能力　反思　思辨能力　英语专业

一　引　言

英语专业改革将思辨能力（critical thinking，又译作批判性思维）作为人才培养的重要目标之一。英语教育的十大关系[②]中，与思辨能力直接相关的有：知识传授与思辨和创新能力的培养，学生的自主学习能力；间接相关的

[①] 本文系北京市优秀人才培养资助（青年骨干个人）项目（项目编号2016000020124G092）、北京市教育委员会社科计划一般项目（项目编号SM201610028007）的部分成果。

[②] 孙有中：《英语教育十大关系——英语专业教学质量国家标准的基本原则初探》，《中国外语教育》，2014年第1期，第3—10页。

有：促进人的全面发展与适应社会的需要，专业教育与通识教育的需要，英语文化与中国文化的沟通与交流的需要，语言技能训练与专业知识学习的需要。英语专业学习的内容与方式更偏重接受性学习、记忆知识点和操练技能，学生在学习中的思维活动层次不高。培养现状未能达到新的培养目标的要求。元思辨能力是思辨能力的一部分，是对思辨技能和倾向的自我计划、检验、调节、管理和评价[①]，在很大程度上决定着分析、推理、评价等思辨技能的运用，以及坚毅专注、成熟开放、好奇、重视分析推理等思辨倾向的运用。本研究在思维心理学与二语习得视阈下，探讨如何在英语专业课程中培养学生的元思辨能力。

二 元思辨能力及其培养研究回顾

（一）理论研究：元思辨、自我监控与元认知

林崇德于1979年首次提出思维的结构模型，并在之后对这一模型进行不断完善。在该模型中，自我监控（self-monitoring）是思维结构的顶点。思维的自我监控又叫反思（reflection）、元认知（meta-cognition）。思维的自我监控包括计划、检验、调节、管理和评价等方面[②]。自我监控、反思、元认知都是自我意识的体现，是主体对自我思维的监控，是学科能力的组成部分[③]。

学者们对反思和自我监控进行了比较充分的研究。Flavell & Wellman[④]认为，元认知监控（metacognitive monitoring）是指认知主体在进行认知活动的

[①] 文秋芳：《中国外语类大学生思辨能力现状研究》，北京：外语教学与研究出版社2012年版。

[②] C. Lin & T. Li, "Multiple intelligence and the structure of thinking", *Theory & Psychology*, 2003, 13(6), pp.829–845.

[③] 林崇德：《论学科能力的建构》，《北京师范大学学报（社会科学版）》，1997年第1期，第5—12页。

[④] J. H. Flavell & H. M. Wellman, "Metamemory", in R. V. Kail & J. W. Hagen, eds., *Perspectives on the development of memory and cognition*, Hillsdale: Lawrence Erlbaum, 1977, pp. 3–33.

过程中,将注意力转向正在进行的认知活动,实质就是人对认知活动的自我意识、自我评价和自我调控,学习自我监控是自我意识的重要表现。Nelson & Narens[1]在自我监控的理论框架中指出,元层面的活动控制并调节着客体层面的活动,使客体层面发生变化,这种变化以元层面对客体层面的加工活动做出的判断和评价为依据。元层面的判断和评价就是自我监控。元认知是指对认知过程进行积极调控的高层次思维,是关于思维的思维。元认知表现为"对认知过程的积极监测和调控"[2]、"监测和调节自己的思维过程"[3]或"对自身认知系统的控制"[4]。董奇等[5]认为自我监控是一种监控主体与监控对象为同一客观事物的监控,是主体为了达到预定的目标,将自身正在进行的实践活动过程作为对象,不断地对其进行积极、自觉的计划、监察、检查、评价、反馈、控制和调节的过程。

在二语习得领域,文秋芳[6]提出思辨能力的层级模型,其中最高层级就是元思辨能力,其地位和作用相当于自我监控。二语习得领域的自我监控与元认知策略研究没有严格区分。O'Malley & Chamot[7]将元认知策略分为选择注意、计划学习、监测和复习、检查和评估。Oxford[8]认为元认知策略包括确定

---

[1] T. O. Nelson & L. Narens, *Metacognition*: *Knowing about knowing*, Cambridge: MIT Press, 1994.

[2] J. H. Flavell, "Metacognition and cognitive monitoring: A new area of cognitive developmental inquiry." *American Psychologist*, 34 (10), 1979, pp.906-911.

[3] R. H. Kluwe, "Executive decisions and regulation of problem solving behavior", in F. E. Weinert & R. H. Kluwe, eds., *Metacognition*, *motivation and understanding*, Hillsdale: Lawrence Erlbaum Associates, 1987, pp.31-64.

[4] A. Brown, "Metacognition, executive control, self-regulation and other more mysterious mechanisms", in F. E. Weinert & R. H. Kluwe, eds., *Metacognition*, *motivation and understanding*, Hillsdale: Lawrence Erlbaum Associates, 1987, pp.65-115.

[5] 董奇、周勇、陈红兵:《自我监控与智力》,杭州:浙江人民出版社1996年版。

[6] 文秋芳:《中国外语类大学生思辨能力现状研究》,北京:外语教学与研究出版社2012年版。

[7] J. M. O'Malley & A. U. Chamot, *Learning Strategies in Second Language Acquisition*, Cambridge: Cambridge University Press, 1990.

[8] R. L. Oxford, *Language Learning Strategies*: *What Every Teacher Should Know*, New York: Newbury House Publishers, 1990.

学习重点、安排和计划学习、评价学习。Brown① 把元认知划分为五个过程，分别是计划下一步工作、监控步骤的有效性、检验实施策略的过程、及时修正策略、评估策略以确定策略的有效性。对英语学习者的实证研究发现，学生的自我管理策略是对学习成绩起关键作用的变量之一，该策略的核心是自我反思与评价能力，在很大程度上影响语言学习策略的选择和成效。管理策略包括计划、评价和错误监控②。

综上所述，元思辨在学习过程中表现为自我监控；自我监控是主体为了达到一定的目标，在所从事的活动中对自身行为的一种监控，是反思和元认知的过程。英语学习中的元思辨表现为学习者为提高学习效果和思辨能力，对学习活动和思维过程进行积极、自觉的计划、检验、调节、管理和评价。

（二）实证研究：具体学科的元思辨能力培养

国内的实证研究主要与具体学科的学习或教学相结合，内容包括自我监控能力的结构、发展、影响因素和培养。辛涛③发现，教师的教学监控能力对教学认知水平和教学行为具有重要影响，其结构由计划与准备性、反馈与评价性、控制与调节性、课后反省性四个方面组成，受到动机水平、自我知觉、教学效能感、知识结构等因素的影响；采用任务指向型和自我指向型的干预方法都能显著提高教学监控能力。章建跃④发现，中学生数学学科自我监控能力包括三个方面，分别是计划、检验和反馈以及调节、矫正和管理；该能力的培养可以通过培养自主意识、学习观念、加强学习共同体成员的交流、培养学习过程的自我检验意识和技能来实现。孙素英⑤将思维的批判性品质与初中生汉语写作学习相结合，发现自我监控能力对写作成绩有间接影响。于文

---

① A. L. Brown, "Knowing when, where, and how to remember: A problem of metacognition", in R. Glaser, ed., *Advances in Instructional Psychology: Educational Design and Cognitive Science*, Hillsdale: Lawrence Erlbaum Associates Inc., 1978, pp.196–197.

② 文秋芳：《英语学习的成功之路》，上海：上海外语教育出版社2003年版。

③ 辛涛：《教师教学监控能力：结构、影响因素及其与学生发展的关系》，北京师范大学博士论文，1997年。

④ 章建跃：《中学生数学学科自我监控能力——结构、发展及影响因素》，北京师范大学博士论文，2003年。

⑤ 孙素英：《初中生写作能力及相关因素研究》，北京师范大学博士论文，2002年。于文

华、喻平①发现，自我监控能力直接影响数学学习成绩。综上，元思辨能力对学习效果有积极的作用，与具体学科的教学内容相结合是有效的培养方式；元思辨能力与学生的认知、观念、知识结构和学习方式等相关。

三 英语专业学生元思辨能力的培养

文献对元思辨能力的培养进行了一般性研究，也对数学学习、语文学习以及教学中的元思辨进行了专门研究。英语专业学生的元思辨能力应当如何培养，可借鉴上述研究进行探讨。

（一）提高教师的教学监控能力是根本保障

自我监控能力是教师教学能力和学生学习能力的核心，不仅影响教学过程和教学效果，还影响其他能力的发展②。只有教师自身提高了，才能够更有效地将元思辨的培养融入具体学科的教学中。教师作为教育教学的主导者，首先应当提高其自身思辨能力的理论素养、实践知识和能力。尽管有一部分英语学科的教师对思辨能力有所了解，但受到过去自身学习经验的局限性，理论知识和教学实践知识的系统性都有欠缺。教师具备思辨能力具体表现在：理论层面上，教师应当了解思辨能力的内涵，充分认识其重要性和意义；实践层面上，教师自身应当具备思辨的意识和能力，不断反思自身的教学，提高教学监控能力，并懂得在教学中进行元思辨培养的方式方法。

教师的教学监控能力包括课前的计划与准备性、课堂的反馈与评价性、课堂的控制与调节性和课后的反思性。在教学设计环节，不仅要设计每节课，而且要有一个长期的教学规划（包括知识教学、能力和非智力的培养）和系统的教学设计；在教学实施环节，要监控整个教学过程，根据教学实际情况，合理调整教学难度、教学方法和教学速度，特别是要设计教学反思环节，即

---

① 于文华、喻平：《个体自我监控能力、思维品质与数学学业成绩的关系研究》，《心理科学》，2011 年第 1 期，第 141—144 页。

② 林崇德、胡卫平：《思维型课堂教学的理论与实践》，《北京师范大学学报（社会科学版）》，2010 年第 1 期，第 29—35 页。

在每一次课堂活动即将结束时，教师都要引导学生对学习对象、学习过程、思维方式、所学知识和方法等，进行总结和反思①。通过总结和反思，使学生加深对知识和方法的理解，总结学习中的经验和教训，形成自己的认知策略，发展自己的认知结构，提高自我监控能力②。提高教师对自身教学的自我监控能力是培养学生思辨和元思辨能力的根本保障。

英语专业教师对于专业课、尤其是语言技能课的教学目标的认识，应当突破语言作为交际工具的局限性，突破语言学习等同于技能训练的认识，把元思辨能力的培养作为人才培养的整体目标的一部分，将学习的自我监控能力培养与语言技能的学习融合在一起，落实到教学过程中。

（二）培养学生元思辨能力的途径和方法

1. 从培养自我反思能力入手

在以往的教学中，英语专业学生很少接触反思、自我评价等知识或接受相关训练，因而，向学生阐明其内涵和重要意义是培养元思辨能力的必要前提。只有学生充分认识到它对于自己学习和自身发展的重要性，才能够激发学生主动积极地在语言学习过程中进行元思辨。

教师指导学生围绕教学和学习目标制定目标和计划，修改计划，检查和督促执行，反思进步和不足及其原因、对策等。确立目标、制订计划、选择方法、监控学习过程、评价方法和成效、调整学习行为这一系列的管理策略的运用，都是以及时、客观、准确的自我反思与评价为基础。在此基础上，学生才能够根据课程要求、个人发展目标和兴趣等因素确立学习的目标，并依此制定切实可行的、具体的学习计划和方法，按照计划监控自己的学习过程，评价并适时调整学习计划、方法和行为。从自我反思与评价能力入手培养元思辨能力，应当重视学习过程和学习方法的培养，在学习过程中培养良好的学习策略与习惯，形成思辨的意识，锻炼元思辨能力。

学生通过自我反思与评价，对自己的学习过程和结果进行检验、反馈、调节。反思的内容包括当前学习中的进步、错误和不足，错误和不足反映的

---

① 林崇德：《教育的智慧》，北京：北京师范大学出版社 2007 年版。
② 林崇德、胡卫平：《思维型课堂教学的理论与实践》，《北京师范大学学报（社会科学版）》，2010 年第 1 期，第 29—35 页。

症结所在，激发进步、导致水平不足的个人和环境原因，改进学习习惯的方法和对策等。教学实践发现，专业成绩较好的学生往往能够根据课程要求，制订比较清晰具体的课外学习计划，长短期目标相结合；计划的制订一般经过多方比较和思考，如评估自己的现有语言水平和学业成绩，向老师或学长、同学吸取经验方法，仔细比较甄别不同的学习材料等。而专业水平较低的学生往往没能清楚准确地评价自己的学业水平状态，对于自己学习中常出现的错误没有追问原因的意识或习惯，更无从制订有针对性的学习计划。

对于教师而言，学生反思有助于对学生学习水平和现状有具体而全面的了解，在此基础上对教学进行反思和改进，使教学更加有针对性、收效更加突出，更好地指导学生反思；同时对学生反思进行反馈，更好地促进学生学习和反思。

2. 营造思辨能力的环境

思维型课堂中，教师和学生的核心活动是思维，思维型课堂教学可以有效地促进师生互动，激发课堂的思维活动，提高课堂教学质量①。良好的思维环境是积极思维的前提条件。英语课堂教学一般比较注重和提倡师生互动、生生互动；平等开放的、以学生为主体的课堂氛围能够激发学生的学习兴趣，有助于学生积极主动地进行思维活动。有助于思辨能力发展的良好氛围表现为：教师鼓励和引导学生提问和质疑，鼓励独立思考、发表自己的观点、表达不同的意见，超越接受性学习和标准答案而思考、探究"为什么"的问题，对不同见解持开放的态度，对不同的看法不急于做判断和否定等。教师作为学生学习的主导者，不再是"权威"和标准答案的提供者，而是鼓励学生积极思考的引导者。在这样的环境中，学生才有反思的素材和基础，才有发展元思辨能力的可能性。

---

① 林崇德、胡卫平：《思维型课堂教学的理论与实践》，《北京师范大学学报（社会科学版）》，2010年第1期，第29—35页。

四 结 语

提高英语专业学生的元思辨能力具有重要意义。针对英语专业的学习内容和方式特点，在当前课程改革的背景下，教师首先应提高自身的思辨意识和能力。培养学生的元思辨能力应当在学习的过程中从反思与自我评价入手进行培养，同时努力营造适合思辨能力、元思辨能力发展的学习环境。后续研究可探讨元思辨能力与思辨倾向、思辨技能运用的关系。

语音技术在教学中的应用和发展趋势[①]

首都师范大学　智　娜

摘　要：本文介绍了目前在语音学领域中飞速发展的发音可视化技术，梳理了针对外语学习者的语音感知模型理论，回顾了学习者语音产出的相关实验研究，并通过综述目前的一些多模态的语音教学和评测技术，展望了现代信息技术在外语课堂教学中的进一步推广和发展趋势。

关键词：发音可视化技术　语音感知　语音产出

一　语音的可视化技术

随着发音动作观测技术的快速发展，越来越多的研究开始关注语音的生理属性，语音可视化就是在这样的环境下发展起来的一门技术，即通过直观地呈现可见发音器官（如牙齿、唇等）及不可见发音器官（如舌头、软腭等）的发音运动，达到增强语音可懂度和识别率的目的。近二十年以来，随着电磁发音仪（EMA）、功能性核磁共振技术的发展，尤其是功能性核磁共振

[①] 本研究获得 2015 年度北京市优秀人才培养资助青年骨干个人项目（编号 2015000020124G098）的资助。

技术的出现，使得大规模收集言语发音时的器官实时运动数据成为可能，实现了器官运动的动态分析，从而获取了发音器官的动力学数据。在此基础上，研究者们可以运用电磁发音仪对语言产生的发音机制进行探讨，也可以运用MRI 材料对语音产生的模型进行新的研究，对言语自动控制系统进行探索，例如胡方（2003）[①] 用电磁发音仪研究宁波元音发音的发音器官位置，并用平行因子分析法建立了一个初步的模型；郑红娜（2013）[②] 通过电磁发音仪采集的发音动作数据，逼真模拟了汉语的 3D 发音系统，辅助聋儿进行发音训练，纠正易错发音。

在外语教学上，电磁发音仪提供的发音可视化数据模型可以帮助外语学习者进行语音训练。结合声学语音学的数据分析结果，来构建可视化发音平台，向学习者提供动态的发音模型，将学习中的视觉和听觉体验相结合，直观地将语音发音动作呈现在学习者眼前，使学习者能更清楚地观察和模仿英语音段的发音动作，例如元音发音中舌位前后、高低和唇形的变化；辅音发音过程中在口腔中受到阻碍的部位和发音方式等。

学生通过对句子层面的语音模仿练习，体验英语中通过音高升降和调域的变化来表达不同语气及情感态度的语调功能，学习停顿在英语语流切分中的重要作用，提高学习者口语产出的可懂度，例如通过音高和时长变化，以及语音的连读和弱化，凸显句子中的焦点重音，表达对比性信息或引进新信息的语用功能。模仿语句可以通过韵律分析生成可视化语调信息，直观地表现语调变化，重音凸显（音节的时长越长，圆圈越大）等韵律特征，通过自动评测系统获取学习者的评分和反馈信息，指出问题所在。

通过语音自动评测和反馈报告，我们可及时了解学生在语音上的问题，因此，有效地调控教学计划，安排有针对性的强化练习，帮助学生改进发音策略，减少石化性错误的产生。同时，学生在完成每次的语音练习后，根据自动评分和反馈意见，可以有意识地注意和改进自己的发音问题，提高语音训练意识，发展自主学习能力。

---

① 胡方：《宁波话元音的语音学研究》（英文），中国社会科学出版社 2014 年版。
② 郑红娜：《汉语三维发音动作合成和动态模拟》，《集成技术》，2013 年第 1 期。

二 学习者的语音感知研究

学习者对于二语的感知在很大程度上受到其母语音系结构和语音特征的影响,即母语在外语语音感知中的迁移作用。Rochet (1995) 提出学习者在二语发音上无法提高的原因可以归咎于他们本身就没能准确感知到目标语中的语音特征。假如学习者对于目标语中的一组对立音位在感知上存在困难,那么学习者在对这组音位进行发音产出时也同样存在困难,即学习者在外语发音上无法提高的原因可以归咎于他们本身就没能准确感知出目标语的语音特征。20 世纪 80 年代以前,国内外学者们的研究重心集中于对二语理解和感知的探讨,出现了较多成熟的感知模型理论,包括 Flege (1987)[①] 的言语学习模型、Best (1995)[②] 的感知同化模型和 Strange (1995)[③] 的选择性感知模型。前两个模型都强调本族语和目标语间的相似性是影响感知结果的重要因素,并在研究中结合学习者的产出形式,以预测产出和感知间的密切联系。但两个模型的理论基础存在根本性的差异,即 Flege 主张母语在语音层面的"表面迁移"(surface transfer)作用,而 Best 倾向于讨论音系空间上的"抽象迁移"(abstract transfer)影响。两个理论模型所针对的研究对象也有所区别,Flege 的感知研究主要针对具有一定二语学习经历的学习者,而 Best 则关注没有接触过二语的人对非本族语的语音感知和语音分类判断。Strange 区分出人类在感知行为中应用到的两种不同的感知模式,即音系模式和语音模式。学习者对于二语语音信息的处理和归类则需要投入更多的注意力,感知结果也

[①] J. E. Flege, "The production of 'new' and 'similar' phones in a foreign language: evidence for the effect of equivalence classification", *Journal of Phonetics* 15, 1987, pp.47-65.

[②] C. T. Best, "A direct realist view of cross-language speech perception", in W. Strange, ed., *Speech Perception and Linguistic Experience: Issues in Cross-language Research*, Timonium, MD: York Press, 1995, pp.171-204.

[③] W.Strange, "Cross-language studies of speech perception: a historical review", in W. Strange, ed., *Speech Perception and Linguistic Experience: Issues in Cross-language Research*, Timonium, MD: York Press, 1995, pp.3-45.

会受到学习者母语的音系结构，以及学习者面临的不同感知任务的影响。Major（2008）[1] 提出，由语言迁移或普遍性特征导致的二语感知和产出研究中，每个研究者的语料和操作方法，以及得出的实验结论都不完全一致，受试学习者间的个体差异也较大。

三 学习者的语音产出研究

针对二语学习者的语音产出研究可以从语音发音的角度基于对比分析法，评测和描写二语学习者的发音准确度，通行的方法是利用语音实验将获得的学习者和本族语者的声学数据进行比较，了解学习者在二语发音上的偏误问题，探究影响学习者发音准确性的因素，例如石峰、温宝莹（2009）[2] 发现汉语普通话和美语的元音系统都呈格局分布，不同元音之间的相对位置在总体上能平衡分布，具有稳定的规律性。而中国学习者的英语元音表现则缺乏系统性，受到母语迁移的影响，学习者经常用母语中的元音来替代二语中的相似元音；而对于母语和二语中不相似的元音，学习者的发音表现十分不稳定，学习者对于英语的音位结构并不明确。该项研究也恰好反映出桂诗春（2005）[3] 提到的学习者对于二语语音中的很多不确定性判断。类似的关于比较学习者和目标语本族语者的元音差异研究，如 Chen et al.（2001）[4]通过对比 40 名母语为汉语普通话的发音人和 40 名美国本族者在英语元音产出中的 F1 和 F2 数据，发现母语为普通话的发音人在英语元音产出中的舌位范围要比美国英语本族语者的元音舌位范围小，即二语者在元音产出中的发音动作延

---

[1] R.C. Major, *Transfer in second language phonology: a review*. In J. G. Hansen & M. L. Zampini (eds.), *Phonology and Second Language Acquisition*. Amsterdam/Philadelphia: John Benjamins Publishing Company, 2008, pp.63-94.

[2] 石峰、温宝莹：《中美学生元音发音中的母语迁移现象研究》，《美国中文教师学会会刊》，2009 年第 2 期。

[3] 桂诗春：《外语教学的认知基础》，《外语教学与研究》，2005 年第 4 期。

[4] Chen, Y., Robb, C., Gilbert, H. and Lerman. J., "Vowel production by Mandarin speakers of English." *Clinical Linguistics & Phonetics* 15 (6), 2001, pp.427-440.

展度不够，因此，影响元音产出的准确性。该研究发现普通话女性发音人在英语元音/ɑ/的产出中，其 F1 值和 F2 值要明显低于美国女性本族语者的 F1 和 F2 值，说明前者在发音中舌位比美国发音人高，且舌位靠后，发音人对该音位的产出没有充分达到美语元音空间图中/ɑ/所处的右侧边角位置。Levelt（1999）[1] 的口语产出模型最初应用于母语的言语产出研究中，目前也被越来越多的二语研究者所引用和发展，如 Kormos（2006）[2] 在该理论基础上，增加了母语对于二语产出的迁移影响和二语自动化产出机制，发展出针对二语者的口语产出模型。

四 多模态的语音教学和评测研究

借助 3D 动态的发音可视化模型，可以将视觉和听觉体验相结合，直观地将语音发音动作呈现在学习者眼前，使学习者能更清楚地观察和模仿外语本族语者的发音动作，例如元音发音中舌位前后、高低和唇形的变化；辅音发音过程中在口腔中受到阻碍的部位和发音方式等。

此外，在移动互联网的应用中，大规模口语测试和评估技术必不可少，可以有效解决目前语言教学和大规模口语测试中的实际问题，并有助于学习者和教师的共同改进和提高。国内的英语辅助教学评测系统起步较晚，已经出现一些商用教学系统，尤其是语音评测方面，特别是对音段偏误的诊断，超音段的诊断还局限在流利度的诊断，而对于语调、重音等韵律特征的诊断还处于研究阶段。国内学者如李宏言和徐波等（2010）[3] 基于 GMM-UBM 和 GLDS-SVM 的英文发音错误检测方法，使学习者进行语音的自我校对，改正

---

[1] W.J.Levelt, *Speaking: From Intention to Articulation*, MIT Press, 1989.

[2] J.Kormos, *Speech Production and Second Language Acquisition*. New Jersey: Lawrence Erlbaum Associates Inc. Publishers, 2006.

[3] 李宏言、黄申、王士进、梁家恩、徐波：《基于 GMM-UBM 和 GLDS-SVM 的英文发音错误检测方法》，《自动化学报》，2010 年第 2 期。

发音错误；刘希瑞（2012）① 介绍了 Eyespeak 软件在二语语音学习中的实践应用，该软件能对学生的语音、语调、节奏等方面提供分析和评测，并通过软件自动生成的语音信息以及语图中的声学信息提供反馈报告，使教师和学生能及时了解语音发音问题，改进发音策略。现在的口语自动评测及诊断服务系统（Computer Assisted Language Learning，CALL）以及语音训练系统（Computer Assisted Pronunciation Training，CAPT）都是集合了语音识别、语音合成、英语教学、心理学等技术，对语音进行数字化处理，利用网络将数字化后的语音传输到服务器上进行分析对比，对语音能力进行评估的技术手段。这些面向教学应用的语音自动评测体系也是未来语音研究和发展的走向和趋势。

五 总 结

语言是各国家和民族间进行交流和文化传播的主要媒介。学习外语的主要目的是进行言语交际活动，服务于社会的经济、政治和文化传播。现代信息技术与课堂教学的整合是我国英语教育改革中的重要问题，现代信息技术的融入，极大地改变了以往的英语教学模式，使其从以课本为中心转向多元化的信息交流平台。基于可视化发音训练策略，教师能用生动直观的语音模型调动学习者的兴趣和积极性，学生也可以通过视觉和听觉等感官器官体验和学习英语语音，提高学习效率。

---

① 刘希瑞：《中国学生英语语音习得的多视角分析》，《河南工业大学学报》，2012年第8卷第3期。

中国大学生对英语形名搭配的习得

首都师范大学　田　聪

摘　要：搭配能力是语言能力不可或缺的组成部分，本研究试图将认知语言学的最新成果应用于二语搭配的探索，研究结果揭示了二语学生产出和理解温觉形容词形名搭配的重要信息。英语水平差异和一语二语间的一致性都对搭配的产出和理解构成显著影响。针对母语迁移，本研究比较了英汉温觉形容词认知模式的差异。这种差异为各个温觉形容词的搭配能力提供了语义理据，同时对学习者的搭配错误也有解释力，了解二者认知模式的差异将有助于搭配的习得。

关键词：形名组合　温觉形容词　语言水平　母语二语一致性

一　引　言

搭配能力是语言能力不可或缺的组成部分，这一观点已经得到广泛认同，然而学习者对搭配的掌握并不理想。传统语言学将词与词的搭配视为随意的组合，二语教学也将搭配看作预制的组块，多采用"注意—记忆"策略。在教学实践中，这种方法一直收效甚微。

笔者试图将认知语言学的最新成果应用于二语搭配的探索。认知语言学家挑战了搭配的随意性,他们的研究显示,曾经用来证明搭配随意性的经典案例或许并不是词与词的随意组合,其共有着一定的语义理据。虽然学界公认搭配是二语学习的难点,这个难点究竟难在何处却是众说纷纭,莫衷一是。先前的研究几乎都把搭配视为随意的组合,承认这种随意性不仅给搭配选词带来挑战,也极大增加了习得的难度,然而对于如何克服这一困难,并没有提出可行的解决方案。与此前的研究截然不同,本研究认为搭配是有语义理据的,并试图依据认知语言学框架,通过研究搭配使用和搭配理解中的若干认知因素,来探索搭配的习得。

本研究的焦点是中国学习者对英语温觉形容词形名组合的习得。笔者在教学实践中发现,无论英语水平高低,学生掌握的温觉形容词形名组合都极其有限。

二 文献综述

搭配往往表现出跨语言的属性,一种语言里的搭配在另一种语言中通常能有对等的搭配,除非该搭配表述的概念是该文化里所独有的,比如很多语言里都会有跟 hot tea 意思相似的搭配。但是不同语言用来描述同一概念所选用的词语可能是不同的。比如,英语和汉语里都有 green tea(绿茶),但是英语里的 black tea 所对应的是汉语里的"红茶",根据这种异同,我们可以区分英汉一致的搭配和英汉不一致的搭配。多数学者的实证研究显示,一致的搭配更容易习得,而两种语言间的不一致会干扰习得,但是也有个别研究表明,语言学习者由于对母语二语一致的搭配过于自信,在测试中的得分反而比不一致的搭配更低[1]。

学习者的语言水平也是搭配习得中的一个重要变量,多数研究表明,低水平的学习者更容易受母语干扰,也就是说,跟母语二语一致的搭配相比,他们会在不一致的搭配上得分更低。相对而言,这种差别在高水平学习者中

---

[1] M.Lewis, *Teaching collocations*, Hove, England: Language Teaching Publications, 2000, pp.25-27.

就会不那么明显。然而，也有个别研究指出，高水平学习者由于对自己的能力更自信，在二语使用中更敢于发挥自己的想象力和创造力，于是犯的错误反而有可能比低水平学习者更多。①

可见，在双语一致性和语言水平这两个变量上，目前都还是存在争议的，它们和二语搭配能力的关联值得进一步深入探讨。

三 研究方法

60名受试来自北京某高校的英语系，分成两组，每组30人，其中一组是本科生，另一组是成人教育学生，两组学生英语水平差异明显。之所以关注学生水平的差异，是因为现有的研究尚不清楚二语水平和搭配能力到底是否存在关联。有些研究表明随着整体二语能力的提高，搭配能力也会提高，而另外一些研究则否认这种关联的存在，甚至在少数实证研究中，高水平的学生搭配错误反而更多。本研究试图参与该争议问题的讨论。

本研究关注的另一焦点是跨语言的影响。英语和汉语差别巨大，真正的对等词非常罕见，易导致母语的干扰。不同二语水平学习者的迁移错误已经得到学界广泛关注，但是相关争议仍然不少，因此本研究希望通过探究英汉一致性与二语水平及搭配能力的关联，在这方面有所贡献。

实证研究通过测试卷的形式进行，测试卷共包含两项任务，分别是中翻英和英翻中。测试完成后进行一对一的访谈。两项翻译任务中各有40个形名组合，其中一半在英汉两种语言中是一致的，另一半则不一致。中翻英和英翻中任务分别测试受试产出和理解搭配的能力。本实证研究的自变量是受试的英语水平和目标搭配在母语和二语间的一致性；因变量是受试在翻译测试中的得分。后续访谈的目的是调查受试在产出和理解搭配中采用的策略，并且尝试探究搭配错误的根源。

---

① N.Nesselhauf, "The use of collocations by advanced learners of English and some implications for teaching", *Applied Linguistics*, 24, 2003, pp.229-232.

四 结果与讨论

笔者计算了每个形名搭配的正确率以判断哪些组合对学生来说是最困难的。两组受试的数据分别计算,计分方法如下。学生的答案分成四类:(1) 期待中的正确搭配;(2) 期待之外的正确搭配或组合;(3) 不正确的组合/搭配或者不完整的翻译;(4) 没有翻译。前两类答案被视为正确答案,得一分,后两类答案被视为错误答案,不能得分。两组学生,每组 30 人,于是每个搭配有 30 个答案,正确的答案数除以 30 就是该搭配在这组学生中的正确率。

在英汉翻译中,表 1 和表 2 列出了正确率最低的搭配:*cool customer*, *cool reflection*, *cool heads*, *cold comfort*, *cold shoulder*, *cold feet*, *hot spot*, *hot air*, *hot property*, *hot pursuit*, *hot haste*, *hot issue*, *hot seat* 和 *warm dispute*。除了 *cool reflection*, *cool heads* 和 *hot issue*,所有上述搭配在英汉中都是不一致的,可见英汉不一致对理解形名搭配是有影响的。

表 1　本科生组正确率最低的组合

测试项目	搭配	排名	正确率	是否英汉一致
英汉翻译	Cool customer	1	0/30	否
	Cold feet	2	3/30	否
	Cool reflection	3	4/30	是
	Hot spot	4	6/30	否
	Hot air	4	6/30	否
	Hot property	6	8/30	否
	Hot pursuit	7	12/30	否
	Cold comfort	8	14/30	否
	Cold shoulder	8	14/30	否
	Hot seat	10	15/30	否

(续表)

测试项目	搭配	排名	正确率	是否英汉一致
汉英翻译	冷眼旁观的人	1	0/30	否
	一纸空文	1	0/30	否
	艰难的职位	1	0/30	否
	急如星火	4	1/30	否
	穷追不舍	4	1/30	否
	腿软	6	2/30	否
	热闹的娱乐场所	6	2/30	否
	头脑冷静	6	2/30	否
	激烈的争论	9	8/30	否
	不起什么作用的安慰	9	8/30	否

在二语理解中，母语负迁移也有重要影响，*hot seat* 就是一个好例子。在英语中 *hot seat* 指的是很困难的处境，压力大，很棘手。但是不少学生都理解反了，他们认为 *hot seat* 指的是热门职位。后续的访谈表明，这些学生联想到了中文里的"冷板凳"，于是把 *hot seat* 视为"冷板凳"的反义词。

表2 成教学生组正确率最低的组合

测试项目	搭配	排名	正确率	是否英汉一致
英汉翻译	Cool customer	1	0/30	否
	Cold comfort	2	2/30	否
	Cool reflection	3	3/30	是
	Cold feet	3	3/30	否
	Hot air	3	3/30	否
	Hot haste	3	3/30	否
	Hot spot	7	4/30	否
	Cool heads	7	4/30	是
	Hot seat	7	4/30	否
	Warm dispute	10	5/30	否
	Hot issue	10	5/30	是

（续表）

测试项目	搭配	排名	正确率	是否英汉一致
汉英翻译	冷眼旁观的人	1	0/30	否
	艰难的职位	1	0/30	否
	一纸空文	1	0/30	否
	急如星火	1	0/30	否
	热闹的娱乐场所	1	0/30	否
	腿软	1	0/30	否
	穷追不舍	7	1/30	否
	不起什么作用的安慰	7	1/30	否
	冷静考虑	7	1/30	是
	残忍	7	1/30	否

在汉英翻译中，表 1 和表 2 显示，以下搭配对学生来说是最困难的：*cool spectator*，*cool heads*，*cool reflection*，*cold feet*，*cold comfort*，*hot air*，*hot seat*，*hot haste*，*hot pursuit*，*hot spot* 和 *warm dispute*。跟英汉翻译一样，母语干扰也是一个重要因素。比如，"冷静"被不少学生翻译成了 *cold* 而不是 *cool*，于是答案中出现了 *cold brain* 和 *cold mind* 而不是 *cool heads*。

四个温感形容词的混淆是另一个错误来源。比如 *cool comfort* 而不是 *cold comfort*，*hot welcome* 而不是 *warm welcome*。除了形容词，名词的错误使用也会产生不正确的组合，比如 *cool thinking* 或者 *cool thought* 而不是 *cool reflection* 或者 *cool consideration*。

一些学生认为英语和汉语间存在绝对的一一对应关系，英语中的 *hot* 等同于汉语的"热"，英语中的 *cold* 等同于汉语中的"冷"，于是就有了 *hot heart*，*hot point* 和 *cold bath*。

之前有学者比较过与 *hot* 和"热"相关的认知模式。二者的确有不少相似之处，比如相似的意象图式、隐喻、转喻等。但是，*hot* 和"热"的识解范围是不同的。*hot* 多指高温或超高温，而"热"则温和得多。*hot* 几乎总是很不舒适的，而"热"有时舒适，有时不舒适。比如，"热"无法用来翻译 *hot lava* 和 *hot potato*，而"熔"或者"烫"则更合适。同样的，翻译中文里的"热被窝"(warm bed)和"热情"(warm-heartedness)也不能选用 *hot*，而要选择 *warm*。

五 结 语

测试结果揭示了二语学生产出和理解温觉形容词形名搭配的重要信息。英语水平差异和一语二语间的一致性都对搭配的产出和理解构成显著影响。后续访谈表明，二语学习者对"搭配"这一概念很陌生，对其重要性的认识更是无从谈起。

针对母语迁移，本研究比较了英汉温觉形容词认知模式的差异。这种差异为各个温觉形容词的搭配能力提供了语义理据，同时对学习者的搭配错误也有解释力。中国学习者搭配能力欠缺在一定程度上是由英语隐喻能力缺位导致的。虽然母语和二语有着一些相同的认知模式，包括相同的意象图式、隐喻和转喻等，但是也存在许多需要习得的重要差异。认为汉语和英语间存在绝对的一一对应是很多搭配错误的根源。汉语和英语温觉形容词搭配能力的差异并不是随意的，而是有着相应的语义理据。了解二者认知模式的差异将有助于搭配的习得。

附录：

测 试 卷

Name:＿＿＿＿＿＿＿＿＿＿＿＿＿＿＿

Part One

Translate the following sentences into English. Try to use adjective-noun collocations with *cold*, *cool*, *hot* or *warm*. (50 minutes)

1. 她是个冷静的人。

2. 他头脑冷静。

3. 他们是冷眼旁观的人。

4. 预报本周末天气较凉。

5. 我们找了个凉快的地方坐下来。

6. 卧室涂成了令人感到凉爽的颜色。

7. 他们对首相态度冷淡。

8. 他的证词是一派无耻谎言。

9. 那学生冷冷地对老师说,这次测验不公平。

10. 经过一番冷静考虑,部长允准了请求。

11. 他用冷漠的眼光盯着她。

12. 他们残忍地杀了他。

13. 对数百万失业者来说,这是不起什么作用的安慰。

14. 一想到要把这么大权力赋予这个职位,部长们腿就发软。

15. 她发现自己有颗冷酷的心。

16. 由于高傲他不屑接受一切帮助。

17. 我在一身冷汗中惊醒。

18. 鱼和肉常存放在冷库中。

19. 近来谁也不曾见到过他,这一冷酷的事实令办公室所有人极为不安。

20. 自助餐厅有冷热食物供应。

21. 他把时间全泡在热闹的娱乐场所里了。

22. 一个人骑在马背上急如星火地飞驰而来。

23. 重要声明无非是一纸空文。

24. 他在这个艰难的职位上做了不到一年。

25. 这个男演员是好莱坞最炙手可热的人物。

26. 全球变暖已成为热门话题。

27. 她似乎是这份工作最热门的人选。

28. 每个人都知道这个老板脾气暴躁。

29. 她开车迅速离去,记者们则在后面穷追不舍。

30. 两位领导人通过热线电话秘密讨论了这个问题。

31. 演讲者受到热烈的欢迎。

32. 请代我向她致以最热烈的祝贺。

33. 这房间是用暖色调装饰的。

34. 请把你最暖和的外套穿上。

35. 他是个热心肠。

36. 我成长在一个很温暖的家庭。

37. 要对面试官表达谢意,以温暖的微笑作结。

38. 经过激烈的争论,双方达成了妥协。

39. 他性格热情。

40. 在欧洲以外,他并未获得如此热情的支持。

Name：_____

Part Two

Translate the following sentences into Chinese. Pay special attention to the italized words. (50 minutes)

1. He was a *cool customer*.

2. This is simply another phase in South Africa's evolving political system calling for *cool heads*.

3. She was a *cool spectator*.

4. The city boasts wonderfully *cool weather* in summer.

5. Store lemons in a *cool place*.

6. Blue and green are usually considered *cool colors*.

7. I got a rather *cool reception* this evening. What do you think I've done wrong?

8. His promise was a *cool lie*.

9. "I am not sure your English is good enough." he said in a *cool tone*.

10. Upon *cooler reflection*, I think I had done better to have left it alone.

11. He stared into her *cold eyes*.

12. How can you think about the consequences of a nuclear conflict *in cold blood*?

13. It is *cold comfort* to be told that others suffer as much as we do.

14. He was going to ask her but he *got cold feet* and said nothing.

15. Although she was his wife, she regarded him with a *cold heart*.

16. Such stocks got the *cold shoulder* from investors.

17. I break out in a *cold sweat* just thinking about public speaking.

18. I've had to put my plans into *cold storage*.

19. It's hard to believe, but the *cold facts* indicate that he murdered her.

20. The tooth may be sensitive to *cold food* for a while.

21. The Manhattan is one of the best *hot spots* in town.

22. Surprised at the eruption of the volcano, the government sent off a research group in *hot haste*.

23. His promises turned out to be so much *hot air*.

24. The prime minister is really in the *hot seat* over this problem.

25. Eddie Tyler had become *hot property*.

26. Earnings management has always been a *hot issue* in the research of enterprise accounting.

27. He's the *hot favorite* to win the election.

28. You'd better control that *hot temper* of yours.

29. The police are permitted to cross the state boundary, if they are in *hot pursuit* of a criminal.

30. The Kremlin had a *hot line* to the White House.

31. I'd like to give a *warm welcome* to our guests this evening.

32. I wish to take this opportunity to extend *warm congratulations* on your remarkable achievements.

33. Orange is the bright, *warm color* of leaves in autumn.

34. I don't have a *warm coat*.

35. Dan rarely sends flowers or anything, but he's a case of cold hands, *warm heart*.

36. They are a very *warm family*.

37. A *warm smile* is the universal language of kindness.

38. Two travelers engaged in a *warm dispute* about the color of the painting.

39. A person with a *warm personality* is like hot chocolate on a cold day.

40. The idea has my *warm support*.

母语负迁移作用对于英语学习者写作中句法错误的影响

——以中国辽宁省两所中学为例

杜伊斯堡艾森大学　张家瑞
大连外国语大学　关玉红

摘　要：研究英语学习的难点，其实就是研究汉语作为母语对于英语学习的负迁移作用。很多外语学习者都会面临这样的问题：学习一段时间的英语后，进步幅度常常变得缓慢，甚至会停滞不前。一些语言错误总是频繁出现。这种现象被称为学习的高原现象。本文旨在以汉语对英语的负迁移效应为基础，用定量的方法验证英语学习中的高原现象。作者以辽宁省某市两所中学学生的书面英语中的句法错误作为研究对象，来揭示语言负迁移导致的常见错误。进而验证高原现象在英语的负迁移错误中的体现。

关键词：负迁移　高原现象　句法错误

一　语言的负迁移研究意义

语言迁移是指某人所掌握的一种语言对于另外一种语言使用的影响[①]。对于语言迁移的描述可以追溯到荷马史诗：奥德修斯用一种混合性的语言和佩

---

① Weinreich, Uriel, *Languages in Contact*, The Hague: Mouton, 1953.

内洛普对话①。此外,语言迁移现象可以从很多古典文字中得到印证,例如书信以及法律文件②。古时,语言的混合运用被视为教育程度不高的象征。直到20世纪中叶,Fries & Lado 开始将迁移理论运用到语言学研究中③。语言迁移理论中的一个重要研究分支就是母语对外语学习的影响,其包括了正向迁移和负向迁移。当母语和外语相似时,外语学习就会更容易④,相反亦然。例如"I learn Chinese."这句英文对于中文母语学习者来说就不难,因为中文里面我(I)学习(learn)汉语(Chinese)有着非常相似的句法结构⑤。对于语言正迁移的研究,并不能更充分地解释语言之间的不同和难点,也不能更深入地探讨语言学习中的瓶颈。

对于语言迁移的理解目前仍有争论,比如:究竟如何定义语言迁移?语言迁移是如何产生的⑥?但是母语对第二外语学习的影响和结果并未有过多的争论。很多研究也证明了负迁移的作用以及存在。比如 Odlin 称,语言学习的速度以及犯错数量的降低,主要受到母语负迁移作用的影响⑦。所谓母语的负迁移是指母语作为第一语言对第二语言的影响。由于第二语言受到故有语言框架的影响,母语的负迁移作用会减缓外语的学习速度⑧。

---

① Jarvis, Scott &Pavlenko, Aneta, *Corsslinguistic Influence in Langue and Cognition*, London: Routledge, 2008.

② Adams, James Noel, Janse, Mark & Swain, Simon,*Bilingualism in Ancient Society*: *Language Contact and the Written Word*, Oxford: Oxford University Press,2002.

③ Lado, Robert, *Linguistics across Cultures*, Ann Arbor: University of Michigan Press, 1957.

④ Tang, Chengxian, "A Review of First Language Transfer Studies in Second Language Acquisition", In: *Journal of PLA University of Foreign Languages*, 2003,Vol 26.No.5.

⑤ Jiang, Zukang, *Second Language Acquisition*. Beijing: Foreign Language Teaching and Research Press [Translated from 蒋祖康(1999).第二语言习得研究,北京:外语教学与研究出版社 1999 年版]。

⑥ 戴炜栋、王栋:《一项有关英语专业学生语言学习观念的调查分析》,《外语界》,2002 年第 5 期,第 24—29 页。

⑦ Odlin, Terence, *Language Transfer*, Shanghai: Shanghai Foreign Language Education Press, 2003. p.156.

⑧ Tang, Chengxian, "A Review of First Language Transfer Studies in Second Language Acquisition", In: *Journal of PLA University of Foreign Languages*, 2003,Vol 26.No.5.

二 研究结果

（一）定性分析英语学习中哪些书面错误是受母语影响所导致

全面对比英汉句法差别的所有细节难度大、耗时久。因此本文作者参阅文献，找出其他类似的研究结论，然后再结合专家访谈的形式来优化该研究的测试框架。在参阅文献中，作者发现关于中文负迁移所导致的英文错误，香港学者们进行了详细全面的对比分析。根据其研究结果，中文为母语的英语学习者常见的错误有：系表结构，状语位置错误，"there be"句型使用错误以及动词变化①。但是由于香港和内地地区语言学习有差别，所以，本文作者对两所实验学校的教师进行访谈，进而优化细化这几类常见错误的总结，以此为后期定量分析所使用的试验问题打下基础。

本文所选取的试验对象为辽宁省的两所学校：一所为外语学校（试验场地1），另一所为省重点初高中（试验场地2）。按中考和高考升学率来作为衡量标准，所选择初中、高中师资力量以及学生素质在辽宁省内属于上等水平。试验场地1开设小学至高中课程，即1到12年级。学生从小学一年级开始学习英文。学校共有210个班级，大致9000多名在校生。该校共有17名英文教师以及2名外籍教师。试验场地2开设7到12年级课程。一共54个班级，大致5400名在校生。该校有15名英文教师以及1名外籍教师。

作者选取了实验学校中有5年以上教龄的英文教师。所选择教师英语教学经验丰富并且均具备英语专业本科以上学历。笔者于2015年6月以视频通话的方式对15位教师分别进行了访谈。访谈的问题有：（1）您认为哪些书面英语错误是由中文影响所导致的？（2）您觉得以下几类错误中哪些是您教学中书面英语常见的错误？语序问题、系表结构、不定式结构、无主句以及连词。根据访谈内容，教师在教学中所遇到的问题与香港研究结果类似，但仍有细微差别。

---

① Chan, Alice Y. W, *Syntactic Transfer: Evidence from the Inter-language of Hong Kong*, 2004, p.201.

（二）定量验证外语学习中的高原现象

1. 高原现象定义

高原现象是指在学习达到一定水平的时候，一段时间内即使保持原有的学习状态，甚至更为努力，也很难提高成绩的一种停滞甚至倒退现象①。高原现象这一概念最初是在体育训练中被提出，指运动员的训练效果在一定时间内停滞不前②。国外的相关研究中，Cummins 早在 1981 年的时候就使用了统计学方法验证了高原现象的存在并且指出了第二语言学习中各个年龄段的学习状态。此外，Richards③（2008）再次说明了高原现象以及其对于英语高级进阶阶段学习的策略。类似于高原现象的理论还有组织行为学所研究的学习曲线（learning curve）。学习曲线是指员工的生产效率的进步程度随着时间的变化越来越慢。在中文母语者的英语学习中，很多学者研究并指出了高原现象的存在。如祝全讨论了大学生英语学习高原现象的认识与克服方法。范谊探讨了高原现象的成因以及语言学习过程。但是 1985 年的一项以中文为母语的外语学习研究中，否定了高原现象的存在。该研究认为学生的学习强度、老师的教学方法以及学习环境导致了学习结果。但该研究并没有进一步说明学习者进步速度与学习时间的关系。笔者认为，学生的学习强度、教师教学方法以及学习环境会对学习效果造成差别，但是进步速度的变缓趋势仍然存在。目前为止，尚未有研究运用数学建模的方式来验证语言学习负迁移中高原现象的存在。负迁移作为外语学习中的拦路虎更能深刻地解释外语学习的进步程度。如果高原现象在语言负迁移中存在，那么我们就会看到：

（1）因变量 Y（错误数量）与自变量 X（学习时间）负相关；

（2）因变量 Y（错误数量）的变化率随着自变量 X（学习时间）自变量的增加而减小。

2. 试验问题设计

本研究所选择的调查对象为 2 个学校的学生。所选年级为 5—10 年级。

---

① 祝全：《"高原现象"的认识与克服》，《前沿》，2012 年第 18 期，第 200 页。

② Honeybourne, John, Hill, Michael & Moors, Helen, *Physical Education and Sport for AS-level*, Cheltenham: Nelson Thornes, 2000, p.112.

③ Richards, Jack C., *Moving Beyond the Plateau From Intermediate to Advanced Levels in Language Learning*, New York: Cambridge University Press, 2008, p.98.

以每个年级为单位，每个年级随机选取一个班级。每个班级的学生数目大致为 50 人。

试验问卷为汉译英题目（详细问卷见附录），目的是测试母语对于英语写作中负迁移的影响。翻译题目能较好地衡量两个语言之间的差异。题目也能比较明确地测试学生在英语书面表达中的句法错误是否受到中文母语的影响。理论上，该测试也可以通过英文写作的方式进行。但是写作这种测试形式，不利于定量衡量学生的实际犯错情况。在该试验中，汉译英测试题目一共 25 道。其题目设计标准以定性分析结果为设计框架，如表 1 所示。每类问题不平均分布且不相邻，以此来避免学生猜出测试目的，进而对测试结果产生干扰。问题的难度以 5 年级学生为基准。在评阅过程中，如果存在负迁移错误即为 1，没有负迁移错误记录为 0。测试结果评估均由 SPSS 以及 Excel 软件分析完成。

第一部分　汉译英问题举例（详细问卷见附件）。

表 1　测试题目分类

测试目的	测试题目
1.语序问题	Q1, Q2, Q3, Q4, Q5, Q6, Q7, Q8, Q9, Q10
2.系表结构	Q11, Q12, Q13
3.不定式	Q14, Q15,
4.无主句	Q16, Q17
5.连词	Q18, Q19, Q20, Q21, Q22, Q23, Q24, Q25

3. 试验结果统计分析

该研究中，实际发放试题为 310 份，其中筛选有效问卷 240 份。测试按照班级为单位，按年级分层随机抽样。其中剔除无效问卷以及班级中英语学习表现欠佳的实验对象。在这 240 份有效调研中，49.2% 为男生，50.8% 为女生。从 5 至 10 年级每个年级各取 40 份，各占比为 16.7%。所得统计数据的信度如表 2 所示：

表2　测试结果描述统计

问题	频率	百分比	最大值	最小值
Q1	113	47%	1	0
Q2	224	93%	1	0
Q3	208	87%	1	0
Q4	132	55%	1	0
Q5	94	39%	1	0
Q6	89	37%	1	0
Q7	205	85%	1	0
Q8	56	23%	1	0
Q9	10	4%	1	0
Q10	81	35%	1	0
Q11	184	77%	1	0
Q12	80	33%	1	0
Q13	32	13%	1	0
Q14	133	55%	1	0
Q15	90	38%	1	0
Q16	110	46%	1	0
Q17	100	42%	1	0
Q18	210	88%	1	0
Q19	81	34%	1	0
Q20	118	49%	1	0
Q21	144	60%	1	0
Q22	178	74%	1	0
Q23	126	53%	1	0
Q24	76	32%	1	0
Q25	118	49%	1	0

问题1：因变量Y与自变量X相关性

为了测试Y与X之间的相关性，笔者进行了双边皮尔森测试。该测试所用的假设前提为，Y与X之间不是负相关。根据将数据带入到SPSS软件中进行分析的测试结果，错误数与年级之间的相关性为-0.819，其双边检测显著水平为 0.01。该数值指向了 Y 与 X 之间，也就是学习时间与负迁移错误数量之间存在着强烈的负相关关系。因此 Y 与 X 之间不是负相关的假设不成立。作者可以得出如下实验性结论：学习时间与负迁移错误存在强烈负相关性。

表3　皮尔森相关测试

回归表格		年级	错误数
年级	皮尔森相关	1	-.819**
	显着水平（双边）		.000
	样本数量	240	240
**显著水平0.01（双边检测）			

问题2：因变量 Y 的变化率随着 X 自变量的增加而减小

因变量 Y 错误数量根据问卷进行加权平均计算。（10/25）*语序错误+（3/25）*系表结构+（2/25）*不定式错误+（2/25）*无主句+（6/25）*连词。这里笔者不对各类型错误进行区分对待，笔者对 Y 与 X 之间进行数学建模。经过 SPSS 中的数据处理，找出最佳匹配模型。其中因变量 Y 代表错数量，自变量 X 代表年级。各个类型模型匹配度结果如表4所示：

表4　模型匹配度

模型总结以及模型参数估计							
因变量:错误数量							
模型	模型总结			参数估计			
	R平方	F	显著性	常数项	b1	b2	b3
线性模型	.671	486.456	.000	10.385	-.898		
对数模型	.691	533.247	.000	16.747	-6.589		
反函数模型	.694	539.726	.000	-2.795	45.730		
二次方模型	.704	281.413	.000	17.566	-2.918	.135	
三次方模型	.706	285.131	.000	15.462	-1.979	.000	.005
复合模型	.625	396.849	.000	23.433	.765		

（续表）

模型总结以及模型参数估计							
因变量:错误数量							
模型	模型总结			参数估计			
	R 平方	F	显著性	常数项	b1	b2	b3
幂模型	.628	401.663	.000	149.339	-1.944		
S 模型	.615	380.572	.000	-.736	13.329		
增长模型	.625	396.849	.000	3.154	-.268		
指数模型	.625	396.849	.000	23.433	-.268		
自变量:年级							

从表格中可以看到，三次方模型的 R 平方值最大，为 0.706。因此这里所选择的模型为三次方模型。三次方模型中，显著性为 0。

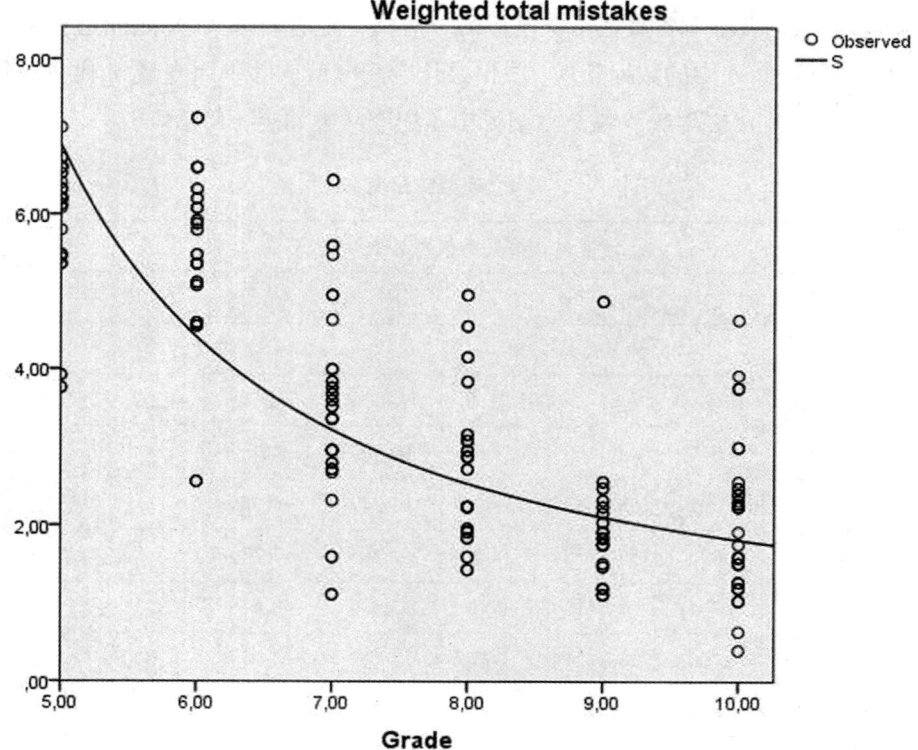

图 1 错误数量与学习时间的图像

根据计算结构可以得到学习时间 X 和负迁移错误数量 Y 之间的函数如下：
$Y = -1.979 x^3 + 0.006x + 15.462$（x>=5）

为了测试 Y 随着 X 的变化率，笔者对 Y 函数进行一阶级导数计算。其计算 Y 函数的导数如下：

$Y' = -1.979 x^2 + 0.06$（x>=5）

在导函数中，当 X 大于等于 5 时，Y'恒小于零。为了更好地进行测试，作者选择了从 5 年级学生开始测试。因此定义域为大于等于 5 年。但是在实际学生中，X 应该>0。当 X 约等于 0.17 时，Y'就恒小于 0。因此可以判定，负迁移错误数量随着学习时间的增长而逐渐减少。但是学生的进步速度越来越慢。

在本研究中，二次方模型的 R 平方大于 0.7，因此对于回归的解释性良好，是仅次于 3 次方模型的一个方案。因此作者使用三次方同样的逻辑来验证二次方模型，以此来验证假设是否同样成立。

$Y1 = -2.918 \times 2 + 0,135x$（X>5）

该函数的导数为：

$'1 = -5,836x + 0,135$（X>5）

当 X 大于 0.02 时，函数变恒小于零。该结果再次说明了负迁移错误数量随着学习时间的增长而逐渐减少。

三　高原现象的解释及研究的不足之处

对于高原现象的成因目前大致有两方面的解释。一方面是由人类学习语言属性所决定的。Lenneberg[①]1976 年就提出了语言学习的"关键时期"。他认为语言学习要在 13 岁之前开始，由于大脑的发展，在 13 岁之后母语的语言结构就基本固化。此外学习曲线观点也认可了人类学习的趋势和习惯，人类学习进步速度会随着时间的推移而变缓。另一方面主要是从主观原因来解释

---

① Lenneberg. E.H., *Biological foundation of language*, New York：Wiley, 1967, pp.167-170.

高原现象的产生。祝全①阐述了学生由于学习方法不当，学习难度增加而产生倦怠心理，进而影响了学习语言的效果。此外赵科研②也从学生的主观角度分析了语言学习与高原现象之间的关系。Nikolov& Marianne③强调了语言学习的主观因素的影响。社会因素、环境影响、教学方法，这些外在因素也影响了学习者的外语学习。笔者比较认同高原现象的客观性。也就是人类在学习第二外语时，不可避免地出现停滞不前的现象。作者通过观察发现，长期生活在德国的华人，仍然不能摆脱母语对外语的影响。无论在口语还是书面语中，都能发现大量母语的影子。这种情况甚至也经常出现在长期生活在目标语言国家的外语专业科班出身的从业者身上。

本文用数学建模的方式验证了外语学习中的高原现象，但是仍然存在诸多不足以及局限性。就研究方法本身来说，选取样本量有地域限制，而且样本量相对较少。此外，本文只是验证了高原现象，但是并没有实证研究高原现象出现的原因以及缓解甚至是克服高原现象的策略。因此在日后的研究中，笔者认为要根据现有的文献研究并以实际调查的方式总结分析哪些因素导致了高原现象。然后通过结构方程的方式验证所提出理论模型的合理性。

附录：

测试题目（附参考答案）

年级 Grade：

性别 Gender：

翻译下列句子 Translate the following sentences：

1. 这是令人兴奋的事儿。(This is something exiting.)
2. 我们必须考虑相关问题。(We must consider problems concerned).

---

① 祝全：《"高原现象"的认识与克服》，《前沿》，2012年第18期，第200页。

② 赵科研：《学生主观因素对外语教学的影响》，《沈阳农业大学学报（社会科学版）》，2005年第3期，第81—83页。

③ Nikolov & Marianne, *Issues in English language education*, 2002, p.233.

3. 我们要用一切可能的办法帮助他们。(We should do everything possible to help them.)

4. 他班里的学生学习英语。(Students in his class learn English.)

5. 我们找到了解决问题的方法。(We find ways to solve the problem.)

6. 他努力地学习英语。(He learns English hard.)

7. 他高兴得跳了起来。(He jumped with joy.)

8. 我们将周日到达北京。(We will arrive in Beijing on Sunday.)

9. 非常感谢。(Thank you very much.)

10. 他很喜欢学习英语。(He likes learning English very much.)

11. 他应该很累。(He should be tired.)

12. 他很聪明。(He is very smart.)

13. 他病了。(He is ill.)

14. 手机可以用来玩游戏。(Mobile phones can be used to play games.)

15. 他喜欢学习英语。(He likes learning English.)

16. 不容易做。(It is not easy to do.)

17. 应该是对的。(It should be right.)

18. 我叫小明，我今年10岁。(My name is Xiaoming and I am 10 years old.)

19. 虽然我很聪明，但是我很努力学习英语。(I am smart, but I learn English very hard.)

20. 因为喜欢英语，所以我努力学习英语。(Because I like English, I learn it very hard.)

21. 他不仅会英语还会数学。(He doesn't not only know English but also Math.)

22. 他说明天下雨。(He says that it is going to rain tomorrow.)

23. 上周给我们讲故事的人，是一个老师。(The one who told us the story last week was a teacher.)

24. 当我离开的时候，天气还很好。(When we leave, the weather is good.)

25. 如果你不快点，我们就会误了火车。(If you do not hurry, we will miss the train.)

研究生视听说教学与相关教学软件的应用

首都师范大学　王金平　张　清

摘　要：语言是交流的工具，而交流活动45%通过听实现，30%通过说实现，16%通过朗读实现。笔者在本学期的视听说教学中，基于此理论和学生的实际水平和需求，安排了一系列的课堂活动，并应用了相关的教学软件和网络平台。本文客观陈述了最终的教学效果，总结了其中的经验教训，指出多态学习的必要性和局限性。

关键词：词汇磨蚀　遗忘率　记忆编码　多态学习

目前研究生教学改革已在全国兴起，各大院校也就研究生课程设置问题进行了探讨和尝试，与之相呼应的是各种教学软件的研发和推广。众所周知，课程设置首先要考虑的是学习者的需求、实际水平以及社会需求，这也是一系列教学活动的基础。而课程的设置和实施又离不开选择、改编教学资料，利用相关教学软件设计学习任务和评估方式。本文首先陈述在充分了解了首都师范大学研究生的听说水平及学习需求后，笔者在教学中如何利用相关教学软件开展教学活动，以激发学生学习英语的兴趣，提高学生听说能力的尝试，并与同业人士分享、交流这些尝试的经验和教训。

一 研究生目前的英语水平——听力词汇量和听说能力分析

（一）词汇量水平

由于中断英语学习会造成词汇磨蚀现象，大部分学生在本科最后两年的大部分时间未继续学习英语，因此词汇量极其有限，虽然自入学开始经过了一学期的学习，积累了一定的词汇量，但绝大部分也仅局限于在阅读时能够识别。显然，要把这些阅读词汇转化成听力词汇需要大量听力练习。Wilkins曾经说过"Without grammar, very little can be conveyed. Without vocabulary, nothing can be conveyed"。[①] 因此，笔者认为提高学生的词汇积累是首先应该考虑的问题，并在教学中也以将此作为重点之一。怎样让学生在积累词汇的基础上，利用所学词汇进行交流是个不小的挑战，因为毕竟语言是交流的工具，而Rivers &Temperly认为：交流活动45%通过听实现，30%通过说实现，16%通过朗读实现，只有9%通过写实现[②]。因此，要想提高学生的交际能力，听说是关键，而这也恰恰是当前英语教学研究和教学实践的薄弱环节。

（二）听说能力分析

听说能力的基础是发音，经调查，有77%的学生以前学过音标，但教学中笔者发现，学生大多来自除北京以外的省市，由于英语教学中软硬件在全国的分布参差不齐，学生的英语水平也千差万别，有一半以上的学生发音不准，而且每让他们在课堂上朗读，有相当一部分同学表现得不自信。通过与他们的交谈得知，他们认为自己的英语不好，尤其是发音。因此，为了让学生重拾自信，笔者打算先让他们从朗读附有音标的单词开始，然后是句子的朗读、篇章的朗读。至于就相关话题表述自己的观点是最后环节，要在前面的积累达到一定程度才会水到渠成，因此，笔者想循序渐进地督促学生达到

---

① 王金平：《英语词汇记忆策略行动研究》，北京：首都师范大学出版社2005年版，第125页。

② 郑李冉、肖忠华：《中国英语学习者的口语搭配行为：基于语料库的研究》，上海：华东师范大学出版社2015年版，第30页。

理想的流利表达程度。

笔者在本学期的视听说教学中，在原有教材（《专业学位硕士研究生英语视听说教程》）的基础上，实施了以下教学活动并应用了相关教学软件和网络平台。

二 视听说课程教学内容安排、相关策略的介绍以及检查方式

（一）对相关话题词汇的输入及"英语趣配音"软件的应用

课本第一项热身活动主要是就某个话题的表达练习，笔者在第一轮的教学中曾经让学生课下预习如下题目，然后让他们表述自己观点。

1. What comes to mind when you hear the word "travel"?
2. Do you like traveling? How do you usually travel? Which do you prefer, by air or by train? Why?
3. What's the best place you've ever visited, why?
4. What are the pros and cons of backpacking?
5. What would make you wiser – traveling around the world or reading a lot of books?

但结果令人失望，因为学生的词汇有限，给出的发言大多不到 5 句话。

基于此结果，笔者决定先进行输入环节，即让学生先熟悉与话题相关的词汇短语，如第一单元的话题是"travel"。课本在第二页给了一些词汇，笔者利用光盘让学生熟读并记忆这些词汇，当然，为了让学生了解记忆的过程，笔者还在课堂上向他们介绍了相关记忆策略，如 Anderson Jordan（1928）所做的人脑遗忘率的研究，即初学后能够记住的单词数量在第一周、三周、八周及一段时间以后分别为：66%，48%，39%，37%。也就是说，对于首次学完的新词，他们应该经常复习，因此，笔者让他们熟读所听的词汇和短语，然后给每个班建立 QQ 群，督促他们把语音作业上传到群里，待下次上课时默写上一次所学词汇。上传的作业由课代表统计计入平时成绩，默写单词的成绩计入平时成绩。上传语音和默写的目的是强调复习的理念。经检验，每次课前默写单词让多数同学养成了定期复习词汇的习惯，成绩也逐渐稳步提高了。但词汇测试并计分的方式让 57% 的同学感觉压力太大，希望不计分，两个人

合作就可以了。但有39%的同学非常赞同这个做法。在以后的教学中教师可以根据实际情况，酌情考虑默写的次数和默写单词的数量，在学生没有太大压力的情况下习得词汇。

为了让学生切实体会背单词的乐趣，激发他们学习英语的兴趣，笔者在这个环节给学生介绍了"英语趣配音"软件的使用，让他们下载在手机上，课下完成自己选择的一段简短影视内容进行配音，目的是模仿影片中的真实对白，以达到矫正自己发音的目的。据调查，有24%的同学表示非常喜欢这个软件，在得到表扬的情况下，不断在群里发布自己的配音作品。

（二）课本上纯语音材料的输入及朗读监测平台——Fif口语训练平台的使用

既然交流活动45%通过听实现，那么选适合学生水平的听力材料至关重要。Stahr（2009）的研究表明，英语听力材料中生词比例超过2%就会引发听力障碍[1]，显然，如果选的材料难了会让学生丧失听下去的兴趣，因此，笔者先把材料中的生词展示给学生，带他们读熟，然后让部分学生读。为了让学生了解记忆规律，笔者还向他们介绍了Cram和Germinario（2000）所著的《学习中的引导》中的成果，即：大多数人注意力高度集中的时间是3到7分钟。其间大脑神经中枢最活跃、记忆力最强[2]。需要了解的还有Gu（2003）的研究成果，即：在难词不多的情况下，常人一次能记住的单词约有100个或更多。因此，之后的课堂活动是，笔者从所选篇章中挑出40多个单词和短语，10单词为一组，两个人合作5-10分钟，一个读，另一个说出汉语意思，然后再反过来，如此反复多次，直到能够快速反应出这些词汇的读音和含义。当然，笔者也告之这么做的最终目的是让他们听文章时，明白其在相关语境中的含义。经笔者旁观，学生做这个练习时很兴奋，合作的效果也不错，经过5、6组十几个来回练习，学生很快熟悉了这些词汇的读音和含义。当然，所听篇章中的词汇也要在下一次上课前听写。

---

[1] 胡永近：《听力过程模式对听力理解和记忆的影响分析》，上海：上海外国语大学出版社2015年版，第32、33、36页。

[2] 王金平：《英语词汇记忆策略行动研究》，北京：首都师范大学出版社2005年版，第126页。

关于这个步骤的检查笔者使用了 Fif 口语训练平台。这个平台是外研社和科大讯飞公司联合开发推广的教学软件（许多院校引进了这个软件），教师可以点击其中的"口语训练"，然后在"自建题库"中，把要学生朗读的篇章粘贴在编辑框，系统会自动生出发音地道的语音。学生可以在"Fif 口语训练学生版"这个平台注册登录（之前需要专人把学生的学号等信息植入系统），找到教师发布的任务，在系统的指导下，经过多次循序渐进地、一部分一部分地模仿篇章的朗读，直到自信到尝试通篇朗读后为止，最后系统会自动打分，如果学生不满意目前的分数，可以再次尝试，直到对自己的成绩满意为止。对分数不高的部分或句子、短语，系统会用红色标出，让读者注意。经过半个学期的实践，66%的学生表示非常喜欢这个平台，当笔者布置完任务，绝大部分学生都能在限定时间内完成。此软件的应用是本学期比较成功的检测方式之一。除了部分所听篇章内容，笔者还把课本上部分短篇阅读也作为作业放在 Fif 平台上让学生朗读。

（三）补充的视频资料（Ted、英语新闻等）及检测

1. 视频材料

有研究证明，就识记成效而言，视觉记忆为 70%，听觉记忆为 60%，视听觉结合记忆为 86.3%[①]。显而易见，组合文字、声音、图像等材料，有助于学生启用多种方式进行记忆编码和多态学习。而刘宇、吕茂丽、赵才华所做的实证研究表明：字幕对学生词汇习得和记忆作用显著。中英文同步字幕让学生习得词汇量最多，英文字幕其次，中文字幕最少[②]。在第一轮的视听说课程调查中，笔者了解到超过一半的同学喜欢 TED 中的演讲，23%的同学喜欢新闻。另外，还有学生推荐了"网易公开课"（是课下听力材料的补充）。由此，笔者选取了几段 2—3 分钟 *Chinese English News*（与话题相关的报道）、"网易公开课"和 TED 演讲中的内容。其中 *Chinese English News* 是纯英文，"网易公开课"中的演讲中英文字幕同步，TED 中的 Speech 可以自行设定为

---

① 蔡龙权、吴维屏：《关于把信息技术作为外语教师能力构成的思考》，上海：上海外国语大学出版社 2014 年版，第 46 页。

② 刘宇、吕茂丽、赵才华：《视频字幕输入方式对大学英语词汇教学的影响》，合肥：安徽科学技术出版社 2013 年版，第 60 页。

无字幕、英文字幕和中文字幕几种方式（笔者课堂上让学生听的内容多为英文字幕）。补充这些材料不仅可以拓展学生对相关主题的视野，学会多视角看问题，还可以让学生学到一些地道的日常生活词汇，即让所学"接地气"。就补充的内容，经调查，其中81%的同学喜欢TED中的演讲。这一点几乎等同于第一轮选用此视听材料的调查结果。关于此部分的课堂教学，笔者沿用了第一轮的做法，即把课上听的Ted演讲或新的演讲放到QQ群里，给出一周期限，鼓励大家在群里分享自己查到的相关词汇和短语，力争课下多听，尽可能理解相关细节，然后通过测试题（四选一或多选形式）检测自己的理解能力，成绩计入平时成绩。测试结果显示，四个班205名学生中有56%的同学都在80分以上。由此，笔者认为，如果我们在教学过程中，尽量选择英语发音清晰、语速适中的演讲，注意合理地安排和使用三种字幕显示方式，会极大地促进学生的学习热情。带中英字幕的内容，尤其适用于学生在课外自学英语，教师应鼓励学生课下多看一些难度适中的视频资料，并推荐一些这样的资源。笔者本学期在课下推荐了超过20个Ted演讲，其中87%的同学认为笔者推荐的内容适中，55%的同学听了笔者推荐的70%的内容。

2. 英文小说阅读材料——《追风筝的人》

作为词汇积累的重要输入手段，阅读具有无与伦比的优势，因为阅读原汁原味的英文小说，不仅能让学生巩固语法知识、自然习得词汇，还能获得较强的语感，体会到与人交流时不必一句句地造句，可以脱口而出、说出来就是口语，写出来就是作文，说、写能力很自然就能提高。李雅新在《当代英文小说阅读浅谈》一文中，比较了《英语900句》和《基督山恩仇记》简写本中任意五页内容，感叹后者的内容在语法现象、词汇量丰富程度、惯用法之新颖以及文化背景的丰富程度都远远超过了《英语900句》中的内容。掌握里面的词汇比阅读者专门去记单词的效果不知要好多少倍。简言之，阅读英文小说让人不上语法课就能掌握语法，不上词汇课而自然习得词汇的用法①。笔者为了让学生掌握足够的词汇量，一方面向学生阐述阅读的优点，一方面建议他们阅读时下流行的英文小说——《追风筝的人》。建议他们每天读十页左右，笔者在特定的时段，从预留的篇章中挑选一定数量的词汇进行测试，

---

① 李雅新：《当代英文小说阅读浅谈（续）》，《经济经纬》，1992年第1期。

凡及格者均可得到2分的奖励，计入平时成绩。通过访谈，笔者了解到绝大部分学生认可此做法，并积极响应，另外，还有一些同学按笔者建议组成了阅读小组，分享所查词汇、讨论小说内容。期末的调查问卷表明，有66%的同学读了这本书，单词测试后笔者发现，有86%的学生得到了奖励分，而且绝大部分学生都承认，通过阅读他们都不同程度地增加了词汇量。可惜的是小说中词汇检测只进行了一次，另外，由于课时有限，对小说的细节和主题没有实施检测。纵观之前学者的研究，笔者发现，英文小说阅读很少被用来作为视听说课程的补充，在这方面建议同行们尝试一下，并挤出时间讨论相关细节和主题，这样可能会极大激起学生阅读的兴趣。

3. 对话表演材料

基于笔者第一轮视听说课程的调查问卷，很多学生建议增加课堂上的对话练习，而课本上的对话练习又偏于简单，于是，笔者从以前使用过的《新视野视听说》课本上，挑了一些含有地道俚语的对话，让学生课堂上练习，然后利用语音室的特有功能，进行随机两人组合、同桌组合、前后桌同学组合等表演对话，实践表明，这样做确实能激发学生的表现欲，几乎所有的学生都积极参与了活动，并记住了对话中的俚语。由于课堂时间有限，笔者还把一些这样的对话上传到群里，让他们课下去练，然后上传。通过实践笔者了解到，对话表演也是学生非常喜欢的课堂活动。

三 结 语

总之，在研究生视听说课的教学中，应用相关教学软件和网络平台，督促学生进行多态学习，在不同程度上激发了学生的学习兴趣，增强了教学效果，尤其是Fif口语训练平台和英语趣配音软件，应该加大其在视听说教学领域的推广，因为它的使用大大减少了教师的工作量，督促学生不断矫正语音，进而提升了自信心。对上述的教学活动，笔者得到的反馈是：51%的同学认为自己的口语表达能力提高了；22%的同学承认克服了羞怯，敢在众人面前张口说英语了；47%的同学认为自己的听力有所提高。经过改进视听说教学方式，笔者体会到课堂教学活动应不拘泥于课本，应继续进行纯语音材料、视频材料的输入，多进行对话表演，在听说技巧和词汇记忆策略输入的同时，多采用两人合作方式，边听边快速反应其汉语含义的记忆策略（接近一半同学认可此法），另外，教学中适当加入英文原版小说的阅读，以加大学生所欠缺的词汇量。至于本学期为期约一个月的单词听写，虽然有62%的同学认为此法对他们后来的听力练习有帮助，但只有39%的同学非常赞同此做法，有66%的同学把它排在最喜欢6个课堂活动中的最后一个，因此，单词的默写形式可以换成让学生感觉压力小一点的方式进行，如两人合作互提，尤其注意与此有关的教学软件的研发。语音作业的上传可以继续执行，因为有73%的同学确认这样做确实能改进他们的发音，并能认真完成，而且81%的同学认为他们的朗读能力确实提高了。本学期虽然通过引进各种教学软件和网络平台有了一些改进，但还有不足之处，比如，有36%的同学承认记忆词汇对他们后来的听力练习有帮助但帮助不大，笔者在以后的教学中会多关注这部分学生群体，力争尽早找出原因和对策。另外，在笔者讲解学习策略时，还有相当一部分同学没有有效实施，鉴于态度决定行动，笔者会进一步加强这方面的工作，争取让绝大多数同学使用科学的方法学习，获得自信。

从"staycation"看英美报刊选读课教学

首都师范大学 王月平

摘 要：英美报刊选读课是针对英语专业技能的一门选修课。这门课的教学难点之一是文章中大量涌现的新词。本文试以"staycation"为例，通过分析这一新词的起源、发展及最终广泛应用论述在英美报刊阅读教学中如何引导学生判断、跟踪新词，快速提高对相关内容的阅读思辨能力。

关键词：英美报刊选读 阅读教学法 词汇教学

一 "staycation"产生的文化背景

众所周知，英语中有多种造词法。具体到"staycation"而言，是将"stay"与"vacation"中的后两个音节合并而成一新词，其含义是指假期待在家里，或去家附近的地方，或去国内稍远的其他地方，而不是像以往去远方，通常是国外度假。

这一新词的出现绝非偶然，而是伴随着西方社会经济文化的变化而产生的反映新的生活方式的产物。多年以来，西方传统的度假方式是去往较为遥远的地方，经常是国外，以达到彻底放松、体验异乡、异国情调的目的。这样的做法是需要经济基础支持的，在经济繁荣时期对多数人而言没有太大负担，但自 2008 年全球性的经济衰退以来，这种生活方式就越来越难维持，甚至出现伪装出门度假，在家里悄悄捱过几天，然后向亲朋宣布度假归来的极端情况。这样的形势催生出了一种逆向潮流，即不为社会压力所迫，不追随主流，以有限的费用在家里或附近寻求放松的多种办法，以取得同样好的度假效果。这一异动因经济原因和价值取向在西方社会逐渐引起共鸣，越来越多的人开始身体力行，媒体也逐渐增多相关的报道和建议。这就意味着该词在媒体上出现的频率逐渐增长，并逐渐被各类字典收录，正式成为一个被认可的词汇。

二 "staycation" 在西方报刊的应用轨迹

依 Word Spy 的搜索结果看，"staycation" 一词于 2003 年在一份美国地方性报纸 The Sun News 被首次使用①。其后被各报刊沿用的细节查证较难，但在英美等国几大代表性报纸的搜索结果（全部于 2015 年 11 月 17 日检索），仍能帮助我们把握其发展的脉络。

首先，在美国发行量数一数二的《纽约时报》（New York Times）最早于 2007 年 12 月 2 日使用该词。截至检索日已使用 98 次。同样位于东海岸，发行量名列前茅的《华盛顿邮报》（Washington Post）于一年以后，2008 年 12 月 18 日首次使用，截至检索日已使用 109 次。位于西海岸的《洛杉矶时报》（Los Angeles Times）发行量也居前列，其首次使用时间是 2008 年 4 月 6 日，截至检索日已使用 44 次。三份报纸的首次引用时间都是 2008 年前后，其原因还是上文提到的始于 2008 年的经济衰退。其中纽约时报引用时间最早，且先于经济衰退大面积出现，显示其作为报界领军所具有的敏锐洞察力，其作为信息传输者和语言使用的典范价值可略见一斑。

英国主流报纸使用该词频率更高。《卫报》（The Guardian）首次使用日期由于条件限制无法查到，但截至检索日已使用 629 次；《电讯报》（The Tele-

---

① Terry Massey, "Sports world doesn't stop for vacation," The Myrtle Beach Sun-News, July 11, 2003, http://wordspy.com/index.php? word = staycation, 2017 年 9 月 5 日。

graph) 首次使用日期是 2008 年 2 月 28 日，截至检索日已使用 324 次；发行量很大、影响很广的小报《每日邮报》(*Daily Mail*) 首次使用日期是 2008 年 7 月 18 日，截至检索日已使用 341 次。英国媒体对该词的高频使用从一个侧面显示其对语言学习的价值。英国作为文化大国的地位由此可见。

与发源地美国相邻的加拿大就该词的使用而言就保守得多。加拿大影响力居前列的《环球邮报》(*The Globe and Mail*) 截至检索日使用次数为零，显示其保守的风格；影响力也较大的《国家邮报》(*National Post*) 首次使用日期是 2010 年 4 月 21 日，截至检索日仅使用 27 次；另外一份地方性报纸《温哥华太阳报》(*Vancouver Sun*) 首次使用日期是 2009 年 4 月 10 日，截至检索日仅使用 12 次。

南半球澳洲地区的报纸使用"staycation"的情况与加拿大有相似之处。澳洲影响力最大的《澳大利亚人》(*The Australian*) 首次使用情况无法查到，但截至检索日已使用 46 次；一份地方性报纸《悉尼先驱晨报》首次使用日期是 2008 年 12 月 7 日，截至检索日使用 45 次；新西兰的《新西兰先驱报》(*New Zealand Herald*) 首次使用日期是 2009 年 11 月 8 日，截至检索日使用 36 次。就语言使用而言，从该词判断，澳洲地区也较为保守，与英国媒体的前卫姿态比相差甚远。

最后，国内的最大英文报纸《中国日报》(*China Daily*) 首次使用日期是 2010 年 5 月 19 日，截至检索日仅使用 12 次，就语言运用而言，也很保守，落后于以上采样的西方主流英文媒体。

三 "staycation" 对英美报刊选读课教学的启示

从"staycation"一词可看出英语中新词的使用发展轨迹。英语中有多种造词法，每年都有大量新词涌现出来，这就对学生的英语阅读能力构成了挑战。通过对该词的分析，我们可得出对英美报刊选读课教学的如下启示。

第一，社会高速发展带来了大量新词，这就要求这门课更紧密地关注当前动态，不能将教学局限于固定教材之中。教材能够为学生提供报刊文体的各类基本知识，但在其基础之上每周应为学生推荐、设定一定量的当期报刊阅读，使学生在扎实的基本功基础之上敏锐把握语言运用的新动态，跟上时代的发展。

第二，要注重培养学生对西方社会文化、历史、政体等多方面的知识积累，这样才能识别词汇背后的历史、文化渊源，对其有更充分、精确的理解，而不是流于肤浅，只抓皮毛，未触及精髓。要做到这一点，需要将英语专业的各门课融会贯通，把握理论知识体系，同时要注重日常积累，要培养学生潜心向学的好习惯，假以时日，才能全面发展，具备扎实的专业能力。

第三，在英美报刊选读课的教学中要引导学生细心体会西方各类不同的报纸的风格，在选择阅读材料时要兼顾大报与小报、保守与激进，同时兼顾不同英语国家的媒体特点，以便全面、深入、及时地把握社会发展的最新动态在语言上的反应，做到与时俱进，让语言学习与时代发展同步。

四 结 语

综上所述，由"staycation"一词在西方报刊文章中从出现到广泛使用的轨迹，我们可以管窥英语词汇发展变化的一些规律，并以此引导学生通过英美报刊选读课的学习提高阅读能力，培养良好的专业素质。

听力教学的改革与实践

首都师范大学　詹凌峰

摘　要：目前，听力课的课时安排和教学目标都发生了变化，需要我们从实际出发，改革教学内容和教学方式，提高教学效率和教学效果，顺应新的变化。本文从教材的更新、教学内容的增加到教学方式和教学模式及策略等方面做了一系列的探索和尝试。注重师生互动，利用信息手段，培养自主学习的能力。

关键词：教材教学内容　教学手段　听力策略　师生互动

日语系于2015年更新培养方案后，基础听力课程从课时到内容均发生了变化。旧培养方案下的基础听力课程从一年级入学开始设置，每周3课时，二年级是每周2课时。这样设置的优点是从学生新入学就开始接触听力，有助于巩固语音和及早掌握基本听力技巧。缺点是在整体课时无法增加的情况下，承担大幅提高听说能力和考级（专业4级）任务的二年级，每周2课时就不够用。新培养方案下的基础听力课程，一年级不再设置听力课程，二年级开始设置，每周4课时。其优点是二年级有较为充裕的教学时间；缺点是一年级没有进过听力教室、上过正式听力课、做过听力题的学生需要有一段适应期。培养方案的改变带来了教学环境的变化，要求任课教师与时俱进，改革教学内容和教学方式，提高教学效率，追求最佳的教学效果，以顺应新的培养方案。以下是笔者在担任新培养方案下的听力课程时进行的一系列新的尝试和探索。

一 教学内容的革新

(一) 教材的更新

旧培养方案下的授课对象是日语系本科一年级学生，使用教材为日本文化外国语专门学校所编的日文教材《快乐地听》。内容以学校生活和留学生日常交际为主。该教材基本涵盖初级日语的知识点，十分适合初学者练习听力。但是在新培养方案下，再从二年级开始讲授这些内容显然是无法满足二年级学生旺盛的求知欲和完成大幅提高听说能力和考级等教学任务的。需要重新甄选教材以适应新的形势。

为此，我们选定了曹大峰总主编，高等教育出版社出版的《基础日语听力教程》作为听力教材。该系列教材是"十一五"国家级规划教材，和二年级目前使用的精读教材为同一系列配套使用。该教材第一册的内容接近旧培养方案下的教材，也就是上面提到的《快乐地听》。因日语一年级不再设置听力课程，所以该教材第一册不再让学生购买，直接从《基础日语听力教程2》开始，作为二年级上半学期的教材，《基础日语听力教程3》作为下半学期的教材。

新培养方案下的教材《基础日语听力教程》最大的特点是一方面保留了以前教材传统而经典的内容，如自我介绍、问路、看病、做菜、搬家等，更多的是贴近时代的崭新内容。它以当今世界的多元文化和多样性生活为主要内容，选用客观素材介绍日本不同的社会文化以及最新科技成就等各种信息。比较有代表性的内容有介绍智能手机的购买签约使用注意事项、网络和上网费的套餐种类和费用缴纳、自然灾害的预防、人类和自然、生物克隆技术、机器人等。还有涉及政治经济方面的，如全球化和国际化、世界经济一体化、议会政党选举等日本社会制度。目前日语系从大二、大三开始就陆续有学生去日本各个大学交换留学，学习这些贴近当前日本社会的内容特别有助于他们即将开始的留学生活。

（二）教学内容的多样化

和任何课程的教学一样，仅完成教材内容是远远不够的，学生会觉得单调和欠缺。为此，我们陆续增加了一些教材外的补充内容。

1. 过渡期教学内容

从没有在听力教室上过一次听力课、做过一道题，直接跃进到《基础日语听力教程2》是有一定难度的。需要有最多不超过一个月左右的过渡期。在过渡期间，不直接做题，而是带着学生一起听，感受适应听力的语速和频率及语音语调。内容上精选了《基础教程听力教程1》中的传统而经典的日常会话，如介绍家庭成员、校园生活、日本料理等简单易上手的内容。学生无须购买该册教材，也不做题，就是去听、去感受，然后复述和归纳主要基本内容。课后需要学生把课堂听过的内容重听并全部写出听力原文。

通过过渡期的一系列训练，学生初步学会准确理解句意，如何从对话中获取必要信息；初步把握结构较为复杂的长句及无主语句等特殊结构句的意义；能从前后语境推断出含有未知词汇语句的语义，掌握基本听力技巧；同时了解掌握日本社会的风俗人情和交际用语的使用。我们每次课上都会根据听力材料的特点总结交际用语，简单介绍社会文化，争取最大限度地利用听力材料。

2. 传统名篇及民间故事

过渡期结束后，进入正式课堂教学。除了《基础日语听力教程2》的教材内容，为提高学生学习兴趣和培养作为日语专业学生的必要素养，增加了传统名篇和民间故事的听力内容。有《八公犬的故事》《浦岛太郎》《最后的叶子》《麦琪的礼物》等。在没有图和视频等任何听力辅助手段时，要求学生听取一段完整的叙述，记录必要信息，能正确归纳段落乃至整个篇章的主要内容。主要选用的是日本语多读研究会主编、2008年外语教学与研究出版社出版的《跳跳蛙日语读库》初级系列，和易友人编著、2008年中国人民大学出版社出版的《初级日语听力教程》中的"社会文化篇"。

3. 听NHK实时新闻

从二年级下半学期开始，使用《基础日语听力教程3》，随着学习的深入和内容的增加，学生掌握了一定的听力技巧和词汇量，可以听一些更接近现实、有深度的内容。为此，我们精选每周的 NHK 实时新闻，录下来在课堂播放。播放过的有黄砂雾霾及天气预报的新闻、"双十一"网购节、福原爱结婚、春节国人日本爆买、日本大选等新闻，很受学生欢迎。

4. 考级训练

就日语系学生而言，需要参加日本的日本语能力测试，以及我国的大学日语专业四级和八级。尤其是专业四级，一般需要在大二时考。这就要求我们在大二的基础听力课就做好准备，掌握一定的应试技巧。为此，我们在教学内容上加入此部分内容。通过做考级模拟题，有针对性地讲授解题技巧，分析各种题型。考级训练题主要来自于华东理工大学出版的《高等院校日语专业四级考试 10 年真题与详解》和近年来的真题。此外，鉴于四级考试有少量试题参考了 N2 的真题，我们还精选了新日语能力测试 N2 的一部分真题作为四级训练的补充。

5. 课后自主学习部分

就听力课而言，虽然我们总想最大限度地利用课堂教学，可是听力课每周只有 4 课时，两次课。想提高听力，这个时间量是远远不够的。学生也反映"吃不饱"。为此，我们在课堂教学中，无论是哪方面内容的学习，都特别注意传授和总结听力技巧，以便让学生课后自主练习。我们利用多媒体教室的便利，每次上课都让学生带 U 盘随堂拷走听力材料，有问题微信随时联系教师。

学生能运用课堂所学到的听力知识和技巧，进行自我训练、自我学习，不断提高自主学习能力，能利用网络和卫星电视收听收看原版节目。

二 教学手段的革新

毋庸置疑，听力课所有的教学方法和手段都必须围绕如何提高学生听力水平。这就要求我们不能像精读课那样以教师讲授为主，需要结合课程内容，通过启发式、讨论式、参与式、探究式相结合的多种教学方式的灵活运用，提高学生的学习兴趣，改善教学效果；我们还尝试设计了"精""泛"结合的教学模式。所谓的"精",就是需要精听、细听,一个单词都不能放过。所谓的"泛",就是指导学生如何听取关键语句,把握大意。此外,在教学中还注意"推测"等各种听解策略的导入和运用。

(一) 注重师生多边互动的教学方式

听力课一次课连上两节,虽然课间有十分钟的休息,但是戴着耳机连续听80分钟的课,无论是生理还是心理,特别容易使人疲倦。尤其是下午的课,课堂内容或形式稍一枯燥,就会有学生瞌睡。作为教师,只有在教学内容和教学方式的选择上多下功夫,才能达到良好的教学效果。

听力教室设备精良,这给课堂上的师生互动带来了天然的优势。我们充分利用多媒体听力教室的优势,根据教学内容,采用"一对一""一对多""多对多"的多边互动方式,让学生参与课堂,始终能保持旺盛的学习兴趣。所谓"一对一"互动,就是教师和某个学生间的互动;"一对多"指的是教师和多名学生的互动;"多对多"是学生之间的互动。

(二) "精""泛"结合的教学模式

听力课每周只有4课时,为提高教学效率和改善教学效果,我们尝试了"精""泛"结合,即"精听"和"泛听"的教学模式。这个想法来自于专业基础课"精读"和"泛读",这是两门独立的课程,"精读"要求学生细抠单词、句型和语法,一周6课时基本只能前进1课;而"泛读"则不同,对各种题材和体裁都有所涉猎,要求学生学会快读、速读,把握文章中心思想,扩大知识面和词汇量,巩固精读课所学语法知识。对于外语学习者而言,"精"和"泛"是缺一不可、相辅相成的。基于这样的理念,我们提出,听力课也应该有"精"有"泛"。但是听力课的周学时数决定了我们无法把它分成两个不同的课型,只能把两者有机结合起来。

1. "精听"的教学环节

包括导入—听—提问和回答—再听—提问和解说—最后(视)听—做题和讨论—作业系列环节。

在"精听"的内容的选取上,主要以教材内容为主,也可以是新闻等补充内容。关键是要选择能引起学生兴趣并对于提高听力有典型意义的内容,通过这样一个完整的"精听"教学环节,让学生逐步掌握听力技巧并增长知识。导入部分一般是学生未知的单词和句型，也可以是未知的常识性内容。但是注意不要把材料中所有未知部分都列出来，如果未知部分列得太多，有的学生还没听就会厌倦，或者忙于记笔记和记单词，反而忽略了"听"。因此，导入部分应该是教师事先精心选择过的必要的预备性知识，妨碍听取重要信息的内容。教师可以边简单解释边导入，控制在 10 分钟以内。接下来就可以听第一遍了，中途不要停下来解说，让学生把握总体意思，并试着边听边把自认为重要或听不懂的地方快速记录下来。听完后，教师就重要信息对学生提问，检查学生听懂程度。可以采取"一对一"或"一对多"的方式问答。接着再听第二遍，通过刚才的师生问答，学生已经知道重要信息的所在，教师指导学生边听边记录重要信息。个别难以听懂的地方，教师根据情况可以中途停顿解释。第二遍听完后，教师可以再次提问重点信息并进行解说，确保每个学生都听懂内容。接着进行最后一遍（视）听，通过前两遍的（视）听和解说，指导学生边听边自我检查和修正笔记，为做题和讨论做准备。最后是做题和讨论环节。对完答案，可以让学生看着笔记口头归纳所听内容，这时可以采取"多对多"的方式让学生互相讨论和补充。最后教师总结，并补充一些社会经济文化方面的相关知识。视情况还可作为作业，让学生把没有听出来的部分课后听完并整理成完整的文字。

通过上述"精听"环节，学生能逐步掌握如何听取重要信息，如何边听边快速记录要点等听力技能。

2. "泛听"的教学环节

经过"精听"的训练，学生初步掌握了听力技巧后，便可进入"泛听"部分。视材料的难易程度，课堂流程可以是（视）听—简单解说—再（视听）—做题和讨论；可以是（视）听—再（视听）—做题和讨论；甚至是（视）听—做题和讨论。把握的原则是教师的解说越少越好，让学生自己去听、去琢磨、去记录、去做题。在教学内容的选择上，要注意难易程度，不建议选择难度特别大的内容。

3. "推测"等各种听力策略的运用

在前述中提到的精听过程，再次总结一下，就是听三遍，第一遍听主题和梗概；第二遍听特定信息；第三遍听细节生词并推测其意。在此过程中，可以有意识地让学生体验通过"推测"等策略去听懂"不理解部分的输入"，通过上下文自己寻找推测的线索，大致推测出生词或听不懂的地方①。最后通过教师讲解或自己课后查字典确认推测正确与否。这种推测能力不仅对做题有用，在看剧和日常生活中没有百分之百听懂每个单词每句话的情况下也特别有用。

4. 信息技术手段的运用

凭着听力教室得天独厚的条件，我们用了多种信息技术手段辅助教学。如，用音频设备实现师生多边互动；实时发送作业，接收答案并实时修改；相关的教学大纲、教案、参考文献及所有课件上网，利用校园网，开通网络课程，教案电子化；课堂板书直接用键盘输入，学生在各自的电脑屏幕上清晰接收；开通专门的师生互动邮箱，通过网络布置作业，每周都发送新的听力材料，便于学生自我学习自我提高，教师亦可进行作业批改或答疑、测试并发送答案。

以上是我们在新的培养方案下对听力课程所做的有关教学内容的丰富化和教学方法及手段多样化的探索和尝试。其主要目的是通过教师的课堂引领和信息技术手段的运用，教给学生练习方法，培养学生自主学习的能力。

---

① 曹大峰：《基础日语——听力教程2》，北京：高等教育出版社2011年版，第4页。

基于微信的开放式移动学习立体空间的构建

——以"综合日语"为例

首都师范大学　何　琳

摘　要：微信具有受众基础广泛、系统稳定成熟、推送功能强大、即时交互便捷、用户零负担、运行维护零成等特点，为移动学习提供了新的平台和应用创新空间。

笔者于 2016 年 9 月开始构建基于微信的开放式移动学习立体空间——"综合日语"。微信是开放性平台，高覆盖率使"综合日语"平台具有开放性特点，公众号学习内容推送与学习群、教学群的结合，使"综合日语"学习平台实现立体化。

"综合日语"公众号以北京大学出版社《综合日语》为中心，推送了《综合日语》教学视频、《综合日语》课文讲解音频、初级日语思维导图、高年级综合日语深度阅读、中高年级阅读素材、中高年级听力练习、关于外语教材的杂谈、经典日本歌曲、文化介绍等学习内容，受到各层次日语学习者及日语教师的好评。

移动学习是适合现代人的学习方式，是课堂教学的有效补充，是时代的必然。

关键词：微信移动学习　微信公众平台　微信群　"综合日语"

在互联网+时代，移动互联网与教育的结合成为开发适合现代人学习方式的热点。正确认识互联网对教育的促进作用，积极探索互联网环境下的学习方式和教学方式，是今后深化教育改革的关键。

本文以笔者在微信公众平台上注册运营的公众号"综合日语"为例，探索基于微信的开放式移动学习立体空间的构建方式，思考移动学习的有效模式。

一　移动学习空间构建的必要性

外语教学强调以学生为主体，倡导自主学习、探究式学习和合作学习的学习方式，追求个性化教学。外语学习的过程并非简单的输入与输出的过程，而是一个理解、表达、交流、探究、建构的过程，在这个过程中我们需要引导学生观察、模仿、体验、探索、反思，帮助学生学会学习，提高学生运用日语发现问题、分析问题、解决问题的能力。每个学生都是独立的个体，个性化教学是学生的重要需求。

然而，传统的课堂教学由于受到时空和形式的限制，很难真正实现个性化教学。分析教学过程可以看出，课堂教学中语言知识的学习占用最大时间、精力，而语言知识的学习内容相对固定，如果有了视频、音频、图片、文本等方式多媒体制作成的优质学习资源，学生完全可以通过自主学习完成。这样可以获得更多的宝贵时间，在课堂上通过合作学习、深入探究的课堂活动提高语言运用能力和人文素养。

笔者在微信公众平台申请了公众号，以本人参与编写的《综合日语》为中心，构建供学生自主学习使用的语言知识资源库，同时发挥互联网即时交互的优势，组建学习群、教学群，尝试构建日语移动学习的立体空间。

二　微信作为移动学习平台的优势

微信（wechat）是腾讯公司于 2011 年推出的一款跨平台的移动通信软件，支持通过移动互联网快速发送语音短信、视频、图片、文字，耗费流量低，适合大部分智能移动终端,为移动学习提供了新的平台和应用创新空间。

作为移动学习平台,微信具有以下优势:

(一) 受众基础广泛

微信拥有广泛的受众基础,腾讯公布的 2017 年中期业绩报告显示,微信全球月活跃用户总数达到 9.63 亿。微信已经成为一种生活方式,不仅渗透到现代人的工作、生活中,而且为移动学习提供了有利条件。

(二) 系统稳定、成熟

腾讯是中国最大的互联网综合服务提供商之一,也是中国用户最多的互联网企业之一,技术实力强大。由腾讯公司运营的微信系统稳定、成熟,是优秀的移动学习平台。

(三) 推送功能强大

微信支持图片、文字、音频、视频等方式,能够向学习者主动推送多维度、多类别的学习信息,能够有效地满足移动学习的需求。

(四) 即时交互便捷

微信私聊、朋友圈以及组群功能可以弥补公众平台单方向发送的缺陷,是教师与学习者、学习者与学习者之间的互动,交互式学习,立体式学习平台的构建的有力保证。

(五) 用户零负担

微信是免费软件,用户只需要利用现有的手机或电脑就可以使用微信学习,不需要添置新的硬件设备,硬件、软件成本均为零负担。同时由于绝大多数愿意选择移动学习方式的学习者都能够熟练使用微信,因此用户操作也是零负担。

(六) 运行维护零成本

微信公众平台是免费平台,使用者只需要用心建设自己公众号的内容,不需为网络维护等技术问题分散精力,系统运行维护成本为零。

微信是开放性平台,所有人都可以使用微信学习。微信公众平台强大的后台功能、便捷的交流功能使之成为构建开放式移动学习空间的最佳选择。

三 综合日语微信公众平台的构建

(一) 关于微信公众平台

微信公众平台是微信的一个功能模块,既可以完成消息发送的基本功能,同时具有统计、管理等附加功能。

"功能"模块包括"自动回复""自定义菜单""留言管理""投票管理""页面模板""赞赏功能""原创声明功能"。"自动回复"可以通过预先设置关键词,帮助学习者快速检索学习内容。"留言管理"可以通过阅读、回复用户的留言,选择精选留言,实现与用户之间简单的互动。通过"投票管理"功能可以设计简单的调查统计,了解用户的需求和学习状况,根据需要调整推送内容,还可以制作简单的测试题,帮助学生确认学习情况。"原创声明"则起到保护著作权的作用,让使用者能够安心地发布原创资源。

"管理"功能模块包括"消息管理""用户管理""素材管理"。其中"消息管理"是与用户沟通的另一种方式,"用户管理"可以了解用户的性别、地区、使用硬件等基本信息,"素材管理"是制作、修改、上传、统计素材最重要的功能。

"统计"模块是微信公众平台另外一个重要模块,包括"用户分析""图文分析""菜单分析""消息分析""接口分析""网页分析"等,帮助使用者统计公众号的各种关键指标,为移动学习的分析提供了基础数据。

(二)"综合日语"公众号的构建

1. 学习内容的推送

笔者于 2016 年 7 月注册了微信公众号,2016 年 9 月 8 日推出第一个日语教学视频。其后根据学习者的反馈,经过不断的摸索,开设了《综合日语》教学视频、《综合日语》课文讲解音频、初级日语思维导图、高年级综合日语深度阅读、中高年级阅读素材、中高年级听力练习、关于外语教材的杂谈、经典日本歌曲、文化介绍等栏目。

其中引起最大反响的是《综合日语》教学视频。《综合日语》是北京大学出版社出版的国家"十一五""十二五"规划教材，目前国内已经有近百所大学的日语专业使用。"综合日语"公众号分享的教学视频以《综合日语》为主线，每个视频讲解一个语法点，精心选择能够帮助理解的、有趣的、实用的例句，用形象、生动的语言和画面说明语法项目的功能、意义、使用条件等。"综合日语"公众号的分享与学校教学同步，第一年分享了《综合日语》第1、2册95%语法项目的教学视频，并已经开始推送第3册教学视频。

目前互联网上日语学习资源丰富，但质量良莠不齐，由经验丰富的大学教师制作的原创日语学习资源是一个空白。这些教学视频组成了初级日语学习的资源库，内容丰富、规范、有序，便于利用，未来相当长的一段时间内，可以供一批批学习者永久、反复使用。

为了配合《综合日语》的学习，根据学生的要求录制了《综合日语》课文解说，为保护版权，采用了音频的形式。初级日语思维导图将语法、词汇可视化，使脉络更清晰，关联更具体。

"综合日语"公众号上线之后，引起了许多曾经使用过《综合日语》的学习者的关注，为了满足这部分中高级学习者的需求，陆续推送了大量适合中高级日语学习的资源。

微信公众号每天只能上传一次图文消息，每次最多8条。"综合日语"公众号上线以来，一年时间推送了263次[①]，图文信息1113条。其中初、中级语法视频300个，1851分钟。《综合日语》课文解说音频48个，日本社会文化视频44个，中高级听力音频171个，日本音乐177个，初级日语学习文本44个，中高年级学习文本135个，关于教材的思考的杂文27篇。

优质的学习内容吸引了大量用户的关注，学习者可以根据自己的节奏，加快或放慢学习速度，主动选择、组合学习资源，真正实现个性化学习。

---

① 截至2017年9月7日。

2. 学习群、教学群的组建

微信平台不仅具有强大的推送功能，更是一个强大的社交网络，微信的社交功能可以弥补公众号以单方向推送为主的缺陷，实现基于微信平台的移动学习的立体化。

微信支持一对一单独交互，教师与学生不限时间、地点，多层次互动与实时交流，能让教师更加近距离地、实时地了解学生的学情，及时调整教学策略和方法。同时微信支持多对多群组交互。群主可以主动添加或向有意向的用户发出邀请组织微信群，进行交流互动。

为了配合"综合日语"公众号的学习，笔者建立了"综合日语"学习群。微信群人数上限为500人，第一个学习群很快就达到上限，学习2群也已超过400人。学习群中既有全国各地大学日语专业的在校生，也有各行各业各层次自学日语的学习者。微信群是有效的学习共同体，学习者可以通过在微信群的交流实现合作学习。在综合日语学习群里，群内成员之间充分交流讨论学习中遇到的问题，共享学习资源，彼此启发，在群中寻求学习的榜样，得到学习的动力。学习群的良性发展超出了笔者的预想。

此外，"综合日语"公众号还有一部分忠实的用户是日语教师。为此笔者建立了2个教师群，合计600余人。群成员主要是来自国内外230余所高校的日语专业教师，还有部分高中日语教师、培训机构日语教师以及正在攻读日语教育专业的博士生，教师群主要讨论日语教学问题，分享教学资源。

综合日语的移动学习空间通过公众号与微信群的组合实现了立体化，完成了交互式个性化自主学习移动学习环境的构建。同时群组交流起到了即时反馈功能，帮助笔者了解学习者的学习习惯、需求和反应，及时调整、完善公众号推送的内容。

3. "综合日语"公众号使用情况分析

在微信公众平台，用户必须主动、单方向关注微信公众号，公众号主体无法主动添加好友，因此每一个关注都是积极、主动、有效的。

截至2017年9月7日，主动、稳定关注"综合日语"公众号的用户共11128人，增长曲线如图1所示。

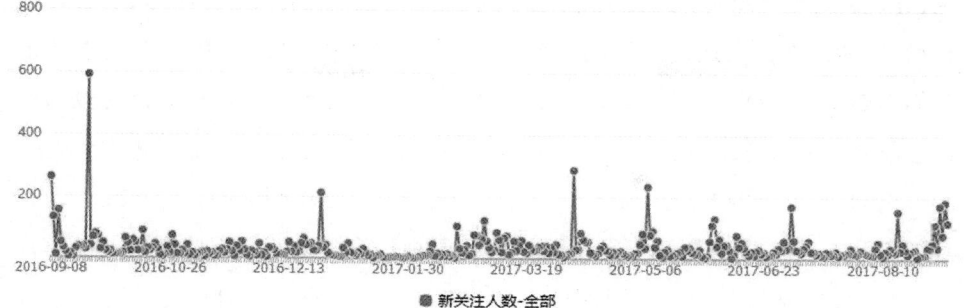

图1 "综合日语"公众号的用户增长曲线

以北京用户为主,覆盖全国所有省市自治区。具体地区分布为:

表1 "综合日语"公众号用户省份分布

北京	1780	山西	317	云南	112
广东	970	黑龙江	313	广西	110
山东	664	湖北	303	新疆	82
江苏	625	河北	299	海南	42
河南	580	福建	260	未知地域	32
浙江	556	天津	227	宁夏	26
吉林	512	安徽	211	台湾	21
辽宁	472	重庆	172	青海	19
上海	465	江西	168	香港	15
四川	402	内蒙古	141	西藏	7
陕西	354	甘肃	137	澳门	3
湖南	351	贵州	123		

"综合日语"公众号2016年9月8日开始分享学习信息,9月24日获得微信平台的认可,得到原创功能。微信公众平台后台统计数据显示,2016年9月8日—2017年9月7日,"综合日语"公众号图文页阅读次数为460641

次，阅读人数 158236 人，分享转发 11354 次，分享转发人数 6385 人。后台收到消息 1851 次，发送消息人数 1054 人，收到留言 1522 条。单日增加人数最多的是 2016 年 9 月 23 日，592 人，人数激增的原因是几位志同道合的教师在自己所属的日语教学群、学术群中做了宣传，再由群内教师推荐给学生。2017 年 4 月 7 日 287 人，2016 年 9 月 8 日 261 人，2017 年 5 月 7 日 233 人，4 月 7 日和 5 月 7 日均是由于发布了初级日语视频合集而吸引了大量用户。

"综合日语"公众号是国内日语移动学习，特别是大学日语专业移动学习的先驱，正在影响着很多学习者。

四 开放式移动学习立体空间的应用价值

（一）课堂教学的有效补充

传统课堂教学有着移动学习、在线学习无法取代的优势。传统课堂有序上课的群体效应对自我管理能力不强的学生非常必要。同时课堂教学真实情景中师生、生生互动的真实体验，面授中建立起真实情感，人生观和价值观潜移默化的影响，都是传统课堂教学存在的意义。

构建移动学习空间能够为课堂教学提供有效的补充，更加突出课堂教学的优势。

"综合日语"微信公众平台有大量优质日语学习资源，学习者可以根据自己的需求灵活安排学习的时间、地点、方式，按照自己的节奏快速观看，或反复观看视频，真正实现自主学习和个性化学习。

观察学习者在公众号的留言、消息、私信以及在学习群中的发言，笔者发现很多日语专业在校生正在使用"综合日语"公众号的资源作为课前、课后学习的素材，很多学生表示初级日语教学视频每期必看，并将教学视频中的例句一一记录下来，认真学习。特别是课上没有理解的部分，学生的第一选择是到"综合日语"公众号查找资源，主动学习。这部分学生对移动学习满意度很高，对"综合日语"公众号积极认可，移动学习成为课堂教学有效的补充。

移动学习带来的积极意义是从被动学习到主动学习的转变，优质的学习资源是维持学习热情最好的动力。移动学习与传统课堂教学的优势互补是教学范式改革的途径之一。

（二）非学历社会化教学的宝贵资源

由于基于微信的移动学习具有门槛低、用户体验好、软硬件成本为零等特点，因此更易于被用户接受和广泛应用，是推动社会化和非正式化学习的最佳方式。

基于微信的移动学习平台的传播力度大，在这里学习超越了学校的围墙，超越了学习方式，超越了群体范围，让更多的学习者有了学习的机会。

目前，"综合日语"公众号使用者有相当一部分是非日语专业自学的大学生和已经参加工作的各行各业的日语爱好者。能够有机会接触大学日语教师原创的系统、正规、优质的学习资源，感受大学课堂，对学习有很好的促进作用。

（三）日语专业课堂教学的重要参考

笔者是教龄 28 年的资深日语教师，参与过北京大学出版社、人民教育出版社、高等教育出版社 50 余册日语教材的编写工作，有着丰富的日语教学经验。由笔者精心制作的教学视频，不仅受到学习者的欢迎，在高校教师中也引起了强烈的反响。很多教师反映"综合日语"公众号分享的教学视频，对提高自身教学水平具有极高的参考价值，很多教师将"综合日语"公众号内容的学习作为教学的一个环节纳入到教学过程中，在课堂教学中参考公众号的方法、内容。"综合日语"移动学习空间为传统日语教学带来了一次冲击。

很多青年教师与笔者沟通，希望能够将"综合日语"公众号的初级日语学习资源作为自主学习部分的资源，纳入到翻转课堂教学中。目前已有多所大学将从 2017 年 9 月起正式开始这种尝试。

优质的学习资源是自主学习最有效的保障，有了高效的自主学习，翻转课堂的课堂部分才更有意义，学生才会更积极主动地参与到翻转课堂之中。

五 结 语

笔者通过微信公众平台分享优质的教学资源,构建了移动学习空间,通过与学习群、教学群的结合实现了移动学习空间的立体化。微信公众平台的高用户覆盖率使"综合日语"公众号成为开放式学习空间。

基于微信构建的"综合日语"开放式移动学习立体化空间满足了各层次日语学习者的学习期望,在学习者对于"综合日语"公众号的感知质量、感知价值方面也得到了很好的反馈,超过一万人的主动、稳定关注是对移动学习方式最好的肯定。

移动学习是适合现代人的学习方式,是课堂教学的有效补充,是时代的必然。

面包"新语"同构视角下俄语观念词 "面包"（хлеб）的语言世界图景

首都师范大学　王兰霞

摘　要：语言是一个开放、非线性、自组织的系统，用同构的方法分析语言的文化现象已经成为趋势。本文以俄语观念词"面包"（хлеб）为例，揭示了语言系统内部的观念词是成语语篇含义构成的源泉，成语语篇含义的生成正是意识、思维、社会、文化同构的结果，它确保了语言进化的动态发展。

关键词：同构现象　联想语义　网语篇语言　世界图景

同构在科学发展的现阶段，起着系统构成的作用。同构的相互作用是语言文化学后现代认知语篇概念的基础，在与其他复杂体系的动态过程整合化的同时，同构也奠定了语言思维从研究语言文化现象的稳定静止状态到认知它们进化的动态过程。与传统聚合体不同的是，同构相互作用的理论，不是研究语言中文化的存在，而是它进化过程的动态性，借助同构理论研究语言文化现象，使我们从动态体系中看到一个立体的语言文化图景。

一般来说，具有一定文化标记的语言符号中总是汇集着各种不同的信息流，无论我们是否意识到，它都会在实质的符号形式中有所表现，而通过词所表示的观念的含义内容一定是同构的（如声音、形象、语篇和经验等）。

语言这一系统组织的网状原则是认知语篇结构所固有的特点，它包含了语言、非语言及智能等各种因素的相互作用，网状原则是作为整体语言词汇组织以及语言个性词汇学基础。卡拉乌洛夫把词汇学归为是语言个性结构的联想语义层面，他认为：这个层面很大程度上是词汇化语法的联想语义网[①]。在认知符号学中，通过联想语义网对词汇语篇进行功能性分析颇具前瞻性。因为语篇中的词不仅以语言符号的形式存在，承载一定的信息；更重要的是，它是词汇称名单位，是记忆总结构的成分，通过词汇意义与同一层面的其他联想成分以及构成个体词汇语义网的成分彼此联系[②]。

  词作为长时记忆的动态元素，通过词汇意义，始终处在与之同一层面的其他元素的系统联系中，并构成个体词汇的语义网。语言的语义网都是通过意义的民族文化体系伴随产生的，它是每一种语言所固有的特点。尽管个体在语言能力和背景知识上都有区别，但语义网的联想含义组织的系统同构原则可以确保每一个使用者都能自由运用这个原则。阿鲁玖诺娃曾经指出，意义的理论是揭示语言如何构成，如何系统化，有哪些客体参数、特点更突出，用哪些手段描述物质和精神的世界，如何来评价它；在意义体系中有着每一个民族在认知、劳动、社会化和精神活动的进程中已形成的各种概念[③]。语义网的联想含义结构恰恰反映了语篇中对词进行符号分析的必要性，词的认知符号学理论主要研究文化上有理据称名的系统和语篇语义同构的相互作用。

  通常，在心理语言学和认知语言学中，经验主义格式塔会进入到语篇同构及联想含义网。经验主义的格式塔（Ж. Пиаже，ДжЛакофф）是一种整体形象的动态心理构成，如俄语成语中暹罗双生子（Сиамские близнецы）既是一个典型的格式塔结构形象，具有认知知觉特点，是含义构成的参与者，是被感知客体整体的隐性的形象，蕴含了广阔的信息空间，可以使我们清晰地认知所需的客体。在认知语言学中，经验格式塔的结构化需要通过长时记忆的手段辅助，在以往感知经验基础上，对事物、事件或现象产生的最初概括的形象即表征（Э. Бехтель，А. Бехтель）。不同层面的抽象表征形成了整体的完形形象，一般来说，进入到所指意义的有几种表征，它们构成认知客体的

---

 ① Ю. Н. Караулов, Русский язык и языковая личность. 1987：С.87.

 ② Е. Ю. Яценко, Культурологические механизмы адаптации концепта к лексической системе языка. 1999：С. 109.

 ③ Н.ДАрутюнова, Типы языковых значений. 1982：С.10-11.

整体结构，当然，其形成的条件是相应的联想关系。我们通过成语 гусьлапчатый（老奸巨猾）来描述一下认知过程中的经验格式塔所形成的成语含义的同构过程：首先是经验格式塔（эмпирический гештальт）即现实的片段提供了整体形象，在这个过程中所凸显的现实片段的对象信息是人；之后是这个认知形象表征的动态活动情景；我们会选择认知与该对象相关的深层次关于人的基本表征：狡猾、是个老手；最后一步是发现最与众不同的特点：善于欺骗且不被惩罚的。这样的情景背景必须经过联想关系网，激活必要的观念认知链条：一个主体→对自己行为的后果毫无所谓→并没有因为某种行为的后果受到丝毫负面的影响。于是，根据人们对鹅的先验了解，可以想象：鹅从水里出来，身上是干爽的，没有因为水的作用影响到整体形象的改变。关于鹅的表征特点决定了所认知客体细节的表征，狡猾的人与鹅组合成格式塔结构 гусьлапчатый 来形容滑头的人、狡猾的人，非语言信息在相应的框架下与语言信息产生联想。当然，上面所举暹罗双生子（Сиамские близнецы）也是一个典型的格式塔结构形象。

说到语篇（дискурс），它是一种言语思维的构成，是含义统一体的独特构成，因此是语言文化学范畴。在语篇生成过程中，选择与语篇相适应的词汇单位就意味着其系统意义被激活，同时该文化内部的观念网也被激活。通过词的符号分析表明，各种不同的语篇会产生不同的价值伴随意义，而词的语义深处具有鲜明特点的文化理据义素也进而得到发展。这种文化上有理据的称名单位是以整个历史发展进程中民族文化集体意识的活动为大背景的。无论它有怎样的变体，在同一种词汇的最深处都是永久不变的常量结构。

接下来具体分析一下，对俄罗斯民族最具文化理据性、且对俄罗斯民族极为典型的观念词汇"面包"（хлеб）以及它的一系列派生联想形象的同构单位，如 хлебвсемуголова，хлебсоль，хлебомнекорми 等。

在俄语的语言世界图景中，"面包"（хлеб）作为典型的观念词，体现了其深刻的民族自我意识，它不仅是语言、文化的片段，是历史与传统的融合，同时也是与现实的神话化片段相呼应的。根据荣格基因理论，神话与原型（архетип）密切相关，在神话的基础上，是有着固定形象的原型，这种原型形象深植于一定民族的每一个成员意识中并具有民族文化价值。在俄语的民族文化中"面包"一词堪称最具神话化的词汇单位，从认知符号学角度分析这个词，要想搞清它内部到底蕴含什么样的神话内容，我们必须要提及作为民族文化现象的神话学（Мифологизация）。借用托波罗夫（Топоров）的理论：神话化的实质是创造语义上丰富的、有能量的、且具有现实形象力量的东西①。神话是原型的存储器，被称为是第一形象的原型总是具有集体性特点的产物，它是某一民族或某一时代人们所共有的东西。

"面包"（хлеб）的词典释义、在俄语词汇学中的语义以及它在百科词典中的描述基本一致："由面粉烤制的食物"。在比较词典释义和观念词"面包"（хлеб）的过程中，我们发现，在"面包"（хлеб）一词的语义结构中没有评价的含义特征，而评价性才是构成观念词"面包"不可或缺的部分，是俄罗斯文化的重要组成，在观念词"面包"（хлеб）的内容中有很广阔的评价含义，苏联电影《列宁在1918》里一句经典的台词"面包会有的，牛奶会有的，一切都会好起来的……"（Хлеб будет, молоко будет, всё будет）已远远超越了面包的基本内涵，也使面包（хлеб）一词成为了俄罗斯民族关键的观念词的典范示例。面包作为日常人们生活的必需，是富足安康的象征，其认知特点是生存的重要手段，是生活能量的来源。从符号的角度看，观念词面包与人类对外部世界的感受相关，因此，面包一词始终是处于与社会文化变迁息息相关的作用中，其深层次的文化体现则是蕴含在丰富的成语单位及文学语篇中。20世纪苏联作家沙洛夫 И. Шаров 在其作品"Хлеб на краю стола"对切面包这一过程都进行了十分细腻的描述：Он резал хлеб. При этом занятии у него было важное и напряжённое лицо, будто делил буханку на одинаковые пайки.（И. Шаров: Хлеб на краю стола）作家赋予了切面包这一动作以责任（Ответственность）、诚实（честность）的内涵，由于当时的社会背景将面包这一观念上升到了民族个性的高度。由此，面包也自然而然与人民生活中的传统、习俗，甚至是迷信等联系起来，从而也具有了神圣的空间特点。面包的神圣性体现在斯拉夫民族的很多礼仪上，如给新生儿的襁褓中放一块面包，婴儿就不会被独眼看坏；面包可以保护人们免受不谐之力的伤害：Подержи, сынок, хлебушко не груди, нюхай крепче! – говорит Карпович знающе – Дух от хлеба пользительный... бодрость от такого хлеба

---

① В. Н. Топоров, Миф. Ритуал. Символ. 1995: С. 5.

в теле и дыханию способнее（Н. Родичев. Тёплый хлеб）.（卡尔波维奇对儿子说：把面包放在胸前，多闻闻它的味道，它对人体有益，给人以力量和精神，会让你感到呼吸都顺畅得多）；俄罗斯谚语说 Хлеб-соль не пропустит зла.（面包和盐是不会放过邪恶的）。在乌克兰有这样一个习俗，人们会在正在盖的房屋四角处撒些粮食，如果是块宝地，那么三天之后粮食依旧安好地原地不动，恰恰在俄罗斯也有这样的习俗，因此，原型性在一个民族文化中是非常重要的现象，是在语篇中不断丰富文化空间。

  语篇含义不断充实着俄罗斯文化的含义空间或是在其背景下形成的联想场，这些含义尤其显现在"面包"（хлеб）的语义结构以及同名观念的含义补充中，比如在第二称名或是间接派生称名中，第二称名的 хлебы 烤制的各种形状的面包：大圆面包（каравай）、黑面包（буханка）、大圆面包（коврига）；хлеба（谷物，粮食）、хлеб（生活资料，谋生方式）。

  间接派生的称名具有鲜明的语篇表达含义。观念词"面包"（хлеб）深层次的潜意识表现多是通过一系列成语单位和文学语篇实现的。Хлеб всему голова（粮食是万物之首）；Хлеб на стол, так и стол престол: а хлеба не кусочка – и стол – доска（有面包的餐桌就是供桌，没有面包餐桌就是一块板子）；Не будет хлеба, не будет обеда（没有面包不是宴）。熟语 хлеб насущный 是在新约中祷告的基础上产生的，是耶稣的祷告词 Хлеб наш насущный даждь нам днесь（Хлеб наш насущный дай нам на сей день）（Мф,, 6, 11），面包意味着糊口的饭，生存的手段，绝对重要的生活必需品。"面包"（хлеб）中内含了力量（сила）、能量（энергия）。-Дед, из чего хлеб делают? – Да как сказать? Сколько живу, по зернышку, по горстке его нам земля дарила. Значит, хлеб из земли. – Дед, а я из чего? – Из хлеба.（И. Кириенко Как испечь хлеб）. 这个小对话将面包（хлеб）同大地（земля）与人（человек）对比，说明面包能够给予人类生存的力量，生存的力量即健康，是生活的必需。同时，这样的对比，使得面包如同人一样具有了灵魂（душа）和身体（тело）：Хлеб дышал, хлеб хрустел（面包呼吸着，面包咯吱地响）。体现了俄罗斯民族将面包不仅作为生活的源泉，也将它看作是充满活力的物质，对其饱含敬意。因此，在俄罗斯民族的意识中，面包一定是自己劳动所挣来的，《圣经》中上帝对亚当和夏娃说：Хлеб будете добывать в поте лица своего. Есть чужой хлеб, то осуждается обществом. (吃别人的面包要受到社会的谴责)，于是成语 На хлебах у кого（指靠谁抚养）；Хлебом не корми кого（不给某人吃喝都行，只要能满足他的某个愿望就行，指某人非常喜欢某事）；сидеть на хлебе（半饥半饱的状态）；садиться на хлеб и воду（只剩下最最必需的东西了，过起半饥半饱的生活）；сажать на хлеб и воду кого –（用饥饿惩罚，限制某人食物，指关某人的禁闭）；перебиваться с хлеба на квас（生活贫穷）；отбивать хлеб у кого –（抢别人饭碗）；而成语 хлеб да соль（祝愿胃口好），通常用在遇到某人用餐时要讲的礼貌语言，它即是俄罗斯民族热情 (гостеприимство)、好客 (хлебосольство) 的表现，也体现了俄罗斯民族的胸怀 (широта русской души)；于是 хлеб соль（款待；关心）用面包和盐款待贵宾已成俄罗斯强国的象征。还有如 водить хлеб-соль с кем（来往密切，指与某人所处关系不错）；хлеб соль ешь, а правду режь（受人款待，应直言不讳，说真话）；даром хлеб есть（白吃饭，吃闲饭，白活了，不能给人带来任何好处），есть чужой хлеб（吃别人的饭，靠别人养活），забывать хлеб-соль чью 或 какую, (忘记了别人对自己的款待，指忘恩负义的人)；хлеба не просит（衣食无忧）；хлебное ремесло（看家本事）。以谚语形式出现的带有"面包"（хлеб）一词的语篇重构其语篇含义则更为显著，如：Свой хлбе есть（吃自己的面包）；Чья земля, того и хлеб（谁种地，谁收粮）；Чья земля, того и городьба. (городьба 围墙)（谁家种地，谁家看管）。这些谚语的语篇含义说明与观念词面包紧密联系着勤劳 (трудолюбие)、责任 (ответственность) 等人类的品质。

在一定的政论体语篇中，词汇的系统意义有可能失去，而语篇含义的同构补偿意义则凸显出来。Хлеба и зрелищ!（要面包！要娱乐！）源于古罗马帝国奥古斯都当皇帝时，平民向政府发出的呼吁，表示强烈要求两种东西，一是食物，二是娱乐消遣。在现代交往中常用该语言形式，用来表示那些无知人的最原始需求，他们只要吃的和最低级的消遣就够了。还有一些语篇的固定搭配，如成语 хлеб и масловместопушек 是欧洲和平主义者的口号，要黄油面包，不要大炮，与之相对立的是希特勒的军国主义口号 (Пушкавместомасла)，要大炮不要黄油。我们认为，观念词在文化中的体现一定与该文化主体的感受相关，与主体所处的社会文化变迁有关。这些成语的出现是语言开放性、非线性自组织的鲜明写照，而系统内部的观念词不但是成语语篇含义构成的源泉，同时，也显示出成语语篇是社会、文化同构作用的产物，确保了语言进化的动态特点。

上述分析表明，文化上具备理据性的称名单位"面包"（хлеб）在构成语篇中完成以下几种功能：（1）在俄语词汇学中表达词源上独一无二的意义；（2）以外部形式限定语篇中与之相关的含义；（3）每一个语篇意义与俄语文化中的符号学体系相关；（4）借助于民族语言意识的网状结构实现一定认知语用的效果。对俄罗斯民族来说，由于其历史的形成以及该文化社会所赋予观念词"面包"（хлеб）的联想关系以及个性联想关系，形成该民族文化共同体成员所认同的形象含义场。

综上所述，在现代语言学的研究中，人们所研究的对象不再是那些具有系统意义的个别词素，而是信息同构流，在相应语篇完整的语义网中形成了具有文化理据称名的等级。也就是文化上有理据的称名单位，其同构的媒介是相应的语篇，深入地分析语篇才能够深入到称名的认知结构中去。"面包"（хлеб）的词汇意义特点只有放到丰富的语篇中，才可映射出俄罗斯独一无二的语言世界图景。

稿 约

《首都外语论坛》由首都师范大学外国语学院、语言哲学研究所、外国语言学及应用语言学研究所主办,系年刊形式的系列学术丛书,每年出版一辑;北京市教委主任、国际俄罗斯语言文学联合会秘书长、中国俄语教学研究会会长、中国俄罗斯东欧中亚学会副会长、首都师范大学俄语语言文学专业教授、博士生导师刘利民博士担任主编,首都师范大学外国语学院副院长、语言哲学研究所所长、外国语言学及应用语言学研究所所长、俄语语言文学专业教授、博士生导师隋然博士担任副主编。

作为公开出版并发行的外国语言文学类学术系列丛书,《首都外语论坛》确立高端理论探索、前沿学科考察和外语应用研究为宗旨,欢迎以下研究方向和范围的论文:

一、语言哲学思想研究;

二、国外语言学研究;

三、外语教学研究;

四、语言文化研究;

五、外国文学研究;

六、翻译研究。

投稿要求:

一、中文标题、英文标题;

二、正文(6 000—8 000 字);

三、注释及参考文献:注释采用文末注;参考文献先外文后中文,按作者姓氏字母（中文姓氏按拼音）排序，序号用［1］、［2］、［3］……表示，序号之后依次为作者姓名、文献题名、书/刊名（版次）、文献类别标识、出版地、出版者、出版时间/期刊数（起止页码）。文献类别标识分别为：专著［M］、期刊论文［J］、论文集［C］、论文集内文章［A］、报纸文章［N］、会议论文［P］、研究报告［R］、博士论文［D］、硕士论文［MA］、其他［Z］。例如：

［1］Davison D.Inquiries into Truth and Interpretation［M］.Oxford University Press.1982.

［2］Безлепкин Н. Философия языка в России：К истории русской лингвофилософии［M］. Санкт-Петербург：Искусство-СПБ.2002.

［3］赵敦华，现代西方哲学新编［M］，北京：北京大学出版社，2001

［4］钱冠连，哲学轨道上的语言研究［J］，外国语，1999（6）

［5］张南峰，特性与共性论：中国翻译学与翻译学的关系［A］，谢天振，翻译的理论建构与文化透视［C］，上海：上海外语教育出版社，2000

四、作者信息：姓名、出生年、性别、工作单位、学历、职称（职务）、联系方式（邮编、电话、E-mail 等）、研究方向；

五、论文排版：word 格式，正文使用 5 号宋体字，A4 纸打印，同时提供电子文稿（E-mail 发送或邮寄 3.5 寸软盘）；

六、来稿文责自负；编辑部可对采用稿件做必要的修改和删节，不同意者请预先声明；来稿恕不退还，请自留底稿；凡 3 个月内未获用稿通知者，稿件可自行处理；

七、论文一经发表，即付稿酬，优稿优酬，并赠样书 2 本；

八、**联系地址**：

  北京市海淀区 833 信箱

  首都师范大学外国语学院《首都外语论坛》编辑部

邮政编码：100037

联系电话：010-68901984，68901969，68981334（传真）

E-mail：suiran@mail.cnu.edu.cn